HEINRICH PLETICHA (HRSG.)

DIE KINDERWELT DER DONAUMONARCHIE

UEBERREUTER

Die Deutsche Bibliothek – CIP-Einheitsaufnahme

Die Kinderwelt der Donaumonarchie / Heinrich Pleticha. –
Wien : Ueberreuter, 1995
ISBN 3-8000-3580-4
NE: Pleticha, Heinrich

AU 282/1
Alle Urheberrechte, insbesondere das Recht der Vervielfältigung,
Verbreitung und öffentlichen Wiedergabe in jeder Form, einschließlich einer
Verwertung in elektronischen Medien, der reprografischen Vervielfältigung,
einer digitalen Verbreitung und der Aufnahme in Datenbanken,
ausdrücklich vorbehalten
Umschlaggestaltung: Atelier Rendl unter Verwendung der Gemälde P.
Fendi, Der frierende Brezelbub (links oben), F. G. Waldmüller, Großvaters
Geburtstag, Ausschnitt (links unten) und der Fotos Arthur Schnitzler mit
Geschwistern (rechts oben) und Kronprinz Rudolf.
Copyright © 1995 by Verlag Carl Ueberreuter, Wien
Printed in Italy
1 3 5 7 6 4 2

INHALT

Heinrich Pleticha	VORWORT	7

BAUERNKINDER

Franz Michael Felder	AUF DER ALP	9
Heinrich Pleticha	BAUERNLAND	11

Die Familie · Erziehung und Schule · Kleidung und Wohnung · Kinderwelt im Bauernjahr

ARBEITERWELT

Alfons Petzold	LEHRJAHRE, AUS: DAS RAUHE LEBEN	39
Hermann Schreiber	BEDRÄNGTE VERHÄLTNISSE	41

Das Problem, sich auszudrücken · Rettung und Inferno – die Schule · Frühe Konfrontationen Der große Schmelztiegel · Oasen der Menschlichkeit

Rainer Maria Rilke	DER KLEINE DRÁTENIK	66

LEBENSWELT IM BÜRGERHAUS

Jan Neruda	KLEINBÜRGERHAUSHALT IN PRAG	69
Hermann Schreiber	BÜRGERTUM	71

Die Väter · Die Mütter · Das Personal · Die Familie · Das andere Geschlecht · Die Verwandtschaft · Die Schule · Die Sommerfrische · Erste Liebe · Unterschiede

ADEL UND KAISERHAUS

Marie von Ebner-Eschenbach	DER PAPA	99
Georg Schreiber	DIE KINDERWELT IM KAISERHAUS UND BEI DEN ADELIGEN	101

Die Kaiserkinder · Franz Ferdinand und Otto · Die liebste Enkelin · Kaiser Karls Jugendjahre · Der neue Adel · Der Hochadel · Der Hofmeister · Schulen und Internate · Das Theresianum · Adeliges Landleben

SCHULE UND ERZIEHUNG IM ALTEN ÖSTERREICH

Fritz Mauthner	DAS TSCHECHISCHE PENSUM	127
Winfried Böhm	KINDERGARTEN, VOLKSSCHULE, SCHULREFORM UND PÄDAGOGISCHE IDEEN	129

DAS BILD DES KINDES IN DER SCHÖNEN LITERATUR

Robert Musil	AUS: DIE VERWIRRUNGEN DES ZÖGLINGS TÖRLESS	153
Hermann Schreiber	DAS BILD DES KINDES IN DER SCHÖNEN LITERATUR	155

Die Situation · Der Knabe und die Dinge · Der Genius im Kerker · Sonderschicksal von Anfang an · Es grünt so grün · Das alte Österreich und die jungen Mädchen · Der Weg ins Freie

DIE KINDERWELT IM SPIEGEL DER MALEREI UND GRAPHIK

Reingard Witzmann	»EUER KINDER LAND SOLLT IHR LIEBEN…«	181

Die Imagination des Kindes in Malerei und Graphik · Das Kinderbild wird Mode · Die Kinderwelt zur Biedermeierzeit · Die Gründerzeit und der Historismus · Der Jugendstil · »Weltuntergang« und Erster Weltkrieg

WAS KINDER LASEN

Max Karl Böttcher	DER SEPPL VOM PINZGAU	207
Ernst Seibert	WAS KINDER LASEN	209

Kinderbücher von josephinischer Zeit bis zum Ende der Monarchie

DIE BILDERWELT DER KINDERWELT

Friedrich C. Heller	DIE BILDERWELT DER KINDERWELT	227

LITERATURAUSWAHL	237
QUELLENANGABEN DER LITERATURBEISPIELE	238
KURZBIOGRAPHIEN	239
BILDQUELLEN UND -ANGABEN	239

VORWORT

Heinrich Pleticha

Eigentlich ist die Idee zu diesem Buch aus einem zufälligen Zusammentreffen erwachsen. Eine Tagung über Kinderliteratur in den Ländern der ehemaligen Donaumonarchie, die in Wien stattfand, erlaubte dort den Besuch einer Waldmüller-Ausstellung. Schließlich gehörten sie ja zusammen, die Kinder in den Büchern und Geschichten und die Kinder, wie sie Ferdinand Waldmüller so unvergleichlich auf seinen Gemälden festgehalten hat. Und sie weckten Erinnerungen an die eigene Jugendzeit, vor allem aber auch an die Schilderungen der Eltern und Großeltern. Da hatte doch der Vater von der Jugend im böhmischen Mittelgebirge in einem einfachen bäuerlichen Haushalt erzählt, ein Onkel von den Kindertagen in Wien, eine Tante von der Sommerfrische im Salzkammergut. Den kleinen Drátenik, den Rilke in seinem Gedicht beschreibt, kannten wir noch. »Österreichs Deutsche Jugend« hatte die Mutter in Nordböhmen ebenso gelesen wie die Tante in Linz. Solche Erinnerungen verlockten zum Nachdenken, und aus Erinnern und Nachdenken entstand der Plan für dieses Buch. Die räumliche und zeitliche Begrenzung des Inhalts war durch die Festlegung auf die Donaumonarchie vorgegeben. Also einerseits auf jenes viel geschmähte und ebensoviel gelobte geographische Gebilde, das vom nordböhmischen Niederland bis zur Adria und vom Begrenzer Wald bis zur ungarischen Tiefebene reichte und das Heimat war für mehr als ein Dutzend verschiedener Völker, andererseits zeitlich auf die Jahrzehnte von 1866 bis zum Ende des Ersten Weltkriegs. Zeitliche Rückgriffe erwiesen sich dort notwendig, wo Zusammenhänge in der Entwicklung aufgezeigt werden mußten.

Wer ein nostalgisch-idyllisches Buch erwartet, mag vielleicht ein wenig enttäuscht sein; denn Kinderwelt ist keineswegs nur idyllisch. Im Gegenteil. Not und Leid spiegeln sich in ihr oft drastischer als in der Lebenswelt der Erwachsenen. Und was auf manchen Bildern vielleicht dem heutigen Betrachter romantisch erscheinen mag, ist in Wirklichkeit Ausdruck bitterer Not.

So wie das Buch versucht, die verschiedenen gesellschaftlichen Schichten, Bauern und Arbeiter, Bürger und Adel, zu erfassen, versucht es stets auch die sozialen Gegensätze und Spannungen herauszuarbeiten.

Dabei sollen aber nicht nur die Kinder und Jugendlichen in ihrer Zeit gesehen, sondern auch die Spiegelung der Kinderwelt in Kunst und Literatur und jene pädagogischen Ideen erfaßt werden, die diese Zeit beeinflußt und geprägt haben.

Das mag theoretischer klingen, als es gedacht ist, aber allein schon die geographische und nationale Vielfalt garantieren Abwechslung. Nostalgische Erinnerungen auf der einen und grundsätzliche Aussagen auf der anderen Seite runden das Bild ab. Da den Autoren bewußt keine engen Grenzen gesetzt wurden, ist auch in der Darstellung die Vielfalt gewahrt, reicht der Bogen von der sachlichen Analyse bis zum aufgelockerten Essay. Lesbarkeit und Verständlichkeit waren dabei stets oberstes Ziel.

BAUERNKINDER

Ferdinand Georg Waldmüller, Kinder im Fenster, 1853

AUF DER ALP

Franz Michael Felder

Auf der Alp gleicht so ziemlich ein Tag dem anderen, und jeder bringt Arbeit genug. Man muß schon vor der Sonne aufstehen, aber man hat den Vorteil, daß man das Verschlafen nicht besorgen darf. Die Betten, oder besser die Nester, sind auf dem Heustock, welchen man – da es hier auch im Sommer oft so schneit, daß man alles Vieh füttern muß – nie zu klein werden läßt. Es ist hart unterm Schindeldach ob dem Stall. Da darf man jeden Morgen ruhig liegen, bis die Kühe zu kratzen, zu schellen und zu muhen beginnen, daß man es nicht mehr länger aushielte, sondern sie gern gleich auf die Weide zu treiben eilt. Der Küher und seine Gehilfen haben auf die Tiere achtzugeben, während der Senn die Käsebereitung besorgt. Der Pfister hat die Ziegen zu melken und auf sie achtzugeben, daß er dieselben am Abend rechtzeitig heimbringt. Eigentlich sollte er sie den ganzen Tag hüten; in der Regel jedoch machen's die Hirten benachbarter Alpen schon am Anfang des Sommers miteinander ab, daß sie es in dem Stücke nicht gar zu genau nehmen wollen. In unserer Nachbarschaft waren zwei Galt-Alpen, nämlich solche, in denen nur Galt-Vieh, welches keine Milch gibt, Zug- und Mastvieh gehalten wurde. Da gab es natürlich nichts zu sennen, und ich machte mich daher in den ersten Tagen mit einem Butterstollen und einem großmächtigen Ziegerkopf [Topfen-(Quark-)Käse] über die Jöcher zu den Galthirten auf, um die erwähnte Vereinbarung mit ihnen zu treffen. Leichten Herzens, leichten Sackes und mit der Hoffnung, im Herbst einen Gemsenbraten als Gegengeschenk zu erhalten, kam ich abends wieder in unsere Hütte zurück. Den Tag über hätte ich nun meine Herde gehen lassen dürfen, wenn mir nicht schon das Heimholen derselben Sorge gemacht hätte, sobald ich sie am Morgen aus dem Auge verlor. Man erzählte mir früher: auf der Alp spuke der Geist eines pflichtvergessenen Kühers. Dieser treibe einem die gesuchten Tiere entgegen, wenn man für ihn bete. In früheren Jahren, wenn ich einmal eine Woche auf der Alp war, hatte ich das immer redlich getan. Jetzt glaubte ich so etwas nicht mehr, begann aber dafür die Tiere so gut und schonend als möglich zu behandeln. Das hatte dann auch besseren Erfolg als früher alles Beten. Sobald die Ziegen meine Stimme hörten, sprangen sie mir entgegen, und jede wollte sich zuerst von mir streicheln und loben lassen. Ich hatte allen ihre eigenen Namen gegeben und verkehrte immer lieber mit ihnen, je besser wir uns gegenseitig kennenlernten.

Bis ich meine Herde gemolken hatte, ging es auch im Kuhstall wieder an, wo man wenigstens zwei Stunden zu tun hatte. Hernach wollte man gewöhnlich lieber gleich auf den Heustock, als vorher noch kochen und essen. Jeder langte nach dem Weihwasser im Kuhhorn, welches statt einem Krüglein am Türpfosten aufgenagelt war, bekreuzigte sich im Gehen, ließ die schweren Holzschuhe im Stall zurück und machte sich oben so gut als möglich mit Heu ein. Abwechslung kam in dieses Einerlei nur durch das Erkranken einer Kuh oder das Mißraten eines Käses. Etwas Leben brachten auch die Bettler, welche uns besuchten. Sie berichteten Neuigkeiten aus drei Dörfern und mehr als hundert Alpen, wofür sie reichlich mit Butter beschenkt wurden.

BAUERNLAND

Heinrich Pleticha

Das alte Österreich war ein Agrarstaat – so oder ähnlich liest man es in jeder Wirtschafts- oder Sozialgeschichte, und diese Feststellung läßt sich auch durch ein paar Zahlen untermauern. Um die Mitte des vorigen Jahrhunderts, zu einem Zeitpunkt also, für den schon genaue Angaben vorliegen, hatte die Monarchie knapp 36 Millionen Einwohner, von denen die ländliche Bevölkerung die weitaus größte Gruppe bildete. Natürlich sind die Prozentzahlen dabei für die einzelnen Landesteile verschieden, betragen sie beispielsweise in Vorarlberg und in Böhmen nur mehr knapp 50 Prozent, erreichen sie in Tirol rund 70 Prozent und in den östlichen Landesteilen bis zu 90 Prozent. Bis 1910 verschieben sich diese Zahlen merklich. Die Bevölkerung wuchs auf fast 52 Millionen, noch immer waren mehr als 50 Prozent davon in der Landwirtschaft tätig. Solche Angaben sagen dem Fachmann viel, dem Laien wenig. Deshalb interessieren uns die Menschen, die hinter den Zahlen stehen, und das bedeutet ganz einfach, daß der Großteil der Bevölkerung bis zum Ende des Ersten Weltkriegs, also bis zum Ende des Kaiserreichs, dem Bauernstand angehörte – und damit natürlich auch der größte Teil der Jugend. Daraus darf man aber nicht schließen, daß auch die Informationen über die Kinder der Bauern besonders reichhaltig wären. Im Gegenteil, die Nachrichten fließen verhältnismäßig dünn. Denn ganz vereinzelt nur schrieben Bauernkinder später als Erwachsene einmal Erinnerungen, in denen sie auch von ihrer Jugend berichten. Eines dieser wenigen Paradebeispiele bleibt nach wie vor *Peter Roseggers* »Waldheimat«. Über dem großen Erfolg dieses Erzählers vergißt man zu leicht den nur wenig älteren *Franz Michael Felder* aus dem Bregenzer Wald. Während die literarische Spiegelung des Bauernlebens im 18. Jahrhundert weitgehend fehlt, wird sie seit der Mitte des 19. Jahrhunderts in den verschiedenen um diese Zeit sehr beliebten Dorfgeschichten etwas dichter. Nicht daß die Erzähler alle Bauern gewesen wären und aus ihrer Erfahrung sozusagen mit autobiographischem Hintergrund berichtet hätten, aber sie kannten alle den bäuerlichen Alltag mit Freude und Leid und gestalteten ihn entsprechend realistisch. Eine weitere Fundgrube bilden auch die zahlreichen Genrebilder des 19. Jahrhunderts, aber auch die Holzstiche in den großen heimatkundlichen Prachtwerken, wie sie bis zum Vorabend des Ersten Weltkriegs erschienen und gern gelesen und betrachtet wurden.

Gewiß gibt das alles noch kein Bild des bäuerlichen Alltags, der Familie und der Kindheit, aber es gibt viele Mosaiksteinchen oder auch kleinere Bildausschnitte, und das ist vielleicht ganz gut so; denn ein einheitliches großes Bild läßt sich ohnehin nicht zeichnen, wenn wir aus den unterschiedlichen Blickwinkeln an die Schilderung bäuerlicher Kindheit herangehen.

Da sind zum einen die zeitlichen Unterschiede. Sie spielen trotz der fast zweihundert Jahre, die hier erfaßt werden, eine verhältnismäßig geringe Rolle. Zwar haben sich von Maria Theresias Regierungszeit an bis zum Ersten Weltkrieg die Verhältnisse für die Bauern in materieller Hinsicht grundsätzlich verbessert. Das Patent vom 1. November 1781, mit dem Kaiser Joseph II. die Leibeigenschaft aufhob, und die »Bauernbefreiung« durch den Reichstag am 7. September 1848 brachten den Bauern wesentliche Entlastungen und Erleichterungen, am Familienleben änderte sich aber wenig, hier blieb die alte patriarchalische Ordnung, von der noch die Rede sein wird, weiterhin bestehen, die Welt der Kinder wurde, wenn man einmal von den wichtigen verbesserten Zukunftsaussichten absieht, überhaupt nicht betroffen. Zu den zeitlichen kommen noch die regionalen Unterschiede, die sich im Laufe des 19. Jahrhunderts infolge sozialer Gegensätze noch vertieften. Man muß nicht unbedingt *Johann Kaspar Riesbecks* Vergleiche zwischen ungarischen und österreichischen Bauern aus dem Jahre 1783 zitieren, die etwas übertrieben erscheinen mögen, obgleich *Riesbeck* eigentlich im allgemeinen ein guter Beobachter war, aber es gab Unterschiede zwischen den Bauern des Innviertels und jenen in Nordböhmen oder zwischen den Bauern in den Alpengebieten und jenen in Ungarn oder später in den annektierten Gebieten von Bosnien und der Herzegowina, wo die Familien in den letzten Jahrzehnten des 19. Jahrhunderts weiterhin noch so lebten wie im ausgehenden Mittelalter.

Und schließlich gilt es, unabhängig von Zeit und Raum, auch die sozialen Unterschiede zu berücksichtigen, die sich selbst auf engstem Raum abzeichnen konnten. Deshalb gilt auch hier ein Wort des Historikers *Hugo Hantsch*, der in seiner »Geschichte Österreichs« lapidar feststellt: »Ein allgemeines Urteil läßt sich also schwer fällen, und nicht alle Ursachen bäuerlichen Rückstandes wurzeln in dem Druck äußerer Verhältnisse. Wie schwer konnte sich zum Beispiel bei den Bauern die Schulpflicht durchsetzen, selbst noch im späteren 19. Jahrhundert! Auch heute sind in den Lebensverhältnissen der Bauern oft auffallende Unterschiede festzustellen, und zwar nicht nur im Besitztum, sondern auch deshalb, weil nicht jeder Bauer fleißig, sparsam und klug genug ist, die Voraussetzungen für den Wohlstand seines Hauses zu schaffen. Auch heute ist das Leben des Bauern hart und sorgenvoll, und der Landwirt seufzt nicht minder unter der Last der Steuern und Verpflichtungen als seine Vorfahren.« So reicht der Bogen der Darstellung vom armen Taglöhner über den sogenannten Einleger, den Viertel- und Halbbauern bis zum wohlhabenden Hofbesitzer. Die Mehrzahl der Bauern gehört dabei den unteren sozialen Schichten an.

Das alles gibt kein einheitliches Bild, kann es aus vielerlei Gründen nicht geben, nicht zuletzt auch aus der subjektiven Betrachtungsweise Außenstehender. Nehmen wir nur die Bauernkinder auf den Bildern *Ferdinand Waldmüllers*. Sie sind zumeist fröhlich und zufrieden, kaum vergleichbar mit den meist steifen und oft sogar hohl blickenden Bürgerkindern. Und nun vergleichen wir diese idyllische bäuerliche Kinderwelt mit einer fast gleichzeitigen Erzählung des jüdischen Schriftstellers *Ignaz Heller,* der die Welt der böhmischen Bauern überwiegend in düstern Farben zeichnet: »Es ist noch nicht genugsam erklärt, warum man utopische Dinge böhmische Dörfer nennt, aber soviel ist gewiß, daß ›stockböhmische‹ Dörfer, zumal abseits der königlichen Straßen, so ziemlich abseits der Welt liegen. Da stehen niedere Hütten, deren Strohdach man mit der Hand erreichen kann, ohne eben ein Riese zu sein, und darin wohnt ein mürrisches, finsteres Geschlecht gedankenleer und würdelos wie das Rind, das hart an der Wohnstube wiederkäut. Die Idylle, die ihre Traumbilder so gern in die Dörfer verlegt, findet hier keinen Stoff. Da tönt kein fröhliches, sorgloses Lied aus dem kleinen Fensterchen, durch welches die Bewohner der Hütten kaum den Kopf stecken können. Halbnackte, schmutzige Kinder wälzen sich vor der Türe und glotzen den vorübergehenden Fremden mit dummer Verwunderung an. Auf roh gezimmerter Bank sitzt hier und da ein müder Bauer, einen weithin riechenden Pfeifenstummel im Mund; aber auf den dicken Falten seiner Stirne, auf seinen gebräunten, ledernen Wangen wohnt nicht die vielgerühmte patriarchalische Heiterkeit, da steht eine trübe, trostlose Geschichte von Knechtschaft und Mühsal geschrieben. – Entsprechender Genoß ist der Haushund, eine unedle, dickköpfige Rasse. Unwirsch und tückisch ist sein Blick, unmelodisch sein Gebelfer; doch beißt er nicht leicht, er ist ebenso furchtsam als unfreundlich; nur gehetzt wird er gefährlich wie sein Herr, der böhmische Bauer. Nicht erquicklicher sieht es im Innern aus. Eine einzige Stube mit geschwärzten Wänden und hölzerner Decke ist Wohn- und Schlafzimmer der ganzen Familie. Ein gewaltiger Ofen, aus Backsteinen gemauert, verschlingt den vierten Teil des Raumes und strömt eine dörrende Hitze in die Stube, wenn der Bauer darin sein schwarzes Brot backt. Zu ihm hinauf führen gemauerte Stufen. Da oben schlafen die Mägde und die

Kinder des Hauses. Ein langer, meist rotgefärbter Tisch und einige plumpe Schemel, auf denen schon die Ahnen gesessen, machen das Möblement, und von der Wand blickt finster der Gott dieser Leute, ein roh geschichtetes Bild mit verzerrten Zügen, auf dem blutig entstellten Haupt die unvermeidliche Dornenkrone. – Da ist kein Zeitungsblatt anzutreffen, das dem geknechteten Enkel der furchtbaren Hussiten von seinen Rechten spräche, das von Ländern spräche, die jenseits der Bergkette liegen, hinter welcher ihm die Sonne aufgeht, um ihn zu rastloser Arbeit zu rufen. Kein Buch verliert sich hierher, das einen bessern Gott lehrte als das grause Bild an der geschwärzten Wand seiner Stube. Selbst das unsterbliche Volksbuch mit den tröstlichen Sprüchen und zündenden Gedanken, die Bibel, ist noch nicht siegreich eingezogen in diese trostlosen Hütten. – Er hätte auch wenig Zeit zum Lesen, der böhmische Bauer; seine Tage sind fortwährendem Dienst gewidmet. Drei Tage der Woche front er dem Gutsherrn, drei Tage ist er Knecht des eigenen Ackers, und Sonntag dient er der Madonna in der Kirche. Doch nach dem Essen am Feiertage hätte er einige Muße, er kann jetzt ruhig verdauend durchs Fensterchen der Hütte blicken. Aber auf was trifft sein Auge? Auf einen angesammelten Düngerhaufen, aus dem ihm ein schönes Stück Arbeit für den Herbst anlächelt. Und wenn er lange genug in diese schöne Zukunft geblickt, überkommt ihn ein traumloser Schlummer, um den ihn wohl mancher Große und Reiche beneiden würde. Er aber teilt dieses Glück mit dem Jochträger im Stall, mit dem vielgetretenen Hund an der Kette.

Gesprochen wird wenig in den Hütten dieser Bauern; man hat sich nichts zu sagen. Gedanken, nach Mitteilung drängend, blitzen nicht auf in diesen regungslosen Seelen; Gefühle, Teilnahme heischend, pochen nicht in diesen Herzen, die hart gestampft sind wie die Tenne ihrer Scheune. Alles geht die langen Jahre hindurch den steten Schritt an der Schnur der Gewohnheit. Wie es der Vater vom Ahn gesehen, lernt es lautlos nachahmend vom Sohn der Enkel. Nur der Kirchtag und das Hochzeitsgelag unterbrechen den gleichen Gang der lebendigen Maschine. Da braust der Bauer auf in wilder Lust, da zerschmettert er, berauscht von Bier und Branntwein, die Gläser, aus denen er Freude getrunken, da rauft er sich blutig mit dem Nachbarn, der ihm befreundet und verschwägert. So würde er auch das Schloß der Herrschaft zertrümmern und seine Vögte zu Boden schlagen, wenn – eine berauschende Idee durch sein Gehirn strömte. Aber die Oberen sorgen dafür, daß es ewig windstille bleibe in den Dörfern und daß des Sklaven Auge nie weiter sehe als die Furche entlang, deren harte Schollen seine rohe Kraft abmüden.«

Sicher haben beide ihre Berechtigung, die Bilder *Waldmüllers* wie die Schilderung *Hellers,* und doch gab es bei allen zeitlichen, regionalen und sozialen Unterschieden gerade im Hinblick auf die Familie und die Kinder einige Gemeinsamkeiten oder doch gewisse Verhaltensmuster, die sich für den Gesamtbereich der habsburgischen Länder nachweisen lassen. Sie unterscheiden sich in den Grenzgebieten übrigens wenig von den Nachbarländern, im Bereich der Alpenländer etwa zu Bayern oder der Schweiz, im nördlichen Böhmen zum benachbarten Sachsen, in Österreichisch-Schlesien zu Preußisch-Schlesien, in Bosnien und der Herzegowina zu der Türkei. Was beispielsweise *Ulrich Bräker,* der »Arme Mann im Tockenburg«, von seinen Kinderjahren um 1740 erzählte, dürfte mit nur geringen Abweichungen in ähnlicher Form auch für das benachbarte Vorarlberg gelten, von dem wir aus dieser Zeit kein bäuerliches Selbstzeugnis besitzen.

Die Familie

Stärker als beim Adel und beim Bürgertum bildete die Familie den Mittelpunkt der bäuerlichen Gemeinschaft. An ihrer Spitze stand der Bauer als der »Hausvater«. Hinter diesem idyllisch anmutenden Begriff verbarg sich die absolute Autorität über die Familienmitglieder, über Ehefrau und Kinder, aber auch über das Gesinde. Der Soziologe *Max Weber* hat sich eingehend mit diesem Patriarchat auseinandergesetzt. Für die Kinder als Familienmitglieder bedeutete das absolute Unterordnung, wobei *Weber* betont, daß letztere auf einer Mischung aus Tradition und Pietät bestand. Die Familie bildet den gesellschaftlichen Kosmos, der sich höchstens noch in der dörflichen Gemeinschaft etwas weitete. Diesen doppelten Rahmen zu durchbrechen war ungemein schwierig. Die bäuerliche Familie

Ferdinand Georg Waldmüller, Großvaters Geburtstag, 1845

war zugleich auch eine Produktionsgemeinschaft, die einen Großteil dessen, was sie zum Leben benötigte, selbst erzeugte. Den Kindern kam in ihr ein fester Stellenwert zu. Sicher wurden sie auch von den Eltern geliebt, aber man brauchte sie weit weniger als Erfüllung des Familienlebens, sondern ganz nüchtern als Vorschuß auf die Zukunft, als einkalkulierte billige Arbeitskräfte und als eine Art Altersversorgung. Zwar hat in dieser Hinsicht das alte Sprichwort, daß eine Mutter besser zehn Kinder ernähren könne als zehn Kinder eine Mutter, seine allgemein menschliche Berechtigung, aber grundsätzlich waren viele Kinder die dringend notwendige Versicherung für das Alter. Mehr noch waren sie von verhältnismäßig früher Jugend an als billige Hilfen am Hof eingeplant. Sie waren damit in einen Arbeits- und Sozialkreislauf eingegliedert, der ihnen zwar den notwendigen Lebensunterhalt garantierte, aber auch nicht mehr. Es war fast ein Teufelskreis, aus dem nur die erbberechtigten ältesten Söhne und jene Töchter ausbrechen konnten, die heirateten. Nicht erbberechtigte Söhne versuchten überall, sich später einmal wenigstens so viel zu sparen, daß sie ein kleines Stück Land erwerben und damit unabhängig werden konnten. Am schlimmsten daran waren die unverheirateten Mädchen, die als »Tanten« häufig auf dem elterlichen Hof beim Bruder blieben und weidlich ausgenutzt wurden.

Eine eigene Gruppe, die nicht übersehen werden darf,

bildeten die außerhalb der Familien stehenden Kinder, die Findelkinder und Waisen. Sie mußten zumindest bis zum 7. Lebensjahr von den Gemeinden versorgt werden. Entsprechend hart war ihr Los. Manchmal wurden sie buchstäblich herumgereicht, aßen »im Lauf der Jahre abwechselnd in allen Häusern das nicht immer gütig gegebene, aber oft durch Arbeit überzahlte Brot«. Manche fanden eine mitleidige Bauernfamilie als Ziehstelle, wo sie mit den Kindern des Bauern gemeinsam aufwuchsen, andere wurden für ein schmales Zehrgeld der Gemeinde versorgt, das kaum zum Leben reichte, doch für die Kosteltern noch einen Gewinn abwerfen sollte. Es gab aber auch verantwortungsbewußte Gemeinden, die darauf achteten, daß die kleinen Kostgänger zu vernünftigen Familien kamen. Der mährische Erzähler *Jakob Julius David* berichtet in seinem Roman »Das Blut« von der Jugend eines solchen Dorfwaisenkindes: »Eine tolle Laune des Zufalls hatte den Jungen hierher vertragen, dem in der fernen Großstadt die Mutter für nun und alle Tage schwieg. Da sie heimgegangen, hatte der Arm des Gesetzes nach ihrem Kinde gegriffen. Von einem großen, wüsten Hause erzählte er dann, dessen Insassen die freie Luft nur selten, nur zu bestimmten Zeiten, nur strenge überwacht auf einem öden Hofraum atmen durften, auf den auch nicht der Schatten eines grünen Blattes fiel. Dort hatte er Monate verbracht, denn niemand wollte sich seiner erbarmen. Ihm waren Strolche und Diebe Genossen gewesen; mit ihnen auf hartem Holzlager schlief er, teilte ihre Mahlzeiten, vernahm ihre wüsten Reden, atmete den Dunstkreis des Elends und des Verbrechens. Derweilen aber suchte und forschte man, wo er wohl

Ferdinand Georg Waldmüller, Das Tischgebet, 1864

Mathias Schmid, Karrenzieher in Tirol

zu Hause sei, bis man ausfand, in einem weltfernen Dorfe Mährens sei sein Großvater vor Jahren ansässig, begütert und heimatberechtigt gewesen. Dorthin sendete man den Knaben, einen üblen Gast, der niemandem gelegen kam und gegen den man sich wohl verwahrt hätte, wäre die Lage der Dinge nicht zu klar gewesen, den man nun mindestens entgelten ließ, was er nicht verschuldet und was ihn selber zu allerhärtest betraf.

Die Schütte Stroh fürs Lager, den Bissen Brot, daß er nicht verhungere, weigerte man ihm nicht. Ihm mehr zu geben, ihn auch nur das unvergällt genießen zu lassen, das wäre jedem ein Unrecht erschienen. Er mußte wissen, daß er das Gnadenbrot des Dorfes genieße, mußte erkennen, wie sehr er jedem verschuldet sei, wie wenig als ihresgleichen sie ihn betrachteten. Oder war er bei seiner Schwachheit auch nur zu den geringsten Diensten nütze? Er war als ein Fremder gekommen, niemand wünschte, daß er bleibe, und täglich sang man ihm das Lied, wie froh man sein werde, wüßte man ihn erst wieder draußen. Und die Kinder taten's den Alten nach; ging Eduard Böhm aus der Schule, dann umschwärmte ihn die Jugend, Krähen, die eine kleine Eule aufgespürt haben, der er mit seinen kurzsichtig blinzelnden Augen, dem schwarzen Haarschopf in der Stirne, dem schüchternen und feindseligen Gesichte auch schier glich. Nur daß ihm die Wehrhaftigkeit des Kauzes gebrach, nur daß ihn Feindseligkeiten nicht mehr erregten.«

Die Eingliederung der Kinder in den bäuerlichen Arbeitsprozeß erfolgte in ganz Europa schon sehr früh, warum sollten hier die österreichischen Länder eine Ausnahme bilden? Aber es wäre wohl falsch, gleich von Kinderarbeit zu sprechen, besser schon von Kindermitarbeit. Der Sozialstatus der Familie spielte dabei sicher eine gewisse Rolle, in wohlhabenderen Familien

Ferdinand Georg Waldmüller, Reisigsammler im Wienerwald, 1855

konnte man den Kindern eher eine gewisse Freiheit gönnen als in ärmeren. Aber auch der jahreszeitliche Rhythmus der Feldarbeit wirkte sich aus, im Sommer war die Belastung überall stärker als im Winter. Meistens wurden die Kinder mit sieben bis acht Jahren, in Bosnien häufig sogar schon mit fünf zu Hilfe in Haus und Garten, vor allem aber auch zur Versorgung des Kleinviehs herangezogen. In Dorfgeschichten und in Märchen und Sagen ist deshalb häufig von Hirtenjungen, Gänsehirtinnen und anderen die Rede. Vorbilder und bis zu einem Maße Lehrmuster waren für die Jüngeren meist die älteren Geschwister. Die Kinder lernten rasch und fügten sich im allgemeinen ganz selbstverständlich in den Arbeitsalltag. Da es für alle genug zu tun gab und jeder seinen Platz hatte, kam es auch selten zu Überforderungen. Im Gegenteil, da es für die verschiedenen Altersstufen bestimmte abgegrenzte Arbeitsbereiche gab, bedeutete die Zuweisung einer schwierigeren Arbeit oft gar nicht eine Belastung, sondern eher eine Auszeichnung und einen Vertrauensbeweis. Was es für einen Jungen bedeutete, erstmals zu einer verantwortungsvollen Arbeit herangezogen zu werden, erzählt ganz stolz *Peter Rosegger*. Er berichtet, wie er das erstemal pflügen durfte und sich danach beim gemeinsamen Mahl am Familientisch fühlte: »Es dauerte lange, bis endlich zur Mahlzeit oben beim Hause die Mutter auf dem Söller stand, wie einst die Ahne, zwei Finger in den Mund hielt und einen Pfiff ausstieß, den der Waldschachen so prächtig nachmachte. Ich ließ die Handhaben los und gestand mir's: so schön habe die Mutter noch gar nie gepfiffen. Dann ging's zum Mittagessen. Ich hütete mich wohl, mir die Erde von den Händen zu reiben, den eben diese Kruste gab mir das Ansehen: Ich war nicht mehr der Halterbub, ich war der Pflughaber, hatte die gleichen Rechte mit den Knechten; ich saß neben dem Vorknecht und bestrebte mich, gewichtige Reden zu führen. Man sprach über meine Leistung; da schwieg ich, denn meine Leistung verstand sich von selber.«

Andere Arbeiten hatten von vornherein einen gewissen spielerischen Charakter und waren doch nützlich für die Familie, wie etwa im Wald das Beeren-, Pilze- oder Reisigsammeln. Zu den lukrativen, allerdings nicht alltäglichen »Arbeiten« – oder hier wohl eher Verdienstmöglichkeiten – gehörte für Jungen das Kegelsetzen an den Wochenenden im Dorfwirtshaus; denn dabei gab es ja immer klingenden Lohn und häufig sogar ein Trinkgeld, so daß es ein Kegelbub durchaus an einem Abend mit dem Tagesverdienst etwa eines Tagelöhners aufnehmen konnte.

Nicht typisch für die ganze Monarchie, wohl aber kennzeichnend für die Zeit war noch eine andere Art bäuerlicher Kinderarbeit, die fast schon als eine Art Sklavenhandel bezeichnet werden kann. Das ganze 19. Jahrhundert hindurch, vereinzelt sogar noch bis nach dem Ersten Weltkrieg wurden nämlich arme Bauernkinder aus Tirol und Vorarlberg alljährlich im März in die reichen Orte am Nordrand des Bodensees zum »Kindermarkt« geschickt, wo sie sich für die Sommermonate als Hütebuben und -mädchen für die Stallar-

Kindermarkt in Ravensburg, 1895

beit und ähnliche leichtere Arbeiten verdingten. Wie manche oft aus der Not erwachsene Lumperei mit Kindern war alles glänzend organisiert, man dachte sich weder in der Heimat noch in Schwaben allzuviel dabei, sogar Pfarrer und Lehrer waren an der Organisation beteiligt. Die jüngsten Kinder, die hier verhandelt wurde, waren manchmal gerade erst sieben, die ältesten höchstens vierzehn Jahre alt. Wenn sie nach langem, beschwerlichem Fußmarsch, in Gruppen organisiert und oft unter der Aufsicht des Pfarrers, in die Bodenseestädtchen kamen, wurde regelrechter Menschenmarkt abgehalten. Ein Kenner der Verhältnisse beschrieb einen solchen Markt noch 1912: »Nicht ohne Mühsal und Leiden langten die Kinder endlich im Schwabenland an und wurden in den Straßen oder auf den Marktplätzen von Ravensburg, Tettnang etc. aufgestellt, ein förmlicher Menschenmarkt, ein Sklavenmarkt, eine Sklaverei, welche allerdings in einer bestimmten Zeit wieder aufhörte. Da standen denn zum Beispiel in der Bachstraße vor dem Gasthof Zur Krone in Ravensburg oft mehrere hundert solcher Kinder an einem Wochenmarkttage des Frühjahrs beisammen, in weißen Leinwandhöschen und Jäckchen die Knaben, in duftigen Röckchen die Mädchen, das Gewand bei allen so dünn, daß der Wind durchspielte. Von Schuhen und Strümpfen oft keine Spur, ebenso fehlte jede Kopfbedeckung. Mit nackten, rot angelaufenen Füßen, erfrorenen Nasen und bloßem Kopfe harrten sie an einem oft sehr rauhen Märztage des Schicksals, das ihrer wartete… Lauter stämmige Hofbauern begannen die Kinderschar zu mustern… ›Was kostet das magere Bürschlein?‹ – ›6 Gulden!‹ war die Antwort. ›Seid ihr bei Trost, der Bub ist nicht einmal groß genug, um einem Kalb in die Augen sehen zu können!‹«

Welche Tragik liegt in den Worten eines anderen Augenzeugen: »Mit abgewendetem Gesicht, bitter weinend, peitscht ein Vater sein Kind, welches das erstemal ins Schwabenland gehen mußte, mit der Rute, damit es einerseits eher gehe und andererseits unterm Sommer vom Heimweh weniger geplaget werde.«

Immerhin hatten die Kinder das Recht, über ihren neuen Dienstherrn selbst entscheiden zu dürfen. Hatten die älteren mit einem Bauern schlechte Erfahrungen gemacht, warnten sie ihre jüngeren Gefährten entsprechend. Die Sommer waren für die Kinder hart. Sie

Ferdinand Georg Waldmüller,
Kinder, die Seifenblasen machen, 1842

mußten nach zeitgenössischen Aussagen jeden Morgen um halb vier Uhr, während der Heuernte sogar schon um drei Uhr aufstehen und wurden abends bis acht oder neun beschäftigt. Der Lohn war gering, lag bei einigen Gulden für die Zeit von März bis Oktober und kam nicht einmal den Kindern selbst zugute, sondern deren Familien.

Nur bei den Ärmsten wurde die Arbeit zum Zwang, im allgemeinen blieb genug Zeit für kindliches Spiel, im Gegensatz zu den bürgerlichen Familien ohne Betreuung und Aufsicht. Spielgefährten waren die Geschwister, soweit sie Zeit hatten, und die anderen Kinder aus dem Dorf. Spielzeug gab es dabei nur sehr wenig, vor allem kein gekauftes. Dafür war im allgemeinen kein Geld da, wenn auch das Angebot die Nachfrage regulierte und beeinflußte. Wandernde Hausierer und vor allem Jahrmarktshändler boten seit dem 19. Jahrhundert billiges Holzspielzeug feil und fanden ihre Käufer. Im allgemeinen war die bäuerliche Familie aber auch beim Spielzeug sozusagen autark. Der Bauer und die Knechte nutzten gerne die Ruhe der langen Winterabende, um einfaches Spielzeug für die Kinder zu basteln. Ein Puppenkopf und -körper waren rasch geschnitzt, die Bäuerin konnte dann aus ein paar Flicken ein passendes Kleidchen dazunähen. Genauso leicht waren Steckenpferde oder Wäglein gebastelt. Geschickte Schnitzer schufen ganze Bauernhöfe, Kreisel und Reifen waren ebenfalls leicht zu fertigen, die begehrten Schusser mußten nur aus Ton geformt werden. Sehr beliebt waren bei Kindern merkwürdigerweise Stelzen und Stelzenlauf, im Sommer wurde viel Ball gespielt, im Winter gerodelt. Daneben gab es aber noch genug von Spielzeug unabhängige Spiele, die sich nach der Jahreszeit richteten: Wettlauf und Versteckspiel, letzteres im Sommer gern hinter den Heuhaufen, nicht zu vergessen unter den Buben das Soldatenspiel. Zu Raufereien kam es immer wieder, sei es unter der Dorfjugend oder zwischen Jugendlichen aus verschiedenen Dörfern. In den Sprachgrenzgebieten, die ja häufig nicht identisch waren mit Verwaltungs- oder Staatsgrenzen, konnten solche Raufereien leicht eskalieren und Wunden schlagen, die sich noch viele Jahre später unter den Erwachsenen auswirkten. Merkwürdigerweise hinderte das aber nicht daran, daß immer wieder die Schwestern der Kontrahenten gerade in das andere Lager heirateten!

Erziehung und Schule

Bis weit in die zweite Hälfte des 19. Jahrhunderts spielte die Schule im Dorf nur eine untergeordnete Rolle. Sie war gewissermaßen Luxus, mochte sie auch noch so einfach und fast primitiv sein, wie sie etwa *Peter Rosegger* liebevoll schildert. Schulbesuche beschränkten sich bei den Kindern, die schon stärker in den familiären Arbeitsprozeß eingegliedert waren, vorwiegend auf die Wintermonate. Aber Schule war nicht alles. Weit stärker als heute waren die Kinder eingegliedert in einen Erziehungsprozeß der Familie, dessen Ziel in erster Linie Erziehung zur Arbeit und Eingliederung in die bestehende Sozial- und Gesellschaftsordnung bedeutete.

Ferdinand Georg Waldmüller, Nach der Schule, 1841

Unter solchem Gesichtspunkt gesehen, gab es genug bewußte und unbewußte Miterzieher in der bäuerlichen Familie. Unangefochten war die Stellung des Vaters als Familienoberhaupt. Ihm hatte man sich unterzuordnen, wie er sich seinerseits der Obrigkeit unterordnete. Aber Kinder lernten ihn meistens nur in der Arbeitssituation, im steten Kampf um das tägliche Brot, kennen. Der Mutter blieb bei dem belastenden Haushalt häufig nur wenig Zeit, sich um die Kinder zu kümmern. Das begann schon beim Kleinkind, das als »Wickelkind« fest in Wickelbett und Wiege eingepfercht und damit ruhiggestellt war. Die Großmutter, gelegentlich aber auch der Großvater oder die älteren Geschwister mußten sich um die Kleinkinder kümmern. Alte Mägde, die zu anderen Arbeiten nicht mehr taugten, konnten ebenso die Aufgabe der Kindererzieherinnen übernehmen wie junge Mädchen aus kleinbäuerlichen Schichten, für die es daheim wegen der zu geringen Größe des elterlichen Besitzes nicht genug

Arbeit gab und die sich daher als »Dienstmägde« verdingen mußten: »Hatte ein Häusler viele Kinder, so kamen sie schon früh zu einem Bauern: die Buben als Halter, die Mädchen als Kindermädchen, als ›Kindsmenscha‹. Meist geschah das mit neun oder zehn Jahren, oft auch schon früher. Mit sechs Jahren von den Eltern weg zu sein war jedoch eine Seltenheit... Diese ›Kindsmenscha‹ wurden von allen Bauern sehr gern genommen. Konnten sie doch neben dem ›Kinderstillen‹ (Kinderbeaufsichtigen) auch in der Küche helfen und außerdem die Arbeiten des Halters (den sich der Bauer somit ersparte) übernehmen...«

Unter den im allgemeinen nicht sehr zahlreichen jüdischen Bauern konnten alte Rabbiner die Aufgabe des Lehrers übernehmen. In der Dorfgeschichte »Die Kinder des Randars« erzählt der aus Mittelböhmen stammende Schriftsteller *Leopold Kompert* von einem »Schnorrer«, also einer Art Berufsbettler, wenn man so sagen will, der zum Lehrer für einen kleinen Jungen wurde: »Der folgende Tag war ein Sabbat. Nachmittags ging der Schnorrer mit Moschele seinen gewöhnlichen Gang übers Feld. Mendel war heute sehr schweigsam, der Knabe schritt neben ihm her, ohne ein einziges Märchen gehört zu haben. Wegen der heißen Sonne suchten sie Schatten, und ohne bestimmte Richtung gingen sie auf den kleinen Erlenwald zu, der nicht weit vom Randarhof seinen grünen Schatten wirft. Das Licht spielte anmutig durch die Bäume, es tat wohl, unter den flüsternden Blättern in dem allgemeinen Schweigen der Natur zu wandeln. In seiner Herzenslust streckte Moschele die Hand nach einem niederhängenden grünen Zweig aus und wollte ihn abbrechen.

›Gott sei davor‹, rief der Bettler, der aus seinem Sinnen erwachte, ›vergißt du, daß Schabbes ist?‹

›Ist es denn so eine Sünd'?‹ lächelte der Knabe ungläubig, ›so ein schöner grüner Zweig!‹

›Sei still‹, sagte der Schnorrer halb unwillig, ›meinst du, Gott habe uns den Schabbes gegeben, daß wir in den Wald hinausgehen und die Zweig' abbrechen? So ein Zweig will auch Ruh haben, wie der Mensch. Nicht wahr, dein Vater läßt heut nicht arbeiten und nimmt kein Geld in die Hand? Und was das schlechte Stück Silber genießt, was in der Erde ist gelegen, sollt' so ein grüner Zweig nicht auch genießen? Tu das nicht mehr, Moschele, und gib mir die Hand darauf, du willst am heiligen Schabbes keine Zweig' mehr abbrechen.‹

›Ich will's nicht tun‹, sagte Moschele und an dem Tone, womit der Knabe diese Worte aussprach, erkannte der Schnorrer, daß sie ihm aus der Seele kamen. Ein freudiger Schimmer überflog sein Angesicht, er sah den Knaben mit inniger Rührung an.

›Komm, Moschele‹, sprach er nach einer Weile, ›ich will dir heut etwas sagen, was mir schon lang die Brust herabdrückt, daß ich dir's nicht hab sagen können. Jetzt ist aber die Zeit dazu. Gott der Allmächtige weiß, ob ich auf den Weg nicht werd sterben oder was aus mir wird werden. Und ich will nicht, du sollst Mendel Wilna vergessen, du sollst denken an ihn.‹

Mit diesen Worten warf er sich unter einen Baum, Moschele lagerte sich neben ihn. Eine wahre Sabbatruhe waltete durch die Natur, es war, als hielte sie alle ihre Stimmen an sich, um mit dem Knaben auf die Reden des Schnorrers zu lauschen.«

Welche unerwarteten »Erziehungsprobleme« manchmal für befreundete Christen- und Judenkinder in einem Dorf auftauchen konnten, schildert *Kompert* in der gleichen Erzählung: »Der Sabbat war schuld, daß die Freundschaft zwischen den Kindern nicht recht aufkeimen konnte. Da brauchten nämlich Moschele und Annele nichts zu lernen, dafür ging Honza zum Pfarrer; am Sonntag aber kam der Rebbe aus dem Ghetto, und da war wieder Honza frei. Sie trafen sich daher nicht so oft, als sie wollten.«

Die Dorfschulen waren die Sorgen- und zugleich auch Stiefkinder im Schulwesen der Monarchie. Solange sich die allgemeine Schulpflicht nicht durchgesetzt hatte bzw. durch Gesetz noch nicht festgelegt war, handelten die Bauern nach Gutdünken, schickten die Kinder manchmal gar nicht, manchmal, wie wir schon hörten, im Winter zur Schule. *Rosegger* hat ja in der »Waldheimat« auf der einen Seite die Probleme durchaus richtig angedeutet, auf der anderen dann aber ein geradezu idyllisches Bild gezeichnet, das in seiner Art bestimmt auch nur eine Ausnahme bildete. Etwas nüchterner hat *Felder* seinen ersten Schulbesuch geschildert: »Eines schönen Morgens im November holte Seppel, welcher vor kurzem vom Tannberge heimkam, mich in die Schule ab. Der Vater gab mir das Weihwasser, während die Mutter sich die Augen wischte. Ich hatte mich recht auf die Schule gefreut, aber die Ängstlichkeit meiner

Eltern machte mir etwas bang. Das währte jedoch nur, bis ich meinen Platz ganz hinten im untersten Stuhle der kleinen dunklen Schulstube bei den ABC-Schützen gefunden hatte. Vor allen diesen lag noch das Täfelein (Anm.: die Papptafel mit dem Buchstaben des ABC), welches ich nur noch mithatte, um zu zeigen, daß ich's vorsich und hintersich (Anm.: von vorne bis hinten und umgekehrt) aufsagen könne. Ich tat es auch ganz herzhaft, und der erfreute Lehrer klopfte mir freundlich auf die Achsel und sagte: ›richtig – wenn du deine Sache schon so gut machst, dann darfst du auch nicht mehr so ganz im Dunkel bleiben. Komm nur da vorn heraus, denn du bist der erste von den diesjährigen, der ein Namenbüchlein bekommt‹… das war mir anfangs der Sporn zu Fleiß und Ausdauer. Hundert Kinder hierzulande haben weder diesen noch einen anderen. Vom Lehrer hören sie von frühester Jugend an nichts Besseres, als daß er sie schon gehörig mustern (Anm.: derb zurechtweisen) und eine Menge Ruten an ihnen zerschlagen werde. Wer den armen Geschöpfen die größte Furcht vor dem Lehrer einzujagen vermag, glaubt diesen am besten vorgearbeitet zu haben. Lust am Lernen zu wecken fällt wenigen Eltern ein; vielmehr muß es der Lehrer fast für eine Gnade halten, daß man ihm auch diejenigen Kinder zuschickt, welche schon irgendeinen Kreuzer verdienen können. Da glauben dann die Kinder, man müsse nur dem Lehrer zuliebe lernen, und wähnen, diesem durch ihre Nachlässigkeit einen rechten Possen zu spielen.«

Betrachtet man dann noch *Waldmüllers* Gemälde »Nach der Schule«, das eine Dorfschulszene um 1841 zeigt, begegnet einem auch hier wieder die Idylle. Die Bauernkinder sind wohlgenährt, trotz der einfachen Kleidung sauber, sie sind herzig und fröhlich zugleich. Der Lehrer mitten unter der munteren Schar ist ein bescheidenes, schmales Männlein. Das dürfte am ehesten der damaligen Wirklichkeit entsprechen. Auffallend ist die große Schar der Kinder, die aus dem Schulhaus herausdrängt. Auch das entspricht der Realität. 60 bis 80 Kinder in einer einklassigen Schule war im allgemeinen die Regel, und man muß schon die Lehrer bewundern, die trotz aller pädagogischen Schwächen und mit nur geringen Hilfsmitteln ihr schweres Amt erstaunlich ordentlich ausübten. *Felder* erwähnt beispielsweise, daß in der Schule außer der Fibel nur noch *Christoph von Schmids* Erzählungen im Unterricht verwendet wurden. Das alles mag einen rückständigen Eindruck machen. Sicher waren zumindest bis zum letzten Drittel des 19. Jahrhunderts die Dorfschulen in den österreichischen Ländern rückständig, aber sie waren gewiß nicht rückständiger als etwa die meisten Dorfschulen im so fortschrittlich geltenden preußischen Königreich oder in anderen deutschen Ländern.

Die schulischen Verhältnisse besserten sich schon nach 1848 mit der Einführung muttersprachlicher Volksschulen und vor allem seit dem »Reichsvolksschulgesetz« von 1869, von dem gerade die Landgemeinden profitierten; denn es bestimmte, daß überall dort, wo sich im Umkreis einer Wegstunde mehr als vierzig Kinder vorfanden, eine Schule eingerichtet werden müsse. Tatsächlich wurden überall in der gesamten Monarchie neue Schulen gebaut. Da die Baulasten allerdings von den Gemeinden getragen werden mußten, wurden diese einerseits zögernd und bescheiden errichtet, es kam aber beispielsweise gerade vor der Jahrhundertwende in Nordböhmen vor, daß sich rührige Dörfer Schulen von ausgesprochen städtischem Charakter hinstellten, die selbst heute noch nicht ganz in ihre Umgebung hineinpassen.

Bei allen Vorteilen brachte dann die Novelle zum Volksschulgesetz gerade für die fortschrittlich eingestellten Kräfte auch manche Nachteile, so etwa für die Landbevölkerung die sogenannten Schulbesuchs-Erleichterungen. Nach sechsjährigem Schulbesuch konnten Kindern auf dem Lande Erleichterungen gewährt werden, sei es durch Beschränkung des Unterrichts auf bestimmte Jahreszeiten, sei es durch Halbtagsunterricht. Solche Erleichterungen, die immer generell für alle Kinder einer Schulgemeinde gewährt wurden, gab es vor allem in den überwiegend ländlichen Gebieten der Monarchie. Eine Ausnahme bildete Böhmen, wo die Schule schon seit der Reform Bischof *Kindermanns* auch in den agrarischen Gebieten höheres Ansehen genoß. So nahmen dort in den deutschsprachigen Gebieten maximal 16, in den tschechischen bis höchstens 23 Prozent der Dorfschulen die »Erleichterungen« in Anspruch, in anderen Landesteilen waren es erheblich mehr.

In Ungarn gab es zumindest dieses Problem nicht, dort bestand Schulpflicht für die Kinder vom sechsten bis zum zwölften Lebensjahr, die 8. Klasse existierte sowieso nicht. Besonders schlecht waren die Volksschulverhältnisse in Kroatien, wo die Bauernkinder zwar schon mit sechs Jahren zur Schule kamen, dort aber nur vier bis fünf Jahre blieben, so daß sie oft mit nur mangelhaften Grundkenntnissen in Lesen, Schreiben und Rechnen entlassen wurden. Auch die Bauern in Ruthenien waren bekannt dafür, daß sie ihre Kinder lieber daheim arbeiten ließen, als sie zur Schule zu schicken. Bis zur zweiten Hälfte des 19. Jahrhunderts kannte man in Ungarn und in Böhmen in den Dörfern die Sitte der Schulwerbung. Da schickten am St.-Gregors-Tag (12. März), an dem alljährlich das Schuljahr begann, die Schulmeister einige ältere Schüler mit Fahnen und Trommeln durch die Dörfer, um dort für den Schulbesuch zu werben. Diese sangen dabei das Lied von Doktor St. Gregorus:

Učitele velkého,	Den heiligen Gregor,
Řehoře svatého	Den großen Lehrer,
Dnes my žáci slavnost máme,	Feiern wir heute
Radujem se z toho.	Und freuen uns dessen.
Kdo své dítky miluje,	Der da liebt die Kinder,
Vede je k dobrému,	Sie führt zum Guten,
Posílejte je do školy	Daß sie es lernen,
At se učí tomn.	Sie schickt zur Schule.
Nejprve Boha znáti,	Daß Gott den Schöpfer
Stvořitele svého,	Sie kennenlernen,
V víře je vyučovati	Im Glauben an Christus
V Krista Syna jeho.	Wissend werden.
Pakli žáčka nemáte,	Habt ihr keine Schüler,
Na papír námdejte	Gebt einen halben
(po grošičku dejte)	Groschen,
Jedním grošem nebo dvěma	Durch einen oder zwei
Málo ochudnete.	Verarmt ihr wenig.
Budete mít odplatu	Lohn werdet ihr haben
V tom nebeském ráji,	Im himmlischen Reiche,
Kde svatý Řehoř přebývá	Wo der heil'ge Gregor
Pána Boha chválí.	Lobsingt dem Herren.
Přídavek.	Nachsatz.
Jestli nám nic nedáte,	Wenn ihr nichts uns gebt,
A nás rozhněváte,	Und uns erzürnt,
Všecky hrnce vám potlučem	Dann weh allen Töpfen
Co v polici máte.	In Euerm Schranke!

In den Häusern warteten schon die Kinder mit gefüllten Ränzchen und Körbchen und zogen den Fahnen nach durch das Dorf zur Schule. Der Unterricht selbst beschränkte sich wie überall in den Dorfschulen auf Lesen, Schreiben und Rechnen, wobei die Mädchen häufig gar nicht erst im Schreiben geübt wurden. Ein Großteil der Zeit wurde mit religiösen Übungen zugebracht. Kein Wunder, wenn die Bauern häufig den Schulbesuch als vertrödelte Zeit ansahen, zumal die Kinder in verschiedenen Gegenden dem Lehrer nicht nur die gesamte häusliche, sondern auch die leichte Feldarbeit erledigen mußten, die Schule sauber hielten und im Winter das Heizen übernahmen, wozu jeder Schüler zwischen Allerheiligen und Georgi vormittags wie nachmittags je ein Scheit Holz in die Schule mitzubringen hatte.

Die Stellung des Lehrers im Dorf und seine Einschätzung durch die Jugend hat *Felder* mit wenigen Worten gut umrissen. Er war meistens abhängig von der Gunst der Bauern. *Ludwig Anzengruber* hat das treffend in seinem Roman »Der Schandfleck« beschrieben: »Ganz zuletzt kam dem Lehrer der Einfall, der vielleicht jedem anderen zuerst gekommen wäre, sich an den Vater seiner nachlässigen Schülerin zu wenden, aber für den ängstlichen Mann war es eben kein Kleines, dem Angesehensten im Orte und weit in der Runde zu sagen, dein Kind ist weniger anstellig als die nächstbeste Kleinhäuslersrange, die mir mit bloßen Füßen in die Schulstube gerannt kommt.

›Nichts für ungut, Grasboden-Bauer‹, sagt er dann eines Tages, ›aber ich kann dein'm Dirndl kein' Vakanz mehr verstatten, hm, hm, es ging wider mein Gewissen, sie bleibt mir hinter alle zurück, hm, hm, und wenn du sie prüfen ließest und sie bekäm ein schlecht Zeugnis, das wär' mir eine ewige Schand', hm, hm, ja, denn wie rechtschaffen du mich für mein' Sach' bezahlst, möcht's schier aussehen, als käm' ich nicht dafür auf, hm, hm, und da tät' ich wohl bitten, du verhielt'st mir's dazu, daß sie auch an Donnerstagen und Sonntagen Lehrstunden nimmt!‹«

Etwas besser ging es da schon dem Pfarrer als einer wichtigen Respektsperson und Vertreter der Obrigkeit im Dorf bei den Alten wie bei der Jugend. Manchmal waren Lehrer oder Pfarrer die Talentförderer, die für Jungen den Weg ebneten aus der drückenden Enge des

Dorfes in eine bessere Zukunft. Nicht immer allerdings mit der uneingeschränkten Zustimmung der Eltern, vor allem nicht, wenn mit einem kräftigen Burschen ein Arbeiter verlorenzugehen drohte. *Adalbert Stifter* hat einmal für einen Aufsatz in der »Katholischen Welt« seinen Weg von der Dorfschule in Oberplan zum Gymnasium in Kremsmünster mit nüchternen Worten zusammengefaßt: »Adalbert Stifter wurde am 23. Oktober 1805 in dem Marktflecken Oberplan im südlichen Böhmen geboren. Sein Vater, Johann Stifter, Sohn Augustin Stifters, war Hausbesitzer und Leinweber daselbst. Später trieb er einen kleinen Flachs- und Getreidehandel. Die Mutter Stifters war Magdalena Friepeß, die Tochter des Fleischers Franz Friepeß in Oberplan. Stifter besuchte die Schule in Oberplan und hatte an Joseph Jenne einen vortrefflichen Lehrer, der seine Schüler besonders in Abfassen von Briefen und Aufsätzen übte. Dieser Lehrer gab den Rat, Stifter in das Gymnasium zu schicken. Zu dem Behufe erhielt er von dem Kapellan in Oberplan Vorunterricht in der lateinischen Sprache. Im November 1817 wurde Stifters Vater zwischen Wels und Lambach von dem eigenen umstürzenden Flachswagen erschlagen. Infolge dieser Ereignisse wurde die Gymnasiumfrage in Hinsicht Stifters zweifelhaft, namentlich da ihn der Kapellan von Oberplan für völlig talentlos erklärte. Der Großvater des Knaben Franz Friepeß aber führte denselben im Sommer 1818 in die Benediktiner-Abtei Kremsmünster in Oberösterreich, in der sich ein Gymnasium befand, und stellte ihn dem Lehrer und Priester Placitus Hall vor. Dieser fragte den Knaben um allerlei und sagte dann, man solle ihn nur bringen. Im Oktober 1818 wurde Stifter nach Kremsmünster gebracht und bestand die Aufnahmsprüfung sehr gut.«

Daß unter den allgemeinen mißlichen Umständen und der bäuerlichen Nichtachtung des Bücherwissens von einer heimischen Lektüre der Kinder kaum die Rede sein kann, ist nur zu verständlich. Das einzige Buch neben der Bibel – falls eine solche überhaupt vorhanden war – bildete meistens der Kalender, der von den wandernden Hausierern direkt in die Häuser geliefert wurde. Was ein solcher neuer Kalender bedeuten konnte, hat *Felder* in seinen »Erinnerungen« erzählt: »Das erste Ereignis des Jahres war das Erscheinen des neuen Kalenders. Der Vater kaufte ihn am Neujahrsabend von einem hausierenden Spielmann, welcher, das Neujahr anzeigend, seinem Instrumente so gotterbärmliche Töne abzwängte, daß das Gottle ihn sofort mit einem Geldgeschenk zum Schweigen zu bringen suchte. Gleich nach seiner Entfernung mußte die Mutter ein Licht in die Stube schaffen, daß man sehen konnte, ob der Kalender auch so hübsche Bilder habe wie der, welchen uns im letzten Jahr ein Fuhrmann aus der Schweiz brachte. Das Licht kam. Ich setzte mich neben den Vater an unseren runden Tisch. Das Gottle langte seinen Stock unter dem Kanapee hervor und hinkte auch zu uns herauf. Die Mutter hatte draußen in der Küche die Milch zur Abendsuppe wieder vom Feuer abgestellt, damit ihr, während sie in der Stube bleibe und mit uns sich den Kalender besehe, nicht etwa Schaden aufgehe.«

Von den gleichen Lieferanten kamen auch gelegentlich billig gedruckte Heftausgaben der Volksbücher und Bilderbogen. Romane, wie sie ebenfalls von den Händlern mitgeführt wurden, fanden nur wenig Absatz. Sie waren eher für den bürgerlichen Haushalt bestimmt. Wo die Schulverhältnisse besser waren, wurde auch mehr gelesen. Die seit dem letzten Drittel des 19. Jahrhunderts erschienenen, von Lehrern redigierten Kinderzeitungen gelangten auch in aufgeschlossene Bauernfamilien. Zu ihnen gehörte beispielsweise die ab 1884 erschienene Monatszeitschrift »Österreichs Deutsche Jugend«, die in Nordböhmen herausgebracht wurde, aber in den anderen deutschsprachigen Teilen Österreichs weit verbreitet war.

Kleidung und Wohnung

Auch in der materiellen Kultur der bäuerlichen Welt gab es in der ganzen Monarchie manche Gemeinsamkeiten. Deutlich erkennt man das an der Kleidung der Kinder. In den Büchern ist nur selten von ihr die Rede, sie lohnte einfach keine Beachtung. Warum das so war, beweisen leicht zeitgenössische Bilder. In der bürgerlichen und adeligen Gesellschaft begann sich die Kinderkleidung etwa seit dem Ende des 18. Jahrhunderts allmählich von der Kleidung der Erwachsenen zu unterscheiden. Schon im Biedermeier spielte die Kindermode eine wichtige Rolle. An den Bauernkindern aller-

Kinder in slowakischer Tracht

dings ging sie weitgehend spurlos vorüber. Bis zum Vorabend des Ersten Weltkriegs hat sich da nur sehr wenig geändert. Bei der Werktagskleidung spielten soziale Unterschiede keine Rolle, eher noch regionale. Selbstverständlich unterschied sich der Werktagsanzug eines nordböhmischen Bauernjungen von dem eines Jungen in Bosnien oder in der Herzegowina. Eine einfache Hose und eine Joppe dominierten, die Mädchen trugen Rock und Mieder. An Sonn- und Festtagen war es etwas anders, da zeigte sich schon die soziale Stellung eines Bauern auch in der Kleidung seiner Kinder. Da trugen die Jungen häufig schon eine ähnliche, etwas vereinfachte Tracht wie die jungen Väter. Die Mädchen allerdings blieben auch in ihren Sonntagskleidern einfacher, zumal in der weiblichen Tracht auch Alters- und Standeszugehörigkeit deutlich wurden. Auf einem Holzschnitt in einem der Bände »Die österreichisch-ungarische Monarchie in Wort und Bild« sieht man bei einer Beerdigung Großmutter und Enkelin. Beide unterscheiden sich durch nichts in der Kleidung, das kleine Mädchen ist so angezogen wie die alte Frau. Die Sonntagskleidung konnte schon einmal von einem Schneider angemessen werden, aber bei der Arbeitskleidung galt die feste Regel, daß aufgetragen werden mußte, was eben im Haus vorhanden war. Die älteren Jungen konnten Hose und Jacke aus abgelegten Kleidern des Vaters geschneidert bekommen, die jüngeren übernahmen dann, solange es eben anging, von den älteren die Kleidungsstücke, in die sie hineinwuchsen. Erfahrungsgemäß hatten es die Jüngsten am schlechtesten. Bei den Mädchen war das Grundprinzip nicht viel besser, nur daß sie eben im allgemeinen pfleglicher mit ihren Sachen umgingen.

Die zeitgenössischen Bilder belegen auch, daß zumindest die ärmeren Bauernkinder im Sommer werktags barfuß liefen. Schuhe waren nicht selbstverständlich und konnten geradezu ein begehrtes »Wohlstandssymbol« sein. *Marie von Ebner-Eschenbach* hat das sehr schön im 3. Kapitel ihres Romans »Das Gemeindekind« geschildert: »Sieben Tage vergingen, und am Nachmittage des letzten kam Pavel nach Hause gerannt, in jeder Hand einen neuen Stiefel.

Vinska war allein, als er anlangte; sie beobachtete ihn, wie er das blanke Paar in den Winkel am Herd sich selbst aber in einiger Entfernung davon aufstellte und in stille Bewunderung versank. Freude vermochten seine vergrämten Züge nicht auszudrücken, aber belebter als sonst erschienen sie, und es malte sich in ihnen ein plumpes Behagen.

Einmal trat er näher, hob einen Stiefel in die Höhe, rieb ihn mit dem Ärmel, küßte ihn und stellte ihn wieder an seinen Platz.

Aus der Stube erscholl ein Gelächter, Vinska trat auf die Schwelle, lehnte sich mit der Schulter an den Türpfosten (eine Tür gab es zwischen der Stube und dem Eingange nicht) und fragte:

›Wo hast die Stiefel gestohlen, du Spitzbub?‹

Er sah sich nicht einmal nach ihr um, von antworten war gar keine Rede. Vinska jedoch wiederholte ihre Frage so oft, bis er sie anbellte:

*Trauerzug
Großmutter und
Enkelin sind gleich
gekleidet*

›Gestohlen! Ja just gestohlen!‹
›Du Esel‹, murmelte sie, ›siehst du? Jetzt sagst du's selbst.‹
Der Blick ihrer begehrlichen grauen Augen wanderte abwechselnd von den Stiefeln zu den eigenen nackten, hübsch geformten Füßen. Pavel hatte sich auf die Erde gekauert neben sein neues köstliches Eigentum; es war ihm, als müsse er es beschützen gegen eine nahende Gefahr.«
Ein Kalender für Lehrer in Böhmen aus dem Jahr 1791 bringt eine in diesem Zusammenhang bezeichnende Anekdote: »Zu C... sagte Bauer Mirten zu seinem zehnjährigen Sohne: ›Andreas, du kannst itzt so lange nicht in die Schule gehen, bis du neue Schuhe bekömmst; denn deine alten sind so abgerissen, daß du sie nicht mehr anziehen kannst‹ – ›daß wird mir ja nichts verschlagen, lieber Vater! Ich bitte, laßt mich auch ohne Schuhe die Schule besuchen; der Lehrer zeigt uns so viel Schönes und Nützliches in selber; ich bitte...‹ – ›Schweig!‹ rief Mirten, ›das kann nicht sein; das wäre mir und dir eine Schande‹. – Andreas wollte reden; aber ein Wink vom Vater gebot ihm Stillschweigen, und traurig verließ der Knabe die Stube. – Gevatter Rupert war eben gegenwärtig. Überzeugt, wie nützlich zweckmäßiger Unterricht sey, nahm er vertraulich seines Nachbars Hand, und suchte ihn eines anderen zu bereden. ›Man lernt ja mit dem Kopfe und nicht mit den Füßen‹, sagte er nebst mehreren zu ihm; ›schicket also eueren Andreas immerhin in die Schule: denn unterbrochener Unterricht nützt wenig, und dann wär' es eine Schande für euch, wenn euer Kind nichts lernte.‹«
Die elterliche Hütte bei den ärmeren, der Hof bei den wohlhabenderen Bauern bildeten die Lebenswelt der Kinder. Hatten sich seit dem Ausgang des 18. Jahrhunderts zwar die Wohnverhältnisse im allgemeinen verbessert, so waren sie doch nach unseren Begriffen gerade bei den kleineren Bauern oft erstaunlich schlecht. Wer einmal eines der heute beliebten Museumsdörfer wie beispielsweise das Freilichtmuseum in Bad Tatzmannsdorf im südlichen Burgenland oder Niedersulz

im niederösterreichischen Weinviertel besichtigt, wird erschüttert sein, wie primitiv selbst im ausgehenden 19. Jahrhundert die meisten Bauern noch leben mußten. Aber nicht nur im damaligen Ungarn, auch in dem doch etwas fortschrittlicher geltenden fränkisch-böhmischen Grenzgebiet war es nicht viel anders, wie ein Bericht aus der Zeit um 1800 beweist: »Die Stube selbst ist der kleinen abgestockten Fenster wegen finster, doch reinlich, mitten im Sommer heiß, vom Dampf der Bratröhre und der Ofenhäfen für den Städter peinigend, und mit Tausenden von herumsummenden Mücken und von dem Gezirpe der Grillen angefüllt. Die Gesellschaft der Familie und der Gäste vermehren übrigens das Gesinde, junge Schweine, Ziegen, für die neben der Türe in der Ecke durch ein breites quer angebrachtes Brett eine Stallung gemacht ist, Hühner usw., die alle auch ihre Stimme hören lassen. Die Auszierung der Stube hingegen sind außer den nötigen kleinen Gerätschaften Bänke an der Wand und um den Ofen, neben und um denselben ein an der Decke befestigtes Geländer zum Aufhängen und Trocknen, über der Türe ein Brett zum Aufbewahren der rauchigen aus dem Kalender, Gesangbuche, der Bibel und einigen unbedeutenden, alten und abergläubigen Schriften bestehenden Bibliothek und neben derselben ein Schüsselbrett mit dem reinlichen hölzernen und irdenen Eß- und Kochgeschirr.«

Wieder erlauben uns auch die zeitgenössischen Bilder, die Gemälde wie die Holzstiche, Einblicke in diese Lebenswelt.

Man kann die Unterbringung der Kinder in den bäuerlichen Haushalten auf den einfachen Nenner bringen, daß diese zwar ihren festen Platz in der Familie, meistens auch ein Plätzchen am gemeinsamen Tisch, aber nur selten eine geeignete Schlafstelle hatten. Sie mußten eben schlafen, wo ein Eckchen frei war. Die kleinsten, wie beispielsweise *Rosegger* erzählt, im Bettkasten neben den Eltern oder, manchmal noch primitiver, in einer Kommodenschublade, wie aus dem Lebensbericht eines ledigen Häuslerkindes hervorgeht: »Reserl hatte ihren Sepperl wirklich lieb und erkundigte sich, nach Erlag eines ansehnlichen Teiles des jährlichen Pflegebetrages im voraus, ziemlich eingehend um alles, was ihr wichtig schien. Sie vermißte anscheinend die notwendige Anzahl von Schlafgelegenheiten für so viele Personen und fragte, wo denn die Schlafstelle für Sepperl sein wird. Da zog die Frau die untere Lade einer großen Kommode heraus und zeigte selbstzufrieden, daß diese bereits herrlich für den Ankömmlichen zurechtgemacht sei. Sepperl betrachtete dieses Bett mit großem Interesse und horchte dabei aufmerksam auf das zwischen seiner Mutter und der neuen Pflegemutter geführte Gespräch. Dieses drehte sich unglücklicherweise um einen Vorfall, der sich nicht sehr weit weg von Taiskirchen abgespielt hatte. Dort war das Kind einer Kleinhäuslerin, das auch in einer solchen Lade geschlafen hat, erstickt, weil unglücklicherweise aus irgendeinem Grunde die Lade vorübergehend zugemacht wurde und man dann vergessen hatte, sie wieder zu öffnen.«

Einfach wie das Wohnen und Schlafen war das Essen. Hier läßt sich wohl am schlechtesten Grundsätzliches aussagen; denn es war sicher jahreszeitlich und regional bedingt, hing aber auch von der Größe des elterlichen Hofes ab. Jeder Bauer vermochte nur so viel zu bieten, wie er auch erwirtschaften konnte. Eingekauft beim Krämer wurde natürlich auch, wie *Rosegger* so schön erzählt, als er die »Christtagsfreuden« holen ging, aber das war eben nur die Ausnahme für die Festtage und nicht die Alltagsregel. Da aber meist alle Familienmitglieder, die alten wie die jungen, gemeinsam an einem Tisch aßen, boten gerade die Mahlzeiten, die stets mit dem gemeinsamen Tischgebet begonnen wurden, Augenblicke der Gemeinsamkeit und der Besinnung. Dabei spielte auch das gemeinsame Essen aus einer großen Schüssel eine gewisse Rolle. Der Bauer demonstrierte bei der Mahlzeit die Rolle des Hausvaters, er schnitt das Brot und teilt es den anderen zu. Wenn auch kräftiges Essen, wo es anging, gerade auf dem Lande eine wichtige Rolle spielte, so war die Lebensweise doch im allgemeinen einfach, manchmal sogar dürftig. Milchsuppe, Kartoffeln, Rüben, Hülsenfrüchte, im Süden und Südosten Maisbrei mit Topfen oder Milch, Kraut, Gerstel- und Kümmelsuppe gehörten, mit saisonalen Unterschieden, zum täglichen Speiseplan, Fleischsuppe gab's meistens nur an den Sonntagen, Fleisch kam ebenfalls nur selten auf den Tisch, aber auffallend sind die möglichst üppigen Mahlzeiten an den Fest- und Feiertagen, an denen verständlicherweise dann auch für die Kinder etwas mehr abfiel. Und manchmal machte

Not erfinderisch, wie *Božena Němcová* in der »Großmutter« so verständnisvoll erzählt: »Einmal kam Mariechen aus der Flachsdarre und erzählte ihrer Mutter, Frau Kudrna hätte ihr ein Stück Hasenbraten vorgesetzt, das wäre so gut gewesen, daß sie es gar nicht beschreiben könnte; wie Mandeln hätte es geschmeckt. Ei, ei, Hasenbraten, dachte die Müllerin, wo haben sie wohl den Hasen her? Ich will nicht hoffen, daß der alte Kudrna wildert, das würde ihm schlecht bekommen! Dann kam Cilka, die Älteste, zu Besuch. Sie hatte immer alle Arme voll, denn bei Kudrnas wurde jedes Jahr ein Kleines geboren; und die Müllerin fragte auch sogleich: ›Was habt ihr denn heute zum Mittagessen gehabt?‹ – ›Ach, nichts, nur Kartoffeln‹, erwiderte Cilka. – ›Nichts? Mariechen erzählt mir, euere Mutter hätte ihr ein Stück Hasenbraten vorgesetzt, das hätte unbeschreiblich gut geschmeckt!‹ – ›Ach, Frau Müllerin, das war gar kein Hase, das war Katzenbraten! Väterchen bekam die Katze in Rotberg geschenkt; sie war rund wie ein Spanferkel; Mutter hat einen ganzen Topf Fett ausgekocht, denn Vater muß sich damit einreiben.‹ – ›Da sei Gott vor! Katzenbraten!‹ rief die Müllerin und schüttelte sich vor Ekel. – ›Ach, wenn ihr nur wüßtet, Frau Müllerin, wie gut Katzenbraten schmeckt! Eichhörnchen schmecken noch viel besser! Vater bringt auch manchmal Krähen heim, aber da haben wir nie genug! Neulich haben wir sogar ein richtiges Festessen gehabt, einer Magd im Meierhof ist eine Mastgans erstickt, und die hat sie uns geschenkt.‹«

Kinderwelt im Bauernjahr

Weit stärker als die Kinder des Adels und der Bürger waren die Bauernkinder über die familiäre Gemeinschaft hinaus eingebunden in die größere Gemeinschaft des Dorfes und durch sie in das bäuerliche Jahr mit seinen jahreszeitlich geprägten festen Arbeitsrhythmen und seinen Höhepunkten, mit Freude und Leid. In dem Prachtwerk »Die österreichisch-ungarische Monarchie in Wort und Bild« begegnet man auf den zahlreichen Holzstichen auch immer wieder Kindern. Nicht als

Ferdinand Georg Waldmüller,
Niederösterreichische Bauernhochzeit, 1843

Die Sternsinger

Kinderporträts, sondern einfach als eine Art Kulisse, weil sie eben ganz selbstverständlich überall dabei waren, ihre Nasen überall hineinsteckten und auch geduldet wurden. Sie gehörten zu den Familienfesten wie Taufe und Hochzeit, aber auch zu den Beerdigungen in der eigenen Familie wie bei den Nachbarn. Sie durften an den Festen im Dorf teilnehmen. Begrenzungen waren am ehesten noch am Abend gesetzt, in der Wirtschaft hatten sie im allgemeinen nichts verloren, diese war Domäne der Erwachsenen.

In den deutschen und slawischen Teilen der Monarchie war im Jahreslauf der Dreikönigstag das erste für die Kinder wichtige Fest, denn da durften die Jungen, als »Heilige Drei Könige« verkleidet, von Haus zu Haus ziehen, die Wohnungen mit Weihrauch beräuchern und mit geweihter Kreide auf die Wohnungs- und Stalltüren die Buchstaben KMB (Kaspar, Melchior, Balthasar) anschreiben. Der Mohrenkönig mit geschwärztem Gesicht trug gewöhnlich einen Korb, in dem er die Gaben sammelte, die sie erhielten. In den tschechischen Gegenden sangen die Jungen dabei ein ziemlich langes Lied:

»My tři králové jdeme k vám,	Wie drei Könige kommen zu Euch,
Štěstí, zdraví přejeme vam!	Glück, Gesundheit wünschen wir Euch!
Štěstí, zdraví, dlouhá leta –	Glück, Gesundheit, lange Jahre –
My jsme k vám přišli z daleka.	Fernher ist es, daß wir kamen.
Daleká je cesta naše –	Unser Weg, der kommt von ferne,
Do Betlema mysl naše.	Und nach Bethlem wollen wir gerne.
Do Betlema pospícháme,	Eilig ziehn wir hin, doch haben
Ještě málo peněz máme.	Wir bis jetzt nur kleine Gaben.
Co ty tu černý pozadu,	Schwarzer du, am letzten Platze,
Vystrkuješ na nás bradu?	Warum machst du solche Fratze?

Der Schwarze:
Slunce jest toho příčina,	Daran ist schuld das Sonnenlicht,
Že jest má tvář opálená.	Das verbrannte mir's Gesicht.

Die anderen:
Kdybys na slunce nechodil,	Gingst du in die Sonne nicht,
Jistě by ses byl neopálil.	Hätt'st du kein verbrannt' Gesicht.

Der Schwarze:
Slunce jest drahé kamení	Sonne scheint als Edelstein,
Od Kristova narození.	Um bei Christi Geburt zu sein.

Alle drei:
At' nás nežhe věčný plamen,	Vor dem ew'gen Höllenflammen,
Uchovej nás Kriste amen!«	Schütze uns Herr Christus! Amen.

In Deutsch-Böhmen begleitete oft der Schullehrer die kleinen Könige und versah persönlich die Türen mit Buchstaben und Kreuzzeichen. Dann blieb ihm natürlich der Hauptteil der Einnahmen, die er genausogut brauchen konnte wie die Kinder. Hier wie überall galt ja übrigens das ungeschriebene Gesetz, daß derartige Einnahmequellen den Ärmeren vorbehalten waren. Für die Bauern bedeuteten die Geschenke eine Art freiwilliger Sozialabgaben. Selbstverständlich zog häufig nicht nur eine Gruppe durch das Dorf. Konkurrenz gab es hier wie überall, und gelegentlich konnte beim

Zusammentreffen rivalisierender Gruppen der heilige Brauch auch in eine unheilige Schlägerei ausarten. Selbst im Volksglauben läßt sich dafür der Beweis erbringen; denn im Wölzertal in der Steiermark glaubte man, daß beim Zusammentreffen zweier Gruppen von Sternsingern an gewissen Wegkreuzungen zugleich eine dritte Gruppe aus der Hölle erscheine und eine Rauferei begänne, bei der das Blut in Strömen rinne.

In der Nordsteiermark gab es als einziger Gegend in ganz Österreich-Ungarn auch »Heilige Drei Königssingerinnen«, drei Mädchen, von denen eines weiß, das zweite rot und das dritte schwarz gekleidet war. Sie versinnbildlichten Morgen-, Mittel- und Abendland, zogen im übrigen singend wie die Jungen von Haus zu Haus und nahmen ihrerseits Geschenke entgegen.

Natürlich bot auch die folgende Faschingszeit manche Gelegenheit, sich am dörflichen Narrentreiben unterschiedlichster Art zu beteiligen, aber weitgehend war das doch Sache der Burschen. In der Fastenzeit fand in den slawischen Gebieten das Todaustragen (Vynašení smrti) statt, an dem nur die Mädchen beteiligt waren. Sie trugen eine Strohfigur, die in alten Weiberkleidern steckte, vors Dorf hinaus, entkleideten sie und warfen sie dann in ein fließendes Wasser, danach schnitten sie ein junges Fichtenbäumchen ab, behängten es mit bunten Bändern und zogen damit im Dorf von Haus zu Haus und sangen: »Smet meseme se vsi, nove leto do vsi« – den Tod tragen wir aus dem Dorf, den neuen Sommer in das Dorf. Das war eine der wenigen Gelegenheiten, bei der auch die Mädchen kleine Dankesgaben ergattern konnten.

Am 12. März fand, wie wir schon hörten, in einigen

Das Todaustragen und das Einbringen des Sommers

Gegenden die Schulwerbung statt, in Böhmen und Mähren wurde aber gelegentlich auch zu Ehren des St. Gregorius ein Schülerfest abgehalten. Papst Gregor I. galt als großer Jugend- und Kinderfreund. Weiß der Himmel, warum sich sein Andenken ausgerechnet bei den böhmischen und mährischen Kindern über mehr als ein Jahrtausend so lebendig erhalten hat. Die Schuljugend pflegte bei diesem Fest einen Umzug zu halten. Der größte Junge war mit einem langen weißen Hemd und einer papierenen Mütze als Bischof verkleidet. Er brauchte nichts zu sagen, sondern er mußte nur durch seine Persönlichkeit wirken. Die anderen waren mit hölzernen Säbeln bewaffnet und zogen, geführt von ihren Offizieren, unter Trommelklang durch das Dorf. Auch die Mädchen durften mitziehen, doch trugen sie nur die Körbe, in denen sie die Lebensmittel sammelten, die ihnen geschenkt wurden.

Möglichst am Beginn der Karwoche wurden in Bosnien häufig die katholischen Jungen und Mädchen zwischen zwölf und sechzehn Jahren auf dem Handrücken, am Arm, an der Brust oder auf der Stirn tätowiert. Die recht schmerzhafte Prozedur wurde mit Hilfe einer gröberen Nähnadel durchgeführt. Als Tinte diente eine Art Tusche, die man mit Speichel oder Honigwasser anrieb. Kein Wunder, daß die Jungen und Mädchen manchmal ohnmächtig wurden und es Entzündungen und Blutvergiftungen gab. Dabei sollte nach Meinung des Volkes diese Tätowierung mit Kreuzchen und christlichen Symbolen nur ein künftiges untrügliches und nicht mehr auslöschbares Zeichen der Zugehörigkeit zur katholischen Kirche bedeuten!

In vielen katholischen Gebieten der Monarchie bot sich in der Karwoche noch einmal für die Jungen die Möglichkeit zu einem lärmenden und dementsprechend vergnüglichen Auftreten. Wenn nämlich nach alter Sitte zwischen Gründonnerstag und Karsamstag in den Kirchen die Glocken schwiegen, weil sie »nach Rom geflogen waren«, wie man im Volksmund sagte, zogen die Buben mit Ratschen durch das Dorf, das waren eigenartige 20 bis 25 Zentimeter lange Holzgeräte, die beim Drehen ein durchdringendes schnarrendes Geräusch von sich gaben. Eigentlich waren die Ratscher-Zeiten genau auf 10 Uhr vormittags, 12 Uhr mittags und 7 Uhr abends festgelegt, wobei man mittags und abends laut sang:

»Wir ratschen, wir ratschen zum Englischen Gruß,
Damit ein jeder Christ beten muß.
Fallet nieder auf Euere Knie,
Betet ein Vaterunser, drei Ave Marie.
Hat zwölf (sieben) Uhr g'schlagen.«

Das Ratschen war keineswegs eine dörfliche Angelegenheit, sondern fand auch in den kleineren Städten statt. In Windischgarsten gab es sogar ein Ratscherfest, bei dem die Schulbuben des Marktes militärisch geordnet und von ihren Hauptleuten angeführt durch den Ort zogen und das Ratschen selbst höchst wirkungsvoll in Salven erfolgte.

Ostern mit seinen zahlreichen unterschiedlichen Bräuchen war auf dem Lande kein ausgesprochen kinderfreundliches Fest, sondern eher ein Fest der Burschen und heiratsfähigen Mädchen, die in den slawischen, aber auch in den angrenzenden deutschen Gebieten am Ostermontag und -dienstag »Schmeckostern« feierten. Mit einer dünnen Lederpeitsche bewaffnet, jagten die Burschen am Ostermontag die Mädchen und schlugen dabei kräftig zu, und am Dienstag war es umgekehrt, wobei sich die jeweils Gejagten durch rotgefärbte Eier loskaufen konnten.

Für die Kinder, insbesondere die Buben, blieben die bescheideneren Vergnügen, beispielsweise das Eierpecken, wobei zwei Eier aufeinander geklopft wurden

Die Ratschenbuben

Eierpecken

und das angeknackste dann dem Sieger gehörte, oder das »Eiwalgen«, eine Art Bocciaspiel mit zwei Eiern. In Niederösterreich durften die Kinder zu den »Gödn«, d. h. zu den Taufpaten, gehen und sich dort das »rote Ei«, eine reichhaltige Mahlzeit, gelegentlich auch ein Geldgeschenk holen. Reiche Bauern setzten ihren Stolz daran, an solchen Tagen die ganze Stube voll Gödenkindern zu haben. Zu Ostern wurden die Gödenkinder von ihrem Paten auch ab- oder ausg'wandet, und sie erhielten, je nach den Vermögensverhältnissen des Paten, entweder einen ganzen Anzug oder zumindest einzelne Kleidungsstücke.

In Nordböhmen gab es noch den Brauch des »Gründurschegiehn« – das Gründonnerstag-Gehen. Dabei zogen die Kinder in Stadt und Land scharenweise von Haus zu Haus, riefen laut: »Gut'n Murgen zun Gründursche« und sagten dann noch ein Bettelsprüchlein auf: »Gat' mer wos an Battelsack, ne zuvil und ne zuwing, dos' mer' ne dr' Saak zerspringt!« (Der Brauch hielt sich dort bis zur Mitte der dreißiger Jahre unseres Jahrhunderts, und der Autor kann aus eigener Erfahrung bestätigen, daß der Ertrag trotz reger Konkurrenz meistens recht gut war.)

Spätfrühling und Sommer brachten manche Abwechslung bei den Spielen, aber auch Arbeit auf dem Feld, daheim am Bauernhof und beim Viehhüten, kein Wunder also, daß von Festen nur wenig die Rede ist. Zu den größten Ereignissen im Dorf, an denen auch die Kinder rege beteiligt waren, gehörten vor allem die Hochzeiten, die oft mehrere Tage dauerten. Auch die Jahrmärkte und Kirchweihfeste brachten manche Abwechslung. Der Kunsthistoriker *Hans Sedlmayer* hat in seinen Kindheitserinnerungen den Zauber eines solchen Jahrmarktfestes im damaligen Nordwestungarn ungemein lebendig geschildert.

Spätherbst und Winter mit den langen Abenden schlossen die Familien, aber auch die Nachbarschaften auf dem engen Raum der Wohnstube wieder stärker zusammen. Das gemeinsame Spinnen oder das Federschleißen der Frauen mit den regen Unterhaltungen lockte die Kinder an, wie *Božena Němcová* in dem Roman »Großmutter« so reizvoll schildert: »Nach dem Martinstag kam man zum Federschleißen zusammen. Die Kinder aber liebten die Spinnweiber viel mehr, denn an den Abenden, an denen gesponnen wurde, war ihnen mehr Freiheit gegönnt. Wenn sich die Federschleißerinnen in der Küche und um den langen Tisch versammelten und ein hoher Federhaufen wie eine Schneewehe auf dem Tische türmte, jagte Großmutter Adelchen und die Jungen immer fort. Es war nämlich einmal geschehen, daß Johann zwischen den Federschleißerinnen umhergesprungen und in den Haufen gefallen war; was für ein Lärm sich da erhoben hatte, kann man sich leicht vorstellen. Seit jener Zeit pflegte Großmutter zu sagen, es wäre nicht ratsam, die Kleinen zum Federschleißen zu laden; ja, sie durften nicht einmal richtig um den Tisch herumtoben, durften nicht pusten und die Tür allzuweit öffnen, gleich würden sie tüchtig ausgescholten. Das einzige, woran sie sich beim Federschleißen freuen durften, waren die Erbsen, die man aß, und die Märchen von Gespenstern, Räubern, von Irrlichtern und Feuermännlein, die sie hörten. Während der langen, nebligen Abende, wenn die Schleißerinnen und die Kunkelweiber von Haus zu Haus und oft von Dorf zu Dorf gingen, hörte man oft von solchen Dingen; hier spukt es und dort, und sobald einmal die Rede auf das Spuken kam, war des Erzählens kein Ende, denn jedes der Weiber wußte von ähnlichen Beispielen zu berichten.«

Wenn die Autorin hier die Märchen erwähnt, die bei solchen Gelegenheiten erzählt wurden, hebt sie ein kulturgeschichtlich ungemein wichtiges Phänomen hervor. Denn diese bäuerlichen Gemeinschaften leisteten

Der heilige Nikolaus

einen wertvollen Beitrag zur Erhaltung literarischen Volksguts. Diese Aufgabe konnte aber auch von den alten Frauen, den Mägden oder den Großmüttern übernommen werden.

Die eigentliche hohe Zeit dörflicher Feste für die Jugend begann dann erst wieder Anfang Dezember mit dem Nikolausfest, das in allen katholischen Landesteilen zu volkstümlichen Bräuchen Anlaß gab, in deren Mittelpunkt häufig die Kinder standen. So werden aus verschiedenen Gegenden Umzüge des Nikolaus geschildert, wie sie in vereinfachter Form heute noch üblich sind. In Südböhmen verkleideten sich drei junge Leute als Engel, Teufel und Bock, zogen von Haus zu Haus, ließen sich von den Kindern ein Gebet aufsagen und beschenkten sie; freche Kinder wurden vom Bock auf die Hörner genommen und erhielten vom Teufel einige Schläge mit der Rute.

Aus Warnsdorf in Nordböhmen, dem um die Mitte des 19. Jahrhunderts größten Dorf Österreich-Ungarns, wird ein reizvoller Kinderbrauch überliefert, der aber schon im letzten Drittel des 19. Jahrhunderts erloschen war. Am 10. Dezember zogen dort Kinder von zehn bis zwölf Jahren in Gruppen von mindestens fünf Teilnehmern von Haus zu Haus. Eines der Kinder stellte den Heiligen Christ, das zweite den heiligen Nikolaus, das dritte den heiligen Petrus, das vierte einen Engel und das fünfte den Knecht Ruprecht dar. Zuerst trat der Engel in die Stube und sprach:

»Vom Hohen Himmel kommen wir her
Und bringen von dort viel Neues Euch her:
Der Heilige Christ steht schon vor der Tür –
O Heiliger Christ komm doch herein,
Der Stuhl wird Dir schon bereitet sein.«

Dann folgte der Heilige Christ, er trug auf dem Kopf eine Krone von Goldpapier, am Arm ein Körbchen mit Nüssen.

Er begann:

»Schönen guten Abend zu dieser Frist!
Bin auch selbst der Heilige Christ,
Bin vom hohen Himmel herabgekommen
Und hab zum Beschauen mir vorgenommen,
Ob die Mädchen und die Knaben
Ihr Gebet verrichtet haben.
Ei, haben sie dies alles getan,
So habe ich für sie draußen einen Wagen stahn,
Der ist gezieret mit Gold und Gaben,
Davon sollen sie zum Geschenke haben.
Nikolaus, mein treuer Knecht,
Komm herein und sage mir die Wahrheit recht.«

Auf diesen Ruf hin erschien nun Nikolaus mit einer papierenen Bischofsmütze und einem langen Stab, »Stecken«, wie man in der Gegend despektierlich den Bischofsstab zu nennen pflegte, und erwiderte eigentlich recht unchristlich:

»Ach, Heiliger Christ, wenn ich Dir wollte die Wahrheit sagen,
Hätt' ich über die Kinder viel zu klagen.
Wenn sie aus der Schule gehn,
Bleiben sie auf allen Gassen stehn,
Und alles was sie im Munde führen,
Ist Fluchen und Schwören und Sakramentieren.
Sie können nichts als Bücher zerreißen
Und die Blätter in alle Winkel schmeißen.
Solche Possen treiben sie!
Ach, Heiliger Christ, hätt' ich die Macht wie Du,
Ich schlüge mit Ruten und Peitschen zu.«

Der Heilige Christ suchte zu vermitteln:

»Ach Nikolaus, verschone doch das kleine Kind!
Verschone doch das junge Blut.«

Dann sang er mit dem Engel zusammen:

»Seid getrost, ihr lieben Kinder,
Ihr noch kleinen Adamssünder!
Gott wird euer Erlöser sein –
Schickt den heiligen Petrus herein.«

Petrus kam, klingelte mit den Schlüsseln und rief seinerseits nach Ruprecht, der Rüpelfigur des frommen Spiels. Dieser stürzte in die Stube, sein Gesicht war geschwärzt, er trug einen umgekehrten Pelz, schlug mit seiner Rute um sich und schrie:

»Eine Türschwelle ist mir unbekannt,
Ich falle wie ein Sack von Sand,
Flietz, Flatz, Flederwisch!
Mit der Magd unter den Tisch!
Mit der Magd in die Hölle!
In der Stube ist mir's gar zu warm,
Und draußen ist mir's gar zu kalt;
Ich muß mich in die Hölle machen,
Muß sehen, was die alten Weiber machen!
Legen die Hühner viel Eier?
Ist der Flachs hübsch teuer?
Ist die Katze frisch und gesund?«

Dann brüllte er die Kinder an: »Könnt ihr beten?« Wenn diese mehr oder weniger ängstlich ein Gebetlein aufgesagt hatten, traten die fünf Spieler in einem Halbkreis zusammen und sangen:

»Wir genießen die himmlischen Freuden,
Indem wir das Irdische meiden;
Wir tanzen und singen,
Wir hüpfen und springen,
Gott Vater vom Himmel schaut zu.«

Zum Schluß erhielten sie dann noch ein paar Kreuzer vom Hauswirt und zogen zum nächsten Haus.

Zu Weihnachten selbst ging es überall friedvoller zu. Allerdings darf man eines nicht vergessen: Heute ist Weihnachten ein Fest der Familie, bei dem die Kinder im Mittelpunkt stehen. Auch in den adeligen und bürgerlichen Haushalten des vorigen Jahrhunderts war es schon ähnlich. Bei den Bauern dagegen war es ein Fest des Hauses, der Familie ebenso wie des Gesindes, ja sogar die Tiere wurden mit einbezogen, die Kinder spielten dagegen, je nach der Gegend, unterschiedliche Rollen, gelegentlich standen sie mehr im Vordergrund, häufiger aber waren sie nur ein untergeordneter Teil der Gemeinschaft. Ein wenig Freude blieb aber stets, und auf alle Fälle mehr Innigkeit und Besinnung als heute. *Peter Rosegger* hat das sehr schön in der »Waldheimat« herausgearbeitet.

In dem einmal viel gelesenen Büchlein »Weihnachten in Tirol« des Pfarrers *Sebastian Rieger,* den viele nur als »Reimmichl« kennen, ist kaum von Kindern die Rede, wohl aber von Weihnachtskrippen in den Bauernhöfen. Es gab sie in der ganzen Monarchie, vorwiegend allerdings in den deutschsprachigen Landesteilen und hier wieder ganz besonders in Tirol und in den sudetendeutschen Gebieten Böhmens und Mährisch-Schlesiens. Krippen waren kein Privileg der Wohlhabenden,

Das Christkind im Kuhländchen

im Gegenteil. Handfertigkeit, Liebe und Geduld spielten eine wichtige Rolle, und die fanden sich eben häufig in den ärmeren Haushalten bei den Handwerkern und Bauern. Da entstanden mit einfachsten Hilfsmitteln wahre Wunderwerke, vor allem die beweglichen Krippen in Böhmen waren berühmt. *Otfried Preußler* hat ihnen in seinem Roman »Die Flucht nach Ägypten« ein unvergängliches literarisches Denkmal gesetzt. Für die Kinder bedeuteten sie alljährlich immer neues Entzücken. Natürlich konnte sich nicht jeder Haushalt eine große Krippe leisten, aber dann ging man eben zum Nachbarn, die ganz großen beweglichen Krippen konnten gegen ein bescheidenes Entgelt besichtigt werden. Und für ein paar Kreuzer oder Heller durfte man nicht nur die Geburt Christi im Stall zu Bethlehem bestaunen, sondern gleich den bethlehemitischen Kindermord oder die Taufe Jesu im Jordan, die Versuchung durch den Teufel und vieles andere mehr miterleben. Und solche Weihnachtsfreuden dauerten ja vom Advent bis Lichtmeß.

Der Heilige Abend spielte in Böhmen und Mähren eine besonders wichtige Rolle. Während Mägde und Knechte alle wichtigen Vorarbeiten erledigten und die Hausfrau die Weihnachtsstriezel vorbereitete, fanden die Kinder Abwechslung durch die Gruppen herumziehender Knaben, die als Hirten verkleidet waren und kleine Krippchen mit sich trugen. Sie sangen Weihnachtslieder und ließen sich beschenken. Am Abend versammelten sich in Innerböhmen die Familienmitglieder und das Gesinde in der Stube, als Festessen gab es Fischsuppe, es folgten der blaue und schwarze, dann der gebackene Fisch, die černá kuba aus Graupen und Pilzen und schließlich die Liwanzen. Den Beschluß bildete die Muzika, ein Gemengsel aus gedörrten und gedünsteten Äpfeln, Birnen und Pflaumen. Danach wurden an die Kinder Äpfel und Nüsse verteilt. Mehr gab es nicht. Die Männer spielten Karten, und alle warteten, bis die Glocke zur Mitternachtsmesse rief.

In Nordmähren hielt noch bis zum letzten Drittel des 19. Jahrhunderts am Heiligen Abend das Christkind seinen Umzug. Zwei Engel, das Christkind selbst und der heilige Josef, alle dargestellt von älteren Mädchen und einem Burschen, zogen mit einem größeren oder kleineren Gefolge von »Hirten« oder »Bedienten« durch das Dorf. Das Christkind und der heilige Josef sagten bei den Familien ihre Verslein auf, im Gegensatz zu sonst aber empfingen sie keine Gaben, sondern teilten sie in bescheidenem Umfang aus, etwas Obst, ein paar Lebkuchen, Nüsse, aber auch rohe Kartoffeln und Krautstrünke!

So verliefen die Jahre. Mag uns das Geschehen fast eintönig anmuten, so waren die Tage für die Kinder doch abwechslungsreich genug. Wann war die Jugendzeit zu Ende? Eine feste Grenze läßt sich nicht festlegen. Für viele Kinder schon, ehe sie überhaupt begonnen hatte, denn ein Blick auf die Statistik des Jahres 1888 zeigt erschreckend hohe Zahlen bei der Kindersterblichkeit. Allein mehr als 5 Prozent der jährlichen Todesfälle waren Kinder unter einem Jahr, weitere 3 Prozent fielen auf die üblichen Kinderkrankheiten. Davon dürfte die ländliche Bevölkerung infolge der meist schlechten hygienischen Verhältnisse den größten Anteil getragen haben.

Für die Heranwachsenden dürfte die Kindheit dann zwischen zwölf und vierzehn Jahren zu Ende gewesen sein, dem Zeitpunkt also, an dem sie voll in den Arbeitsprozeß eingegliedert waren. Allerdings bedeutete das noch lange nicht die Unabhängigkeit vom Vater. Auch der Bursche und das heranwachsende Mädchen fügten sich widerspruchslos seiner patriarchalischen Entscheidung. Viele Hochzeitsbräuche in der gesamten Monarchie betonten ausdrücklich diese herausragende Stellung. Selbst wenn man sich nicht mit Volkskunde beschäftigt, braucht man in diesem Zusammenhang ja nur an *Friedrich Smetanas* bekannte Oper »Die verkaufte Braut« zu denken! Aber auch hier muß ausdrücklich noch einmal betont werden, daß die Verhältnisse in den habsburgischen Ländern sich nicht von denen im übrigen Europa unterschieden.

Eine gewisse Sonderstellung nahmen die jüdischen Kinder vorwiegend in Böhmen, Mähren und Galizien ein, wuchsen sie doch teils in kleinbürgerlichen, teils aber in bäuerlichen Verhältnissen auf. Manche christlichen Kleinstädte und Dörfer hatten ihre »Judengasse«, die Schtetl im Osten und Südosten zeigten häufig dörflichen Charakter. Die Kleinbürger- und Bauernkinder waren gleichermaßen fest eingegliedert in die häusliche Gemeinschaft, häufig stärker noch als das bei christlichen Familien der Fall war, die Jahresfeste zeigten ausgesprochen familiären Charakter. Die Jungen wurden schon mit vier Jahren in das Cheder, eine »allen Regeln der Pädagogik und der Hygiene Hohn sprechende Lehranstalt« *(Leo Herzberg-Fränkl)* geschickt und dort von früh bis abend in hebräischer Quadratschrift und im Beten unterrichtet oder wohl eher gedrillt. Die Jugend endete für den jüdischen Jungen sehr präzise mit der Feier des Bar-Mizwa, der religiösen Volljährigkeit beim Eintritt in das 14. Lebensjahr.

ARBEITERWELT

Mittagsrast in der Gewehrfabrik in Freiland, um 1830

LEHRJAHRE

Alfons Petzold

aus: Das rauhe Leben

Die »Silberpräge- und -montieranstalt« befand sich in einem sogenannten Werkstättenhof auf dem Schottenfeld, dem ehemaligen Brillantengrund des Bezirkes Neubau. Unter, über, vor und neben uns hämmerte, ratterte und sägte es aus jedem Fenster heraus. Da gab es Bandmacher-, Klaviertischler, Taschner-, Buchbinder- und noch viele andere Werkstätten, und ein ganzes Heer von Arbeitern, zumeist Lehrbuben und Hilfsarbeiter, verschwand am Morgen jedes Arbeitstages hinter dem Tor des Alt-Wiener Hauses.
Das Arbeitspersonal der Werkstätte, in welcher ich mein Proletarierdasein begann, bestand aus drei Lehrbuben, von denen ich der jüngste war. Der Meister, ein gutmütiger Riese, der wie ein aufgeblasener Ballon durch die zwei engen Räume der Anstalt schnaufte, war einer jener tschechischen Kleingewerbetreibenden, die in Wien trotz ihrer schlechten Aussprache des Deutschen den gemütlich-behäbigen, erbeingesessenen Bürger markieren wollten. Wir sahen ihn nur vormittags und kurz vor Feierabend in der Werkstätte, die übrige Zeit verbrachte er im Gast- oder Kaffeehaus, wo er eine wichtige Rolle zu spielen schien. Dafür war die kleine kugelrunde Frau Meisterin beinahe immer in der Werkstätte zu finden. Der Meister hatte gehörigen Respekt vor ihren fachlichen Kenntnissen. Es wurde so gearbeitet, wie sie es für gut fand. Anderseits war sie wieder riesig stolz auf ihren Gatten, besonders wenn er seine Veteranenuniform trug und den wallenden Federbusch am Hut. Das geschah meistens einmal wöchentlich, wenn der Veteranenverein seinen Abendschoppen hielt; dann ließ die Meisterin eine Stunde früher Feierabend machen, weshalb auch wir den Tag besonders schätzten.
Nach der Meisterin führte Hansl, der älteste Lehrbub, in Abwesenheit des Meisters das Regiment. Dieser war ein guter Kerl, der seine bevorzugte Stellung nicht zu unseren Ungunsten ausnutzte und eher unsere Partei ergriff als die des Ehepaares, wenn es zu Differenzen kam. Wir hatten ihn recht gern, grauten uns aber schrecklich vor den vielen Pusteln, mit denen er über und über bedeckt war. Er war lustig, sang und pfiff den ganzen Tag vor sich hin.
Der andere Lehrling hieß Wenzel und war aus des Meisters stocktschechischer Heimat. Er war ein rechter Knirps, der kaum auf die Drehbank reichen konnte und nicht drei Worte Deutsch radebrechte, obwohl er schon ein Jahr in dieser Lehre war.
Meine Arbeit bestand Tag für Tag im Zutragen von Bedarfsgegenständen für die

Küche und den Hausstand der Meisterin, in Gängen ins Punzieramt und die Schleiferei, im Abliefern der Arbeiten, wobei ich diese auf einem Karren zu den Geschäften führte. Auch Post gab's ins Gasthaus zu bringen, wo mein Gebieter, wie gesagt, oft hauste, und am Ende des Tages hatte ich die Werkstatt aufzuräumen. Bei der Aufnahme wurde zwar von den herrlichsten Erzeugnissen der Silberschmiedekunst gesprochen, die in seinem Atelier verfertigt werden sollten, von silbernen Tafelgeschirren, die er für die höchsten Herrschaften anfertigte, weshalb er in Kürze zum Kammerlieferanten eines Erzherzogs ernannt werden sollte; bei ihm könnte ich ein großer Künstler dieses Faches werden, wenn ich nur mit Fleiß bei der Arbeit wäre, so versicherte der Meister meiner Mutter. Nun war ich aber schon sieben Wochen in dem »Atelier«, ohne auch nur den kleinsten Tafelaufsatz gesehen zu haben; Stockgriffe und Beschläge waren die herrlichen Schmiedearbeiten, die ich entstehen sah. Und selbst diese einfachen, kunstlosen Dinge wurden nur teilweise in unserer Werkstatt angefertigt. Wir erhielten sie in rohem Zustand aus einer Fabrik, um sie dann mit Gips oder einer Metallmasse auszugießen und verpackt weiterzuliefern. Auch waren sie zum kleinsten Teil aus Silber, meistens bestanden sie aus unedlen Mischmetallen, denen Gold- oder Silberglanz durch eine Säure und Schliff aufgelogen wurde. Aber selbst zu dieser Arbeit wurde ich kein einzigesmal hinzugezogen, und ich hatte noch keinen Handgriff erlernt, der mir zu diesem Handwerk notwendig gewesen wäre. Ich war statt ein Lehrbube ein Laufbursche geworden, der allerdings dem Meister billiger zu stehen kam. Mit Mißvergnügen bemerkte dies meine Mutter, der ich jeden Abend Bericht über meine Tätigkeit ablegte; dafür sollte sie sich jeden Bissen vom Mund absparen und ich mit einem täglichen Verdienst von zwanzig Hellern vorliebnehmen? Nach dreijähriger Lehrzeit in dieser Werkstatt würde ich ja kaum die einfachsten Handgriffe verstehen! Dazu war ich so schwächlich, daß die Nahrung, die sie mir bieten konnte, auf die Dauer ungenügend werden mußte: mittags eine Handvoll »Grammeln« oder ein Stückchen Speck mit Brot, abends ein ausgesottenes Stück Pferdefleisch mit Gemüse! Dies war zuwenig für einen vierzehnjährigen Knaben, der im Wachsen begriffen und den ganzen Tag auf den Beinen war. Vorerst machte sie nun einen Versuch, wenigstens mein Mittagessen reichlicher zu gestalten, indem sie eine Kammer mietete, die in der Nähe der Werkstatt war, so daß ich während der Mittagspause nach Hause laufen konnte. Durch Verkauf einiger Möbel eroberte sie auch einiges Geld, so daß sie mir ein paar Wochen hindurch eine kräftigere Nahrung bereiten konnte. Aber bald war der Reichtum erschöpft, und es gab wieder Wassersuppe, Kartoffeln und Brot.

BEDRÄNGTE VERHÄLTNISSE

Hermann Schreiber

Während der Bürger so alt ist wie die Stadt – also im Grunde genommen an die zehntausend Jahre – ist der Arbeiter im heutigen Sinn erst mit der Industrie in die Sozialstatistik eingezogen, die sich seither mit ihm auch emsig befaßt. Bis zur Mitte des vorigen Jahrhunderts herrschte in der Donaumonarchie der Handwerksbetrieb mittelalterlicher Prägung vor; seine Arbeitskräfte kamen teils aus der eigenen Familie des Meisters, teils waren sie nichtverwandte Lehrlinge und Gesellen, die aber im Familienverband, in der Hausgemeinschaft mitlebten und damit nur ganz ausnahmsweise die Gelegenheit erhielten, sich einen eigenen Hausstand zu gründen. Die Arbeiterfamilie ist erst mit den Fabriken entstanden, wo männliche und weibliche Arbeitskräfte nach Betriebsschluß sich selbst überlassen waren und im allgemeinen auch für sich selbst zu sorgen hatten. Arbeiterwohnungen bei den Industriebetrieben entstanden da und dort, sie waren aber selbst in der böhmisch-mährischen Schwerindustrie, wo ausgezeichnet verdient wurde, seltener als etwa in der sächsischen oder rheinischen Industrielandschaft.

Wie eng räumlich, wie knapp finanziell der Arbeiter bis etwa 1890 (und teilweise auch noch nachher) lebte, läßt sich heute kaum noch vorstellen und war auch im vorigen Jahrhundert trotz einiger darauf hinweisender Bücher (unter anderen von *Bettina von Arnim*) kaum bekannt.

»In einem halbdunklen Pawlatschenhof (Hinterhof mit Gerümpel) bewohnten Mutter und ich ein Kabinett, vielmehr eine Besenkammer, die kein Fenster, nur in Mannshöhe ein Luftloch hatte. Unrat und Schmutz mußten wir selbst entfernen, dann tünchten wir die modrigen Wände. Zur Not waren dort ein Bett, ein Tisch, ein kleiner Schrank, jedoch kein Stuhl unterzubringen. Mutter begnügte sich mit einem Schemel, mir blieb der Sitzplatz auf dem Bett vorbehalten.«

So begann die Wiener Existenz *Rudolf Forsters,* jenes Schauspielers, den man fünfzig Jahre später dann den Grandseigneur der Bühne und der Filmleinwand nennen wird. Dreizehn Jahre lang hatte seine Mutter als Dienstmädchen gearbeitet, ehe sie eine feste Beschäftigung als Arbeiterin im Wiener Münzamt erhielt, und auch das nur durch Verwandten-Protektion.

»In der Mitte des Raumes drückten wir uns um einen eisernen Hund, einen kleinen, rotglühenden Ofen, der im Winter bitter nötig war. Auf ihm bereitete Mutter unsere bescheidenen Mahlzeiten. Am Abend rußte eine Petroleumlampe oder eine Kerze. Hier hatten wir ein winziges Zuhause (nach der langen Dienstbotenexistenz). Die (Hauswirtin) Hopizanka hatte uns das Blaue vom Himmel versprochen... aber kaum waren wir eingezogen, wurde uns die Zubereitung auch der kleinsten Mahlzeiten untersagt, die Mitbenutzung der Küche verboten.«

Für die Aufsicht über den kleinen Buben hatte sich eine Tante gefunden, gnadenhalber, was weite Wege mit sich brachte, weil die junge Mutter wenigstens die Abende und Nächte mit dem Sohn verbringen wollte:

»In der Besenkammer machte die zarte Frau sich dann erschöpft an die Hausarbeit, meistens auch nachts. Nie hörte ich eine Klage. Nur ihrem Bruder Franz eröffnete sie sich: Meine armen Hände... ich kann die schweren Geldsäcke nicht heben... der hohe Silbersaal, die vielen Taler werden noch mein Unglück.«

Wohnungselend in der
»Kleinen Schiffgasse«
in Wien, 1904

Es war kein Wunder, daß in dieser Misere an Auswanderung nach Übersee gedacht wurde, da selbst das Mekka Wien, in dem so viele ihr Glück suchten, sich als eine neue Hölle erwiesen hatte. Schließlich aber wanderte Onkel *Franz* allein aus, *Rudolf Forster* und seine Mutter feierten ein ärmliches Weihnachtsfest in der Besenkammer:

»Im ganzen Haus war es ruhig. Nebenan die Messerstecher waren heute ganz behutsam und leise. Sie summten das stille Lied, so innig und zart, wie nur die allerschwersten Burschen es können... Unbeweglich saß Mutter auf dem Schemel. Zwei Schatten flackerten an der Wand, die sich kreuzten, sie sprach zu ihnen ›Das eine weiß ich – von meinem Mann hat mich Gott befreit... Vom Münzamt wird mich mein Kind befreien!‹«

Der unbarmherzige Regulator dieser Verhältnisse war das Geld. Die Wochenlöhne der Arbeiter lagen zwischen einem und zehn Gulden, wobei allerdings der eine Gulden für den Taglöhner meist mit einer Mahlzeit verbunden war. Mit einem Gulden konnte man Brot für die ganze Woche kaufen, sonst aber auch nichts; zehn Gulden erhielten jene Arbeiter, deren Gruppen sich schon früh organisiert hatten: auf dem Land die Salinenbelegschaften, in den Städten die Drucker. Unter den wenig Verdienenden erscheint die Kleinfamilie *Forster* noch dadurch begünstigt, daß sie allein wohnen kann, wenn auch auf die bescheidenste Art. Der Normalfall war der Bettgeher, der seine Schlafstatt am Morgen verlassen oder gar mit einem anderen Schichtarbeiter teilen mußte, und die schlimmste Existenz führten Kinder, wenn sie in den großen Gemeinschaftsunterkünften mitvegetieren mußten, die sich wegen der Wärme und der Weitläufigkeit in den Ziegeleien auf dem Wienerberg herausgebildet hatten: Bis zu sechshundert Menschen, Männer, Frauen und Kinder, Arbeiter und Gesindel, Obdachlose und Stadtstreuner nutzten die Möglichkeit, gegen ein paar Kreuzer vor der Kälte geschützt in einem Schlafwinkel beisammen zu kauern. Die Folgen für die Kinder waren mangelnde Hygiene, frühe Berührung mit Kriminalität und Sexualität, ungeordneter Schulbesuch, Fehlen des Familien-Forums und des Geborgenheits-Gefühls.

»In der Kleinen Schiffgasse«, schreibt *Emil Kläger* in seiner erschütternden Reportage über Wiener Elendsquartiere, »befinden sich zwei Häuser, in denen fast jedes Stockwerk mehrere Quartiere beherbergt... In einem Raum, der von Bettgehern überfüllt war, lag links in einem Bett ein älterer Mensch und ein blutjunges Mädchen. Aus der fremden Höflichkeit, mit der sie miteinander sprachen, konnte man schließen, daß der Zufall ihre nahe Bekanntschaft vermittelt hatte. In einer anderen Ecke waren auf einem quer gelegten Brette zwei Kinder untergebracht, die völlig entkleidet und in Fetzen gehüllt waren.«

Die Kleine Schiffgasse heißt heute Floßgasse und liegt im Zweiten Wiener Gemeindebezirk, in den sich die Hofgesellschaft höchstens dann bemühte, wenn sie der Porzellanmanufaktur Augarten einen Besuch abstattete. Dennoch bleibt es verwunderlich, daß solche Verhältnisse – es gab Massenquartiere in allen Teilen Wiens – und die grotesken Zustände auf dem Wienerberg dem Kaiser weitgehend verborgen blieben. Das Elend wurde als selbstverständlich hingenommen, selbst wenn es nicht die Asozialen allein betraf, sondern auch arbeitende Menschen, deren Not durch die geringen Einkünfte gleichsam zementiert war. Hin und wieder kam ein hoheitsvoller Rat bis zu den untersten Schichten durch, man möge doch nicht zu viele Kinder in die Welt setzen, da man sie nicht ernähren könne. Zeitweise waren es sogar die Sozialisten, die zu einem Geburtenstreik aufriefen, um der Oberschicht klarzumachen, daß solch ein Kinderleben nicht lebenswert sei.

Andererseits bildete in vielen Familien die Kinderarbeit die Rettung vor dem tiefsten Elend, Arbeit seit dem zehnten Lebensjahr, wie wir ihr auch in Galizien in den Erinnerungen des Bäckers und späteren Schauspielers *Alexander Granach* begegnen, aber auch im Lebensrückblick von *Adolf Schärf*:

»In der Zimmer-Küche-Wohnung stand der viereckige Arbeitstisch; an seinen Seiten waren für Vater und Mutter und die beiden Schwestern Arbeitsplätze, an denen auf Petroleumflammen das Glas (für Glasaugen) zur Verarbeitung flüssig gemacht wurde. Die Wohnung roch stark nach Petroleum, aber wir alle waren so daran gewöhnt, daß wir es nicht mehr merkten.«

Auch als die jüngere Schwester dann aushäusig arbeitete, in einer Stockdrechslerei, mußte sie zum Unterhalt der Familie beitragen: »Sie half Eltern und Geschwistern gern und opferwillig... Ich hatte nicht das Ge-

fühl, in Dürftigkeit zu leben ... alle Kinder, die ich kannte, lebten ähnlich oder noch bescheidener. Ich führte das Leben, das damals viele Tausende von Kindern in Ottakring als selbstverständlich betrachteten.«
Der später an der Spitze der Arbeiterschaft tätige Politiker hat diesen Kapitel-Schlußsatz gewiß mit Bedacht formuliert: Die Ansprüche waren gering, also war man zufrieden, solange die Arbeit selbst nicht unerträglich schwer war wie die Münzensäcke für Frau *Forster*. Vielleicht sahen die Frauen, die ja durch Kindererziehung, Haushalt und Heimarbeit dreifach belastet waren, die Lage nüchterner als die Väter: »Auf der Eisenbahnfahrt (von Nikolsburg in die Hauptstadt) redete ich mit meiner Mutter erwartungsvoll und neugierig von Wien; sie machte dazu die Bemerkung, wer dort leben wolle, der müsse mit seinen Zähnen in eine eiserne Kette beißen« – ein Wort der Frau *Forster*, so bezeichnend wie die Sprichwörter anderer armer Gegenden, zum Beispiel: »In Schottland weiß jedes Stück Brot, wo es hingehört.«

Daß diese aus heutiger Sicht kaum erträgliche Situation so vieler Arbeiterfamilien in beinahe ruhiger Schwebe gehalten wurde, hing auch mit der strengen Überwachung der Zeitungen in der Donaumonarchie zusammen und mit dem, was man heute den vorauseilenden Gehorsam nennt. Einzig »Die Stunde« – die darum auch in besseren Kreisen weder abonniert noch gelesen wurde – wagte hin und wieder einen Ausritt. Als in der Wiener Zeitung »Der Abend« eine Zeichnung von *Bittner* erschien, in der ein Bub einem Mädchen sagt: »Was brauch'n mir a Aufklärung in der Schul? Mir schlafn eh achte in einem Zimmer«, da war die bürgerliche Entrüstung groß, blieb aber völlig ohne Folgen.

Der Umfang der Kinderarbeit ist schwer zu ermitteln, weil ein guter Teil dieser Arbeit im elterlichen Haushalt, also gleichsam im verborgenen, geleistet wurde oder wie seit jeher in bäuerlichen Familien, worüber es erschütternde literarische Zeugnisse gibt. Nach einem Aufsatz von *Reinhard Sieder*, der sich auf eine Umfrage bei Lehrern aus dem Jahr 1908 stützt, muß man von etwa 170 000 bis 180 000 arbeitenden Kindern unter vierzehn Jahren ausgehen, wobei Böhmen, Mähren und Vorarlberg als Schwerpunkte gelten können. Mit dem Verschwinden der Heimarbeit zugunsten der Industrie senkte sich diese Zahl, doch stieg die Not in den Familien, da es nur die wenigsten wagten, die Kinder in die Fabriken zu schicken. Andererseits haben die Kinder selbst, soferne sie körperlich dazu imstande waren, die Arbeit außer Haus der familiären Enge nicht selten vorgezogen, zumal da die Väter kaum weniger hart waren als die Vorarbeiter oder Meister. *Lotte Lenya*, als *Karoline Blamauer* im Oktober 1898 in Wien geboren, flüchtete in die öde Qual der Messingputzerei im ganzen Haus, nur um ihrem Vater, einem trinkfreudigen Kutscher, ein paar Heller zu seiner Besänftigung überreichen zu können. Betrog die Hausbesitzerin sie um diesen Hungerlohn, so wurde sie geschlagen.
»Wenn er betrunken nach Hause kam, wurde immer ich aus dem Bett gezerrt – und betrunken war er, und betrunken blieb er, bis er starb. Ich mußte ihm vorsingen (weil dies ihre verstorbene ältere Schwester immer getan hatte). Da stand ich mit schlafverquollenen Augen und versuchte ihn zufriedenzustellen, versuchte, so gut zu sein wie die erste (Karoline) gewesen war, versuchte verzweifelt, den Kopf auf die andere Seite zu drehen, um nicht seinen sauren Atem riechen zu müssen, bis er mich wieder ins Bett stieß ... Das Schlimmste war (die Art), wie er mich aus dem Bett hob. Er legte seine beiden großen Hände um meinen Hals wie ein Würger und hob mich so heraus ... Einmal war er furchtbar betrunken und wurde dermaßen zornig auf mich, weil ich den Text eines Liedes vergessen hatte, daß er die Öllampe nahm und nach mir warf. Die Flamme ging zwar aus, aber bei der Explosion hätte ich verbrennen können.«

Da *Blamauer* für einen Blumengroßhändler durch Wien kutschierte, dabei nur sehr wenig verdiente und davon noch einiges vertrank, kann man sich die Situation in der Familie vorstellen (die im übrigen durch eine Schwester der Schauspielerin bis in die Einzelheiten bestätigt wird). Als Dreizehnjährige arbeitete Linnerl, wie *Lotte Lenya* damals in Wien genannt wurde, bereits als Verkäuferin in einem angesehenen Hutgeschäft, eine der damals vielbegangenen Brücken zur Prostitution. »Über diesen Abschnitt ihrer Vergangenheit berichtete sie jedem, den es interessierte, mit großer Offenheit. Sie war nicht gerade stolz darauf, aber sie schämte sich dessen auch nicht. Es war eben einfach passiert« (Margot Aufricht, zitiert nach der großen Lotte-Lenya-Biographie von Daniel Spoto).

Dies war zweifellos der traurigste Weg, aus dem Elternhaus hinaus in eine trügerische Befreiung, wurde aber von so manchem Schulmädchen in Wien, Preßburg, Prag und Budapest anderen Arbeiten vorgezogen, die weniger einbrachten und die kindlichen Körper in anderer Weise überforderten.

Auch andere Befreiungsversuche aus der häuslichen Misere enden sehr oft tragisch, häufiger auf jeden Fall als im bürgerlichen Milieu, wo schon die bessere Schulbildung und der leistungsfähige Verwandten- und Bekanntenkreis Auswege eröffnen. Zwei Fälle, die *Karl Kraus* aufgegriffen hat, ergänzen den autobiographischen Bericht von *Lotte Lenya*.

Der Selbstmordversuch eines Mädchens machte Wien auf das Martyrium aufmerksam, das die sechs Kinder des Metzgergehilfen *Josef Pichl* erdulden mußten. »Laut einer dem Polizeikommissariat Schmelz erstatteten Anzeige hatte Josef Pichl, der alle sechs Kinder durch Schläge mit einem Ochsenziemer und durch Fußtritte auf barbarische Weise mißhandelte, für die dreizehnjährige Anna eine förmliche Folter erfunden, indem er dem Mädchen einen Riemen um den Hals schlang, sie an demselben in die Höhe zog und sie baumeln ließ ... Es kam auch zutage, daß die beiden ältesten Mädchen den Entschluß gefaßt hatten, sich zu vergiften, um ihrer Qual ein Ende zu machen.«

Kraus folgte der Verhandlung, in der sich Richter und Beisitzer durchaus freundschaftlich mit Pichl darüber unterhielten, wieviel er denn so trinke und ob er nicht auf ein Krügel Bier verzichten und die Familie besser ernähren solle. Die Mißhandlungen kamen überhaupt nicht zur Sprache, die Verurteilung des Unmenschen zu 14 Tagen Arrest kennzeichnet den Standpunkt der Obrigkeit, die dem väterlichen Züchtigungsrecht kaum Grenzen setzte. (Die mitwissende Mutter wurde überhaupt freigesprochen.)

Der andere Fall spielte sich in der Leopoldstadt ab, im Jahr 1912: Frau *Paula Deixner*, mit einem erfolglosen, selten heimkehrenden Handlungsreisenden verheiratet, sprang mit ihrem dreijährigen Buben aus dem Fenster im vierten Stock, und ihr neunjähriger Sohn *Paul* sprang den beiden mit dem Ruf »Mutter!« nach. Während die Mutter und der Kleine gleich tot waren, überlebte Paul einige Stunden und wurde von den Journalisten trotz seines Zustandes gnadenlos nach den Ursachen des Selbstmords ausgefragt, ohne daß sich ein anwesender Schutzmann oder Ärzte einmengten. Das, ein Interview mit einem sterbenden Kind, war es, was *Karl Kraus* so empörte. Für uns ist zudem besonders wichtig, daß sich auch im angeblich so glücklichen Wien der Vorkriegszeit (und erst recht natürlich dann in den Kriegsjahren) zumindest für die Armen eine Situation einstellte, in der auch die Jugend, die natürliche Lebenschance des Kindes, keinen Hoffnungsschimmer bedeutet.

Paula Deixner, eine Frau von erst dreißig Jahren, ist ein Beispiel für den Schock, den der finanzielle Ruin bedeutet, und für das Fehlen der Bereitschaft, eine neue, schwierigere Situation in Angriff zu nehmen, worunter dann die Kinder leiden – auch wenn sie bereit gewesen wären, auf ein Leben im Wohlstand zu verzichten. Die Chance des Wiederaufstiegs, wie sie Schule und Bildung bieten konnten, wird gar nicht erst ins Auge gefaßt. Die Sorge, ihren *Paul* allein zurücklassen zu müssen, bestimmt Frau *Deixner*, den Buben – wie er noch berichten konnte – dazu aufzufordern, ihr nachzuspringen.

Unter einem ähnlichen Schock verlor *Nachum Roth*, der Vater des Dichters, nach einem Betrug, der ihn ruiniert hatte, den Verstand und starb, ohne seinen Sohn kennengelernt zu haben. *Jossif-Joseph* litt unter dem Fehlen eines Vaters ein Leben lang und erdachte sich zahlreiche Legenden und Versionen, um diesen Mangel zu kaschieren. Für Mutter und Sohn war dieser Abstieg materiell wie seelisch eine Katastrophe. »Ungern hat Roth von diesen Jahren beschämender Entbehrung in späterer Zeit erzählt. Aber wir wußten, daß er bis zum einundzwanzigsten Jahre nie einen Anzug getragen, der für ihn selber geschneidert worden war, immer nur die abgetragenen, abgelegten von anderen, daß er an Freitischen gegessen, wie oft vielleicht gedemütigt und in seiner wunderbaren Empfindsamkeit verletzt ...« erinnerte sich Stefan Zweig. Roths besondere Sympathie für die ärmsten Existenzen seines heimatlichen Galizien mag darin begründet gewesen sein.

Die gravierendsten Folgen hatte der wirtschaftliche Absturz dann, wenn die Mutter, um verdienen zu können, die Kinder aus dem Haus geben mußte. In diesem Fall opferte sie die Familie, damit die Kinder wenigstens ein Bett, die Nahrung und den Unterricht hatten, auch wenn dieser Verzicht ihr selbst das Herz zerriß und die Kinder Fremden überantwortete. Mit so grausamen Züchtigungen, wie sie betrunkene Väter ihren Kindern auferlegten, war in diesem Fall zwar in der zweiten Jahrhunderthälfte nicht mehr zu rechnen, aber es wurde in allen Waisenhäusern, Schulen und Internaten noch mit dem Rohrstock gearbeitet und mit Schandstrafen, deren seelische Wirkung lange anhielt. Der spätere Wiener Bürgermeister *Karl Seitz* (1869–1950) entstammte einer Wiener Familie, »vom Grund«, wie man sagt, verwurzelt, aber nie aufgestiegen, nicht arm, aber ohne Bildungsehrgeiz. *Karl Borromäus Seitz,* der Vater, hatte darum zwölf Jahre in der Armee gedient, der billigste und sicherste Weg zu begrenzter Reputation, hatte sich dann nicht ohne Geschick auf einem großen Holzplatz betätigt, war aber schon fünfzigjährig an einem Blutsturz gestorben. Seine aus einer Gastwirtsfamilie stammende Mutter, in jungen Jahren als »die schöne Betty« bekannt, wurde durch Betrug daran gehindert, das Geschäft weiterzuführen, und mußte sich als Näherin durchbringen. Das älteste der sieben Kinder trug als Modistin zum Unterhalt der Familie bei. Aber obwohl die Frauen oft die Nächte durcharbeiteten, mußten schließlich die beiden Buben in ein Waisenhaus gegeben werden; *Karl Seitz* war zu diesem Zeitpunkt zwölf Jahre alt.

In diesem Haus in der Galileigasse hatten die Kinder das Glück, nicht der strengen, ja oft sadistischen Klosterzucht unterworfen zu werden; altgediente Soldaten sorgten für Disziplin, und *Karl* hatte als Sohn eines Zwölfenders ein erträgliches Dasein. Mittags gab es täglich Fleisch, was Mutter *Seitz* nie geschafft hätte, am Sonntag durfte man sich auf eine Mehlspeise (Nachtisch) freuen, nur die Volksschule, in die geschlossen marschiert wurde, war eine sogenannte Armeleut-Schule, also keine Bürgerschule: Vom ersten bis zum letzten Schuljahr unterrichtete ein und derselbe Lehrer alle Fächer, so daß nur Grundkenntnisse vermittelt wurden. (In den Bürgerschulen gab es schon für die Zwölfjährigen Fachlehrer.)

Für den Aufstieg ohne Geld bot sich *Seitz* eine einzige Chance – die Singstimme des Buben, denn die Sängerknaben im Stift Klosterneuburg erhielten guten Gymnasialunterricht. Aber die Zahl der Plätze war begrenzt; man brauchte Protektion (und wenn es nur die einer Wäschebeschließerin einer Erzherzogin war), der Sohn der schönen *Betty* verfügte über derlei nicht und blieb an der Armeleut-Schule, aus der aber – wie uns der Seitz-Biograph *Rudolf Spitzer* mitteilt – zwei Jahrgangskollegen von *Seitz* ebenfalls den Aufstieg schafften: ein späterer Abgeordneter und Bürgermeister der Stadt Baden bei Wien und ein eines Tages berühmter Maler und Rektor der Akademie der bildenden Künste. Alle drei haben von ihrem damaligen Klassenlehrer berichtet, daß er mit Vergnügen prügelte, bezeichnen ihn aber auch als einen sehr tüchtigen Lehrer, »bei dem wir in den einzelnen Gegenständen vielleicht mehr gelernt haben als die glücklichen Kinder in der Bürgerschule«. Der Glückstag für *Karl Seitz* kam, als sich der Kronprinz *Rudolf* vermählte (was für diesen, wie man weiß, alles andere als ein Glückstag war). *Seitz* durfte als Sprecher von 811 Wiener Waisenkindern eine Kurzansprache mit anschließendem Hoch! vortragen, erregte die Aufmerksamkeit eines liberalen Gemeinderats und wurde von diesem nach harten Jahren in einer Schneiderlehre mit einem Freiplatz im Lehrerseminar von Sankt Pölten bedacht. Da das ebenfalls bewilligte Stipendium von 150 Gulden nicht reichte, flickte der flinke Näher *Seitz* seinen bessergestellten Mitschülern die Hosen.

Was die Mutter in dieser Zeit mitmachte, kann man nur ahnen. *Seitz* erzählt in seinem Lebensrückblick, daß er für den Schneidermeister oft Kaffee holen mußte. Zeit und Ort waren seiner Mutter bekannt, so daß sie sich immer unter ein Haustor stellen und ihm schnell ein belegtes Brot zustecken konnte.

Das Elend der Volksschullehrer und das ihrer Schüler schuf Gemeinsamkeiten; ihre Schilderung gehört zum erschütterndsten Teil der *Seitz*-Biographie von *Rudolf Spitzer.* Wir haben gehört, daß gut verdienende Facharbeiter etwa 500 Gulden im Jahr nach Hause brachten. *Seitz* erhielt als Unterlehrer 400 Gulden jährlich, hatte aber als Halbtagspräfekt in einem Waisenhaus Verpflegung, Wohnung, Heizung und Licht, so daß er sich privilegiert fühlten durfte. Sein Freund und Mitstreiter *Josef Enslein* hingegen war Provisorischer Aushilfs-Unterlehrer – eine ungemein österreichische Konstruktion – mit 183 Gulden und 99 Kreuzern im Jahr, also erheblich unter dem Existenzminimum, wofür sich jedoch niemand interessierte. Als einer dieser be-

Karl Seitz (in der Mitte sitzend) im Lehrerseminar St. Pölten, 1888

soldeten Armen sich eines Tages in einem zerschlissenen Rock präsentierte, herrschte ihn der Inspektor mit den Worten an: »In diesem Aufzug werden Sie mir nicht vor Ihre Klasse treten.« Erst als der Gedemütigte bekannte, nur diesen einen Rock zu besitzen, erhielt er zehn Kronen, um sich am Salzgries (wo die jüdischen Altkleiderhändler beisammen saßen) einen besseren Rock zu kaufen.

Gute Schulleistungen wurden, auch dies ist sehr bezeichnend, mit Essensmarken belohnt. *Seitz* durfte täglich drei bis fünf Gutscheine für ein warmes Mittagessen verteilen, aber es waren stets an die fünfzig Kinder, die darum bettelten, und die tägliche Enttäuschung der großen Zahl, die er nicht berücksichtigen konnte, wurde zum Motiv seines Handelns. Almosen halfen nicht mehr, wenn es um eine Gesamtsituation, um die Lage beinahe aller Schulkinder aus Familien der Unterschicht, ging. Bei den Bürgerschulen war das Gegenteil der Fall; hier brachten die Schüler Lebensmittelspenden mit, die den Lehrern zugute kamen und hochwillkommen waren. Volksschullehrer konnten damit nur ausnahmsweise rechnen.

Dies alles sind Fakten aus dem letzten Jahrzehnt des vorigen Jahrhunderts, als der Schock von 1866 längst überwunden war und die Wirtschaft der Donaumonarchie sich auch von dem Börsenkrach des Jahres 1873 erholt hatte. Das Börsengesetz von 1875 gab Sicherheit für die Unternehmer und ihre Gewinne, die Arbeiterschaft aber und die ihr zugeordneten Institutionen führten einen harten Existenzkampf. Wer allzudeutlich oder gar anklagend auf ihn hinwies, verspielte Aufstiegschancen und Reputation. *Enslein*, der als Redakteur der Reform-Zeitschrift »Freie Lehrerstimme« gegen die Reduktion der Unterrichtsstunden bei gleichzeitiger Ausweitung des Religionsunterrichts auftrat, blieb jahrelang Aushilfslehrer, ja nicht nur das: Am 27. April 1945 wegen seiner historischen Verdienste zum Unterstaatssekretär gemacht, verlor er diese Position schon nach den Novemberwahlen des gleichen Jahres wieder an einen ehemals Christlichsozialen.

Es ergibt sich die Frage, ob außer den Lehrern, die ja unmittelbar mit den Kindern der wirtschaftlich schwächsten Schichten konfrontiert waren, breitere Kreise von jenen Zuständen Notiz nahmen, die ja in einem schreienden Gegensatz zu der Prosperitätsphase des Gesamtstaates standen. Diese Frage aber kann in unserem Rahmen nicht beantwortet werden, die Thematik ist auch keineswegs nur im Bereich der k.u.k. Monarchie so grell sichtbar geworden. Nur ein überraschendes Faktum sei hier vermerkt, weil es doch sehr österreichisch wirkt: Während das zum Teil in kürzester Frist und mit rücksichtslosesten Methoden entstandene bürgerliche Großkapital expressis verbis verlangte, Polizei und Militär sollten für Ruhe unter der Arbeiterschaft sorgen, appellierten Herren aus dem höchsten und ältesten Adel der Doppelmonarchie an die Majestät und an die Einsicht der Abgeordneten, die unerträglichen Verhältnisse zu ändern. Die Herrenhausrede eines jungen Fürsten *Schwarzenberg* vom April 1873 und das Wirken von *Aloys Prinz von und zu Liechtenstein* (1846–1920), höhnisch der rote Prinz genannt, müssen hier als Beispiel genügen. Die großen jüdischen Familien, die durch Empfänge und Mäzenatentum für das, was man heute ein gutes Image nennen würde, sorgten, standen auch an der Spitze bei Spendenlisten nach Naturkatastrophen wie den Überschwemmungen, aber sie widersetzten sich jedem politischen Wandel, der ihren Besitzstand und ihre Einkommensverhältnisse gefährden konnte. Selbst reichste Grundbesitzer und Industrielle wie *Nikolaus Dumba* verurteilten diese Haltung als kurzsichtig, wovon die Schüler aus den hungernden und frierenden Familien freilich noch lange nichts hatten: 1868, als Wien etwa 600 000 Einwohner zählte, waren von diesen wegen des vermögensabhängigen Wahlrechts nicht einmal 20 000 wahlberechtigt.

Das Problem, sich auszudrücken

Die Kinder aus bürgerlichen Familien hatten im allgemeinen beim Schuleintritt keine Verständigungsprobleme, denn selbst wenn sie aus mehrsprachigen Kronländern der Monarchie nach Wien gekommen waren oder in ihren Heimatorten in die Schule gingen, so konnten sie doch meist auf das zu Hause zumindest als zweite Sprache geübte Deutsch zurückgreifen. Das Arbeiterkind, aber auch aus der Provinz in die Städte gekommene Kinder von Land- oder von Wanderarbeitern stießen auf die größten Schwierigkeiten. Hier hatte es natürlich kein Dienstmädchen aus einem anderen Teil der Monarchie und schon gar keine Gouvernante gegeben, und die Eltern sprachen naturgemäß die Mundart, wie uns *Theo Waldinger* sogar für sein bürgerliches Elternhaus bestätigt, in dem für die Mundart gegen das Hochdeutsche gekämpft wurde.

Der Spott, dem die jungen Exoten in der Fremde oder in der Metropole ausgesetzt waren, mochte noch hingehen, ging auch meist nach ein paar Monaten vorüber. Schlimmer und beständiger war die Unsicherheit in der Hochsprache und beim Erlernen der Fremdsprachen; es war ein Problem der Unterschichten in der ganzen großen Doppelmonarchie.

Auf den Höhen der Gesellschaft hingegen erweist sich das multikulturelle und vielsprachige alte Österreich als die glückhafte politische Konstruktion der europäischen Mitte, als eine einzigartige Lösung seither blutig aufgebrochener Probleme, die auch den Kindern in allen Kronländern besonders viel Anregung, Geschmeidigkeit, Toleranz und Weltoffenheit mit auf den Weg gab; man lese nur etwa die Kindheitsgeschichten der *Alma Mahler-Werfel*, der *Salka Viertel* oder auch *Heinrich Benedikts*: »Als ich vier Jahre alt war, heiratete die jüngste Schwester meiner Mutter… einen Gutsbesitzer in der Bukowina… Onkel Bernhard war ein schwarzgelber (d. h. kaisertreuer) Pole, sein Faktor ein deutschsprechender Jude, der Kammerdiener ein Ruthene, die Jungfer eine Wienerin, die Köchin eine Böhmin und die Gouvernante, unsere liebe Lina, eine Hamburgerin. Der Kutscher trug natürlich Livrée. Czernawka (das Gut) war ein Vielvölkerreich en miniature.« Selbst dort, wo es wirtschaftlich knapp zuging, aber stärkste Begabungen sich Bahn brachen, wie

Jüdische Schusterwerkstätte in Galizien, um 1880

in der viel zu zahlreichen und darum darbenden Familie des Graveurs *Ernst Klimt* (1834–92), erweist sich der Vielvölkerstaat als Multiplikator der Chancen: Zunächst auf den Bildungsweg der Unterschicht verwiesen, konnte *Gustav Klimt* (1862–1918) aus der Volksschule in der Lerchenfelder Straße auf die Bürgerschule wechseln und sich dann Wien und Österreich öffnen mit allem, was es zu bieten hatte: »Er war ein typisches Kind seiner Stadt: musikalisch, mit einer Vorliebe für Schubert, unabhängig, stolz, großzügig«, wie sein Biograph Nebehay feststellte. Das Schulwissen aus der Enge des Elementarschulbetriebes blieb hinter der Vielfalt des altösterreichischen Lebens weit zurück, sank ab: »Das gesprochene wie das geschriebene Wort ist mir nicht geläufig, schon gar nicht dann, wenn ich über mich oder meine Arbeit etwas äußern soll. Schon wenn ich einen einfachen Brief schreiben soll, wird mir angst und bang wie vor drohender Seekrankheit« – sehr bezeichnende Worte, die auch von *Hans Makart* (1840–84) hätten stammen können, der weder Korrespondenzen noch Tagebücher führte und selbst im mündlichen Ausdruck gehemmt war.

Die Schule also reichte nicht, nicht einmal bei deutschsprachigen Kindern. Wie sehr mußte sie erst in den Unterschichten der Kronländer versagen!

Rettung und Inferno – die Schule

Das Schaubild, das wir heute wie ein Mosaik aus Memoiren und anderen Quellen zusammensetzen müssen, war den Zeitgenossen des Lehrers *Seitz* durchaus bewußt, aber nur sehr wenige fühlten sich zum Handeln aufgerufen, und noch geringer war die Zahl jener, die etwas tun konnten. Die fruchtbarste Initiative waren die Schulen des Eisenbahnbarons *Moriz Hirsch* in den Judengemeinden Galiziens, der Bukowina, Ungarns und außerhalb Österreichs in Rußland und Rumänien. »Die Baron-Hirsch-Schulen«, schreibt *Aaron Gronich*, mit Bühnennamen *Alexander Granach*, im Rückblick auf seine Kindheit in Hordenka, »konnte man mit dem Cheder (der Wohnzimmer-Schule des Rabbiners) nicht vergleichen. Im Cheder war es dunkel und schmutzig ... in der Schule war es hell und sauber, und die Lehrer behandelten uns wie kleine Tiere und schlugen uns. Aber wer lernte, bekam eine Mütze mit Lackschirm, für besser lernen gab es schon ein Paar Hosen dazu und für gut lernen noch ein Jackett, und für sehr gut lernen wurde man ausgeputzt von Kopf bis Fuß, sogar mit Hemden und Taschentüchern. Man achtete darauf, daß wir sauber und gewaschen in die Schule kamen, sogar mit geputztem Schuhzeug, sonst wurde man nach Hause geschickt, was eine Schande war. Die Lehrer waren europäisch gekleidet und sprachen polnisch und haben uns geschlagen. Wenn die Aufgaben schlecht gemacht waren oder Fragen falsch beantwortet wurden, mußte man die Handfläche hinhalten, und der Lehrer hieb mit dem Lineal darauf. Manche Lehrer schlugen mechanisch, und es tat nicht sehr weh, aber einer, der jiddisch schreiben und lesen lehrte, Herr

Wieselberg, schlug mit der scharfen Seite des Lineals. Er war der erste böse Mensch, den ich in meinem Leben sah.«

Da in allen Elementarschulen geprügelt wurde, ist es nicht verwunderlich, daß die große philanthropische Initiative von *Moriz Hirsch,* für die er 15 Millionen Gulden ausgab, von solchen Erscheinungen nicht frei blieb. Aber die Kinder des vom selbständigen Kaufmann zum Bäckereiarbeiter abgesunkenen *Aaron Gronich* waren empfindsam, sie empfingen in der Familie, so arm sie war, nur Liebe, und darum revoltierten sie: »Manchmal wurde man auch über die Bank gelegt und mit dem Rohstöckchen verprügelt. Kinder, die Prügel erwarteten, pflegten ihre Hosen ... zu polstern. Wenn das entdeckt wurde, mußten die Höschen herunter und das nackte Fleisch bekam es zu spüren, was sehr weh tat und dazu noch eine Schande war. Herr Wieselberg war ein Meister in dieser Prozedur und wurde so gehaßt, daß wir nie zu seinen Kindern sprachen, die mit uns in dieselbe Schule gingen. Er kam nicht zum Lehren, sondern zum Schlagen. Alle haben sie geschlagen, sogar die Lehrerin Chamejdes, und das hat uns besonders geärgert, aber wir wehrten uns auf unsere Art ... Im Frühling gab es Millionen Maikäfer. Diese Maikäfer brachten wir zu Hunderten in die Klasse und ließen sie auf ein Zeichen los, und sie summten und brummten herum und die Chamejdes wurde hysterisch und schrie, und wir machten unschuldige Gesichter und freuten uns.«

Ein einziger Lehrer, er hieß Dreifuß, prügelte nicht, starb aber früh und plötzlich, wie Gronich andeutet, weil er sich die Kehle durchschnitt. Von den anderen Lehrern wurden die Kinder von Horodenka »wie kleine Verbrecher behandelt. Aber die schönen Anzüge zu den Feiertagen und im Winter die gute dicke Bohnensuppe und die Spiele außerhalb der Schule halfen uns darüber hinweg. Das Gute, das der Baron Hirsch an uns tat, konnten seine Lehrer doch nicht ganz zerstören.«

Hirsch war keiner der österreichischen Geldbarone: Sein Vater war als bayerischer Hofbankier geadelt worden. Kaiser *Franz Joseph* mochte den Mann nicht, der durch Bahnbauten und die Spekulation mit den Grundstücken, über die die Züge fahren sollten, ein Riesenvermögen angehäuft hatte und bei dem der Kronprinz *Rudolf* ein und aus ging. Als der spätere *Eduard VII.* noch als Prinz von Wales *Hirsch* besuchte, weil er mit der Familie *Bischoffsheim,* aus der Frau *Hirsch* stammte, gut befreundet war, gab dies einen diplomatischen Eklat.

Auch *Joseph Roth* besuchte eine der vierzig Baron-Hirsch-Schulen von Galizien (35 waren neu gegründet, fünf vorhandene subventioniert worden), und zwar in den Jahren 1901 bis 1905. Sie lag in der Pfarrgasse des Städtchens Brody, das bei etwa 17 000 Einwohnern 14 000 Juden hatte; die 3 000 Ukrainer und Goralen arbeiteten als Knechte oder Taglöhner bei den jüdischen Familien und waren zu 95 Prozent Analphabeten. Die neuen Schulen ließen geradezu Lichter aufgehen, nicht nur in Brody, wenn auch die mährischen Juden, die in Brody unterrichteten, nicht Jiddisch konnten und somit als Fremde empfunden wurden. Nur der Deutschlehrer stammte aus Brody selbst, ein gelehrter Mann, der Goethes »Faust« nach vier Methoden interpretieren konnte, ein Polyhistor, der alle Pilze kannte und sich mit Astrologie befaßte (wie *David Bronsen* in Gesprächen mit ehemaligen Schülern ermittelt hat). Die Baron-Hirsch-Schule zu Brody hatte dank einer besonderen Vereinbarung die Möglichkeit, alljährlich zehn oder zwölf Schüler zur Ausbildung als Goldschmiede oder Uhrmacher nach Wien zu entsenden, und man war besonders stolz auf die Tatsache, daß es eine Verbindung mit Wien und nicht mit Lemberg war. Aus denselben Quellen teilt uns der Roth-Biograph *David Bronsen* mit, daß in Brody die gleichen Lehrbücher im Gebrauch waren wie in Ober- und Niederösterreich, so daß die Kinder im fernen Galizien viel vom deutschen Kernraum der Monarchie erfuhren, übrigens auch täglich zwei Stunden Deutschunterricht hatten, neben Polnisch, Hebräisch und den üblichen anderen Fächern. Mit einer Unterrichtszeit von 8 bis 13 Uhr waren die Kinder ernsthaft gefordert, vor allem, da in der Vorbereitungsklasse für das Gymnasium noch zwei Stunden hinzukamen – Kenntnisse, auf die *Joseph Roth* sein Leben lang stolz war, die aber auch seine Bindung an die galizische Heimat festigten. Daher stammte auch seine lebenslange Sehnsucht nach dem Anheimelnd-Jüdischen, wie *Irmgard Keun,* nichtjüdische Freundin des Dichters, es im Gespräch mit *Bronsen* ausdrückte.

Jüdisches Schtetl im Osten der Monarchie

Diese Aussagen und die Verhältnisse, die sie beleuchten, sind wichtig, weil Galizien mit 7,3 Millionen Einwohnern das volkreichste Gebiet der ganzen Donaumonarchie war und weil über die Schulen, ohne jeden Zwang, zwar nicht das deutsche, aber das deutschsprechende Element dieses einzigartigen Vielvölkerstaates verstärkt und gestärkt wurde. Nur 15 Prozent der schulpflichtigen Kinder besuchten hier tatsächlich Schulen, was zur Folge hatte, daß von 100 in Galizien ausgehobenen Rekruten nur 14 (!) lesen und schreiben konnten, gegenüber etwa 70 im Gesamtdurchschnitt der Monarchie. Die Schulen des Barons *Hirsch* verbreiteten die Kenntnis der deutschen Sprache, ohne das Jiddische aus den Familien zu verbannen; was auf der Strecke blieb, war das Polnische der Gutsbesitzer, weil sich die Juden von den Polen schlechter behandelt fühlten als von der österreichischen Administration.

»Scheinbar zum Schutz der Interessen der Bauern verkündeten die Konservativen (d. h. Grundbesitzer und polnische Oberschicht), je besser die Volksschule entwickelt sei, desto weniger entspräche sie den Bedürfnissen breiter Kreise des Landvolkes. Sie erstrebten eine Struktur der Elementarschule, die ein Dorfkind an das dörfliche Milieu und die Stadtkinder aus Arbeiterfamilien stark an ihr Milieu binden würde... Dadurch sollte den Bauernkindern der Zutritt zu den Mittelschulen erschwert und die Dorfschule unter den stärkeren Einfluß des örtlichen Seelsorgers gestellt werden. Sie sahen auch nur unwillig allen Bemühungen um... die Lehrerbildungsanstalten zu, von wo ihrer Meinung nach die Halbgebildeten herkamen, die unter den bisher ruhigen Bauern Unzufriedenheit schürten«, berichtet Czeslaw Majorek.

Obwohl *Majorek* die Juden und ihre Schulen merkwürdigerweise mit keinem Wort erwähnt, sind die Initiativen der polnischen Konservativen doch deutlich gegen die Baron-Hirsch-Schulen gerichtet, und wenn wir lesen, daß es die katholische Geistlichkeit war, die in den Bezirksschulbehörden den Einfluß ausübte, dann sind die Tendenzen klar, wurde doch in den Baron-Hirsch-Schulen auch Hebräisch unterrichtet.

Da die adeligen Polen in Wien großen Einfluß hatten und über die Schul- und Bildungsbudgets ihre reaktionären Wünsche durchdrücken konnten, wurde die weitgehende finanzielle Unabhängigkeit der jüdischen Schulen, die vom Staat nur Zuschüsse erhielten, zu einem Faktum von größter Bedeutung. Als *Moritz Hirsch* 1896 starb, fürchteten Tausende minderbemittelter jüdischer Familien in der ganzen Monarchie für die Zukunft ihrer Kinder, aber *Hirsch* hinterließ ein so großes Vermögen, daß seine Witwe, als sie drei Jahre später starb, 500 Millionen Goldmark für Bildungs- und Wohltätigkeitsanstalten bestimmen konnte. (Das entsprach etwa einem Drittel der Gesamt-Budgetausgaben der Doppelmonarchie.)

Im weiten Raum des Vielvölkerstaates konnte sich diese private, auf eine begrenzte Religionsgemeinschaft ausgerichtete Initiative freilich nur unzureichend auswirken. In Dalmatien und der Bukowina war der Prozentsatz der Analphabeten noch höher als in Galizien, und 1913/14 fehlten in ganz Galizien im Vergleich zu modernen Maßstäben noch immer an die 1 500 Volksschulen. Die weiterführenden Schulen aber, die humanistischen Gymnasien, waren, wie der polnische Adel befürchtet hatte, zu einem Milieu geworden, wo schon die größeren Kinder mit Ideen der Auflehnung und der Sozialreform vertraut gemacht wurden oder doch die Möglichkeit erhielten, sich mit ihnen zu beschäftigen: »Die große Welle der nach Bildung strebenden Unterschichten ließ sich durch die Bildungspolitik der konservativen Partei, die danach trachtete, aus der Schule ein Mittel der sozialen Selektion zu machen, nicht eindämmen. Trotz des Elends und vieler Erniedrigungen, die diese Jugend auch seitens der Gymnasiallehrer zu erleiden hatte, waren das Verlangen nach Wissen und der unwiderstehliche Wille, sich aus dem ›Milieu der Verzweiflung‹ herauszureißen, doch stärker«, analysiert *Majorek*.

Für die Polen ein Milieu der Verzweiflung, für die Juden das Schtetl, in jedem Fall aber eine Dritte Welt im Herzen des alten Europa, die nach Lage der Dinge nur durch besseren Unterricht für die kleinen Galizier verschiedener Religion aufgehellt werden konnte.

Frühe Konfrontationen

In dem Maß, als die Schule in der natürlichen Rivalität der österreichischen Völker eine Rolle zu spielen begann, wurden auch die Schüler trotz ihrer Jugend in den Nationalitätenkampf hineingezogen, wozu für Kinder aus den Unterschichten noch der soziale Aspekt kam. Dort, wo es keine Sprachendiskussion gab, wie innerhalb der Haupt- und Residenzstadt Wien, hatte das soziale Problem naturgemäß das größere Gewicht. Auch konnten sich Volksschüler, die kaum zu essen hatten und die zu Hause schwierigste Wohnverhältnisse erdulden mußten, nur sehr bedingt mit übergeordneten Fragen beschäftigen. Anders lagen die Dinge dort, wo die Schuljugend neben den religiösen Gegensätzen auch nationale auszutragen hatte, wie in Südtirol, in dem seit 1878 von Österreich verwalteten, im Jahr 1908 annektierten Bosnien und Herzegowina, in Prag und, angesichts der aggressiven ungarischen Magyarisierungspolitik, auch in Siebenbürgen. Der Deutsche Schulverein von 1881 wurde 1908 zu einem »Verein für das Deutschtum im Ausland«; damit wurden großdeutsche Tendenzen in die österreichische Bildungsarbeit hineingetragen. Nun lag auf jungen Österreichern in allen Kronländern eine Bürde, die vor allem von den intelligenteren Teilen als irritierend empfunden wurde oder sie doch von den Zielen ablenkte, die Vater und Mutter ihren begabtesten Kindern gesetzt hatten.

»Es liegt mir fern, meinen Eltern, den deutschen Schulen oder dem deutschsprachigen Hauspersonal den Vorwurf zu machen, mich inhuman erzogen zu haben. Ein kleiner Vorwurf jedoch ist unverrückbar mit unser aller Einstellung gegenüber den Tschechen verbunden. Vielleicht waren es mehr soziale Unterschiede, vielleicht war es die Liebe meiner Familie zur Habsburgermonarchie – das gleiche Recht für alle ließ man nicht gelten. Das Nebeneinanderleben von Deutschen und Tschechen war problematisch. Manchesmal fanden sie zueinander, in vielen Bereichen jedoch war die Einstellung dem anderen Volk gegenüber durchaus nicht immer human. Auch die Einstellung der Tschechen war nicht immer von Nächstenliebe geprägt, selbst dem Brudervolk der Slowaken gegenüber, um nur ein Beispiel zu nennen. Man sieht heute, wohin das alles führen kann«, erzählt *Gerhard Scholten*.

Auch in Prag also wurden wie in Galizien die Juden zu einem Teil des deutschen Elements und naturgemäß zu einem besonders wichtigen, dank der wirtschaftlichen Kraft der jüdischen Familien und dank der intellektuellen Potenz ihres Nachwuchses, auch wenn sich manch hochfliegender Plan, manch künstlerisches Interesse später, in der väterlichen Fabrik oder im Bankhaus der Familie, abflachte.

»Wir jungen Prager Deutschen wurden... eigentlich mit ein wenig Haß gegen alles, was tschechisch war, großgezogen«, sagt Scholten, und *Majorek* liefert aus dem polnischen Bereich die Ergänzung, wenn er schreibt: »Die Radikalisierung der Gymnasialjugend ergab sich aus den damals vorherrschenden gesellschaftlichen und politischen Tendenzen... Dadurch wurden die Inhalte der nationalen Erziehung in den Mittelschulen verbreitet und bereichert. Auch die Entwicklung der Selbstbildungsbewegung unter den Schülern fand die gesellschaftliche Billigung. So spielte die galizische Schule trotz all ihrer Mängel... eine wichtige Rolle in der Ausbildung einer großen Gruppe der polnischen Intelligenz, die für das 1918 wiedererstandene Polen sehr wichtig war.«

Nun, da es gegen Habsburg ging, war die Bildung auf einmal willkommen, eben jene Bildung, von der noch die vorangehenden Generationen eine Gefährdung des Landfriedens und der Besitzstände des Adels befürchtet hatten. Die Schulpolitik der Habsburger hatte in allen Kronländern den Geist der Unabhängigkeit und der Opposition geweckt, statt jenen leicht zu führenden und friedlichen jungen Staatsbürger zu schaffen, den die Schulgesetze von 1868/69 als Ziel aller Bemühungen proklamiert hatten. Und es war nur folgerichtig, wenn auch eine furchtbare Verirrung, daß es ein Gymnasiast war, der im Juni 1914 die Schüsse von Sarajevo abgab.

Für die Lage der Kinder in den Arbeiterfamilien blieb die politische Einstellung der Väter zwar nicht bedeutungslos, sie trat aber hinter härteren und näherliegenden Bedingnissen zurück: Hatte der Vater Arbeit? Brachte er seinen Lohn nach Hause, oder machte er den Umweg über das Gasthaus, den Kretscham, das Beisl oder wie immer jene Lokale hießen, in denen sich die Väter – durch die große Misere teilweise entschuldigt – ihren Kummer von der Seele reden oder zunächst un-

Der Schusterbub, aus der Serie »Wiener Typen«, um 1900

wirksame sozialkritische Reden schwingen konnten. Auf die soziale Lage wirkte sich mildernd aus, daß die Zahl der reinen Industriearbeiter ohne Wohnung und Deputate vergleichsweise gering war. Etwa drei Viertel der Arbeiter waren in der Land- und Forstwirtschaft beschäftigt, wo die volle Härte städtischer Unterschichtenverhältnisse weitgehend gemildert war, und auch von den Industriearbeitern waren noch viele in Arbeitsverhältnissen tätig, die man aus heutiger Sicht eher dem Kleingewerbe zurechnen würde, Verhältnisse, welche die Proletarisierung hintanhielten. Herkunft, Ausbildung und Einkommensverhältnisse wa-

Arbeiterinnen in der Spinnerei Pottendorf

ren so unterschiedlich, daß auch die Lebensweise in der Familie, die Rolle und die Lage der Kinder eine erstaunliche Variationsbreite erkennen lassen. Der an der Armutsgrenze dahinvegetierende Gleisarbeiter oder Weichensteller beneidete maßlos den Zugschaffner, hatte dafür aber die Möglichkeit, in dem Wärterhäuschen am Bahnschranken ein paar Ziegen zu halten (die seither sprichwörtliche Eisenbahnerkuh); die Kinder hatten Auslauf im Grünen, mußten nicht auf der Straße spielen und hatten den Vater oft mehr zu Hause, als wenn er die angestrebte Beförderung mit mehr Lohn und Sicherheit erlangt hätte.

In der Textilindustrie von Nordböhmen und Mährisch-Schlesien wiederum waren in erster Linie Frauen beschäftigt, die meisten von ihnen sehr jung, und die Kinderarbeit erreichte hier, fern von Wien, mit Textilarbeiterinnen von zehn Jahren aufwärts ein scheußliches Extrem, zu welchem Bild auch noch kam, daß die Jungarbeiterinnen ihren Vorgesetzten in jeder Hinsicht ausgeliefert waren. Man hatte Arbeit in Reichenberg, Friedland oder Gablonz, aber die Kinder und jungen Mädchen, die in die Fabrikhallen ziehen und ohne Kontrolle der Arbeitszeit bei Niedriglöhnen schuften mußten, wurden um ihre Jugend betrogen. Diese täglichen Verdüsterungen und Prüfungen ließen jenen heiteren Familienfrieden nicht entstehen, wie er sich anderswo trotz geringen Einkommens oft einstellte. (Da die Gewerbeordnung von 1859 Kinderarbeit verboten hatte, war die Dunkelziffer bis zur Jahrhundertwende sehr hoch; erst als sich nach einer großen friedlichen Demonstration der Arbeiterschaft im Jahr 1890 die öffentliche Meinung dieser Mißstände annahm, besserten sich die Verhältnisse auch in der Industrie.)

Josef Ehmer erklärt in einem Aufsatz vom Jahr 1984,

warum sich die Fabriksbesitzer so gut wie alles erlauben konnten: »Die Heimindustrie war durch die Mechanisierung der Textilbetriebe so gut wie vernichtet worden. Im Vor-Auto-Zeitalter war die Arbeiterschaft nicht mobil, sondern ortsgebunden und mußte die Arbeitsmöglichkeiten ergreifen, die sich am Ort boten, auch bei Arbeitszeiten bis zu 15 Stunden und 300 Arbeitstagen im Jahr, bei Durchschnittslöhnen von zwei bis vier Gulden und einem Höchstlohn im aufreibenden Akkord von sieben Gulden.«

Seelische und körperliche Zustände in diesen malträtierten Familien begünstigten Säuglingssterblichkeit und Krankheiten aller Art. Nur 60 Prozent der Neugeborenen überstanden das erste Lebensjahr, und die Jungarbeiterinnen wurden nur zu oft eine Beute der Tuberkulose wegen Unterernährung, Überanstrengung, Mangel an Schlaf und Staub am Arbeitsplatz.

In dem Maße, als sich in diesen Randgebieten der Monarchie Maschinen- und Schwerindustrie mit Facharbeiterbedarf entwickelte, brachen auch für die Kinder bessere Zeiten an, denn die oft vom Handwerk kommenden Arbeiter der Schwerindustrie verdienten nicht nur bis zu 20 Gulden pro Woche, sondern hielten sich auch – durch das Schicksal der Textilarbeiterschaft gewarnt – eine kleine Nebenerwerbslandwirtschaft, in der die Kinder, ohne Schaden zu nehmen, tätig sein und zum Unterhalt der Familie beitragen konnten.

Die Arbeiterkinder in den industriellen Randgebieten Böhmens und Mährens waren durch zwei Umstände gegenüber den binnenländischen Familien der Tschechen privilegiert: Sie sprachen deutsch und erhielten Unterricht in deutscher Sprache, und sie hatten Teil an einem zwar harten, aber stetigen Aufstiegsprozeß, weil sich dank der Bevölkerungsdichte und der Mehrung des Wohlstands in den Städten naturgemäß auch das kulturelle Leben intensivierte, so daß schließlich in Reichenberg, Mährisch-Ostrau, Troppau und anderen Orten Zeitungen, Theater und andere Bildungseinrichtungen zur Verfügung standen. Von den Kritikern der Metropolen Prag, Brünn und Wien belächelt, waren diese provinziellen Aktivitäten doch für viele Jugendliche der ärmeren Schichten das räumlich erreichbare, finanziell zugängliche Kulturpotential, nach dem die aufsteigende Arbeiterschaft gleichsam naturnotwendig verlangte. Sie hatte 1874 auf dem Kongreß von Neudörfl eine gesamtösterreichische, also alle Nationalitäten der Monarchie einbeziehende politische Vertretung, nämlich die Sozialdemokratische Arbeiterpartei gegründet, »im europäischen Maßstab das erste Beispiel einer organischen Verbindung von früher entgegengesetzten nationalpolitischen Traditionen, in diesem Falle der deutschen und der tschechischen radikalen Demokratie«, schreibt *Jiří Koralka*.

Nach Einführung des allgemeinen Wahlrechts im Jahr 1907 saßen 87 Abgeordnete dieser Partei im Reichsrat und konnten dort und in ihrer Presse jene Forderungen erheben, die seit Jahrzehnten bekannt, aber unberücksichtigt geblieben waren: Verbot der Erwerbsarbeit von Kindern, die das vierzehnte Lebensjahr noch nicht erreicht haben; Begrenzung des Arbeitstages auf acht Stunden; Einführung von Krankenkassen, Gleichstellung der Frauen u. a. m., heute selbstverständliche Bestandteile unserer gesellschaftlichen Ordnung. Die Kinder und die Mütter hatten am bittersten darunter gelitten, daß solche Forderungen auch in einem großen und wohlhabenden Land, in einem im ganzen gut organisierten und von anständigen Menschen regierten Staat noch immer nicht erfüllt waren. Diese Diskrepanz wäre ein Rätsel, würden wir nicht mit ihr auch im Deutschland der Hohenzollern, in Frankreich und in England konfrontiert. Der Geldrausch der Gründerzeit hatte in seiner Neuartigkeit dem Industriekapital ein Jahrhundert kaum eingeschränkter Raffgier beschert, einen Vorsprung, der in der Alten und in der Neuen Welt ein paar hundert Familien steinreich gemacht hatte. Es war deren Überzeugung vom gleichsam gottgegebenen Reichtum, auf die Dichter aus Industriellenfamilien beinahe schreckhaft gestoßen wurden, als ihnen an der Schwelle zum Erwachsenwerden die Augen aufgingen, *Franz Kafka* vor allem, aber auch *Hermann Broch, Richard Beer-Hofmann*, der in Troppau ansässige *Emil Hadina* und andere. Da seit dem Verlust der Lombardei und Venetiens Böhmen und Mähren zwei Drittel der industriellen Produktion des cisleithanischen Österreich in ihren Grenzen vereinigten, bildete sich hier auch das stärkste Potential einer aus dem Arbeiterstand aufsteigenden Jugend heraus. Sie hatte leider, da die ganze Donaumonarchie nicht mehr lange existierte, keine zureichende Phase der Eigenwirksamkeit vor sich, umso mehr, als der Moloch

Wien gerade auf diese aufgeweckten Söhne einer von der Not zur Selbstbehauptung getriebenen Klasse eine unwiderstehliche Anziehungskraft ausübte. Dadurch floß an die Donau vieles ab, was an Moldau und Theiß vielleicht – aber auch nur vielleicht – den gesamtösterreichischen Gedanken hätte stärken können, als Gegengewicht gegen die nach der Reichsgründung 1871 verstärkte Anziehungskraft des jungen deutschen Staates, dem sich Sudetendeutsche und Deutschmährer bald immer stärker zuwenden sollten.

Der große Schmelztiegel

Wanderungsfragen haben innerhalb Österreichs stets eine besondere Rolle gespielt, weil ja nicht, wie in Deutschland oder Frankreich, sprachlich weitgehend homogene Menschengruppen wanderten. Der Vielvölkerstaat erlebte folgenreiche Verschiebungen, die Inselexistenzen fest umrissener Gruppen in einem anderen Volkstum mit sich brachten wie die Ladiner in Südtirol, die Kroaten in Westungarn, die Deutschen rund um Iglau oder in der Zips und viele andere mehr. Während die Erwachsenen sich um die Aufrechterhaltung von Sprache und Traditionen auch in einer fremden Umgebung bemühten, waren die Kinder auf Kommunikation mit der umgebenden Bevölkerung angewiesen, in der Schule, auf dem Dorfplatz, in den weiterführenden Schulen und in den Verkehrsmitteln.

Der größte Platz solcher Begegnungen aber, der schließlich fruchtbarste und für Europa einzigartige Schmelztiegel aus Einheimischen und Zuwanderern, wurde die Stadt Wien, insbesondere seit der Stadterweiterung von 1891, die 550 000 Bewohner der zu einem gut Teil von ärmeren Schichten bewohnten Vororte eingemeindete. Die Einwohnerzahl von Wien, die um 1800 auf 230 000 geschätzt wurde, erreichte damit 1,64 Millionen im Jahr 1900 und kurz vor dem Ersten Weltkrieg die bis heute unübertroffene Zahl von 2,2 Millionen (heute 1,524 000). Mit der Entwicklung und vor allem der Herkunft der Wiener Bevölkerung hat sich für den Zeitraum bis zum Ersten Weltkrieg *Gustav Otruba* in einem Aufsatz und in Vorträgen am Wiener Institut für Wissenschaft und Kunst beschäftigt, und seine Ergebnisse sind, vor allem was die ärmeren

Ferdinand Georg Waldmüller, Kinder armer Eltern werden von der Gemeinde Spittelberg am Michaelitage mit Winterkleidern beteilt, *1857*

Schichten in der Donaustadt betrifft, in denen sich der Assimilierungsprozeß nur zögernd vollzog, von besonderer Bedeutung und aufschlußreich.

Der Wanderungsgewinn für die Wiener Bevölkerung, also der Zuzug aus dem Umland und anderen Kronländern, war zu Ende des vergangenen Jahrhunderts sprunghaft angestiegen. Waren 1871 bis 1875 insgesamt rund 22 000 Menschen nach Wien zugezogen, so waren es zwanzig Jahre später, von 1891 bis 1895, bereits 79 000. In den letzten Jahren vor dem Krieg, von 1911 bis 1915, kamen gar 185 000 Menschen nach Wien als Zuzügler, nicht als Flüchtlinge, weil zu diesem frühen Zeitpunkt die Fronten gegen Rußland ja noch hielten. Da das Kern-Wien innerhalb von Mauern und Glacis, wie es sich vor der Anlegung der Ringstraße darbot, nur etwa 50 000 Menschen Raum geboten hatte (heute leben auf diesem Raum gar nur 35 000 Menschen), ergibt sich eine Stadt ohne nennenswerte Kontinuität der Einwohnerschaft, denn 50 000 – selbst wenn sie alle immer in Wien ansässig gewesen und geblieben wären – sind nun einmal nur zweieinhalb Prozent von zwei Millionen.

Was so manchen alten Wiener desillusionierte, machte andererseits die Besonderheit der Donaustadt aus, und wo die Menschen aus allen Himmelsrichtungen zusammenströmen, liegen die Oberschichten nicht wie ein schwerer Betondeckel auf dem Schmelztigel, da sie selbst sich ja auch erst eingefunden und immer weiter von außen her ergänzt haben. Das Arbeiterkind, auch wenn es arm war und vergleichsweise schlechtere Schulen besuchen mußte als die Kinder reicher Bürger oder des Adels, das Wiener Arbeiterkind wurde genau so ein Wiener wie der Nachwuchs der bemittelten oder der hochgeborenen Schichten. Dürfen wir einmal hinter unseren zeitlichen Rahmen zurückgreifen, so lesen wir bei *Otruba*, daß eine Zählung der Handwerksmeister aus dem Jahr 1742 ergab: Nur ein Viertel waren Wiener, ein weiteres Viertel kam aus der Wien umgebenden Provinz, die Hälfte aber aus anderen, ferneren Gebieten des damaligen Staatsgebildes oder gar aus dem Ausland. So kamen die Rauchfangkehrer aus der italienischen Schweiz, Lebzelter, Hafner und Zinngießer aber aus Italien, um nur einige Beispiele aus jenen Bereichen der Arbeit zu nennen, die im allgemeinen als besonders bodenständig gelten.

Bei der Industriearbeiterschaft der Jahre zwischen 1866 und 1918 ist der Anteil der Zuzügler schon darum ungleich höher, weil sie ja gar nicht aus den Wiener Innenbezirken kommen konnten: Innerhalb des Gürtels gab es zu diesem Zeitpunkt schon gar keinen Platz mehr für Fabriken oder ähnliche größere Neuanlagen, hier beherrschte das Kleingewerbe das Bild oder Fabriken, die wir heute nicht mehr als solche bezeichnen würden. Hingegen stieg die Zahl der Fabriken in den Bezirken X bis XXI in den dreißig Jahren von 1880 bis 1910 von rund dreihundert auf beinahe siebenhundert an. Für die Herkunft der Wiener Bevölkerung um 1890 gibt *Otruba* die (von uns abgerundeten) Zahlen:

Wien	610 000
Niederösterreich	155 000
Andere Kronländer	51 000
Böhmen, Mähren und öst. Schlesien	378 000
Ausland und unbekannter Herkunft	170 000

Da die Hauptwachstumszone eindeutig mit den Industriebetrieben gleichzusetzen ist und aus den westlichen Kronländern, vor allem dem alpinen Bereich, auffallend wenig Zuzügler kamen, ergibt sich ein starker Anteil von tschechischen, mährischen und slowakischen Arbeitskräften, die allerdings nur zum Teil mit ihren Familien kamen. Nicht wenige fanden sich ihre Frauen in Wien, wofür dann weibliche Zuzügler aus Böhmen und Mähren von bodenständigen Wienern geheiratet wurden. Die Wiener Arbeiterfamilie ist damit im höchsten Maß Schauplatz der Kronländer-Vermischungen, der Begegnung und Verschmelzung des wienerischen oder niederösterreichischen Elements mit Italienern und Slawen, während das Bürgertum und die Kleinbürgerwelt die jüdischen Zuwanderer aus Galizien aufnimmt, die italienischen, spanischen und reichsdeutschen Einsprengsel aber der Adel. Von den rund 100 000 Wienern mit tschechischer Umgangssprache des Jahres 1910 waren drei Viertel in Industrie und Gewerbe tätig.

Solche Schwerpunkte schufen Einfluß, und wenn die Tschechen 1910 auch »nur« 20 Prozent der Wiener Gesamtbevölkerung stellten, so war dieser Prozentsatz und war ihr Einfluß in vielen Betrieben des Kleingewerbes und der ansässigen Industrien doch so groß, daß sich national gesinnte Wiener alarmiert fühlten. Im Jänner 1911 erschien als Beilage zum Wiener »Deut-

Ziegelschläger an einem Schlagtisch mit »Lehmscheiberhund«, 1910

schen Volksblatt« ein Pamphlet von einem Herrn *Lustig*, in dem er die Tschechisierung Wiens als drohende Gefahr ausmalte und an die Familien von Arbeitern, Gesellen und Kleinbürgern appellierte, ihre Söhne Schuster, Schneider und Tischler werden zu lassen, also zu solchen Meistern in die Lehre zu schicken. »Nur so werden wir es vermeiden«, schreibt *Lustig*, »daß das Tschechentum in Wien übermächtig werde, daß es in unseren öffentlichen Vertretungskörper eindringe und uns deutsche, erbgesessene Wiener zwinge, vorerst vielleicht in der Gegend am Laaerberg und in Meidling und endlich am Rathause und an der k.k. Hofburg zweisprachige Straßentafeln anzubringen.«

Wieder also wird, wie in anderen Teilen der Monarchie, der Nationalitätenstreit auf dem Rücken der Kinder ausgetragen. Sie sollen bestimmte Berufe ergreifen, sich zu tschechischen Meistern in die Lehre begeben, um Bereiche der Arbeit für das Deutschtum zurückzugewinnen, so wie die deutsche Zuwanderung in Prag, Brünn oder Preßburg Terrain für das Staatsbewußtsein in zentrifugal driftenden Gebieten sichern sollte, als Klammer gleichsam.

Es blieb den Wiener Arbeiterkindern erspart, Herrn *Lustig* zuliebe in andere als die von den Eltern gewählten Berufe gezwungen zu werden, denn – allen böhmakelnden Wiener Hausmeisterinnen zum Trotz – die Tschechen assimilierten sich verblüffend schnell in Wien, ja mehr als das: Sie schienen irgendwie besonders gut nach Wien hereinzupassen, was man zum Beispiel von der zahlenmäßig schwachen Zuwanderung aus dem Deutschen Reich nicht behaupten konnte. Während drei Viertel der aus dem Raum der tschechisch-slowakischen Gebiete Zugewanderten ihre Muttersprache binnen ein oder zwei Generationen aufgaben, behielt ein harter Kern das Tschechische oder Slowakische bei: 5,6 Prozent aller Wiener Schulkinder erhielten 1910 Unterricht in der angestammten Sprache, immerhin mehr als 14 000.

Auf dem Höhepunkt des Nationalitätenkampfes um die Jahrhundertwende sprachen tschechische Flugblätter von einer Million Wiener Tschechen, vermutlich, weil man die inzwischen häufigen Mischehen – von den Beteiligten gar nicht mehr als solche empfunden – und andere noch im Übergang befindliche Gruppen dazuzählte. Einmal erwacht und kämpferisch, gründeten die Tschechen in Wien zwischen 1863 und 1901 ein Dutzend Vereine, darunter den berühmt gewordenen Jugendbund »Omladina«, der sich vor allem an die Arbeiterjugend wandte und ihr ein Forum zu bieten bemüht war – angesichts der schlechten bis elenden Wohnverhältnisse der Arbeiterfamilien ein höchst attraktives Angebot. Der polnische Verein »Ojzyzna« wurde 1899 gegründet und bemühte sich in enger Zusammenarbeit mit kirchlichen Stellen um den Schutz der polnischen Jungarbeiterinnen in dem gefährlichen Milieu Wien. Auch die ruthenischen Vereine, die kroatische Gründung »Sloga« und der ungarische Verein »Brüderlichkeit« hatten das Ziel, die Schulbildung der Kinder zu ergänzen und den Analphabetismus der Erwachsenen zu bekämpfen. Die tschechische Arbeiterjugend strömte in die Turnvereine, die zwar die militantesten Nationalisten vereinigten, aber den oft schon vom zwölften Lebensjahr an arbeitenden Kindern die Gelegenheit boten, unbeschwert unter Gleichaltrigen Ausgleichssport zu treiben und an Gemeinschaftsabenden teilzunehmen.

Von den Aktivitäten dieser Vereine, ob sie nun »Borivoj« oder »Sokol« hießen, sprechen die Berichte der Wiener Polizei zwischen 1914 und 1918 auffällig oft, wir aber nennen nur einen später berühmt gewordenen Tschechen, der in diesem Milieu zweifellos bedeutende Eindrücke für sein späteres Leben empfangen hat: *Thomas Garrigue Masaryk* (1850–1937) aus Mähren, Sohn eines Kutschers und einer Mutter, die aus einer halb germanisierten Familie stammte. Nach tschechischen und deutschen Schuljahren kam er als Dreizehnjähriger zu einem tschechischen Schlosser in Wien in die Lehre, bestand später aber die Aufnahmsprüfung für das Gymnasium und besuchte ein solches in Brünn. Seine erste große soziologische Arbeit verfaßte und publizierte er in deutscher Sprache, und die Düsterkeit seines Themas läßt auf Wiener Erlebnisse im Milieu der Arbeiter und ihrer Kinder schließen: »Der Selbstmord als soziale Massenerscheinung der modernen Zivilisation«. Als 1882 die Universität Prag, die älteste deutsche Universität, in eine tschechische und eine deutsche Hochschule geteilt wurde, erhielt der erst 32jährige *Masaryk* seine erste Professur.

Hochbegabungen schufen sich Sonderlaufbahnen, bestätigen aber zugleich die allgemeine Misere. Aus einer Schlosserlehre in Wien Präsident, ja eigentlich Gründer-Präses eines ganzen Staates zu werden, das verleitet zu einem Blick auf die Wiener Welt, die der junge *Masaryk* in sich aufnahm. Sie begegnet uns in einer der kostbarsten und wichtigsten Quellen über die Arbeiterkinder jener Zeit, in den Interviews, die *Reinhard Sieder*, Assistent und Lehrbeauftragter am Institut für Wirtschafts- und Sozialgeschichte der Universität Wien, mit alten Männern und Frauen geführt hat, um die Arbeitswelt der Jahrhundertwende in Wien zu rekonstruieren:

»Na und mein ältester Bruder, das war ein Striezi. Der hat bei (der metallverarbeitenden Firma) Werner & Pfleiderer gearbeitet. Der is nach Haus kommen, hat's Schlossergewand auszogen, hing'worfen, no und dann hat er sich angezogen. Sag ich: Na, und wer wird des wegräumen? Sagt er: Zu was bist denn du da? Einmal hat er mir 's Wasserhefen nachg'haut bis ins Zimmer

Massenquartier in Wien, um 1880

Leo Burger, Auf der Straße in einem Vorort, 1885

hinein, weil ich zurückgeredet hab. Der war immer gleich so rabiat.«
Der Lehrling, ob bei einem Schlosser oder Tischler oder in einer Fabrik, kam heim und führte sich, vor allem wenn der Vater noch nicht zu Hause war, wie ein kleiner Tyrann auf, weil alle aufgestaute Wut, der Haß, die Unterdrückung aus ihm heraus mußten. Alkohol und gleichaltrige Gesellschaft in einem Verein wurden als Auswege empfunden.
Die Interviews, die *Reinhard Sieder* in den Jahren 1980 bis 1984 – also eigentlich im letzten Augenblick – mit Männern und Frauen durchführte, die sich an ihre Kindheit eben noch erinnerten, sind in ihrer Summe eine Pioniertat und halten eine Wiener Wirklichkeit fest, die so nicht mehr existiert, die andererseits aber auch nicht völlig versunken ist, so daß wir alles Gesagte und Festgehaltene als Bestandteil unserer Welt empfinden und registrieren müssen. Die Gemeinsamkeiten im Leben der Arbeiterfamilien hoben nicht in allen Bereichen die Nationalitätsunterschiede und die Sprachgrenze auf; die politischen Aspekte, die Vereine, die Organisationsformen unterschieden sich. Aber die Wohn- und Lebensverhältnisse näherten vor allem die junge Generation den Jugendlichen der tschechischen, slowakischen, kroatischen Wohngegenden an. Bis heute finden sich in Ottakring, in Simmering und in anderen Wiener Bezirken jene Häuser, die durch die Bassena-Bauweise, die gemeinsamen Wasserleitungshähne

auf dem Gang, und die Stiegenhaus-Toiletten eine Art Wohngemeinschaft von dreißig oder vierzig Familien gleichsam erzwangen. Die engen Wohnungen öffneten sich auf den langen, besser als die Wohnungen mit Fenstern versehenen Gang, und gelegentlich, vor allem, wenn das Haus nur von Arbeitern bewohnt war, wurden die Türen gar nicht verschlossen, so daß die Kinder hin und her sausten im Spiel oder bei Besuchen.

Bei gutem Wetter ergänzte die Straße diese Spielzone, und auch hier gab es natürlich keine Abgrenzung der Wiener Tschechen von den Wienern aus ansässigen oder früher zugezogenen Familien. Die Gasse schuf eine Gemeinschaft, ohne daß regelrechte Streetgangs entstanden, wie man sie heute kennt. Diese Gasse suchten die Heimkehrer als die Welt ihrer Kindheit, hier fand man einander, auch wenn eine Trennung Jahre gewährt hatte. In dem Klägerschen Buch über die Wiener Unterschichten finden sich erschütternde Zitate aus den Erinnerungen eines Waisenknaben namens *Weber*, der nach Jahren in der Provinz wieder nach Wien geholt wird, wegen seiner Mundart größte Schwierigkeiten in der Schule hat, dafür aber seine richtige Mutter wiederfinden darf:

»Eines Tages, ich kam gerade aus der Schule, rannte mir ein abgehärmtes Weib entgegen mit dem Rufe ›Pepi! Pepi!‹ mit überstürzenden Worten: ›Du lebst? Wie ging es dir? Ich bin deine Mutter!‹ – Ich hatte kein Gefühl, ich ließ mit mir alles geschehen. Sie schloß mich oft und innig in die Arme, sie weinte über ihre Sünde. O! Hätte ich den Schmerz einer Mutter damals begriffen! Doch war in mir alles schon gestorben, es war zu spät, er ließ mich kalt. Sie riß sich los von mir, ging ins Spital und starb am zweitfolgenden Tage ... Am anderen Tage kam ein zerlumptes Mädchen, es war meine arme Schwester Adelheid. Ich lachte sie aus, als sie sagte, ich sei ihr Bruder. Die Mutter hätte es gesagt, als sie gestern im Spitale starb; auch hätte ich einen Vater, der unten beim Haustor mich erwartete. Es war kindliche Neugier; ich ging auf die Straße, wo vor dem Haustor sich gerade eine stark reduzierte Jammerfigur bemühte, mit einer Spagatschnur sein herunterhängendes Schuhgelenk zu befestigen.«

Die Kinder versuchen, den gerührten Trinker zu stützen, alle drei fallen auf das Trottoir, die Schnapsflasche zerbricht, es gibt Tränen und Flüche. *Josef Weber* bestahl bald seine Kostfrau, rückte aus, wurde auf dem Wechsel im Alter von elf Jahren zu Ganoven in die Zelle gesteckt, vielfach mißbraucht und kam später zu einem Drechsler in die Lehre.

Das Bedrückende an solchen vereinzelt auftauchenden Lebensgeschichten und an den Siederschen Interviews ist unsere Gewißheit, daß solche Schicksale und Verhältnisse zwar nicht gerade die Regel, aber doch ungemein häufig waren, selbst in der glanzvollen Kaiserstadt und unter den Augen der Hofgesellschaft. Eine unbegreifliche Seuche, die Pest der Resignation und der Gleichgültigkeit, mußte alle erfaßt haben, die helfen konnten, es aber unterließen.

Oasen der Menschlichkeit

Es gibt indessen einige Unternehmer, die im Bereich ihrer Firmen – also nicht so allgemein wie der Multimillionär *Moritz Hirsch* – den Versuch unternahmen, ihren Arbeitern ein erträgliches Familienleben zu ermöglichen und den Kindern, wenn die Eltern schon nicht allzuviel verdienten, doch eine Welt zu schaffen, in der das Spiel, der Kontakt mit Gleichaltrigen und eine gewisse Grundbildung möglich wurden. Das eine unserer Beispiele liegt im östlichen Niederösterreich, das andere im westlichen Ungarn, der eine dieser Initiatoren, *Hermann Todesco,* war Jude, der andere, *Hermann Elsinger,* entstammte dem Wiener Industriepatriziat.

Marienthal im Steinfeld zwischen Wien und Wiener Neustadt gelegen, war eine Industrieansiedlung um die Baumwollspinnereien an der von Thermalquellen gespeisten und darum nie zufrierenden Wasserkraft der Fischa. Bald nach der Fabrik hatten die Todesco Arbeiterhäuser errichtet, in die Tschechen und Deutsche einzogen; es gab eine Kantine und bald auch einige Geschäfte. Die Löhne waren niedrig, es gab ringsum keine andere Erwerbsmöglichkeit, aber die Beschäftigung blieb bis zum Ersten Weltkrieg erhalten, sogar für die Kinder, die in drei Schichten arbeiteten, was einerseits hart war, andererseits aber die Not für die ganze Familie abwendete, und eine Schicht dauerte nur acht Stunden lang. Die soliden und gesunden Wohnungen und der sichere Arbeitsplatz machten aus Marienthal innerhalb der großen Arbeitermisere beinahe ein Paradies, das trotz der kalten Steinfeldwinde starken Zuzug hatte. Damit die Frauen unbesorgt arbeiten konnten, gab es einen Ganztagskindergarten, und die Todesco-Schule sorgte immerhin für zwei Stunden Unterricht am Tag.

Erst gegen Ende des Jahrhunderts kamen Agitatoren und schürten Unzufriedenheit, und da der Marienthal-Gründer inzwischen auch gestorben war, fühlten sich die Arbeiter verlassen und revoltierten. Das Militär kam, es gab eine sechs Wochen während Zwangseinquartierung von Dragonern, bald aber wurde auf eine sehr österreichische Weise Frieden geschlossen: Die Jungarbeiterinnen der Spinnerei und die Soldaten freundeten sich an, die geschlossene Kleinwelt von Marienthal übte ihre Anziehungskraft auch auf die Dragoner aus, und als alles vorbei war, kamen nicht wenige, die ihre Uniform ausgezogen hatten, als junge Ehemänner nach Marienthal und wurden Textilarbeiter.

Das ungarische Beispiel entstand, weil die ungarische Regierung Aufträge nur an Firmen vergab, die einen Betrieb auf ungarischem Staatsgebiet hatten, so strikt verfuhr man trotz der Schicksalsgemeinschaft in der Donaumonarchie. Die Wiener Fabrikanten M. J. Elsinger & Söhne errichteten darum einen Betrieb zur Herstellung von wasserdichten Stoffen, Planen und Zelten in Lajta Szent-Miklós, dem heutigen Neudörfl, vier Kilometer östlich von Wiener Neustadt. Während die Fabrik auf der Höhe lag, des Gleisanschlusses wegen, entstanden an den Abhängen zu einer großen Niederung die Arbeiterhäuser, keine Kasernen, sondern freistehende Mehrfamilienhäuser, vor denen sich die Ebene breitete, und auf ihr bald ein Sportplatz. Die meisten der Arbeiter hatten Deutsch als Muttersprache, aber ihre Frauen waren oft aus Ungarn gekommen, und unter ihnen gab es viele Analphabetinnen. Der langgestreckte Ort bot nicht viel, aber die Kinder hatten Luft und Raum, und mancher Arbeiter verdiente am Färbetrog oder beim Imprägnieren so gut, daß er mit dem Bau eines eigenen Hauses begann. Das freilich erwies sich als unvorsichtig: Als die großen Heeresaufträge ab 1916 abflauten, wurde auch die Arbeit rar. Die hochfliegenden Pläne der Hausbauer reduzierten sich auf ein Notdach aus Holz und Teerpappe, und die Kinder hausten, ohne Schaden zu nehmen, wie Troglodyten in seltsamen Flachbauten, die der Keller des Ganzen hätten werden sollen.

Sieht man von der speziellen Lage der Juden ab, die sie als Großhändler, Bankiers und Unternehmer zur Assimilation veranlaßte, so hat sich die Verschmelzung der verschiedenen Nationalitäten der Monarchie in keinem Bereich so natürlich und vollständig vollzogen wie bei der gemeinsam aufwachsenden, auf der Straße spielenden und die Schulen besuchenden Arbeiterjugend.

Reinhard Sieder berichtet aufgrund seiner Gespräche, daß es Nachbarschaftshilfe auch im Sprachlichen gab: Deutsche halfen Kindern tschechischer Zuwanderer bei den Schulaufgaben oder lasen ihnen aus deutschen Märchenbüchern vor, allerdings nur, wenn der Vater, das geachtete und gefürchtete Familienoberhaupt, nicht zu Hause war. »Die Gasse, wo wir die Fenster hing'hobt haben, die war fast tschechisch, lauter Tschechen haben da gewohnt… Der Hof war in einem (d. h. die Hinterhöfe hatten Verbindung), und da sind auch die Tschechen oft zusammengekommen und haben dort musiziert, haben getanzt.« Ja bisweilen scheint die Verständigung nicht nur zwischen den Nationen, sondern auch zwischen einander noch wenig kennenden Nachbarn über die Musik zu laufen, ein schönes Detail, das zu Wien vorzüglich paßt: »Wir haben uns gut verstanden«, erzählt Maria F. (hier ins Hochdeutsche übersetzt), »und dann, als wir größer waren, haben wir dreistimmig gesungen… Da haben die Nachbarn immer gesagt: Frau Hetzler – im Hof – gehn S' lassen S' ihre Mädeln singen! Da haben die Leute die Fenster aufgemacht, und wir haben uns zum Fenster hingesetzt und haben gesungen, und die andern haben zugehört.« Nicht alle größeren Städte der Donaumonarchie waren in dem Sinn Schmelztiegel, wie es dem Charakter des Staatsganzen entsprochen hätte; Traditionen und geographische Besonderheiten verhinderten Wiener Entwicklungen in Innsbruck, Linz und anderen Provinzmetropolen, deren kreatives Potential und Ausstrahlung bis heute darunter gelitten haben. Andererseits aber gab es große Städte, in denen verschiedene Nationalitäten mit- und nebeneinander lebten, ohne daß es zur Verschmelzung gekommen wäre, weil der Kitt fehlte, die Unterschicht und die unbefangene Kommunikation der Arbeiterkinder mit ihren Gefährten auf der Straße und in der Schule. Dafür ist Prag das deut-

Wilhelm Gause, Werkelmann im Hof einer Wäscherei, um 1900

lichste Beispiel, die Stadt, in der das schönste Deutsch des ganzen Sprachraums nicht nur entstanden war, sondern auch gesprochen wurde, die aber kein deutsches Proletariat hatte:

»Die 25 000 Deutschen, nur fünf Prozent der Bewohnerschaft Prags, besaßen zwei prunkvolle Theater, ein riesiges Konzertgebäude, zwei Hochschulen, fünf Gymnasien und vier Oberrealschulen, zwei Tageszeitungen, große Vereinsgebäude und ein reges Gesellschaftsleben. Mit der halben Million Tschechen der Stadt pflog der Deutsche keinen außergeschäftlichen Verkehr. Niemals zündete er sich mit einem Streichholz des tschechischen Schulengründungs-Vereins seine Zigarre an, ebensowenig ein Tscheche die seinige mit einem Streichholz des Deutschen Schulvereins... Selbst die Instrumentalkonzerte waren einsprachig, einsprachig die Schwimmanstalten, die Parks, die Spielplätze, die meisten Restaurants... Korso der Tschechen war die Ferdinandstraße, Korso der Deutschen der Graben... Gegen die Tschechischen Sportvereine bestand ein Boykott, verhängt nach der Dezemberrevolte des Jahres 1897, von der ich als Kind am verdunkelten Fenster einen flatternden Ausläufer gesehen hatte«, erinnert sich *Egon Erwin Kisch,* und *Rilke* ergänzt: »Bei uns in Böhmen liegt ja sozusagen die Politik auf der Straße.« *Willy Haas* aber sagt vom großen Rätsel Prag: »Es ist schwer zu definieren, soziologisch gesehen hingen wir alle in der Luft.«

Das Problem hatte eine düstere, ja kriminelle Seite, die natürlich ebenfalls *Kisch* aufdeckt: Es gab einen geheimen Kampf um Findelkinder, denn je nachdem, ob sie tschechisch oder deutsch erzogen wurden, verstärkten sie das eine oder das andere Lager. Gemeinsam hatten sie alle die einzigartige Stadt – Tschechen, Deutsche und Juden –, und diese letzte Gruppe von Pragern war es, die mangels einer kommunizierenden Unterschicht die ersten Brücken zu den Tschechen schlug, gefolgt von jenen Österreichern, die kein reiches jüdisches Elternhaus hinter sich hatten und sich aufgerufen fühlten, wenn schon keine geschlossene zweisprachige Unterschicht, so doch eine brückenschlagende Bohème zu bilden. Ihr König wurde nach Jahren am Stefansgymnasium in Prag der in ärmlichen Verhältnissen aufgewachsene Uhrmacherssohn *Paul Leppin* (1878–1945), der in seinem Lebensrückblick schreibt:

»Das Haus, in dem ich die Kindheit verbrachte, das heute fremd und verwahrlost zwischen den übrigen düster, stand damals (um etwa 1885) frei und zukunftsfroh in unmittelbarer Nähe gelber Getreidefelder. Im Sommer summten die Bienen über den blühenden Topffisolen des Küchenfensters, und unter den Tragbalken der Pawlatsche klebte durch Jahre ein fröhliches Schwalbennest. Aus dem Parke der Gröbevilla, der unfern seine reizvollen Hänge breitete, kamen mit dem Winde zuweilen die Schmetterlinge geflogen, oder ein Käfer mit glänzenden Flügeldecken verirrte sich in unser Zimmer, trug Duft und Glanz flammender Rosenbeete in unsere Spiele. Wenn ich heute kalt und ernüchtert Weinberger Vorortstraßen durcheile, ist es ein unfaßbarer, melancholischer Gedanke, daß hier unter Ziegeln und Pflastersteinen die Stätten einer Erinnerung liegen, die von Traumsonne und Wünschen immer selig vergoldet war… Hier, neben Bräuhaus und Remise, war sicherlich die Allee, wo die Akazien vor Süßigkeit dampften, Herz aus der Rinde der Kirschbäume tropfte, wo ein beglückender Weg in die paradiesischen Gefilde des Kuhstallgartens (einer Restauration) führte.«

Ähnlich sehnsüchtig äußert sich auch *Hugo Salus* in seinen Erinnerungen, und auch *Kirsch, Scholten, Rilke* und viele, viele andere haben Prag als Heimat und Schauplatz ihrer Kindheit nie vergessen, ob sie nun ärmlich am Stadtrand lebten wie *Leppin* oder in einem vornehmen Bürgerhaus. Aber das Ferment einer gemeinsamen Unterschicht, der gemeinsam bewältigten sozialen Nöte und Aufstiegsängste, fehlte den Kindern der Deutschen, Tschechen und Juden von Prag. Ja einzelne jüdische Dichter wie der sehr erfolgreiche Lyriker *Salus* wurden zu Wortführern der deutschen Selbstbehauptung in Prag, wie *Kafka* in seinen Anfängen, wie der Lyriker *Friedrich Adler* und andere.

Trotz *Schönerer* und *Lueger* ahnten die Juden offensichtlich nicht, daß sie als lebhaftes, wohlhabendes, geistig kreativstes Element des Deutschtums in der Monarchie nicht überall willkommen sein würden; dabei hat ihr Familiensinn, ihre Fürsorge für die Kinder, die Seltenheit von Trinkern den Kindern selbst dann eine schöne Zeit beschert, wenn die finanziellen Verhältnisse nicht gerade glänzend waren, wie in der Jugend des Buchkünstlers *Hugo Steiner-Prag* (1880–1945), der in seinen Erinnerungen an die gemeinsame Kindheit mit *Rainer Maria Rilke* zum Dichter wird:

»Die Stadt, die uns beide geboren, das alte, heilige, königliche Prag, war ganz anders, als es heute ist, nicht halb so laut, nicht halb so groß, nicht halb so hastig. Es war noch die Stadt blauer Romanzen, schmerzhafter Legenden und dunkler Sagen, die geheimnisvoll das alte Gemäuer umwitterten. Aus dem weltfernen Land meiner eigenen Kindheit vor meinen verwunderten Augen, wuchs sie wie ein Stück meines Selbst aus meinen Träumen empor. Erwacht und ins Leben gestellt, fühlte ich mich so körperhaft innig und doch schmerzlich tief in sie versenkt. Ob in den alten Gassen der Kleinseite zwischen schlafenden Palästen und schweigenden fürstlichen Gärten noch solche Stunden erstehen können wie damals, vor dreißig Jahren? Ich glaube es kaum. Das Gras wächst nicht mehr zwischen den Steinen… in engen, verträumten Höfen blüht der Oleander nicht mehr wie einst in zersprungenen Kästen, und die uralten, grotesk verkrümmten Akazien streuen ihren betäubend duftenden Blütenregen nicht mehr über die glucksenden Röhrenbrunnen. Es ist alles schon so lange her… Damals war Rilke ein Prager Dichter… Er tauchte seine Seele in die des fremden Volkes, das ihn umgab, und verstand ihre tönenden Laute besser als ihre eigenen Dichter. Er sang ihre Volksweisen mit ihnen und schöpfte aus ihrer sehnsüchtigen Melodie seine eigene. Er spielte auf ihrem Instrument, bis die tschechische Geige ihm zur Harfe der Welt wurde.«

Pfannenflicker, um 1870

RAINER MARIA RILKE

Der kleine Dráteník

Kommt so ein Bursche, ein junger,
Mausefallen, Siebe am Rücken,
Folgt mir durch Gassen und Brücken:
»Herr, ich hab türkischen Hunger.

Nur ein Krajcar, nur einen
Für ein Stück Brot, milost' pánků!«
Da. Und er stammelt mir Dank zu,
Doch läßt nicht Ruh er den Beinen.

Lebt nicht vom bloßen Gelunger.
Riecht an den Türen den Braten
Und muß die Pfannen doch drahten –
Leer: – das macht türkischen Hunger.

(1896)

Man müßte nun noch von Czernowitz sprechen, damals Hauptstadt des österreichischen Herzogtums Bukowina, und von Triest, der Stadt, in der das Wort umging, auch der dümmste Triestiner werde dreisprachig geboren. In beiden Städten war die Arbeiterschaft slawisch, die Oberschicht bestand aus Beamten, Lehrern und den Offizieren der Garnison, die – wie wir aus den Erinnerungen der *Salka Viertel* wissen – im Leben der Provinzstädte nur Gastrollen spielten. Die quer durch alle Vermögenslagen wie ein Kitt alles verbindenden Juden waren zum Teil bettelarm, zum Teil sehr wohlhabend, durften aber zumindest in Czernowitz kein christliches weibliches Personal halten und selbst am Schabbes nur christliche Hilfskräfte beschäftigen, die älter als vierzig Jahre waren. Die Wohltat eines weichen und zärtlichen slawischen Kindermädchens, wie sie uns von *Begley-Begleiter* und in anderen Memoirenbüchern geschildert wird, war den oft hochsensiblen, durch die Lage zwischen den Religionen und Nationen verunsicherten, in der Schule verspotteten Judenkindern dadurch verwehrt. Der Urheber dieser drakonischen Maßnahmen war ein freiherrlicher General *von Enzenberg*, kein Antisemit, nur ein furchtbar ordentlicher Mensch, den die Juden irritierten, weil sie keine Feldarbeit leisten wollten und weil viele von ihnen nicht seßhaft waren.

Trotz *Enzenberg* wurde aus den siebzehn Juden-Familien, die 1815 in Czernowitz wohnten, bis 1908 eine jüdische Gemeinde von 21 500 Köpfen, deren Aktivität in wirtschaftlicher und kultureller Hinsicht Czernowitz seinen Aufstieg verdankt. Die schon 1780 verordnete gelbe Hutbinde haben sie nie tragen müssen, ihr Glauben wurde geachtet, ihre Kinder aber arbeiteten wie die der ärmsten Wiener Ziegeleiarbeiter in den Branntweinschenken oder bei den Mautstellen, die Juden gerne pachteten. Dort standen sie, klein und dünn, in einer

Art Kaftan, und schrieben die Mauteinnahmen auf und wer sie entrichtete, und die Ruthenen schüttelten den Kopf darüber, daß Kinder etwas könnten, was sie nie erlernen würden. Nur die Löffelzigeuner und Kesselflicker muteten ihren Kindern eine noch härtere Existenz zu: An der Bistritz konnte man acht- bis zehnjährige Zigeunerkinder sehen, die stundenlang Gold wuschen, wofür ihre Eltern, ob Gold gefunden wurde oder nicht, eine allerdings sehr niedrige feste Jahressteuer zu entrichten hatten.

Triest war zum Unterschied von Czernowitz schon seit langem, seit 1382, österreichisch, mit einer kurzen Unterbrechung unter *Napoleon*, war ein selbständiges Kronland und hatte als solches 179 000 Einwohner, darunter etwa 9 000 deutschsprechende Österreicher und 5 000 Juden. Deutsche und italienische Schulen machten die Stadt zu einer Pforte, »durch die die deutsche und später die mitteleuropäische Kultur deutscher Sprache nach Italien dringen: jenes faszinierende deutsch-jüdisch-slawische Gemisch … wie sie vor und nach dem Zerfall der k.u.k. Monarchie die Donauwelt darstellt«, formuliert Claudio Magris.

Der Triestiner Schriftsteller *Biagio Marin* erinnert sich an seine Jugend, an seine frühe Verbindung mit irredentistischen, also einen Anschluß an Italien erstrebenden Kreisen und wird, als Italien, unter Bruch des Dreibundes, gegen Österreich-Ungarn in den Krieg eintritt, Freiwilliger im italienischen Heer. Als ihn jedoch ein Offizier zum erstenmal anschnauzt, protestiert *Marin:* Er als Österreicher sei so unhöfliche Behandlung nicht gewöhnt.

Es gab keine deutsche Unterschicht in Triest, es gab nur schlechtbezahlte Militärs und Marineure, aber die Knappheit an Geld schafft noch kein Proletariat. Die Österreicher in dieser Grenzwelt blieben im Innersten durch jenes Wertgefühl gesichert, das schon einen *Tegetthoff* auf den Heimaturlaub verzichten ließ, weil er wußte, daß seine Familie die Kosten für die Bahnfahrt von der Adria nach Graz nicht aufbringen könne: »Man bleibt, was man ist, daran kann eine gute oder eine schlechte Chance nichts ändern«, läßt *Hofmannsthal* seinen »Schwierigen« sagen. Die verwandelnde Wirkung dieses südlichsten Schmelztiegels der alten Monarchie teilte sich selbst ihren Gegnern mit wie dem Revolutionär *Vittorio Vidali.* Er kam als Kind mit seiner bettelarmen Familie auf einem klapprigen Wagen nach Triest, berichtet *Magris,* und wird »eine Hauptfigur in Triest und auf dem halben Erdball – und eine Nebenfigur in Italien«. Und der aus Triest stammende bedeutende Wiener Arzt *Constantin von Economo* mußte sich von einem Medizinhistoriker sagen lassen: »Er sprach Griechisch mit seinem Vater, Deutsch mit seiner Mutter, Französisch mit der Schwester Sophie und dem Bruder Demetrio und Triestinisch mit dem Bruder Leo«, eine Welt, die sich jedoch nur für die Oberschicht der Stadt Triest öffnete, wie in Czernowitz, in Lemberg, in vielen anderen Städten des alten Österreich. Und vielleicht hätte dieses eine bessere Überlebenschance gehabt, wären auch die Arbeiter, wären auch die kleinen Handwerker von dem durchdrungen gewesen, was heute, im Rückblick, »die große historische Kultur der deutschen Habsburgermonarchie« genannt wird, mit dem daraus folgenden Verständnis für die – wie es *Magris* formuliert – »natürliche Einbettung in einen geographisch weiteren und daher an geistigen Unterschieden, Spannungen und Fermenten reicheren Raum als den der Nationalkulturen«.

LEBENSWELT IM BÜRGERHAUS

Gustav Klimt, Maria Moll, 1902

KLEINBÜRGERHAUSHALT IN PRAG

Jan Neruda

Ich sehe unseren ehemaligen Haushalt vor mir, wenn Mutter in der Stadt Taglöhnerarbeit verrichten mußte, damit sie uns abends etwas zum Essen mitbringen konnte, und wie wir, ich und Vater, zu Hause wirtschafteten. Wir hatten einen kleinen niedrigen Ofen, an dem ich mich maß, um festzustellen, wieviel ich gewachsen war: Ich erinnere mich, wie stolz ich war, als ich den Vater gerade überholte. Es war ein alter Ofen, unförmig, ein Teil schwarz und der andere Teil kirschrot – »Hühnchen« nennen die Ofensetzer so ein Ding –, wahrscheinlich war es aus zwei alten Öfen zusammengebaut worden.

An der Wand stand ein kleiner gekachelter Herd mit einem Bratrohr aus Ton, das einen verschiebbaren Verschluß hatte; rechts unten war schon eine Ecke abgebrochen. Wie's in dem kleinen Herd knisterte, zischte, prasselte, krachte, sang und säuselte! Damals wurde überall nur mit Holz geheizt, das Feuer mit Reisig angefacht und knorrige Scheite nachgelegt. Ich konnte mich nicht satt sehen, nicht satt hören! – Und in dem tönernen Bratrohr pflegte mir der Vater Äpfel zu braten. Er befahl mir immer, auf sie achtzugeben. Auch war in dem Herd noch ein Topf eingelassen, ein kleiner tönerner Wasserkessel. »Siehst du«, pflegte mein Vater zu sagen, »Böhmen ist auch wie dieser Kessel: Berge ringsum, und drinnen werden Krebse gesotten.« Ich verstand nicht, was er meinte, und seine Worte gingen mir irgendwie gegen den Strich. Ich war zwar ein aufrichtiger Freund meines Vaters, wirklich ein aufrichtiger: aber seine Sprichwörter waren nicht nach meinem Geschmack. Sie waren so merkwürdig! Besonders im Winter! »Jetzt werden die Leute den Schnee im Ofen trocknen«, sagte er.

Doch ich wußte, daß der Schnee nicht im Ofen getrocknet wird, also wozu das Gerede? »Wer hinterm Ofen sitzt, hat gut reden.« Warum denn? »Am Fenster ist's hell, am Ofen warm«; na, das ist doch selbstverständlich.

Ja, im Winter war ich mit meinem Vater nicht ganz zufrieden. Wenn draußen das Wetter gerade am schönsten war, wenn die Wolken grau und schwer über der Stadt hingen, wenn der Bauernschnee wirbelte, tanzte und stürmte, durfte ich nicht mal aus der Stube! Und auch zum Fluß hinunter durfte ich nicht, wann ich wollte – höchstens einmal in der Woche, und das immer nur in Begleitung eines älteren Menschen.

Gott, war der Dezember in unserem lieben Prag schön! Frühmorgens weckte mich Muttchen, und wir gingen dann gemeinsam zur Rorate. Vor dem Kirchgang bekam ich eine Tasse Kaffee und nach der Kirche gleich noch eine! Prag glich einem Dorf; unter den Rädern der schweren Fuhrwerke knirschte leise der Schnee, Goldammern hüpften hinter den Wagen her über die Straßen, und die Stieglitze kamen vom Laurenziberg heruntergeflogen bis in unseren kleinen Garten und pickten auf den silbernen Sträuchern herum! Wir aßen Reis mit Zucker und Zimt, Erbsen mit Speck und Leberwürste mit Sauerkraut, auch Blutwürste – die Leberwürste waren besonders gut, ganz anders als jene, die man heute in Prag bekommt, wo der Mensch für eine gute Leberwurst einen Zehner, für ein gutes Würstchen einen Dukaten geben würde.

Ach, was für Zeiten waren das – was für Zeiten!

BÜRGERTUM

Hermann Schreiber

Nach den Niederlagen des Habsburgerreiches in den Jahren 1859 und 1866 hatten geradezu hektisch zu nennende Versuche zur Neuordnung des Vielvölkerstaates eingesetzt. Nacheinander tauchten verschiedene Konzepte für neue Strukturen auf und verschwanden wieder, bis mit der Konstituierung der Doppelmonarchie im Jahr 1867 und der Krönung *Franz Josephs I.* zum König von Ungarn eine gewisse Beruhigung eintrat.

Da die Arbeiterschaft in ihrem Lebensbereich drängendere Sorgen als die Verfassung hatte und der Adel durch seine familiären und regionalen Bindungen weitgehend unantastbar, aber auch festgelegt war, bekundeten sich die nun anhebenden Wandlungen des Bewußtseins und des politischen Horizonts nirgends deutlicher und folgenreicher als in den bürgerlichen – den wirtschaftstreibenden – Mittelschichten des neugeordneten Staatswesens.

Aber gerade im Bürgertum waren auch die beharrenden Kräfte besonders stark:

Der Linzer *Hermann Bahr* stellt in seinem »Selbstbildnis« fest:

»Ich bin Katholik von Geburt. Daß ein geborener Katholik aufhören kann, Katholik zu sein, scheint mir sowenig denkbar als daß ein geborener Deutscher aufhören kann, ein Deutscher zu sein.«

Und *Erwin Ringel* diagnostiziert in seinem Buch über die österreichische Seele mit Schrecken:

»... eine merkwürdige nostalgische Sehnsucht nach ... Franz Joseph ... Da muß sich gerade der Tiefenpsychologe fragen: Ist das die Sehnsucht nach der verlorenen Vaterfigur?«

Die Väter

Die Bindung an das Kaiserhaus blieb nach 1867 zwar bestehen, aber sie erscheint für die mit neuem Selbstbewußtsein ausgestatteten Kronländer doch gelockert; die Diskussionen um das Gewicht der slawischen, polnischen, italienischen Gebiete im großen Ganzen brachten Diskussionsstoff auch in die Familien selbst. Sie gaben dem Familienoberhaupt neue Bedeutung, beluden es mit Verantwortung und mit Fragen, die sich in früheren Zeiten gar nicht erst ergeben hätten oder leichter abzuwehren gewesen wären. Die Selbstverständlichkeit, mit der sich der Linzer *Hermann Bahr* damals als Katholik und Deutscher bekennen konnte, traf für ein jüdisches Kind in Österreichisch-Galizien natürlich nicht zu. Da entschied der Vater über die Weltsicht und die Gesamtsituation, auch wenn er nur einer von vier jüdischen Kaufleuten im Dorf war:

»Ich weiß nicht, wie es kam. Vater arbeitete auch den ganzen Tag schwer, aber für die Kinder hatte er immer Zeit. Besonders Schabbathmorgen, da kamen die meisten in sein Bett gekrochen und durften auf ihm herumreiten... Mit den Kleinen pflegte er wie mit Erwachsenen zu sprechen und hatte auf alles eine gescheite Antwort, immer andere Worte; ja, Vater behandelte uns wie Freunde, nahm uns wichtig. So bildete sich eine einheitlich gute Meinung über den Vater und, da er gelehrt war – Bibelzitate auswendig wußte, den Talmud kannte, dazu lesen und schreiben, sogar polnisch –, so verehrten ihn auch die Nachbarn und die Bauern des Dorfes. Aber bei uns Kindern hatte sich eine richtige blinde Liebe und Verehrung für ihn entwickelt.«

Wilhelm Gause, Die Lästerallee im Prater, 1895

Der später berühmte Schauspieler *Alexander Granach* (1890–1945), aus dessen Jugendgeschichte wir zitieren, betont also einerseits, daß sein Vater die Kinder nicht mit Phrasen abspeiste und daß er neben dem Jiddischen auch noch Polnisch sprach, wie es in Österreichisch-Galizien erst seit 1871 als Amtssprache zugelassen worden war, und daß sich andererseits seine Autorität auch gegenüber den Nichtjuden durchgesetzt hatte. Sie bleibt auch gewahrt, als einer der großen Söhne »in die Stadt« (nach Kolomea) abwandert und, als er zurückkehrt, nur noch Deutsch sprechen will, also die Sprache der Oberschicht und der höheren Beamten. Aber nicht nur in der Notgemeinschaft der Familien des jüdischen Kleinbürgertums wuchs der Vater zum Inbegriff der Güte und Weisheit:

»Daß ich unter der Härte meiner Mutter… nicht zusammenbrach, verdanke ich meinem Vater«, bekennt *Hermann Bahr*. »Er war ein so rührender Mensch, daß man in seiner Nähe gleich immer von neuem Zutrauen zum Leben gewann. Im bloßen Blick seiner guten Augen… lag soviel beruhigende Kraft, daß, wenn er dann noch, die Worte sorgfältig wägend und messend… mir ins Gewissen zu reden begann, vor dem Wohlgefühl, das aus seinem festen, lichten Wesen floß, gleich jeder Schmerz entwich… Das bißchen Tüchtigkeit, Geradheit und Zuverlässigkeit… hab ich von ihm.«

Im gehobenen, im sogenannten gutbürgerlichen Milieu, steigert sich oft nicht nur die Position des Vaters, es intensiviert sich auch der Kontakt zu den Kindern, und das mitunter auf durchaus unkonventionelle Weise. So wie sich *Granach* wundert, daß sein vielbeschäftigter Vater immer noch Zeit hat, sich mit ihm zu unterhalten und mit den kleinen Kindern zu balgen, so ergibt sich in der Familie von *Arthur Schnitzler* das Kuriosum, daß der Papa – Hals-, Nasen- und Ohrenarzt von einigem Ruf – um Zeit für die Kinder zu haben, sie auf seine Hausbesuche mitnimmt. Mit dem Fiaker durchgeführt, verschlangen diese Besuche in die Wiener Vororte ja nicht wenig Zeit, und diese Zeit wurde für anders wohl kaum mögliche Kontakte genutzt:
»An schönen Frühjahrs- und Sommerabenden nahm der Vater die Seinen auf Fahrten in die nähere Umgebung Wiens zu seinen Patienten mit. Und oft warteten wir stundenlang, meist lesend, in Schönbrunn, Hietzing, Dornbach oder Kaltenleutgeben oder wo es sonst war – im Wagen vor einer Villa, in Parkanlagen auf einer Bank – bis er wiederkehrte, meist in weit angeregterer Stimmung als die war, in der wir, gelangweilt und ungeduldig geworden, ihn endlich begrüßen konnten... Im rumpelnden Fiaker fuhr man nach der Stadt zurück, und wir Kinder waren meist schon eingenickt, wenn an der Linie (Stadtgrenze)... das Mautgeld eingefordert wurde.«
Obwohl es oft die Häuser von Wiener Berühmtheiten waren, in die *Arthur Schnitzler* dabei gelangte (*Charlotte Wolter*, Doktor *Winternitz*), verdrossen ihn diese gemeinsamen Fahrten in dem Augenblick, da er die Absicht des Vaters erkannte, ihn auf diese Weise vom Umgang mit jungen Mädchen fernzuhalten; vielleicht hat die Hektik, mit der dies später nachgeholt wurde, mit solchen Zwängen während der ersten Pubertätsjahre zu tun. Dennoch hatten diese gemeinsamen Fahrten, auf denen *Arthur* den Vater immer wieder als den weisen Helfer, den gesuchten Berater und Retter erlebte, schließlich die tiefe Überzeugung geboren, daß es der Vater und nicht die Mutter oder ein Großvater sei, der die große und tiefe Angst vor dem Sterbenmüssen besiegen könne. Der Vierzehnjährige erlebte die Stunde, in der er des Begriffes Tod »zum erstenmal mit ahnendem Schauer innewurde. Es war eine Nacht, in der ich... in einem aus der Tiefe meiner Seele aufsteigendem Grauen vor dem Sterbenmüssen... laut zu weinen begann, in der Absicht, die Eltern aufzuwecken, die im Nebenzimmer schliefen. Es dauerte auch nicht lange, bis der Papa an mein Diwanbett trat, mich besorgt fragte, was mir fehle, sich zu mir setzte und mir zärtlich über Stirn und Haare strich. Ich... verriet mit keiner Silbe, was mich so heftig erschüttert hatte, und als der Papa sich nach einigen guten Worten entfernt hatte, schlief ich beruhigt wieder ein. Ein Anfall von gleicher Heftigkeit hat sich niemals wiederholt.«

Die Gesamtstruktur der auf den männlichen Alleinverdiener abgestimmten bürgerlichen Familie ist so stark, daß selbst harte Väter noch durchaus positiv beurteilt werden, wenn die Autobiographie aus hinreichender Distanz geschrieben wird, denn diese Härte ist formell und wird in der Regel auch als äußerlich, als Verhaltensmuster erkannt und akzeptiert in einem Staatswesen, in dem selbst der kleine Beamte noch unter einem Sittengesetz stand, das sich von dem der Offiziere nicht nennenswert unterschied. Die altösterreichische, außerhalb jeder Diskussion stehende Rechtschaffenheit bestimmte in einem heute nicht mehr vorstellbaren Maß nicht nur das Geschäfts-, sondern auch das Familienleben (eine Erscheinung, die, wie wir aus *Thomas Mann* wissen, keineswegs nur Österreich betraf). Daraus ergab sich bei herannahendem Unglück oder bei geschäftlichen Rückschlägen ein noch engerer Schulterschluß zwischen dem Vater und den Kindern (während die Mütter und Schwiegermütter nicht selten Vorwürfe erhoben).

»Nach dem (Börsen-)Krach von 1873 ging auch der Weinhandel schlecht...« lesen wir in den Erinnerungen des späteren Staatskanzlers *Karl Renner*. »Dadurch wurde auch die Küche schmäler und die Ernährung der ganzen Familie allmählich ärmlicher. Zwischen dem Vater und seinem Jüngsten (K. R.) bildet sich mit der Zeit eine Art Geheimdienst und Verschwörung heraus, um uns beiden etwas Extra-Gutes zu verschaffen. Wenn mir der Vater auf verstohlene Weise ein Sechserl in die Hand drückte, dann wußte ich, was das bedeuten sollte: Während er unauffällig das Haus... über die Hintergasse verließ, hatte ich mich vorn hinaus auf den Acker zu stehlen. Von da lief ich zum Kaufmann und erwarb einen Brotwecken und ein Käselaibchen. So strebten wir beide auf Umwegen... zu unserem jüngst erbauten Weinkeller ... Unter dem Fenster stehen Tisch und Bank. Da ließen wir uns nieder, nachdem der Vater ein Fläschchen des leichten Haustrunks... auf den Tisch gestellt... und manche gute Stunde verrann in trautem Behagen.«

Die gemeinsame Heimlichkeit wird dadurch unterstrichen, daß Vater Renner die Tür verriegelte, was sich wohl nur gegen die Mutter richten konnte, die mit einigem Recht eine gerechtere Verteilung der geringen Barmittel gefordert hätte. Ein positives Ergebnis dieser Vertrautheit ergab sich, als *Renner* noch als Volksschüler die Zinsberechnungen der väterlichen Gläubiger überprüfte und seinem kaufmännisch offenbar nicht hinreichend vorgebildeten Vater bedeutende Beträge rettete.

Die Vater-Sohn-Vertrautheit bewährt sich also umso deutlicher, je mehr die Familie in Bedrängnis gerät. Als Vater *Granach* seinen Kramladen nicht mehr halten kann und auch als Bäcker Schiffbruch erleidet, verdingt er sich mit zweien seiner Söhne bei einem glücklicheren Bäcker, dem Hofbäcker, gleichsam als Partie: »Vater bekam den gemeinsamen Lohn für uns alle, und wir arbeiteten ungezählte Stunden. Wir fingen Sonnabend an, und es ging durch mit Unterbrechungen von einigen Stunden Schlaf bis Freitag nachmittag. Freitag nachmittag gingen wir ins Dampfbad und schliefen Freitag nacht zu Hause, hatten Sonnabend frei und Sonnabend-Abend gingen wir wieder hin (d. h. zur Arbeit) bis zum nächsten Freitag nachmittag ...«

Eine Partie anderer Art, die eine lebenslange Kumpanei begründete, schildert uns *Johannes Urzidil* (1896 bis 1970), Enkel eines Lehrers und Sohn eines bekannten Tschechen-Fressers, eines deutschnationalen Ingenieurs aus Prag. Sein Großvater saß mit den Bauern im Wirtshaus – »wenn auch nicht gleich nach dem Sonntagsgottesdienst, das hätte er schon aus Rücksicht auf den guten Pater Kokesch nicht getan«. Vater *Urzidil* bekam aber doch genug mit, um den Dorflehrer als eine Art natürliche Opposition gegen das im wesentlichen religiös bestimmte dörfliche Leben zu erkennen, und wurde schließlich auch ein eifriger Anhänger der Los-von-Rom-Bewegung des Ritters *von Schönerer*. Daß dies zu grotesken Familienverhältnissen führte – der Schönereranhänger heiratet eine Jüdin, die sieben Kinder in die Ehe mitbrachte, sieben jüdische Geschwister

Der Matrosenanzug – Uniform für Söhne besserer Stände

für den späteren Dichter –, ist ein Sonderfall, ein Faktum der Literaturgeschichte, andererseits aber doch auch für uns nicht bedeutungslos als Beispiel für die beinahe ungehemmte Vermischung aller Volkselemente des alten Österreich, nicht nur im Schmelztiegel Wien, sondern auch in Prag, Budapest, Triest, der Bukowina. Und wer hätte von solchem Neben- und Ineinander mehr profitiert als die unbefangene Jugend, die auf diese Weise um viele Farben, Töne und Odeurs bereicherte Kinderwelt. *Jürgen Serke* erzählt uns, daß Vater Urzidil und der Ritter *von Schönerer* einander mit »Heil Alldeutschland« begrüßten – natürlich zu einem Zeitpunkt, da man von der Entwicklung des nationalen Gedankens unter *Hitler* noch nichts ahnen konnte. *Urzidil* heiratete 1922 dann die hübsche Tochter eines Prager Rabbiners, was sein Vater mit den Worten kommentierte: »Das Fräulein gefällt mir sehr gut. Aber mit ihrer Familie wirst du Schwierigkeiten haben.« Als Antisemit somit nicht sonderlich konsequent, heiratet Papa *Urzidil* in zweiter Ehe überdies eine glühende tschechische Patriotin, sprach selbst nie ein Wort tschechisch, verlangte aber von seinem Sohn, diese schwierige Sprache perfekt zu erlernen, wohl nicht nur, um sich mit der Stiefmutter verständigen zu können. *Urzidil* erinnert sich auch, daß sein Vater ihn, den jungen Ministranten, in seinem kindlichen Katholizismus zwar bestärkte, ihn aber auch in Synagogen und protestantische Kirchen führte, ja sogar in griechisch-orthodoxe, um dem Sohn klarzumachen, daß alle Religionen im Grunde gleichwertig seien. Kann man auch diesen seltsam ambivalenten Schwarmgeist nicht als typische Vaterfigur bezeichnen, so sei doch die Vermutung gestattet, daß gerade diese Art der Weltsicht im alten Österreich besonders guten Nährboden fand. Der vielberufene Völkerkerker bot alle Voraussetzungen, um Intelligenzen zur Toleranz gelangen zu lassen. Dies öffnete auch bei Menschen provinzieller Herkunft den Blick in eine Welt, in der vermeintliche oder anderswo als kraß empfundene Gegensätze aufgehoben schienen oder zumindest friedliche Koexistenz werden konnten. Das ging so weit, daß der Mann, der Österreich aus dem großen Deutschland hinausgedrängt hatte, daß Fürst *Bismarck* selbst bei den Unterlegenen von Königgrätz manche Sympathie erntete. *Urzidils* Vater »hatte eine republikanische Ader und war zugleich kaisertreu«. Er fühlte sich als Österreicher, aber er bewunderte *Bismarck*. Und als die Habsburgermonarchie zusammenbrach, hörte *Johannes Urzidil* den Vater befriedigt sagen: »Jetzt ist es endlich aus mit all diesen Grafen und Fürsten.«

Die Mütter

Nach dieser bizarren Vaterfigur ist man unwillkürlich versucht, ein Pendant unter den Müttern zu suchen, aber die patriarchalische Gesellschaft des vorigen Jahrhunderts gab den Frauen in der Familie ungleich weniger Raum als dem schon durch den Beruf zwischen der Außenwelt und dem Heim stehenden Vater. Dazu kam die Fixierung des bürgerlichen Interesses auf die Herrscherfamilie, die mit dem übermächtigen Vater der Nation viel mehr als ein Symbol besaß, nämlich eine Institution von religiöser Unantastbarkeit, an der kein Weg vorbeiführte. Und während neben ihm der unglückliche Thronfolger und der nach *Rudolfs* Tod in den Vordergrund getretene Erzherzog *Franz Ferdinand* Gedankenwelt und Phantasie so gut wie unausgesetzt beschäftigten, genossen die Frauen des Kaiserhauses keine vergleichbare Aufmerksamkeit, nicht einmal die oft in der Ferne weilende Kaiserin *Elisabeth*. Die nur selten studierenden, nur ausnahmsweise berufstätigen Frauen hatten im innerfamiliären Machtkampf wenig Trümpfe in der Hand, sieht man von dem seit neuestem wieder eingehender studierten Sonderfall der »jüdischen Mamme« einmal ab.

Das schloß nicht aus, daß auch zwischen den Müttern und ihren Kindern – häufiger zu den Söhnen als zu den Töchtern – sich enge Vertrauensverhältnisse anspannen. Die Geistesgeschichte liefert nicht wenige Beweise dafür, daß es die Mutter war, die eine musische Begabung früh erkannte und in zähem Beharren erreichte, daß die spätere Berühmtheit nicht den väterlichen Beruf erlernen mußte, sondern weiterführende Schulen besuchen durfte. Die Lebensgeschichte eines *Makart*, eines *Girardi* (ganz zu schweigen von dem aus der Vergangenheit heraufstrahlenden Bild von *Grillparzers* Mutter) sind bekannte Beweise für solche Konstellationen. Eine wenig bekannte Ergänzung, die Persönlichkeitsskizze einer starken Mutter, liefert die Autobiographie des Musikkritikers *Ernst Decsey* (1870 bis 1941), Sohn eines Uhrmachers, der aus Szegedin nach Wien gekommen war: »Bekanntlich ist eine Uhr, mag sie sonst welche Leiden immer haben, zunächst einmal staubig, und hier setzte die Tätigkeit meiner Mutter ein. Sie ergänzte den mangelnden Erwerbstrieb meines Vaters, sie machte die Preise, sie redete den Leuten eine wahre Uhren-Mystik vor, und der Doktor Eisenbarth schrumpfte zum Waisenknaben gegen die Hamburger Hausherrentochter, die im Döblinger Uhrenladen den Leuten Löcher in die Bäuche redete. Mein Vater sah ihr hilflos zu ... Was wir besaßen, verdankten wir ihr, mein Vater hätte die Sachen verschenkt wie jener Heilige die Röcke ... Meine Mutter wußte unendlich viele Lieder. Sie hatte davon ein ganzes Nest in der Brust, und bei jeder Gelegenheit flatterte eines hinaus. Meist waren es alte Handwerks- und Volkslieder.« Ist es da ein Zufall, daß der Musikkritiker *Decsey* sich in seinen Arbeiten vor allem des lange unterschätzten Liederschöpfers *Hugo Wolf* annahm und die bahnbrechende Biographie über ihn schrieb? Den Weg aus der Uhrmacherwerkstatt in die Nachfolge eines *Hanslick* zu gehen war in Wien nicht einfach; *Decsey* aber hat mit seinem Eintreten auch für *Bruckner* manche Sünde des großen Vorgängers gutgemacht.

Beim zwanzigsten Hochzeitstag von *Decseys* Eltern ging es laut her, und der Hausherr, ein Freiherr von V., verlangte unwirsch das Ende der Festivitäten. »Meine Mutter stieß meinen Vater in die Seite: Geh hin, lad ihn ein! – Mein Vater getraute sich natürlich nicht. Er war kein Held. So ging also meine Mutter hin, resolut wie immer. Sie sprach den Baron an, sie hatte keinen Respekt vor seiner Monokelmiene: Nehmen S' nicht mit uns ein Glaserl Nußdorfer, Herr Baron? Ist das Beste gegen Schlaflosigkeit! – Erst maß der Herr Baron (und frühere Husarenoberst) meine Mutter. Seine Züge ließen auf eisgekühlten Hochmut schließen. Als er aber die Schalksaugen der angenehm voluminösen Frau und das dargereichte Stengelglas sah, als die Schrammeln mit Geige und Klampfen immer näher rückten ... da wurde er weich ... Als sich herausstellte, daß der Baron just heute seinen Fünfziger feierte wie mein Vater und daß er ebenfalls aus der Szegediner Gegend stamme, da war der unüberbietbare Höhepunkt gekommen: Eljen, Hoch, Hurra, Uhrmacher und Aristokrat, Wein- und Kornhändler, Zis- und Transleithanien umarmten einander.«

Es war das nicht einmal untypische Ende einer zunächst für den engsten Kreis gedachten Feier aus dem Jahr 1889, und mit den Gegensätzen der Nationalitäten erschienen in solchen Fällen auch die Rivalitäten zwischen Vater und Mutter aufgehoben. Nicht nur *Decsey* deutet an, daß diese innerfamiliären Spannungen in der großen alten Monarchie ihre besonderen Akzente hatten, ganz einfach, weil in vielen Fällen Vater und Mutter sehr unterschiedliche Vorfahren-Bindungen und -Wurzeln hatten. Das waren kaum erfaßbare Kräfte und Bedingtheiten, die bis in die unmittelbare Gegenwart heraufwirken, etwa in den Einleitungsseiten der Memoiren, die der Wiener Staatsopernchef *Egon Seefehlner* 1983 veröffentlichte. Obwohl er beim Untergang der Monarchie erst im siebten Lebensjahr stand, lesen wir das folgende Bekenntnis: »Wenn man mich verstehen will, muß man wissen, daß ich ein Österreicher im alten Sinne bin. Ich bin weder Deutscher noch Ungar oder Kroate, trage aber von diesen Völkern so viel in mir, daß ich noch jene Welt repräsentiere, die im Jahr 1918 zerstört wurde.«

Seefehlner betont die harte Persönlichkeit des Vaters und daß die gütige Mutter ihm erfolgreich Paroli bot, vor allem, wenn es um den einzigen Sohn ging. Einig aber war man sich, trotz einer bunten Vorfahrenreihe, in der Verehrung *Franz Josephs*: »Zu meinen frühen Kindheitserinnerungen gehört, daß mein Vater an Kaisers Geburtstag die Fensterbretter mit kleinen bunten elektrischen Kerzen schmückte.«

Während die Töchter oft ein Leben lang unter frühen Gegensätzen zur Mutter leiden und nicht über sie hinwegkommen – man lese etwa den unversöhnlichen Lebensrückblick der *Clarisse Aischmann* –, sind die Söhne, die sich über ihre Mütter beklagen, vergleichsweise selten. Meist schwingt bei Gegensätzen auch noch ein Bedauern mit, jenes Mitleid aus späteren Einsichten, wie es sich bei Kindern nur ausnahmsweise findet. So erzählt *Granach*:

»Das Leben war schwer, besonders für meine Mutter. Sie war dem Vater alles, Weib, Geliebte, gebar jedes Jahr ein Kind, war Hausfrau, kochte und buk allein, wusch die Wäsche, bediente im Kramladen, wenn ein Kunde kam, grub den Garten um ... und jeden Augenblick kam ein Balg gelaufen, zerrte am Rock und mahnte: essen! Es ist wahr, die älteren Kinder halfen mit ... aber auf ihr, der kleinen Mama, lastete doch alles ... sie stand mit den Hühnern auf und fiel als letzte ins Bett ... Die arme kleine Mama, sie war sehr unglücklich und war doch selber ein Kind, ein unwissendes, ahnungsloses Kind, ohne jegliche Freiheiten und Freuden, denn die erwachsenen Kinder haben Vater viel mehr geliebt ... Eines Tages brach sie zusammen unter diesem Trott, sie war müde, überwältigt und konnte nicht mehr weiter. Sie legte sich am hellichten Tag ins Bett und weinte und schrie und wollte entweder sterben oder sich scheiden lassen.« Dann kam ein verständnisvoller Onkel mit etwas mehr Lebensart als der Vater, man machte eine kleine Kutschfahrt, und bald lächelte

August Mandlick, Beim Festmahl, um 1910

die kleine Mama unter Tränen, und alles ging etwa so weiter, wie es vordem gewesen war, nach ein paar Gläsern Wodka und einigen hartgekochten Eiern mit weißen Semmeln zur Feier der Versöhnung.

Die Kontakte zwischen den Kindern und der Mutter litten sehr oft unter der unabänderlichen Situation: Die Mutter war überbeschäftigt, es war praktisch ausgeschlossen, ein paar Worte in Ruhe mit ihr zu reden (wie *Arnolt Bronnen* und andere feststellen). Hier berührten einander die Extreme, wenn eine Mutter in Aufwallung plötzlich erkannte, daß sie sich ihren Kindern oder einem von ihnen zu wenig gewidmet habe, und es ist *Arthur Schnitzler*, der uns mit scharfem Blick für eine tragikomische Situation die Dauerblamage schildert, die er seiner mondänen Mutter verdankte, weil einer seiner Lehrer eine Stunde nachzuholen wünschte:

»Da erschien plötzlich mein Lehrer Max Lang in der Klasse und bat dringend, mich sofort mit nach Hause nehmen zu dürfen, da meine Mutter sich wegen meines Ausbleibens in größter Aufregung befinde. Ich wurde entlassen, und tatsächlich traf ich die Mama händeringend und in Tränen an und wurde von ihr in die Arme geschlossen, als wäre ich einer großen Gefahr entronnen. Und noch etliche Jahre hindurch wurde ich ganz regelmäßig auch am hellichten Tag von der Schule abgeholt, obwohl wir kaum zehn Minuten weit vom Gymnasium wohnten.«

Gerade die sogenannte »schöne Mama«, die durch gesellschaftliche Verpflichtungen abgelenkt oder gar in Intrigen eingesponnen ist, neigt zum Pendeln zwischen Vernachlässigung und übertriebener Zuwendung. Der Sohn oder die Tochter, durch Wochen kaum beachtet oder mit nichtssagenden Redewendungen abgefertigt, sehen sich urplötzlich und übergangslos an die duften-

Die »schöne« Mama

de Bluse gedrückt und unter Schluchzen zu einer freilich nur Minuten währenden Intimität ermuntert, der dann wieder Wochen kindlicher Vereinsamung folgen. Aber auch mütterliches Dauerinteresse konnte als belastend empfunden werden, nicht nur auf seiten der Kinder, sondern für die Stimmung der ganzen Familie.

»Während mein Vater die Handelsschule besuchte«, erzählt *Theo Waldinger*, »und dann Expedient bei einer Speditionsfirma wurde, durfte meine Mutter die Evangelische Schule absolvieren. Durch die enge Freundschaft mit der Tochter eines Pastors eignete sie sich eine kräftige Dosis Puritanismus an, von der sie sehr zum Ärgernis ihres späteren Gatten und von uns Kindern niemals abkam. Streng und gebildet, wie sie war, bestand sie darauf, daß bei uns zu Hause das reinste Hochdeutsch gesprochen wurde, obwohl allen ihren Kindern und sogar dem Vater das Wienerische viel näher lag. Und auf Bildung, Wissen und Lernen hat sie zeitlebens bei ihren Kindern ohnehin den größten Wert gelegt.«

Solche Ansprüche können sich besitzergreifend auswirken und damit das Gleichgewicht in der Familie nachhaltig stören, ohne daß Schuldzuweisungen möglich wären. *Hermann Bahr* etwa hält seiner Mutter zugute, »daß ich der einzige Mensch bin, der jemals ahnte, was diese von tragischer Liebesleidenschaft und einer dämonischen Liebesohnmacht gepeinigte Frau … gelitten haben muß. Ich ahnte das, weil ich's von ihr erbte. Sie wußte, daß ich's ahnte. Darum hat sie keines ihrer Kinder so sehnsüchtig gemieden, keines inniger mißhandelt als mich. Wir haben einander mit erfinderischem Haß geliebt … Meine Kindheit war den um die Mutter lauernden Dämonen zuweilen so nahe, daß ich bei der bloßen Erinnerung daran noch einen Hauch ihrer fliegenden Hitze spüre … ihre zynische Menschenverachtung, ihren wilden Ekel, ihr ergrimmtes Hohnlachen über die Welt.«

Ist dies auch eine zweifellos sehr spezielle Seelenlage und ein Mutter-Sohn-Verhältnis, wie es nur ausnahmsweise anzutreffen sein wird, so zeigen doch beide Fälle, Frau *Waldinger* und Frau *Bahr*, die um die Jahrhundertwende deutlicher werdenden Einwirkungen der mütterlichen Herkunft und Ausbildung. *Hermann Bahr* hat das, was er die Dämonen seiner Mutter nennt, aus ihrer unentrinnbaren Verhaftung im Staatlichen hergeleitet, aus Generationen von Beamten in jenen Mittelfunktionen (Stadthaltereirat), denen die Souveränität der Entscheidung abging und die Gleichgültigkeit des unentrinnbar Unterlegenen keinen Schutz gewährte: eine von Ängsten und ihrer Überkompensation erfüllte Lebenslage, aus der in der autoritätshörigen Donaumonarchie für die Familien nicht viel Gutes erwachsen konnte.

Das Personal

Es kostete vergleichsweise wenig und war darum erstaunlich zahlreich, was nicht ohne weiteres als Luxus zu verstehen ist: Was die heutige Haushaltsführung erleichtert, ist von der Wasch- oder Spülmaschine bis

Familie mit Personal im Heinrichshof, um 1906

zum Elektroherd durchwegs neueren Datums, und selbst im großbürgerlichen Haushalt wirkten an Waschtagen oder vor Einladungen Herrin und Personal eng zusammen, meist noch durch weibliche Verwandtschaft und Töchter verstärkt. Die Häuser hatten Höfe und Stallungen; Kutsche und Pferde brauchten Wartung und Platz, und neben dem Stubenmädchen und der Köchin war das Kindermädchen unentbehrlich. Es wurde später dann durch die Erzieherin ersetzt, aber diesen anspruchsvollen Import, meist aus Deutschland, Frankreich oder England, leisteten sich nur jene bürgerlichen Familien, in denen das Geld reichlich vorhanden war. Handelte es sich um nach dem großen Börsenkrach von 1873 schnell aufgestiegene Familien, die als Neureiche einen gewissen Nachholbedarf hinsichtlich der Manieren und der Bildung empfanden, war die Gouvernante viktorianischer Prägung allerdings unentbehrlich und wurde oft zur heimlichen Herrscherin im Haus, was durch die geschäftliche Inanspruchnahme des Hausherrn ebenso begünstigt wurde wie durch die gesellschaftliche Unsicherheit der Hausfrau.

Man weiß aus der Sittengeschichte, zu welchen Folgen dies vor allem für die Kinder führte, aber zum Unterschied vom viktorianischen England und zum Paris der Belle Époque hatten die österreichischen Städte ein wenig besprochenes, aber höchst wirksames Gegenmittel zur Hand – das Dienstmädchen vom Land, das in seiner unverbildeten Natur, in seiner vereinsamten Zärtlichkeit fern von zu Hause den Kindern des Hauses angedeihen ließ, was Mutter und Gouvernante ihnen schuldig blieben. *Franz Blei* hat uns geschildert, wie weit dies gehen konnte und daß es mitunter zu weit ging, wenn der Sohn des Hauses noch sehr jung war; *Louis Begley* aber legt uns in einer Reminiszenz aus Galizien die hier wirksamen Mechanismen unvergeßlich dar:

»Dann kam Zosia, auf Rat des katholischen Chirurgen. Er hatte mir ein Geschwür am Oberschenkel aufgeschnitten und danach mehrere Hausbesuche bei uns gemacht, um die Wunde zu versorgen. Ich weiß, was Maciek fehlt, sagte er meinem Vater: Der Junge muß unsere heilige polnische Erde berühren... Daß Sie Ihren wunderbaren Sohn diesen Stadtjüdinnen anvertrauen, ist ganz falsch, das ist skandalös. Gebt ihn einer der Unseren. Die sind das Salz der Erde, er wird Kraft aus ihnen ziehen.«

Maciek war ein schwieriges Kind gewesen, hatte nichts gegessen, hatte nur nach endlosem Zureden seine Notdurft verrichtet, hatte nachts beängstigende Visionen gehabt – bis Zosia kam, die älteste Tochter des Hilfsstationsvorstehers von Drohobycz: »Ihre goldene Schönheit erfüllte mich mit Staunen. Ich muß sagen, bei ihrem Anblick hüpfte mir buchstäblich das Herz.« Ihr gelingt, was die bebrillten, dünnen Geschöpfe aus Lemberg oder Krakau nicht geschafft haben. Sie nimmt ihm die Ängste, sie bringt ihn zum Essen, er wird ruhig, weil er in jeder Nacht zu ihr ins Bett, ja unter ihr weites Nachthemd kriechen darf, wo ihr junger und weicher Leib ihm allen Frieden gibt, den er braucht.

Gewiß hat sich dies so oder ähnlich hundert-, nein tausendfach ereignet, aber da es zu den Geheimnissen der Kindheit gehört, da es mit den intimsten und noch kaum bewußten Funktionen und Reaktionen von Kör-

per und Seele untrennbar zusammenhängt, wird auch in Memoirenwerken selten darüber gesprochen.
Einen der eindrucksvollsten Berichte zu diesem Thema verdanken wir *Salka Viertel*, 1889 in Sambor als *Salomé Steuermann* geboren und als Tochter eines gesuchten Rechtsanwalts in einem sehr wohlhabenden Haus aufgewachsen:

»Ich weiß nicht, wie meine Kindheit ohne Njanjas Fürsorge und Einfluß gewesen wäre. Sie liebte mich, als wäre ich ihr eigen Fleisch und Blut, und ich liebte sie wie meine Mutter. Von ihr habe ich meine Liebe zum Landleben und meine Leidenschaft für Tiere. Sie war eine kleine Frau, aus dunklen, schrägen Augen betrachtete sie die Menschen mit Argwohn und amüsiertem Interesse. In ihrem bestickten Bauernhemd und den weiten Röcken sah sie hübsch und adrett aus. Wenn sie mit mir spazierenging, trug sie den kunstvollen, turbanartigen Kopfputz der verheirateten Frauen ihres Dorfes.«

Auch als die französischen Gouvernanten ins Haus *Steuermann* kamen, wachte Njanja weiter über ihre kleinen Schützlinge. Da die jungen und hübschen Gouvernanten allzuschnell Anschluß in der Garnison des Städtchens fanden, wurden sie durch ältere und weniger attraktive Geschöpfe ersetzt:

»Die erste von diesen war Mlle. Juliette: mager, groß, mit tiefliegenden, stechenden Augen und bleichem Teint. Sie sah wie ein weiblicher Torquemada aus und war ungemein fromm … Auf dem Rand meines Bettes sitzend, erzählte sie mir schaurige Geschichten vom Märtyrertum der Heiligen … und von der heiligen Barbara, die – ich weiß nicht mehr warum und von wem – mit rotglühenden Zangen gezwickt wurde. Am allerschrecklichsten war die Geschichte der Kreuzigung in Mlle. Juliettes fanatischer Version. Sie erzählte sie mit solch leidenschaftlichem Haß gegen die Juden, daß mich erdrückendes Schuldgefühl befiel … Njanja verstand nicht Französisch, doch eines Abends hörte sie Mlle. Juliette an meinem Bett flüstern und mich schluchzen. Sie spürte, daß mir etwas Schlimmes angetan wurde, und rief meine Mutter. Die beiden müssen eine Weile gelauscht haben, dann stürzte meine Mutter ins Zimmer, packte Juliettes dünne Arme und rief: Packen Sie Ihre Sachen und gehen Sie, sofort!«

Sehr häufig blieben die Bindungen zu im Guten scheidenden Dienstboten noch jahrelang bestehen; sie kamen auf Besuch, wenn sie in der Stadt weilten, erkundigten sich nach dem Werdegang der Kinder und wurden, da sie ja nicht mehr zum Hauspersonal gehörten, auch zu einem Schalerl Kaffee eingeladen. War bei diesen Besuchen auch sehr oft die Erwartung eines kleinen Geldgeschenks die Triebfeder, so gaben sie den Kindern doch eine gewisse atmosphärische Beruhigung als versöhnlicher Vorgang, der die Abschiede teilweise aufhob, die Schmerzen der früheren Jahre vergessen ließ und die eigene Familie als einen großen Hort auch für das Personal im Bewußtsein festigte. Die Altersversorgung der Dienstboten, wie sie im landadeligen Bereich und bei wohlhabenden Familien Frankreichs und Englands üblich war, scheint im altösterreichischen Stadtbürgertum hingegen selten gewesen zu sein. Die schon in theresianischen Zeiten als eng empfundene Donaustadt schloß das Ausgedinge für Gnadenpensionäre schon aus Raumgründen aus.

Die Familie

Die Familienbasis des Bürgertums war ja auch nicht das Schloß und nur in ganz seltenen Fällen das Stadtpalais; sie war in der Regel dadurch gegeben, daß die Geschwister der Eltern und die Großeltern mit ihren respektiven Wohnungen eine gleichsam aufgespaltene Plattform schufen, die durch häufige oder gar regelmäßige Besuche zusammengehalten wurde.

Die Industriellenfamilie *Schrantz* hatte durch Generationen den Trattnerhof in Besitz, das ertragreichste Miets- und Geschäftshaus der Donaustadt mit seiner beherrschenden Lage am Graben, und ganz Wien kennt die Geschichte vom alten Trattner, der das stolze Haus durch eine Karyatide schmücken ließ, die einer gegenüber wohnenden Adeligen den blanken Steinhintern zeigt, weil diese den Hofbuchdrucker abgewiesen hatte. Ähnlich trumpften nach 1873, als niemand anderer mehr Geld hatte, natürlich die Familien des jüdischen Großbürgertums auf, und das Palais Todesco wurde trotz eines auf schon wieder komische Weise ungebildeten Hausherrn zu einem Treffpunkt des musikalischen und poetischen Wien.

In der Provinz gab man's etwas billiger: »Mein Großvater«, schreibt *Hans Flesch-Brunningen,* »war ein fleißiger, tüchtiger Mann, vielleicht sogar ein kaufmännisches Genie. Wir handelten ganz en gros in Zuckerrüben und bosnischen Pflaumen. Eines der schönsten Häuser von Brünn lag am Franzensglacis und hörte auf unseren Namen als Palais Flesch … Von der leicht unbürgerlichen Extravaganz meiner durchaus vornehmen und gleichzeitig ein wenig lächerlichen Mutter ausgehend, könnte sich gleich Gelegenheit ergeben, sich … über den gesamten Stamm der Flesch ausführlicher zu verbreiten, sozusagen über dessen Kollektivseele. Es handelt sich (dabei) eher um einen physischen Habitus, um etwas kaum Greifbares, aber sehr Penetrantes, um eine Mischung aus Sexualität und unglücklicher Liebe zu kaufmännischer Gewandtheit, aber auch zu allgemeiner beschwingter Genußsucht … Es ist ganz so, als betrete man ein Zimmer, in dem alle Bilder schief gehängt, in dem alle Spiegel Zerrspiegel sind, so daß man nicht recht weiß, was zu Recht besteht – das Abgebildete oder die Wirklichkeit.«

Diese in hohem Alter niedergeschriebenen Sätze des geistvollen Causeurs und Lebenskünstlers bilden den Schlüssel zu der im Rückblick auf jene Jahre für uns oft unbegreiflichen bürgerlichen Welt der Donaumonarchie, ihrer Selbstzufriedenheit am Rande des Abgrunds, ihrer Lebenslust zwischen allen Anzeichen der Katastrophe.

Hermann Broch hat in seinem berühmten Essay über *Hofmannsthal* und seine Zeit nicht nur das unterhaltsamste Stück seiner essayistischen Prosa geschrieben, sondern auch eine köstlich-widerwillige Liebeserklärung an den Bürger und das, was er dessen Hedonismus nennt, die altösterreichische submisseste Lebenslust:

»Der Wiener Gewerbetreibende, der Wiener Industrielle, der Wiener Hoflieferant, der Wiener Universitätslehrer … sie alle waren der wohlberühmten Figur des österreichischen Hofrats verwandt: ihre politische Überzeugung war Österreichtreue schlechthin … Sie waren eine glückliche Mischung von ruhiger Arbeitsamkeit und leicht hedonistischer Genießerfreude, nicht ganz ethisch, nicht ganz ästhetisch, innerlich zwar gefestigt, dennoch in ihren Bewertungen bestätigungsbedürftig. Ihrem Wesen nach weder ganz individualistisch noch ganz kollektivistisch, waren sie in erster Linie Publikum, also das der Hoftheater sowie der Hofmuseen…«

Diese beharrende Masse zog ihre Kraft aus der Tatsache, daß vom einzelnen nur abhing, was sich an Energien nach innen richtete; in seinen Familien stellte das österreichische Bürgertum eine unerschütterliche Basis des Staates, an der sich vom Grundschüler bis zum ältesten Onkel alle Mitglieder der Familie beteiligten als Ferment, als Publikum, als Staatsvolk.

Tatsächlich hat man bisweilen den Eindruck, daß es die weitverzweigte und dadurch beinahe selbstgenügsame Familie ist, die als Mikrokosmos lebensfähiger konstruiert ist als das gewaltige Staatsganze, ja daß die Überlebens-Faktoren von einer gnädigen und voraussehenden Natur just in diese Familien gepflanzt wurden, die von Galizien bis Görz und von Vorarlberg bis Siebenbürgen Keimkräfte des innersten Alteuropa kombinierten und potenzierten. Es hat sich gezeigt, daß in den spätestens 1938 ahnungsvoll oder gezwungenermaßen in alle Welt ausschwärmenden jüdischen Familien diese Ingredienzien des Selbsterhaltungs-Vermögens wirksam blieben, ob die neue Heimat nun New York, Kalifornien, Mexiko oder Australien hieß. Aber auch die große Mehrheit jener Österreicher, die – weil »arisch« – zu Hause bleiben konnten, empfing aus dem bis dahin oft mißachteten Familienganzen Kräfte, die sich der Überfremdung aus dem Norden insgeheim, aber erfolgreich entgegenstellten, und es waren Kräfte, die das alte Österreich schon aus seinen Krisen von 1866, 1873 oder 1889 kannte, dem Trauerjahr nach dem Tod des Thronfolgers, in dem auch dem fröhlichsten Österreicher aufging, daß das Verhängnis nahe sei.

Robert Musil hat ein reizvolles autobiographisches Fragment »Die Entdeckung der Familie« überschrieben und geschildert, wie das Regenwetter die Kinder auf die Familien, das Interieur zurückwirft: »Alle Möbel lassen die Ohren hängen. Vielleicht ist es richtiger, zu sagen, das ganze Zimmer sinkt, aber es faßt dann wieder Grund: etliche Meter unter dem Zustand Schönwetter steht es wieder fest. Du bist nun bei der Kinderzeit. Es regnet zwar Abgesperrtsein von den Gespielen des Gartens und der Straße; vom Ausgang mit Lord, dem Hund; von vielen Abenteuern. Aber kaum hatte sich der Vorhang der tiefen Hoffnungslosigkeit zugezogen, öffnete sich ein zweiter, und da

stand nun: Spiel mit der kleinen Eisenbahn, die auf Schienen mit wirklichen Weichen und Signalen lief.«
Die Großfamilie macht das kindliche Spiel real, und sie macht es sinnlich. Die Onkel und die älteren Vetter dienen in irgendeiner kuriosen Garnison, aus denen sie die köstlichsten Briefe schreiben, oder sie bringen völlig überraschende Gewohnheiten, Sitten, Farben und Gerüche in das bis dahin so vertraute Heim: »Schachne Eber versah auch die anderen Geschäfte des Hauses und galt als eine Art Vaterstellvertreter, nur mit mehr Autorität, die er aber nie mißbrauchte. Sein Gesicht war jetzt ernst, von einem weichen Flaum umrahmt. Vater fragte ihn oft um Rat und lieh bei ihm einen Gulden oder auch zwei. Er aß auch nicht mehr unser schwarzes Brot, sondern brachte sich jede Woche vom Markt einen großen Brotlaib aus gebeuteltem Roggen mit Kümmel bestreut mit. Das Brot lag in einem Fach an der Wand mit einem Handtuch zugedeckt, und niemand rührte es an. Nur wenn einer der Jüngeren einen Gang für ihn tat oder das Kalb für ihn besorgte oder seine neuen Stiefel putzte, bekam er eine dicke Schnitte vom neuen, schmackhaften Brot«, erzählt Granach.
Nicht alle Männer, die das Haus verließen, kehrten so erfolgreich in die Familie zurück. Sie kamen, sie saßen mit zusammengepreßten Knien und roten Augen auf einer Stuhlkante, und die Kinder begriffen nicht, warum Onkel Robert, der so heiter sein konnte, es in diesem Augenblick offensichtlich ganz und gar nicht war. Dann setzte Vater oder Großvater zu irgendeinem Sermon an, der wohl einiges erklärt hätte, aber Mama oder Großmama unterbrachen mit den rätselhaften Worten: »Les enfants ... pas devant les enfants«, und auch die Kinder, die nicht eine Französin gehabt hatten wie die kleine *Salomé Steuermann,* begriffen, daß damit ein Signal gegeben war, denn im nächsten Augenblick kam die Kinder- oder eine andere Frau, ergriff ihre kleinen Hände und führte die Widerstrebenden aus dem Zimmer.

Das andere Geschlecht

Die Geldnöte in der Verwandtschaft waren das eine Geheimnis, aber es interessierte die Kinder nicht sonderlich. Viel umfassender, tiefer und reizvoller war das hermetische Getue um das andere Geschlecht. Selbst die harmlosesten, immerzu kichernden Kusinen waren ganz offensichtlich im Besitz eben jenes geheimen Wissens, das die künftigen Genies ebenso emsig wie verzweifelt, ebenso fasziniert wie hilflos in ihren Seelennöten umkreisen. Man braucht nicht auf *Philip Roth* zu warten, um *Portnoys* Beschwerden auf das ganze Österreich verteilt zu finden.
»Daß ich einmal an einem schönen Sommertag als Dreizehnjähriger ohne die Erlaubnis meiner Eltern im Hause Jellinek ... zum Mittagessen blieb, wäre mir gewiß aus dem Gedächtnis geschwunden, wenn ich nicht bei dieser Gelegenheit von Mathildens jüngerer Schwester, der mit mir gleichaltrigen Julie, öffentlich und ohne jede weitere Liebeszeremonie einen warmen Kuß auf den Mund empfangen hätte, der zwar für alle Zeit der letzte blieb, mich aber die elterlichen Vorwürfe wegen meines Fortbleibens über das Mittagessen (hinaus) leicht verschmerzen ließ.«
Schnitzler ist in diesem Bereich natürlich der ergiebigste Gewährsmann; seine Erinnerungen sind nicht nur in diesem Punkt ungleich farbiger und ausführlicher als seine vielumraunten, aber enttäuschenden Stichwort-Tagebücher der späteren Jahre, die partienweise reinen Sexualstatistiken oder Potenzkalendern gleichen. Die romantischen Gefühle haben in so hohem Maße von ihm Besitz ergriffen, daß er sich auch durch die pflichtgemäße Aufklärung im elterlichen Arzthaushalt nicht desillusionieren ließ:
»Sogar von den kindischen Verliebtheiten, die in diesen Jahren so häufig sind, blieb ich ziemlich frei. Nur einer Regung von Eifersucht erinnere ich mich aus meinem elften oder zwölften Lebensjahr, die sich darin äußerte, daß ich meinen Bruder, als ich ihn von einer unserer kleinen Cousinen mir gegenüber auffallend bevorzugt sah, heftig durchprügelte. Doch tat ich es ohne innere Notwendigkeit, vielmehr aus einer Art Pflichtgefühl, wie um mich vom Bestehen einer Leidenschaft zu überzeugen, an die ich selbst noch nicht glaubte.« Das aber ändert sich sehr bald, und es wird, wie im Falle *Franz Grillparzers* und der *Maria Katharina Smolk von Smolenitz* eine Liebe von Fenster zu Fenster:
»Uns gegenüber ... auf der anderen Seite der Eschenbachstraße ... wohnte im Jahr 1875 ein Kaufmann oder Börsianer mit Frau ... und einer einzigen Tochter. So

L. E. Petrovits, Am Graben, um 1880

war man einander von Angesicht zu Angesicht schon lange nicht mehr fremd, als eines frühen Sommertages die förmliche Vorstellung erfolgte, im Volksgarten, wo Fanny mit ihrem jüngsten Bruder ... und ich mit Fräulein, Geschwistern, Schulkollegen zu lustwandeln pflegte. Schon in unserer ersten Unterhaltung ergab es sich, daß wir beide ... am gleichen Tag, dem 15. Mai, unseren dreizehnten Geburtstag gefeiert hatten; und diesem Schicksalszeichen gehorsam beschlossen wir, uns unverzüglich ineinander zu verlieben. Spaziergänge in den grünen Alleen des Volksgartens, Versicherungen gegenseitiger Zuneigung, Händedrücke, Blicke und andere Verständigungszeichen von Fenster zu Fenster, auch naivster Art – so stellte ich mich einmal auf einen Stuhl, um der Angebeteten meine ersten langen Beinkleider vorzuweisen –, das waren die unschuldigen Äußerungen unserer Seelenregungen. Aber so harmlos sich die Beziehung auch anließ und weiterspann, die Eltern hüben und drüben zeigten sich höchst ungehalten.«

Mama *Schnitzler* interveniert, Fannys Eltern wechseln – wohl aus anderen Gründen – die Wohnung, aber der ganz offensichtlich ziemlich frühreife Arthur läßt ebensowenig locker wie Fanny, genannt Fännchen:

»Erst als das Frühjahr wiederkam, traf ich an schönen Abenden ziemlich regelmäßig im Volksgarten mit Fännchen zusammen, wenn ich nicht gezwungen war, an den ärztlichen Landfahrten meines Vaters teilzunehmen ... Briefe wurden gewechselt, es gab Liebesversicherungen und Liebeszwiste, und da Freunden und Freundinnen die üblichen Nebenrollen zugeteilt waren, mangelte es auch nicht an Zwischenträgereien, Eifersüchteleien mit nachfolgender Versöhnung; kurz, es war die echte und rechte Jugendliebe, wie man sie sich als vierzehnjähriger Gymnasiast und gar als Dichter schuldig zu sein glaubte, nur daß ihr leider das Beste fehlte« – es hatte keinen einzigen noch so kleinen Kuß gegeben, worüber *Arthur Schnitzler* noch im Rückblick beschämt erscheint.

Die Verwandtschaft

Die Unsicherheit gegenüber dem anderen Geschlecht, die bisweilen wunderschönen, oft aber auch betrüblichen oder gar lächerlichen Szenen zwischen größeren Kindern und Heranwachsenden, entgleiten dem Zauber der Kindheit und den verhüllenden Worten jenes großen ersten Staunens, wenn die nüchterne Wirklichkeit der Geschlechterbeziehungen offenbar wird – nach allgemeiner Ansicht durch die Eltern, häufiger aber durch ältere Geschwister oder einen jüngeren Bruder von Vater oder Mutter. Was der Vater dem Sohn nicht eingestehen darf und will, plaudert oft leichten Sinnes ein männlicher Verwandter aus, und diese heiteren, beschwingten, avisierten, mit früher Weltkenntnis auftrumpfenden Onkelgestalten begegnen uns in der bürgerlichen Gesellschaft der Jahrhundertwende noch wesentlich häufiger als heute. Die Familien waren nämlich zahlreicher, in jeder Generation gab es nicht, wie heute, ein bis drei Kinder, sondern drei bis sechs und nicht selten auch mehr: *Hermann,* der Vater *Kafkas,* hatte drei Brüder und zwei Schwestern, und Hermanns Vater, *Jakob Kafka* (1814–1889), war eines von acht Geschwistern. Aber auch im christlichen Familienclan etwa der *Schrantz-Klingseisen* war die Nachkommenschaft zahlreich, und bei *Robert Musil* stand es ähnlich, ja er war, im Unterschied zu Kafka, ein Fanatiker dieser ausgedehnten Familie: »Und wie witzig, wie witzig ist die ganze Familie! Was in der weiten Welt draußen nirgends ein Witz wäre, löst hier schallendes Gelächter aus, man kann nicht sagen, woran es liegt... Dazu gehört, daß alle Menschen, die nicht zur Familie gehören, weit lächerlicher sind, als sie es wissen... Die Familie ist kleiner als eine Kleinstadt. Je inniger sie ist, desto herzloser macht sie für alles, was außerhalb ihrer geschieht, und (sie) ist immer grausamer, als es ein Mensch ist, der einsam dem Leid der Welt gegenübersteht.«

Das sind die Strukturen, die sich bei reich und arm auswirken, in Zeiten des Glücks und in Zeiten der Not. Die Zeugnisse, die wir zu diesem Thema kennen, lassen sowohl individuelles Leiden unter der zunächst übermächtigen Familie erkennen als auch die früher oder später sich einstellende Einsicht von ihrer bewahrenden, abschirmenden, ermutigenden Kraft.

Kafka liebte das Wort Mischpoche nicht, obwohl es im alten Prag noch nichts Pejoratives an sich hatte; andererseits war ihm das Wort Familie zu schwach, der Kreis, den es beschrieb, war ihm zu klein. Er sprach von Verwandtschaft, und er hatte sie auch in so reichem Maße, daß uns *Anthony Northey* ein ganzes Buch über sie bescherte, nicht zuletzt, weil vor allem die mütterliche Verwandtschaft in die ganze Welt ausschwärmte und die unternehmungslustigen Brüder der Mutter die frühen Amerikaträume des Knaben *Franz Kafka* erheblich beeinflußten: *Alfred* und *Josef Loewy,* Brüder von *Kafkas* Mutter, waren als enge Mitarbeiter von *Bunau-Varilla* in den Bau des Panamakanals und die nachfolgenden Skandale so eng einbezogen, daß dieses Thema die Tischgespräche in Prag beherrschte, bis Kafka die Schule abschloß. Es konfrontierte ihn mit einer Woge des Antisemitismus, die in Paris aufbrach, weil die Zentralfiguren des gigantischen Betrugs Juden und von ihnen bestochene Politiker waren. Auch im belgischen Kongo, über den sich aus guten Gründen die Welt entrüstete, hatte ein *Loewy* eine hohe Position, so daß wir die zu Hause soviel Schutz und Sicherheit gebende Familie in gewissen Fällen auch als ein Risiko erkennen: Sie vergrößerte die Angriffsfläche durch Aktivitäten, die weit über das Wohnzimmer und die Kleinhandelsgeschäfte des braven *Hermann Kafka* hinausgingen.

Das kreative Kind stand zwischen Anregung, Versuchung und Kontemplation umso einsamer da, je stärker der Clan war, je deutlicher das Selbstbewußtsein eines Familienganzen die kindliche Psyche dominierte:
»Indem sie (die Familie) den Ruhm in ihren kleinen Kreis bannt und als Familienruhm leicht macht, zieht sie den Ehrgeiz aufs Faulbett. Und weil alles, was in der Familie geschieht, tiefer traurig oder schallender heiter wirkt, als ihm eigentlich zukäme, weil Kein-Witz dort Witz wird und allgemein unwichtiges Leid zu persönlichem Unglück, ist sie die Stammburg aller Geistlosig-

keit, welche unser öffentliches Leben durchsetzt«, konstatiert Musil.

Die Schule

Sie war der übliche Weg, dieser Stammburg der Geistlosigkeit zu entrinnen, aber sie erfüllte diese Aufgabe, die man auch eine Sendung nennen kann, nicht in allen Fällen und vor allem mit einer Langsamkeit, wie sie von den großen Initiatoren der allgemeinen Schulpflicht seit *Joseph von Sonnenfels* nicht vorhergesehen werden konnte. Noch unter Kaiser *Franz II.*, also bis 1835, herrschte der Grundsatz, »daß in einem wohlgeordneten Staate über die kluge Ausspendung des Reichthums des Geistes ... eine Art Staatspolizei walten müsse« und daß somit die Schule vor allem den Zweck habe, »recht herzlich gute, lenksame und geschäftige Menschen zu machen«, Formulierungen, aus denen man den guten Kaiser *Franz* ebenso heraushört wie die Prinzipien des Vormärz und der Heiligen Allianz, wobei das Wort lenksam wohl am meisten besagt. Mit dem Jahr 1868 setzte dann eine Entwicklung ein, die im einzelnen hier nicht nachgezeichnet werden kann, die aber in Wien 1868, in den Kronländern zum Teil erheblich später, die Organisation von Schulbehörden regelte. Sie befreite den Unterricht aus der Bevormundung durch die Kirche und schrieb dies mit dem Reichsgesetz von 1869 für ganz Österreich-Ungarn fest.

Für unser Thema ist die heute vergessene Tatsache wichtig, daß es damals eine Teilung der *Grundschule* gab. Neben der sechsklassigen Grundschule wurde eine achtklassige Bürgerschule eingerichtet, die das Stadtbürgertum von der Sorge befreien sollte, daß seine Kinder mit dem Nachwuchs der nun zahlreich gewordenen Arbeiter auf der Schulbank sitzen würden. Eine zweite, freilich unbeabsichtigte Trennung zwischen den sozialen Schichten erbrachte das Faktum, daß in der *Volksschule* nur die unteren Klassen hinreichend frequentiert waren; in den Oberklassen machte sich die Kinderarbeit so stark bemerkbar, daß nur noch 20 Prozent der schulfähigen Kinder dieses Unterrichtsangebot nutzten. Als 1870 zunächst in Wien, 1871–74 auch in den Kronländern das Schulgeld abgeschafft wurde, verbesserte sich die Lage ein wenig, und seit 1883 war es möglich, bei gutem Fortgang oder nach einer speziellen Prüfung an die Volksschule drei Jahre Bürgerschule anzuschließen. Kein Geringerer als der bedeutende Lokalhistoriker *Karl Glossy* hat dem Wiener Gemeinderat, aber auch den Schulbehörden der ganzen Donaumonarchie das Zeugnis ausgestellt, daß »hier weit über die Pflicht geleistet wurde«. Und das in wirtschaftlich zum Teil sehr schwierigen Zeiten. Wien erscheint fast stets als Vorreiter mit dem Verdienst, »zeitgemäße Reformen veranlaßt zu haben, welche (erst) durch spätere gesetzliche Anordnungen sanktioniert wurden«.

Umso mehr muß überraschen, daß der Kindergarten sehr lange unbeachtet und privaten Initiativen überlassen blieb; offensichtlich fand das Fortschrittsdenken der Gemeinderäte, daß die Vorschul-Phase keine Möglichkeit biete, ihre Ideen wirksam umzusetzen. Erst aus dem Jahr 1863 liegt ein Ansuchen zur Genehmigung eines privaten Kindergartens im dritten Wiener Bezirk vor, und auch die nachfolgenden durchwegs privaten und damit nicht gerade billigen Kindergärten wenden sich an die »mittleren und höheren Stände«, wofür die Gemeinde wenigstens Lokalitäten bereitstellt. Erst 1882 kommt es zur Errichtung des ersten Jugendasyls, das ein Verein zur Betreuung verwahrloster Kinder im schulpflichtigen Alter errichtet und für das immerhin allerhöchstes Patronat erreicht wird.

Außerhalb Wiens ist es häufig der Adel, der über die Mittel und vor allem über die Räumlichkeiten zur Errichtung von Kindergärten verfügt, wie – um nur ein Beispiel zu nennen – die Grafen *Hoyos* im niederösterreichischen Gutenstein. In den gesetzlichen Regelungen des Jahres 1872 ist Österreich-Ungarn jedoch etwa dem Königreich Preußen weit voraus, wo noch 1876 durch den berüchtigten Erlaß des Ministers *Falk* Einrichtungen zur Erfassung und Betreuung vorschulpflichtiger Kinder strikt abgelehnt werden. *Meyers* zu Recht geschätztes großes Lexikon sagt noch in der Auflage von 1908: »Vom pädagogischen wie volkswirtschaftlichen Standpunkt aus ist den Kindergärten ferneres Wachstum zu wünschen, nur müssen sie den bestehenden Schulen nicht feindlich gegenübertreten ... sondern der Schulerziehung verständig und bescheiden (!) vorarbeiten.«

Die Gefahr ist groß, aus heutiger Sicht solche und andere Beweise für ein übersteigertes bürgerliches Selbstbewußtsein ohne Diskussion zu verurteilen. Aber sie teilten sich als Familienstimmung den Kindern mit und wirkten durch die lokalpolitischen Aktivitäten der Väter auch auf das Schulwesen ein. Darum müssen wir uns die große Aufbruchstimmung der Ringstraßenzeit vergegenwärtigen und ihre Euphorie, die gleichsam mühelos die Gräben übersprang, wie sie militärische Niederlagen und außenpolitische Fehlentscheidungen aufgerissen hatten.

Der junge Wiener, aber auch die nach Wien blickenden Schüler aus Prag, Krakau, Lemberg, Czernowitz und erst recht natürlich aus Linz oder Graz wurden mit einer neuen Welt konfrontiert, in der neben die Paläste des Adels die Ringstraßenbauten von Männern traten, die – wie etwa der Latifundienbesitzer und Industrielle *Nikolaus Dumba* – jede Adelserhebung ablehnten oder aber den eben errungenen Kleinadel geradezu lächerlich machten: »Ich gestehe es Ihnen auch ganz offen«, äußerte sich *Dumba* gegenüber dem Kunsthistoriker *Eitelberger,* »daß ich viel lieber nichts erhalte als etwa das Comturkreuz des Franz-Josef-Ordens ... wenn ich sehe, daß ein Albert Rothschild, der seine Stellung und Pflichten nie gekannt und erfüllt, das Comturkreuz des Leopoldsordens kriegt.« Über den neureichen Ordenssammler *Franz von Wertheim* aus Krems schreibt der populäre Wiener Bürgermeister *Cajetan Felder* in seinen Erinnerungen: »Franz Wertheim, der wohlbekannte Großmeister der Reklame und Scharlatanerie, übrigens außergewöhnlich findig, tätig und energisch nicht nur auf dem Gebiet der Industrie, sondern auch der Galanterie.« Eben dieser *Wertheim,* über den ganz Wien die Nase rümpfte, baute am Schwarzenbergplatz ein Palais, das ein genaues Pendant zum Palast des Erzherzogs *Ludwig Victor* bildete, immerhin ein Bruder des Kaisers. Diese und andere Aktionen ähnlicher Art akzentuierten das Selbstbewußtsein des Wiener Bürgers vom Grund nicht in dem Sinn, den wir heute mit dem Wort Antisemitismus verbinden, aber sie weckten eine gewisse Aufmerksamkeit und ein Verlangen der Abgrenzung.

Der Bürger, der auf sich hielt, erwartete von der Schule, für die er ja bezahlen mußte und der er den wertvollen Familiennachwuchs und Geschäftserben anvertraute, also zweierlei: Die in den Jahren aufgebaute, durch Kindermädchen, Gouvernanten, Französinnen und Hauslehrer sorgfältig geschaffene Schutzzone durfte allenfalls perforiert, keinesfalls aber hinwegreformiert werden. Arbeiterkinder, wie sie auf der Gasse spielten, waren als Banknachbarn oder gar als Gefährten beim Aufgabenmachen ebenso unerwünscht wie anderseits die viel zu gescheiten, frühreifen und mit reichlichem Taschengeld ausgestatteten Söhne des jüdischen Großbürgertums, neben denen so mancher brave Spätentwickler zumindest in den Schuljahren keine Chance hatte.

Wir wissen, und man wußte auch damals, daß der Schulerfolg noch keine Garantie für einen glanzvollen Lebensweg bildet, ja daß es sehr oft umgekehrt kommt; jeder von uns hat die Vorzugsschüler seines Jahrgangs auf grauen Mittelpositionen enden sehen, und etwa ein *Franz Kafka,* auch wenn er später mit Ach und Krach den Jurisdoktor machte, schätzte die Schule ebensowenig wie *Theo Waldinger.* Ihn hatte seine Mutter in der Pfeilgasse in der Wiener Josefstadt eingeschult, weil es dort weniger Gassenbuben gab.

»Ich sah dem ersten Schultag mit Bangen und wenig Freude entgegen, erkrankte prompt, um noch eine Woche länger in der Geborgenheit der Familie bleiben zu können. Doch half kein Zittern und kein Zagen, kein Sträuben, es mußte sein. Meine Mutter ... übergab mich einem freundlich dreinblickenden jungen Lehrer ... empfahl mir, recht brav zu sein – und ließ mich allein ... Dann ertönte das Glockensignal, das den Beginn des Unterrichts anzeige, alle sprangen auf, falteten die Hände und begannen ein Gebet einherzuleiern. Ich wurde sehr verlegen, wußte nicht, was ich tun sollte, bis der Klassenlehrer auf mich zutrat, meine Hände an die Hosennaht legte und mir zu verstehen gab, daß ich als Jude vom Rezitieren des Vaterunser befreit wäre. In diesem Augenblick erst erfuhr ich, daß ich kein Gleicher unter Gleichen war ...« Bald aber kam es weit schlimmer, und das im Jahr 1912, als die *Waldingers* in die Nähe des sogenannten Brillantengrunds im siebenten Wiener Gemeindebezirk umzogen, wo das Altwiener Bürgertum noch weitgehend unter sich geblieben war.

»Die dritte Klasse begann ich schon in der neuen Schule in der Neustiftgasse, und dort war alles anders. Der Lehrer ... sah mich nicht gerade freundlich an, als mich

meine Mutter am ersten Tag in die Schule brachte, und setzte mich in die letzte Bank. Nach dem üblichen Vaterunser hieß er mich aufstehen und nahm die üblichen Daten ab. Name, Geburtstag, Jahr und Ort... Religion? Mosaisch! Ahso, also a Jud bist du? Die Schüler lachten. Name des Vaters? Salomon. Jubelnder Aufschrei des Lehrers, der unter dem höllischen Gelächter der Mitschüler den Namen wiederholte, aber in dem mauschelnden Ton, den die Antisemiten aus Gründen, die mir unbekannt sind, für typisch jüdisch halten...«
Theo, der jüngere Bruder des großen Lyrikers *Ernst Waldinger*, berichtet dann über die Prügelpraxis an der Schule, die allerdings keineswegs auf antisemitisch eingestellte Lehrer beschränkt war, und schließt bitter: »So waren die Erziehungsmethoden... unter der Ägide des leutselig gemütlichen und katholisch frommen Bürgermeisters Lueger. Jedes Ansuchen um eine Lehrstelle hatte nur dann Aussicht auf Erfolg, wenn es durch ein Wohlverhaltenszeugnis des zuständigen Pfarrers bekräftigt war...«
Ganz deutlich wurde der politische Kampf selbst in die Volksschule hineingetragen, ja in gewissem Sinn sogar in ihr ausgefochten:
»Meinen Eltern erzählte ich nie etwas von diesen Dingen, da ich Angst davor hatte, daß mein Vater, der ein Anhänger des streitbaren Rabbi Bloch... war, Beschwerde bei den Unterrichtsbehörden einlegen und dadurch meine Situation in der Schule nur noch erschweren würde. Mein Banknachbar war Erwin Billmayr, Sohn des sozialdemokratischen Landtagsabgeordneten, auf den der Lehrer nicht gut zu sprechen war... Mühlleitner (der Lehrer) empfahl uns dringlich, die vom (1880 gegründeten) Schulverein vertriebenen schwarz-rot-goldenen Bleistifte zu benützen, deren Ertrag dazu diente, in den slowenischen und tschechischen Grenzgebieten den Kampf der ach so unterdrückten Deutschen gegen das vordringende Slawentum zu unterstützen. Billmayr und ich kauften und benutzten nur rote Bleistifte, das war unser Widerstand. Und so geringfügig er anmuten mag, er erboste den Lehrer bis zur Weißglut, gerade weil er gegen ihn nichts unternehmen konnte.«
Neben dieses Beispiel aus Wien darf man eines aus Prag setzen, um zu beweisen, daß der erste Schultag, das Erlebnis der Einschulung, auch in selbstbewußten und seelisch gesunden Naturen ein Leben lang nachwirken kann und von den Eltern und den Lehrern meist nicht mit der nötigen Sorgfalt vorbereitet und durchgeführt wurde:
»Bei mir zu Hause hatte man vorausgesetzt, daß der Unterricht, so wie in der Seidlschen Privatschule, auch bei den Piaristen erst um neun Uhr morgens beginne«, erzählt *Egon Erwin Kisch* in dem 1920 erschienenen Buch »Die Abenteuer in Prag«. »So kam ich um dreiviertel neun in die Klasse, mitten in den Unterricht... Wer es noch weiß, welches Aufsehen der Eintritt eines Zuspätkommenden oder des Schuldieners darstellt, und wer hierzu die Sensation addiert, die die Ankunft eines Neuen verursacht, kann sich ungefähr ausmalen, wie ich, ein bisher völlig Unbekannter... von Blicken gemustert, durchbohrt, seziert, vom Lachen und Lächeln zerfleischt wurde.
Schon drei Jahre, also ein Drittel ihres Lebens, saßen die Buben, die sich nach mir die Hälse ausrenkten, auf gleichen Bänken. Sie trugen alle schöne blaue Matrosenanzüge, wohnten in einem Bezirk... bildeten eine geschlossene, noble Gruppe. Ich aber kam aus der Altstadt, so daß keiner der Vielen ein Bekannter, ein Nachbarskind war, auch trug ich keinen Matrosenanzug. Ich glaube, als ich durch die Tür das gefüllte Schulzimmer betrat, muß es mir klar geworden sein, daß all das etwas Schmähliches war... Während ich damals an der Tür stand, begann sich unter dem Einfluß der alles durchbohrenden Blicke der anderen... mein Strumpfband zu lockern. Genau so, wie sich mir auch noch heute die Krawatte verschiebt oder ein Schnürsenkel öffnet, wenn ich mich eindringlich gemustert fühle. Also, damals rutschte mir der Strumpf hinunter. Ob das die Argusaugen meiner lieben Mitschüler von selbst bemerkten oder ob ich durch einen Versuch, die nackte Wade wieder mit dem Strumpfe zu bedecken, das Signal zum Huronengebrüll gab, ist nicht wichtig. Wichtig ist eben nur das Huronengebrüll. Ich hörte es damals, ich hörte es durch mein ganzes Leben. Sonst erinnere ich mich an nicht viel. Das Schüleralphabet begann, wie überall, mit den Namen Abeles, Aurednicek, Beck, Benischek, Bloch, Bloch, Bloch...«
Auch dort, wo die Juden in der Überzahl waren, wie etwa in den deutschen Gymnasien zu Prag, gab es tiefgreifende Schwierigkeiten mit den katholischen Leh-

rern, mit dem Lehrplan und mit der ganzen Institution des österreichischen klassischen Gymnasiums, das sich von der familiären Wärme der dörflichen Talmudschulen so deutlich unterschied. Niemand hat dies feinfühliger erkannt als *Franz Kafka,* der unter 39 Schülern der Ia des Altstädter deutschen Gymnasiums einer von dreißig Juden war (es gab einen einzigen Protestanten, sonst Katholiken):

»Wenn ich es bedenke, so muß ich sagen, daß mir meine Erziehung in mancher Richtung sehr geschadet hat. Dieser Vorwurf trifft eine Menge Leute... (darunter) einen Haufen Lehrer... Dagegen kann ich jeden Augenblick beweisen, daß meine Erziehung einen anderen Menschen aus mir machen wollte als den, der ich geworden bin... Ich hatte, seitdem ich denken kann, solch tiefste Sorgen der geistigen Existenzbehauptung, daß mir alles andere gleichgültig war... In meiner Klasse waren wohl nur zwei Juden, die Mut hatten, und beide haben sich noch während der Gymnasialzeit oder kurz darauf erschossen.«

Als zeitgeschichtliche Ereignisse, die diesen latenten, noch nicht primär rassischen Antisemitismus stimmungsbildend erklären können, kommen die heute vergessenen Ritualmord-Prozesse und -gerüchte überzeugender in Frage als der bloße wirtschaftliche Neid auf den Reichtum der Juden, der in der Gesamtmonarchie ja nicht so in Erscheinung trat wie im neuen Wien. Zwischen 1867 und 1914 gab es im Habsburgerreich vierzehn Ritualmordprozesse, eine Zahl, die nicht groß erscheint, aber mit ihren publizistischen Auswirkungen praktisch den ganzen Zeitraum beherrschte. Auch *Israel J. Singer,* der ältere Bruder des großen Schriftstellers *Isaac B. Singer,* schildert in seinem Buch »Von einer Welt, die nicht mehr ist« die jüdischen Ängste in und um Sochatschew nach solch einem Ritualmordgerücht: »Die Gojim drohten an, daß sie mit Messern bewaffnet zu dem kurz vor Pessach (also im Frühling) stattfindenden Jahrmarkt kommen und die Juden umbringen würden... Die Juden lebten in Todesangst. Türen und Tore wurden nachts verriegelt. Die angesehensten Bewohner des Schtetls sprachen beim Gutsherrn Christowski vor und baten um seinen Schutz.«

Waren es auch spezielle Ängste und Bedrückungen, unter denen die jüdischen Schüler wohl in allen Großstädten der Donaumonarchie zu leiden hatten, so bedeutete das alte autoritäre Gymnasium doch auch für den sensiblen, begabten, zu Hause nicht zureichend beachteten Bürgersproß eine seelische Belastung bis hin zur Unerträglichkeit, was uns *Robert Musil,* aber auch etwa der früh vollendete *Hans Kaltnecker* dokumentiert haben, besonders bündig aber *Alma Mahler-Werfel* (1879–1964), Tochter des angesehenen Malers *Schindler.* Nach dem Bericht über einen mißglückten väterlichen Versuch, ihr und ihrer Schwester Goethes »Faust« begreiflich zu machen, schreibt sie:

»Und so war die ganze Jugend, voll von Versuchen und ohne jedes System. Wir lernten immer zu Hause, bei bösen Hauslehrern, die entfernt wurden, wenn mein Vater darauf kam, daß sie uns quälten. Dann wieder bei guten Herren, von denen man aber nichts lernte; später unterrichtete uns meine Mutter einen Winter lang auf Korfu. Sie war aber so ahnungslos, daß sie uns zum Beispiel aufgab, an einem einzigen Tag das große Einmaleins zu lernen. Nervös und gescheit war ich bis zu einem gewissen Grade: nämlich jene gewisse Kindergescheitheit mit dem Lückenhirn. Wie habe ich gelitten, wenn ich mir in der Schule... bewußt wurde, daß ich nichts ganz ausdenken konnte. Gelernt wurde eigentlich nie und nichts systematisch. Keine Jahreszahl blieb in meinem Kopf, nichts interessierte mich außer Musik.«

Das Schulsystem der Donaumonarchie war – aber wie sollte es in einem so großen Reich anders sein – trotz Einführung einer allgemeinen Schulpflicht durch bedenkliche Lücken gekennzeichnet. Es ist zweifellos übertrieben, es chaotisch zu nennen, nur weil die einzelnen Kronländer zentrale Gesetze nach ihren Bedürfnissen abwandelten. Aber es bleibt doch kennzeichnend, daß der einzelnen Familie, soweit sie von Adel oder begütert war, ein heute unvorstellbarer Freiraum für die Umsetzung der Erziehungs- und Bildungsverpflichtung gewährt war. Reisen, Zeugnisse vom willfährigen Hausarzt und vage psychologische Erwägungen genügten in der Regel, um den Nachwuchs, ob begabt oder nicht begabt, den öffentlichen und auch den privaten Schulen zu entziehen und länger als vom Gesetzgeber vorgesehen in der doch recht unterschiedlich-förderlichen Atmosphäre der Familie zu belassen. Nun hat das Kind eine natürliche Neugierde, zu der sich bei entsprechender geistiger Regsamkeit ein individueller Wissensdurst gesellt, der die geschilderten Hindernisse zu überwinden trachtet und auch auf verschlungenen Wegen zu seinem Ziel kommt. Die eben zitierte *Alma Mahler-Werfel* fand – trotz des frühen Todes ihres berühmten Vaters, trotz einer etwas seltsamen Wiederverheiratung der Mutter mit einem jungen Maler und weitgehender Nichtbeachtung der Kinder – zu ihrer Welt und schuf sich schon als Pubertierende eine eigene Bibliothek. »Ich ging jetzt allein aus, denn meine Mutter hatte gottseidank wenig Zeit für mich. Oft hatte ich unter einem weiten Cape Kinderbücher, die ich in ein Antiquariat schleppte, wo ich mir dafür Dehmel, Bierbaum, Rilke, Liliencron erwarb. Bald besaß ich eine schöne kleine Bibliothek, von der niemand etwas ahnen durfte.« (Zu ihrer Autorenliste ist anzumerken, daß damals *Otto Julius Bierbaum* als Skandalautor und Erotikschriftsteller galt).

Fand sie selbständig den Weg zur Literatur, so fand ein anderer aus eigenem und dank früher Schuleindrücke zum Theater: *Karl Schönböck,* 1909 als Sohn eines Inspektors der Donaudampfschiffahrtsgesellschaft geboren und in Wien zur Schule gegangen. In seinen 1991 veröffentlichten Erinnerungen lesen wir:

»Zum Abschluß der Volksschule fand ein Festabend statt, bei dem Szenen aus ›Der Bauer als Millionär‹ aufgeführt wurden ... Ich durfte die Hauptrolle des Fortunatus Wurzel spielen. Als die Szene kam, in der Fortunatus sich von der Jugend verabschieden muß und ich die Verse ›Brüderlein fein, Brüderlein fein/Einmal muß geschieden sein‹ deklamierte, war es um mich geschehen. Ich verliebte mich in die Darstellerin der Jugend, ein bildhübsches Mädchen, das eigens für diese Aufführung von einer anderen Schule ausgeliehen worden war. Sie zeigte aber keinerlei Verständnis für meine kindlich-plumpen Annäherungsversuche, während ein anderes Mädchen, das mich gar nicht interessierte, andauernd hinter den Kulissen versuchte, auf mich hinaufzuhüpfen, um mich zu küssen und zu herzen, was mir aber überhaupt nicht behagte.«

Schönböcks Eltern und Verwandtschaft hielten absolut nichts von der so früh zutage tretenden Theaterbegabung, und *Karl* wurde der Realschule am Schüttel anvertraut, aber dort, in einer keineswegs vornehmen Gegend am Donaukanal, hatten sich im Lauf der Jahre Lehrkräfte zusammengefunden, die wegen ihrer musischen Neigungen an den klassischen Gymnasien und vornehmen Innenstadtschulen wenig Lorbeeren geerntet hatten. So ergab sich der nicht alltägliche Fall, daß ein Schülerorchester entstand, daß die Theateraufführungen zu Revuen gerieten und die Schule den Spitznamen Schüttel-Variété erhielt. Nachmals berühmte Regisseure wie *Willi Forst* und *Rudolf Steinboeck* drückten dort neben späteren Schauspielern wie *Hans Holt* und eben *Schönböck* die Schulbank, und der Zeichenlehrer (!) inszenierte mit den interessierten Schülern Einakter von *Ludwig Thoma.* Nach und nach bekannte sich auch die Familie zu dieser unerwarteten und offensichtlich nicht mehr zu steuernden Entwicklung – ja *Schönböcks* Vater, der von seinen Schiffen an allerlei gewöhnt war, inspizierte die Theatersäle, drang auf den damals noch im argen liegenden Brandschutz und verhinderte dadurch tatsächlich einmal, daß ein Kulissenbrand sich zur Katastrophe ausweitete.

Die Sommerfrische

Eine zeitlich begrenzte, aber immer wiederkehrende Ausbruchsmöglichkeit aus der Monotonie des Elternhauses und den Zwängen des Schulbesuchs schufen die Sommerferien. Winterurlaube, Skilauf, aber auch Fernreisen auf die andere Erdhälfte mit anderen Jahreszeiten gab es nur in den seltensten Fällen. Die Regel war, die Schulferien oder ihren größten Teil zu einem einzigen Ortswechsel zu nutzen, wobei der Zielort oft durch Jahrzehnte derselbe blieb.

Die technischen Gründe für diese Tatsache waren zwingend. *Grillparzer* oder *Beethoven* fuhren mit dem Kutschwagen nach Baden bei Wien, in die Hinterbrühl oder in einen der westlichen Vororte der Kaiserstadt, und dasselbe galt für Prag, Brünn, Preßburg oder Graz. Die eigentliche Verkehrsrevolution brachte erst der Schienenstrang, durch den weiter entfernte Erholungsorte erreichbar wurden: die böhmischen Bäder oder Meran, das Seenland Kärnten mit seinen Vorlanden bis Veldes, der Adelsberger Grotte und den Adriabädern und – gleichsam als Sommerfrische par excellence – das Salzkammergut. Dort durften auch die bürgerlichen Familien für einige Wochen in der Nähe des Kaisers und der Hofgesellschaft weilen und mochten auf den

Promenaden von Ischl, Fuschl oder am Mondsee gnädige Beachtung hochgestellter Personen finden.

Da man mit der Bahn reiste, wurde nur einmal ein- und nur einmal ausgepackt; auf der Rückreise gab es die gleiche Veranstaltung mit riesigen Reisekörben, die nur von professionellen Bahndienstleuten bewegt werden konnten. Und standen sie einmal an Ort und Stelle, so rührte niemand mehr sie an bis zur Rückreise. Die Sommerfrische war darum in der Regel eine Verlagerung des Familienbetriebes in einen bekannten, nur gezwungenermaßen gewechselten Ort, wo die Erwachsenen und die Kinder vertraute Verhältnisse vorfanden, bekannte Nachbarn und die mit Freuden wieder entdeckten Spielgefährten aus vergangenen Jahren. Und weil es stets um begrenzte, maßvolle und keineswegs abenteuerliche Veränderungen ging, leisteten sich die Sommerfrische auch Familien, deren Budget dies eigentlich nicht vertrug – man reiste dann eben nicht weit:

»Die Sommerferien verbrachten wir meistens in Kierling, einem Kleinhäuslerdorf bei Klosterneuburg, wo ein Jahrzehnt später Franz Kafka unter unsäglichen Qualen im Sanatorium Hoffmann sterben sollte. Meine Eltern mieteten jedesmal zwei Zimmer und Küche von einer Kleinhäuslerfamilie; der Vater war Maurer, ging zur Arbeit nach Wien. Die Verhältnisse waren dürftig und die zusätzliche Einnahme durch das Zimmervermieten während des Sommers hochwillkommen. Neben dem Haus lag eine hügelige, blumenreiche Wiese; für uns Kinder war es ein Paradies. Die Familie besaß auch ein paar Ziegen, so daß wir täglich frische, fette Ziegenmilch zu trinken bekamen. Mit den gleichaltrigen Kindern der Familie gingen wir in den Wald zum Holzklauben, Schwammerlsuchen, Beerenpflücken, und wir kamen uns recht abenteuerlich dabei vor ... Als wir an einem heißen Sonntag im Juni 1914 von einem Ausflug ins Liebhartstal in die Stadt zurückkehrten, empfing uns überall das große Geschrei der Zeitungskolporteure, die die Ermordung des österreichischen Thronfolgers ... verlautbarten.« (Theo Waldinger)

Die Familie des späteren Staatskanzlers *Renner* war finanziell nicht viel besser gestellt als die *Waldingers*, und Papa *Renner* konnte seinen Weinhandel auch im Sommer nicht ruhen lassen. Die Jugend der Familie und die Nachbarn aber hatten ein besonderes Sommervergnügen, den Krebsenfang an der Thaya. »Selten wagte sich einer von uns hinüber in die ›große Thaya‹, wie der Hauptarm genannt wurde. Von meinen Mitschülern sind während der fünf Schuljahre zwei ertrunken. In der Zeit des Krebsenfangs pflegten wir einen irdenen Topf mitzunehmen, den wir zur Hälfte mit Thayawasser füllten; damit begaben wir uns auf den Fang, indem wir die Löcher in der Uferböschung des Flusses und die Ränder der einmündenden Bäche mit bloßen Händen absuchten, ohne des Schmerzes zu achten, wenn die Finger zwischen den Scheren des Krebses eingeklemmt wurden. Hatten wir den Topf voll, so sammelten wir dürres Reisig, suchten eine nahe Trinkwasserquelle auf, wuschen Krebse und Topf, machten ein Feuer, brachten das Wasser zum Sieden und warfen die Krebse hinein. Das gab mit dem mitgebrachten Brot eine herrliche Jause.«

Als die *Renner*buben etwas größer wurden, nutzten sie die Ferien und die väterliche Ortskenntnis in Mähren zu einem eigenen, kurzatmigen Handel, den man beinahe schon als Kinderarbeit bezeichnen könnte:

»Während der Vater noch immer seinen Weinhandel in kleinem Umfang und mit schwindenden Erträgen fortführte, warfen sich meine Geschwister auf einen neuen Erwerbszweig, in dem sie unsere eigenen Felder gartenmäßig mit Gemüse und Gurken bestellten und gelegentlich auch solche dazukauften. Das bedeutete für sie eine Vervielfachung der zu leistenden Arbeit, aber die alte Topographie Mährens kam zu Ehren: Man suchte heraus, an welchen Tagen in den erreichbaren Städten Wochen- und Jahrmärkte stattfanden, wieviel Meilen sie entfernt sind und welche Straßen dahin führten. Das aber war ein Geschäft für mich, in Städten und Straßen wußte ich auf der Landkarte Bescheid ... Bei Laternenlicht wurden die Wagen gepackt, die Plache darübergezogen usw.«

Spiel und Arbeit gingen ebenso ineinander über wie Sommerfrische und Landfahrer-Abenteuer, und vermutlich war *Karl Renner* dabei ebenso glücklich wie die Gleichaltrigen aus bessergestellten Familien, die den Zug in die Berge genommen hatten, in Attnang umstiegen und sich dann mit der Lokalbahn ins idyllische Salzkammergut bringen ließen, gemächlich, damit ein jeder Sommergast sich auf die Landschaft einstimmen könne, die ihm alsbald wechselnd-milde Sonne

Abreise.

Abreise in die Sommerfrische

oder andauernden Schnürlregen in immer neuer Gestalt präsentieren würde.

Natürlich reiste man in besseren Kreisen auch mit mehr Apparat und großem Personal, und liest man, was *Adrienne Geßner* oder der berühmte Historiker *Heinrich Benedikt* von diesen Gelegenheiten berichten, dann gewinnt man den Eindruck, die Fahrt in die Sommerfrische – die beiden Genannten als Kinder beobachteten scharf und fanden darum manches besonders seltsam – sei eine Expedition in unterzivilisierte Gebiete gewesen:

»In Goisern, Gmunden oder Ischl wurde eine Wohnung gemietet, man beförderte den ganzen Hausrat, vom Kaffeehäferl bis zum Bettzeug in Riesenkörben, die per Fracht vorausgeschickt wurden, Köchin und Stubenmädchen kamen auch mit«, erzählt uns *Adrienne Geßner* in ihren stellenweise bitterbösen Memoiren, und ihre ungleich sanftere Kollegin *Rosa Albach-Retty* bestätigt uns, daß die Sommerfrische kein Gegenstand der Überlegungen war, sondern eine unumstößliche Institution, die von den Kindern hingenommen werden mußte und durfte wie Familienfeste oder Staatsfeiertage:

»Jedes Jahr brach in der letzten Juniwoche bei uns das Urlaubsfieber aus. Dann holte die Anna, im Verein mit der Köchin und dem Stubenmädchen, die großen Tragkisten und Körbe vom Dachboden, verstaute darin einen Teil unseres Porzellanservices, das Silberbesteck, Gläser und Geschirr ... und sorgte dafür, daß alles rechtzeitig zum Westbahnhof gebracht wurde ... Man fuhr damals mit Sack und Pack und selbstverständlich mit den Dienstboten auf Sommerfrische. Menagieren nannte man das«, woraus *Gottfried Heindl* in seinem Buch über das Salzkammergut eine Maxime ableitet, die womöglich die Vorliebe der österreichischen Bürgersfamilien für diese Art von Urlaub erklärt: »Man ist an der frischen Luft und doch nicht zu Hause.« Er zitiert auch ein in diesem Zusammenhang kennzeichnendes Wort von *Karl Kraus:* »Mir ist es in Ischl immer, als ob die Berge ringsum nur eine Art Decoration wären, die man auf die Ringstraße gestellt hat.«

Solche Allzuvertrautheit und der tägliche Zwang des Grüßens, der Toiletten und des Aufwands begünstigten die Entstehung von Nebenschauplätzen, die ruhiger und doch nicht ganz glanzlos waren und in denen die Kinder mehr Freiheiten genossen als an den Promenaden von Ischl oder Gmunden. Die Voraussetzung für die Frequenz dieser neuen Zentren war und blieb allerdings die Existenz einer Eisenbahnlinie, und darum reihten sich diese neuen, teils besonders exklusiven, teils aber bescheidenen Sommerfrischen an der Südbahn zwischen Payerbach und dem Semmering auf und an einer Zweigbahn, die man eigentlich nur für zwei Herren ins Piestingtal hineingebaut hatte: Für *Josef Graf Hoyos*, Geheimkämmerer bei Hofe und enger Vertrauter des Thronfolgers Kronprinz *Rudolf*, und für *Eduard Graf Paar*, Generaladjutant des Kaisers, die Häupter einflußreicher Familien, zu denen sich die Freiherren von *Sommaruga* und Graf *Kapnist*, Botschafter des Zaren in Wien, gesellten. Im Grunde aber war das Piestingtal schon seit den Tagen eines *Ferdinand Raimund* oder von Vater und Sohn *Gauermann* eine Lieblingslandschaft der Künstler und, seit Eröffnung der Eisenbahnlinie im Jahr 1877, die Sommerfrische jener Teile des Großbürgertums, die ihrer Familien wegen das stille und schöne Talende von Gutenstein den Salzkammergutsommern vorzogen.

Die Bergbäche, die sich dort zur Piesting vereinigen, kommen aus den verborgensten Winkeln Niederösterreichs unter dem Schneeberg und tragen die Frische einer Landschaft mit sich, die bis an die Schwelle der Gegenwart Kleinbauern, Köhlern und Jägern vorbehalten war. Den Kindern der Familien von Industriellen und hohen Beamten eröffnete sich ein vielgestaltiges Paradies, in dem man fischen und klettern, in die stillen Seitentäler hineinwandern und sich vor allem in einer – heute unter Denkmalschutz stehenden – Badeanstalt mit den Altersgenossen treffen konnte. Einzelne der Gutenstein-Enthusiasten kamen sogar im Winter hierher, wie die Industriellenwitwe *Jenny Klingseisen,* die oft die Besuche von *Katharina Schratt* und ihrem Schauspielerkollegen *Rudolf Tyrolt* erhielt.

Auf alten Fotografien sehen wir, daß die Kinder dieser so sehr um Reputation besorgten Familien außerordentlich unzweckmäßig gekleidet waren. Der Matrosenanzug, der für das Schuljahr noch angehen mochte (*Kisch* hat ihn gehaßt), wird in warmen Sommern schon darum zum Hemmnis, weil man sich mit ihm nicht ins Gras werfen und auf Bäume oder Felsen klettern kann; und die Mädchen in ihren gestärkten weißen Kleidern wagten sich überhaupt kaum zu bewegen, um nicht beschmutzt zum Essen zu erscheinen.

Bei den nur langsam ansteigenden Ausflügen in die Täler wurde ein Vehikel mitgeführt, das man heute zumindest in den Städten gar nicht mehr kennt: der Leiterwagen. Kleine Handwagen, vierrädrig, mit Deichsel und von ihr aus zu lenkenden Vorderrädern, meist aus schlichtem Fichtenholz, mitunter aber auch aus polierter Esche. Damit konnte Handgepäck mühelos transportiert werden oder auch ein fußmaroder kleiner Wanderer, und diesen Wagen zu ziehen war ein Vorzug, um den sich die Kinder nicht selten zankten.

Leichtes, bequemes Schuhwerk war nämlich noch Mangelware. Als gesündeste Fußbekleidung galt der hoch heraufreichende, eng anliegende Schnürschuh, wie man ihn heute noch bei Verkäuferinnen oder Kellnerinnen sieht. Im Sommer und für die zarten Kinderfüße waren diese hitzenden Lederfutterale ebenso ungeeignet wie die ungefütterten Sandalen. Berg- oder Wanderschuhe, die weichen Mokassins und ähnliches waren gleichermaßen unbekannt, weswegen Kinderfrauen und Mütter immer Hirschtalg und Heftpflaster mitführten.

Fahrräder und sogar Dreiräder gab es bereits; das Kinderdreirad hatte verhältnismäßig große Räder und ein solides Gestell, auf das sich noch ein zweites Kind aufstellen konnte; da es für die Stadt und die Gehsteige als zu gefährlich galt, blieb es meist in der Sommerfrische und wurde alljährlich wieder hervorgeholt, entstaubt und eingeölt.

Da es kaum eine österreichische Sommerfrische gibt, in der es nicht hin und wieder ausgiebig regnet, waren die

Kinderglück

Ferienwochen auch die Zeit ausgedehnter Lektüre, und es sind die Dachböden der Sommervillen, auf denen sich bis an die Schwelle unserer Zeit die inzwischen zu gesuchten Konvoluten gewordenen Jahrgänge von den Lieblingszeitschriften des Bürgertums fanden – keineswegs nur die legendäre und zu Unrecht verhöhnte »Gartenlaube«, sondern auch die »Fliegenden Blätter« mit Erstdrucken bekannter süddeutscher Autoren und Kunstbeilagen von *Spitzweg, Schwind, Pocci* und anderen, oder »Vom Fels zum Meer«, eine nach der Devise des hohenzollerschen Hausordens benannte Zeitschrift, die auch in den deutschen Kronländern der Monarchie stark gelesen wurde, vor allem wegen der Vorabdrucke beliebter Autoren wie *Storm, Frenssen, Hackländer* und *Raabe*.

Rückte man auf diese Weise lesend und kartenspielend mit den Erwachsenen zusammen, weil die Sommerwohnungen doch nicht den gewohnten Raum boten wie die Stadtwohnung, so ergaben sich nicht selten unerwartete Gemeinsamkeiten zwischen Vätern und Söhnen; und die Töchter, die sonst das Näschen rümpften, wenn es um Handarbeiten ging, akzeptierten ein Plauderstündchen mit den erwachsenen Damen über dem Stickrahmen.

Da die Väter in der Regel nicht die gesamte Dauer der Sommerferien mit der Familie verbringen konnten, ergab sich an jedem Samstag das glückhafte Ereignis, den Erzeuger und Ernährer im festlich gestimmten Grüppchen (und mit dem Leiterwagen für das Handgepäck) vom Bahnhof in Ischl, Gmunden, Gutenstein, Payerbach oder Gloggnitz abholen zu können, während die Abreise am Montag morgen sich meistens in gedämpfter Stimmung vollzog, als habe man ein schlechtes Gewissen. *Hiltraud Ast* überliefert in ihrem hübschen Buch »Sommerfrische der Kaiserzeit«, daß der letzte Sonntagszug nach Wien dieser Abschiede wegen der Busserlzug genannt wurde.

Erste Liebe

Für den Übergang in die nächste Altersstufe ergaben sich in der Sommerfrische Möglichkeiten, die sich in der Stadt nicht boten. Die wenigen Gasthöfe, in denen man einander immer wieder begegnete, die Sommerfeste, Abendeinladungen, dörflichen Tanzvergnügen oder auch Laienaufführungen von Theaterstücken etwa zu Kaisers Geburtstag brachten die Backfische zwanglos in die Gesellschaft junger Damen und Herren, wenn auch die Mütter noch mit Argusaugen jeden Schritt und erst recht jeden Flirt beobachteten. Die Vierzehn- oder Fünfzehnjährigen unter den Gymnasiasten wurden gnädig in den Jagdgesellschaften zugelassen oder durften beim Königrufen den vierten Mann machen, wobei sie mit Gesprächen, Witzen und Anspielungen konfrontiert wurden, die sie in der Regel noch nicht verstanden. Im Grunde waren das durchwegs Ausnahmezustände, aber eben sie fördern – wie man heute weiß – die kindliche Entwicklung ähnlich den Krankheiten und Krisen, die ein kleiner Erdenbürger durchmachen muß, und eben darum haben sie sich auch dem Gedächtnis besonders eingeprägt. *Hermann Bahr*, bis heute vielgespielter Dramatiker, hat in einem kleinen Kurort die Begegnung mit seiner Lebensaufgabe noch knabenhaft-zornig als viel zu frühen Eindruck erlebt, und auf ganz ähnliche Weise auch die erste Liebe:

»Es war in Kreuzen bei Grein an der Donau, einer Wasserheilanstalt, einem Weltkurort in den Augen der Linzer, denn es hieß, sogar Herrschaften aus Wien hätten schon dieses ›florierende‹ Bad besucht… wo zum Glück eines Tages fahrende Komödianten kamen. Sie spielten im Schloßhof bei hellem Tage Freilichttheater… Mäuschenstill saß da verzaubert der Knabe… und sie waren kaum fort, da lief ich am andern Morgen hin, um das gleiche selber auch einmal zu probieren, trat vor, mächtig agierend und was mir grad einfiel deklamierend… Und eines Tages saß mir an der Table d'Hôte ein neuer Gast gegenüber, eine junge Wienerin mit nußbraunen Locken. Da schlug mir das Herz bis in den Hals herauf, denn so was Wunderschönes hatt' ich nie gesehen! Sie gefiel auch meiner Mutter, sie schloß sich ihr an, und mein Entzücken läßt sich nicht sagen, als bald darauf ein Ausflug mit der Schönen verabredet ward… Lange vor der Stunde war ich ungeduldig schon unten, endlich erschien die Herrliche, doch auch der unerwartete Bub (ein mit Bahr gleichaltriger Sohn des Postmeisters). Als ich zu begreifen begann, daß ich als dummer Bub behandelt war, den man vorausgehen läßt, (da) überwältigten mich Enttäuschung, Zorn und Beschämung so, daß ich mich unter gräßlichem Geheul zu Boden warf, mit Händen und Füßen um mich schlug und in sinnloser Wut den Kopf an die Steine stieß, bis mir die Sinne schwanden… Dies ist mein erster großer Liebesschmerz gewesen.«

Es versteht sich, daß auch die Umkehrung dieses Vorgangs nicht selten war, dann nämlich, wenn kulturbeflissene Bürgerfamilien aus Provinzorten Ferienzeiten nutzten, um den Duft größerer Zentren zu atmen, dort ins Theater zu gehen, der Kleinstadt-Enge zu entrinnen. *Salka Viertel*, damals noch das kleine Fräulein *Steuermann*, langweilte sich unendlich in Franzensbad, genoß aber das viel kleinere und vergleichsweise reizlose Wychilowka, weil starke Kunsteindrücke in Lemberg sie gleichsam aufgeweckt hatten:

»Zu jener Zeit war das Lemberger Theater eines der besten Europas. Als mein Vater einmal geschäftlich in Lemberg zu tun hatte, überraschte er mich mit einer Einladung zu ›Warszawianka‹, einem Einakter des polnischen Dichters Wyspianski… Ich saß in meinem besten Kleid neben meinem Vater, den ich noch nie so freundlich und so glücklich gesehen hatte wie bei dieser Gelegenheit. Er ließ sich sogar auf eine befangene, zögernde Unterhaltung mit mir ein… Das unvergeßliche Erlebnis jenes Nachmittags war der Auftritt von Ludwig Solski, des großen polnischen Schauspielers, der erst… im Alter von hundert Jahren gestorben ist… Er verkörperte die ganze Sinnlosigkeit des Krieges, als er schmutzig, hoffnungslos und niedergeschlagen über die Bühne ging, salutierte, sich abwandte und in die Kulissen taumelte. Es war der Höhepunkt der Vorstellung. Einen Moment saß das Publikum schweigend, wie atemlos, dann begann es wie wahnsinnig zu applaudieren. Mein Vater wischte sich die Augen, während ich in Tränen zerfloß… Ich schrie immerzu Solski!, so sehr war ich außer mir… Trotz meines Verliebtseins verbrachte ich zwei recht glückliche Sommermonate in Wychylowka. Fräulein Marie (die Gouvernante) war auf Urlaub, und wir hatten viele Gäste. Wir badeten im Dnjestr, aßen auf der schattigen Veranda und unternahmen nachmittags lange Spaziergänge durch die reifenden Weizenfelder zum Wald... Ich ritt auch mit den Offizieren unseres Kavallerieregiments aus. Sie zeigten allmählich Interesse für mich...«

Wer auf die Welt dieser Erinnerungsbücher und Briefe zurückblickt, gewinnt den Eindruck, daß sich die Lebensführung zwischen Groß- und Kleinbürgertum nicht so sehr unterschied wie die wirtschaftlichen Verhältnisse, und tatsächlich gab es, wie heute, fast stets eine kostspielige und eine erschwingliche Lösung für das, was der Familie frommte oder was die Kinder erbettelten. Der kleine *Granach* war mit gelegentlichen Süßigkeiten so glücklich zu stimmen wie *Salka Viertel* mit ihrem Reitpferd, und die *Waldingers* sahen in einer Kierlinger Wiese jenes Paradies, das die Kinder reicher Eltern in den großen Badeorten nicht zu entdecken vermochten.

Unterschiede

Aber es gibt Bereiche, in denen sich vor allem zwischen gestern und heute doch sehr erhebliche Unterschiede auftun, etwa bei der kindlichen Garderobe, die bis zur Konfirmation so wenig Umfang hatte, daß sie heute als ärmlich erscheinen würde, da unsere Teenager inzwischen zu einer wirtschaftlich höchst interessanten Verbrauchergruppe geworden sind und heftig umworben werden. Was damals wenig kostete, etwa das Personal, hatte man in einem Überfluß, der uns heute verblüfft, weil man sich heute schon überlegt, Halbtagskräfte anzustellen, und auch die Wohnverhältnisse waren, angesichts niedriger und vor allem nicht steigender Mieten, verglichen mit heute, ausgesprochen großzügig, selbst wenn man nicht gleich an die Ringstraßenpaläste denkt. Auf die Baugründe, die neben dem Erzherzog *Albrecht* auch anderen Herren von Adel oder Krone gehört hatten, waren im ersten Baurausch so viele Ertragsobjekte

Im Volksgarten, um 1900

Franz von Matsch, Therese und Hans Matsch, 1902

gestellt worden, daß der Architekturkritiker *Friedrich Uhl* in der »Presse« schon die Entstehung einer neuen Leopoldstadt am Ring befürchtet hatte, also ein Pendant zu dem vorwiegend von Juden bewohnten zweiten Wiener Gemeindebezirk. Mit wachsender Erholung vom Börsenkrach des Jahres 1873 mäßigte sich jedoch das Spekulationsdenken; aus den Zinskasernen wurden Wohnhäuser mit erträglichen Unterteilungen, und *Emmerich Ranzoni* konnte in seinem Standardwerk »Wiener Bauten« feststellen: »Der Geschmack hat sich sehr gehoben… die Millionäre (die bisher vor allem darauf aus waren, auf ihre Kosten zu kommen) schämen sich heute der von ihnen begangenen Sünden; sie fühlen, daß der (Neu-)Reichtum ebenso verpflichtet wie die (adelige) Geburt.«

Dieser Satz aus dem Jahr 1873 ist nur wirklich zu verstehen, wenn wir uns die tiefe Indignation vergegenwärtigen, die auf das große Unternehmen der Ringstraßenverbauung und der Stadterweiterung folgte, die Erkenntnis, daß der Erwerbsgeist der Gründerzeit die einmalige Chance, die Wohnwelt in Wien und anderen Städten der Monarchie zu erneuern, zunichte zu machen drohte. Die Ansätze zum Umdenken, die *Ranzoni* mehr erhofft als bereits registrieren kann, stellten sich deutlicher erst um die Jahrhundertwende ein, als sich das künstlerische Leben intensivierte, die Reichen es als standesgemäß empfanden, an der stürmischen Neuentwicklung in Kunst, Musik und Literatur teilzunehmen, und eine ahnungsvolle Jugend ihre Eltern darin nicht nur bestärkte, sondern sogar antrieb und auf jeden Fall motivierte.

Seltsamerweise hat das Österreich der Jahrhundertwende als eine Epoche der Décadence in Historie und Kulturhistorie vor allem im deutschen Ausland viel Kritik erfahren. Die Zeit *Makarts* und des Jugendstils war aber, auf die Kinderwelt bezogen, als eine Phase gesteigerter Sensibilität die im ganzen glückhafte, nur sehr spät erfolgende Ablösung des traditionellen Gründerzeit-Denkens, das so manchen Vater mit seinem Sohn entzweite und so manche Tochter in eine Geschäftsehe zwang, aus der sie sich erst befreite, als nach Jahren die Eltern nicht mehr Einfluß nehmen konnten. Was in diesem Wandel erhalten blieb, ist eine erstaunliche wirtschaftliche Leistungsfähigkeit vor allem des Bürgertums, ein unverdrossener Arbeitseifer, eine im ganzen selten durchbrochene Rechtschaffenheit des geschäftlichen Gebarens und des Verhältnisses zum Kunden. Dieser Hintergrund bestand weiter und blieb entscheidend für das Kinder-Eltern-Verhältnis im österreichischen bürgerlichen Familienleben: Unabhängig von allem, was sie in der Schule erlebten, nahmen Söhne und Töchter eine intakte Werteskala ins Leben mit, die auch starken Belastungen wie Krieg und Emigration standhielten.

ADEL UND KAISERHAUS

Carl Goebel, Adelige Jagdgesellschaft vor dem Schloß des Fürsten Schwarzenberg in Böhmen

DER PAPA

Marie von Ebner-Eschenbach

Papa pflegte sich selten und auch dann nur oberflächlich nach dem Fortgang unserer Studien zu erkundigen. Ein kurzes: »Brav sein!« war alles, was er mir sagte, wenn er auf seine Frage »Sind sie fleißig?« die Antwort erhalten hatte: »Fritzi sehr, und Marie wird es auch werden.«

Einmal aber, wie es bei ihm meist geschah, machte etwas, das er oft übersehen und überhört hatte, ganz plötzlich Eindruck auf ihn.

»Werden? Oho, erst werden?« wiederholte er das letzte Wort, das Mama gesprochen hatte, wandte den Kopf und sah mich an.

Es war bei Tische. Obenan saß unsere liebe Mama, unsere Großmutter zu ihrer Rechten, unser Vater zu ihrer Linken. Dann war ein langer Zwischenraum an dem großen, ovalen Tische, und dann kamen wir zwei, meine Schwester und ich.

»Kann sie vielleicht noch nicht lesen? Hat im Frühjahr angefangen, lernt jetzt schon den ganzen Sommer und kann noch nicht lesen?« setzte Papa sein Verhör fort, und ein Strafgericht drohte aus seiner Stimme.

Eine Verhandlung zwischen ihm und Mama folgte. Unsere Großmutter schwieg; sie mischte sich nie in eine Beratung der Eltern, die uns betraf.

Es ist mir später klar geworden, daß Papa die »Methode« des Herrn Verwalters angezweifelt und den Besitz einer besseren – sich selbst zugeschrieben hat. Zu meinen Entsetzen, zur – ich bemerkte es wohl! – stillen Unzufriedenheit Großmamas befahl er mir, morgen früh zu ihm zu kommen. »Allein«, schloß er nachdrücklich.

Wir betraten immer nur in corpore die Zimmer Papas zum Guten-Morgen- und zum Gute-Nacht-Sagen. Damals war nur ein Flügel an das Schloß angebaut; in dem befand sich unsere Wohnung. Die Papas lag am andern Ende der langgestreckten Front. Ihre Zimmer mündeten auf einen geschlossenen Gang, den wir täglich zweimal durchwanderten.

Auf dem Wege zu Papa begleitete uns die Kinderfrau und wartete im Vorzimmer auf unsere Rückkehr.

Wenn wir in der Frühe bei unserem Vater eintraten, saß er an seinem Schreibtisch, mit dem Rücken gegen die Tür, hatte große Wirtschaftsbücher vor sich liegen, rechnete und schrieb. Wir wurden meistens freundlich empfangen, küßten ihm eines nach dem andern die Hand, beantworteten seine Frage: »Seids brav?« immer bejahend und so auch die bald darauf folgende: »Ist die Pepi da? Gut also, also geht.«

Manchmal durfte er in seiner Arbeit nicht unterbrochen werden. Da hieß es: »Seid ruhig, wartet.« Man wartete, rührte sich nicht und hatte Zeit, sich mit schüchterner Neugier im Zimmer umzusehen. Es kam immer größer vor als alle anderen im Hause, und jeder Gegenstand darin hatte etwas Eigentümliches und erregte mein ganz besonderes Interesse.

Und nun galt's, wie Papa gestern befohlen hatte, mich allein in sein imponierendes Bereich zu begeben. Mama begleitete mich bis zur Schwelle des Eingangszimmers, blieb dort stehen, und machte mir, als ich mich nach einigen Schritten umwandte und ihr Lebewohl zuwinkte, ein Zeichen, vorwärts zu gehen und dann anzuklopfen. Ich tat's, und: »Herein!« tönte es mir laut und barsch entgegen.

Ein ermutigender Empfang wurde mir nicht zuteil. Papa reichte mir zwar die Hand zum Kusse, ließ aber vom Moment meines Eintretens an fortwährend seinen Blick forschend und streng auf mir ruhen und fragte endlich:

»Was ist dir denn? Was machst du für ein Gesicht? Mir scheint, du fürchtest dich. Du hast ein schlechtes Gewissen. Wer kein schlechtes Gewissen hat, fürchtet sich nicht.«

Nun war das Unglück fertig.

Nun mußte ich ja überzeugt sein, daß ich ein ganz elendes Gewissen hatte, denn wahrhaftig, ich zitterte vor Angst.

DIE KINDERWELT IM KAISERHAUS UND BEI DEN ADELIGEN

Georg Schreiber

Die Kaiserkinder

In den Märchen sind Prinzen und Prinzessinnen vielen Gefahren ausgesetzt und haben Abenteuer zu bestehen, die Sagen erzählen oft von tragischem Geschick, und auch von den vier Kindern des österreichischen Kaiserpaares *Franz Joseph* und *Elisabeth* war nur zweien ein vorwiegend glückliches Leben beschieden. Als *Sophie*, die älteste Tochter, am 8. Mai 1855 zur Welt kam, stand ihr Vater *Franz Joseph I.* im 25. Lebensjahr, die Mutter *Elisabeth* war kaum siebzehneinhalb Jahre alt. Sie beklagte sich darüber, daß dieses Kind und auch das zweite, *Gisela*, ihr bald nach der Geburt weggenommen wurden. Ihre Schwiegermutter, die Erzherzogin *Sophie*, hielt es für nötig: Wie sollte die junge Frau, die selbst nur mangelhaft erzogen war, Kaiserkinder richtig erziehen können?

Die beiden Mädchen merkten nichts von dem Streit, der um sie entbrannt war, sie hatten ja alle Fürsorge und spürten viel Liebe. *Sophie*, die den Namen der Großmutter trug, hatte schon im Alter von eineinhalb Jahren eine kleine Rolle zu spielen. Sie wurde mitgenommen, als die Eltern im Winter 1856/57 auf vier Monate nach Triest, Venedig und Mailand reisten. Der Anblick der glücklichen Familie sollte Sympathie erwecken, begeisterte aber mehr die österreichischen und ungarischen Soldaten als die national gesinnte Bevölkerung jener Gebiete. Immerhin könnte wahr sein, wie es in Zeitungen zu lesen war, daß die Kleine das Kaiserpaar vor einem Attentat bewahrte. Welcher Italiener hätte das Herz gehabt, eine Bombe zu werfen, wenn dabei auch ein Kind getötet würde?

Da die gefährliche Reise gut vorbeigegangen war, bestand Kaiserin *Elisabeth* darauf, zur harmloseren Fahrt nach Ungarn beide Kinder mitzunehmen, obwohl die kleine *Sophie* zu der Zeit an leichtem Fieber und Durchfall litt. Kaum aber hatte sich *Sophies* Zustand gebessert, erkrankte ihre einjährige Schwester *Gisela* mit ähnlichen Symptomen. Während die jüngere sich bald erholte, begann *Sophie* erneut zu fiebern und schrie die ganze Nacht hindurch. Nach langem bitterem Todeskampf schlief die dreijährige Erzherzogin für immer ein.

Elisabeth machte sich schwere Vorwürfe, gab den Kampf gegen die Schwiegermutter auf, die abgeraten hatte, die Kinder auf die Reise mitzunehmen, und überließ ihr fortan die Erziehung der kleinen *Gisela*. Diese begriff natürlich sehr wenig von dem, was um sie vorging; als sie ein halbes Jahr später einmal im Schreibzimmer ihres Vaters auf dem Fauteuil sitzen durfte, der vorher *Sophie* vorbehalten gewesen war, lachte sie glücklich über den Ehrenplatz.

Am 21. August 1858 bekam *Gisela* ein Brüderchen. Der Vater war so glücklich darüber, daß er den kleinen *Rudolf* sogleich in den Orden der Ritter vom Goldenen Vlies aufnahm und zum Oberstinhaber des Linieninfanterieregiments Nr. 19 machte, das nun den Namen »Kronprinz« erhielt. Es war ein ungarisches Regiment. Im Alter von zwei Jahren sprach *Rudolf* bereits ungarische Kommandoworte, wie sie ihm vorgesagt wurden, und die Abordnung seines Regiments, die ihn in der Hofburg aufsuchen durfte, war entzückt von dem Anblick des Kronprinzen, der in Obersten-Uniform auf einem Holzpferd saß.

Gisela hatte geweint, als ihr Vater 1859 im Krieg war und sie die Mutter voll Sorge, ja verzweifelt sah. Dafür

Kaiserin Elisabeth mit ihren Kindern Rudolf und Gisela, 1858

durfte sie, inzwischen fünf Jahre alt, im Juli des nächsten Jahres *Elisabeth* in deren Heimat begleiten, ins schöne Schloß Possenhofen am Starnberger See in Bayern. Sonst sahen die Kinder ihre Mutter nicht oft, hörten wohl etwas von Madeira und Korfu, aber darunter konnte *Gisela* sich wenig, der kleine *Rudolf* gar nichts vorstellen. Immerhin hatten sie ihre gute Großmutter, eine fürsorgliche Kinderfrau und freundliche Dienerschaft.

Als die Mutter doch wieder einmal wünschte, mit ihren Kindern beisammen zu sein, aber nicht nach Wien kommen wollte, wurden die Kleinen nach Venedig gebracht. Zweimal kam auch der Kaiser dorthin und nahm seinen Sohn mit, wenn er Kasernen inspizierte oder eine Truppenparade abnahm. *Rudolf* freute sich, sein Regiment zu sehen, und bewies den Offizieren, daß er schon ein wenig Ungarisch gelernt hatte.

Tatsächlich war mit dem Unterricht des Kronprinzen sehr früh und intensiv begonnen worden. *Rudolf* wurde außer mit der ungarischen auch mit der tschechischen Sprache vertraut gemacht, lernte schreiben, rechnen und selbstverständlich Religion. Er lernte gern, zeigte sich wißbegierig, aber auch altklug und vorlaut, andererseits empfindsam und weinerlich – er war eben ein überfordertes Kind und nicht von fester Gesundheit. Erholung fand er mit seiner Schwester in der Sommerfrische im kaiserlichen Schloß in Reichenau an der Rax, nicht weit vom Schneeberg und vom Semmering, doch seine Lehrer begleiteten ihn auch dorthin.

Außer der liebevollen Kinderfrau *Leopoldine Nischer* hatten *Gisela* und *Rudolf* noch eine Erzieherin, die nach alter spanischer Tradition als »Aja« bezeichnet wurde, die Freifrau *von Welden*, Witwe eines Feldzeugmeisters, schon gegen fünfzig Jahre alt. Sie war für ihre Aufgabe weder theoretisch noch praktisch vorgebildet, ging aber verständnisvoll auf die kleinen Wünsche und Sorgen ihrer Zöglinge ein. *Rudolf* bewahrte ihr zeitlebens ein dankbares Angedenken, er verlangte ja nach Liebe – und die Mutter war meistens weit weg. Im Alter von sechs Jahren widerfuhr *Rudolf*, was den meisten Kindern adeliger oder bürgerlicher Familien erspart blieb. Er wurde nicht nur von der guten Aja getrennt, sondern auch von der Schwester und der Großmutter: Als Kronprinz sollte er auf seine künftigen Aufgaben vorbereitet werden und eine strenge militärische Erziehung erhalten. Ein erfahrener, gütiger Pädagoge hätte ihm die Umstellung erleichtert. *Rudolf* aber bekam zusammen mit einem Hofstaat einen Obersthofmeister als Erzieher, der keine Ahnung vom Umgang mit Kindern hatte.

Generalmajor *Leopold Graf Gondrecourt* erhielt vom Kaiser den Auftrag, aus dem klugen, aber schwächlichen Kind einen mutigen, tüchtigen Knaben zu machen, wie es sich für einen Kronprinzen gehörte. Also versuchte er, *Rudolf* abzuhärten, indem er ihn bei jedem Wetter im Freien exerzieren ließ und mit kaltem Wasser übergoß. Um ihm durch eine Reihe von kleineren und größeren Schrecknissen die Ängstlichkeit auszutreiben, ließ er ihn einmal im Lainzer Tiergarten stehen und verbarg sich hinter einer Mauer, so daß das Kind glauben mußte, es sei allein im Wald. Als *Gondrecourt* dann doch rief: »Da kommt ein Wildschwein!«, war *Rudolf* verzweifelt vor Furcht. Hatte er sich abends in den Schlaf geweint, weckte ihn sein Erzieher mit Pistolenschüssen. *Gondrecourt* war gewiß kein Sadist, doch fehlte ihm jegliches Verständnis für die Psyche eines Sechsjährigen und dafür, daß ein Kind eben nicht so behandelt werden dürfe, wie es fünfzehnjährigen Kadetten widerfuhr (und auch denen oft unerträglich war).

Zum Glück war dem Generalmajor noch ein zweiter Erzieher beigegeben, der Oberstleutnant (bald Oberst) *Joseph Latour von Thumburg*, ein vernünftiger Mann voll Mitgefühl. Er sah, wie die rauhen Methoden sich negativ auswirkten, wie *Rudolf* unter ihnen litt und aus Furcht oft unaufrichtig war. *Latour* wandte sich an die Kaiserin, diese vertraute ihm und forderte im August 1865 von *Franz Joseph* höchst energisch, daß künftig sie über die Erziehung ihrer Kinder zu bestimmen habe. *Rudolf* empfand dankbar die Wende in seinem Schicksal. Er wurde zunächst vom kaiserlichen Leibarzt untersucht und dann seinem neuen Erzieher *Oberst Latour* anvertraut. Dieser brachte ihm die so lange entbehrte Zuneigung entgegen und gewann auch rasch das Vertrauen des Knaben. Anfälle von plötzlicher Angst quälten *Rudolf* zwar weiterhin, aber nur nachts, tagsüber war er sichtlich erleichtert, wurde munterer und froher. Die Mutter sah er allerdings nicht öfter als bisher, sogar das Weihnachtsfest 1865 mußten er und *Gisela* mit Vater und Großmutter allein feiern. Die Mutter war verreist.

Die militärische Erziehung war gemildert, bestand aber noch fort. *Rudolf* hatte neben seinem Unterricht weniger zu exerzieren als früher, dafür übte er sich regelmäßig im Reiten und Schießen. Als 1866 der Krieg gegen Preußen und Italien losbrach, schrieb *Rudolf* von Ischl aus an den Vater und den Erzherzog *Albrecht*, den Befehlshaber der Südarmee, erkundigte sich, ob sein Regiment schon gekämpft habe, und nahm Anteil am Schicksal der Verwundeten. Er informierte sich gründlich, las alle telegraphischen Lageberichte und erfuhr natürlich auch von der Katastrophe bei Königgrätz.

Als die Preußen gegen Wien vorrückten, wurden die Kroninsignien sowie die wertvollsten Stücke der Schatzkammer und der Hofbibliothek nach Ungarn gebracht, auch die Kaiserin reiste mit den Kindern dorthin, obwohl sie in Ischl sicher genug gewesen wären. Die Kinder nahmen es hin, ohne viel zu fragen, erst später begriff *Rudolf* die Absicht seiner Mutter. *Elisabeth* wollte damit die Ungarn enger an das Herrscherhaus binden.

Ein Jahr später reisten *Gisela* und *Rudolf* neuerlich nach Ungarn, diesmal aus einem erfreulicheren Anlaß: die Krönung stand bevor. Am 1. Juni 1867 um 13.18 Uhr stiegen die Kinder am Pester Bahnhof aus dem Zug, ihr Vater holte sie ab. *Gisela* fand sogleich eine besondere und deshalb willkommene Aufgabe: Von alters her bestand die Regel, die Königin müsse die Krönungsgewänder eigenhändig ausbessern. Das Prunkgewand des heiligen Königs *Stephan* hatte eine Reparatur dringend nötig. Der Revolutionär *Lajos Kossuth* hatte es im Sommer 1849 bei seiner Flucht aus Ofen (Buda) mitgenommen und vergraben lassen; jahrelang lag es im feuchten Boden, bis es wieder aufgefunden wurde. Nun half *Gisela* ihrer Mutter, die Löcher zu stopfen, angeblich sogar die Krönungsstrümpfe.

Die reparierten Kleidungsstücke wurden samt der Krone und den anderen Insignien in eine Truhe gelegt, diese mit Goldstoff überdeckt und in feierlichem Zuge aus dem königlichen Appartement in den Matthiasdom gebracht. Dieses Gepränge beeindruckte *Gisela* und *Rudolf* ungemein. Der Hofball und eine festliche Theateraufführung in Ofen wurden jedoch wegen eines Trauerfalles abgesagt.

Es war eine tragische Angelegenheit: Die junge Erzherzogin *Mathilde*, Tochter von Erzherzog *Albrecht*, hatte sich auf einem Ballfest eine Zigarette angezündet. Auch *Elisabeth* rauchte, doch was die Kaiserin zum Mißfallen der konservativen Herrschaften tat, war einem Mädchen noch lange nicht erlaubt. Als *Mathilde* eine Respektsperson näherkommen sah, versteckte sie die Zigarette hinter ihrem Rücken, und ihr Ballkleid aus leichtem Tüll fing Feuer. Obwohl ein tapferer Lakai sich bemühte, mit bloßen Händen die Flammen zu ersticken, erlitt *Mathilde* schwere Verletzungen. Am 6. Juni 1867 erlöste sie der Tod aus ihren Qualen. Zwei Tage später begannen die Krönungszeremonien schon um sieben Uhr früh mit dem Abmarsch aus der Burg von Ofen, um halb acht Uhr traf der Festzug vor dem Matthiasdom ein. Die Spitze bildeten Husaren, dann kamen die Edelknaben, die Arcièren-Leibgarde, Minister und Reichswürdenträger, Mitglieder des Kaiserhauses und schließlich *Franz Joseph* in ungarischer Generaluniform, alle zu Pferde. *Elisabeth* in weißem Kleid saß in einem vergoldeten, von acht Schimmeln gezogenen Wagen, ihre Obersthofmeisterin in einem sechsspännigen Galawagen. Dahinter fuhr der Hofwagen von *Gisela* und *Rudolf*, der an diesem Tag zum ersten Mal die Ordenskollane des Goldenen Vlieses trug, und nach dem Wagen der Hofdamen bildeten ungarische Garden und Hofgendarmen den Abschluß des Zuges. Die Krönungszeremonie dauerte eine Stunde lang, die Musik von *Franz Liszt* fand allgemeinen Beifall.

Rudolf empfand diesen 8. Juli in Ofen als einen großen Tag in seinem Leben, doch daheim in Wien hörte er dann weniger begeisterte Worte. Seine Großmutter Erzherzogin *Sophie* hatte den Ungarn ihren Aufstand von 1848/49 nicht vergessen. Auch von liberalen Ideen wollte sie nichts hören und war mit dem Studienplan ihres Enkels wenig einverstanden. *Rudolf* genoß Privatunterricht gemäß dem Lehrplan der Volksschulen und dann des Gymnasiums, mußte aber mehr Fremdsprachen erlernen, zu Ungarisch und Tschechisch kam als weitere Sprache der Monarchie die polnische hinzu, ferner standen Französisch und Latein und schließlich sportliche und militärische Übungen auf dem Stundenplan. Oberst *Latour* hatte für den Kronprinzen die besten Lehrer ausgewählt, fast durchwegs Bürgerliche, deren Unterricht auffallend liberal war zu einer Zeit, als das gesamte Schulwesen noch unter der Aufsicht der Kirche stand.

Seit dem achten Lebensjahr erhielt *Rudolf* monatlich 15 Gulden als Taschengeld, bei der damaligen Kaufkraft der österreichischen Währung eine ganz schöne Summe, aber er mußte Buch führen darüber, wie er sie verwendete. Er tat es fast ausschließlich für mildtätige Zwecke, Spenden und Trinkgelder, denn für persönliche Bedürfnisse brauchte er nichts auszugeben und hätte vermutlich auch gar nicht die Gelegenheit gehabt, sich etwa Bonbons zu kaufen. Sein Vater brachte ihm 1867 von einer Reise aus Paris eine kleine Armbrust und ein reich illustriertes Buch über die französische Armee mit, zum Namenstag schenkten ihm seine Lehrer Korallen, Seesterne und ausgestopfte Vögel für seine Naturaliensammlung.

Die oberste Autorität war natürlich sein Vater, der Kaiser. Vor ihm als Richter fürchtete sich *Rudolf*, wenn sein Erzieher pflichtgemäß über Verfehlungen berichtete, z. B. daß der Knabe einmal nicht die Wahrheit gesagt oder sein Abendgebet nur nachlässig gesprochen habe. Der Kaiser brauchte seinen Sohn nicht zu strafen, ein Wort, ein Blick genügte schon. Dagegen freute *Franz Joseph* sich sehr über Erfolge seines Sohnes auf der Jagd. Das weite Gehege des Lainzer Tiergartens und die kaiserlichen Jagdreviere boten reichlich Gelegenheit, zunächst auf Eichhörnchen zu schießen, auf Tauben und Kaninchen, dann auf Elstern und Krähen, in den Auen an der Donau auf Falken, Schnepfen und Kormorane. Noch vor seinem neunten Geburtstag erlegte *Rudolf* seinen ersten Hirsch, dann kamen Füchse und sogar Gemsen an die Reihe. *Rudolf* war aber kein

Kaiser Franz Joseph und Kronprinz Rudolf, um 1865

so guter Schütze, wie der Vater es gewünscht hätte. Das Töten bereitete ihm keine Freude, der Anblick blutenden Wildes erfüllte ihn mit Schauder.

Als Kronprinz hatte *Rudolf* Pflichten der Repräsentation, mußte Waisenhäuser besuchen und in Schulen den Kindern Prüfungsfragen stellen. Er nahm sogar an den Arbeiten beim Abbruch der Löwelbastei teil und führte in seinem Kinderschubkarren Steine weg, doch der Holzschnitt, der die Szene zeigt, deutet versteckt an, daß die Hilfe des jungen Herrn nicht ganz ernst genommen wurde.

Neben all dem blieb dem kaiserlichen Knaben weniger Zeit zum Spielen, als einem Kind aus bürgerlicher Familie vergönnt war, und wenn er es doch einmal durfte, konnte er sich die Spielgefährten nicht aussuchen. Sie wurden ihm so zugeteilt, daß von den zwölf ungefähr gleichaltrigen Knaben aus hohen Adelshäusern keiner besonders bevorzugt erschien; zu diesen zwölf kamen noch vier Erzherzoge. Es heißt, daß *Rudolf* sich allen außer einem überlegen zeigte, was sich aber ganz naturgemäß aus dem Alter der Spielgefährten ergab. *Johann Nepomuk Salvator*, Sohn des letzten Großherzogs der Toskana, war sechs Jahre älter als *Rudolf* und bei Aufgaben der Repräsentation oft an seiner Seite – ihn konnte *Rudolf* nicht so lenken wie den nur zwei Jahre älteren, schüchternen *Friedrich*, Enkel des berühmten Erzherzogs *Karl*, des Siegers von Aspern. Der Vetter *Franz Ferdinand* war fünf, *Otto* sieben Jahre jünger, da konnte *Rudolf* leicht den Anführer spielen. Doch vielleicht waren diese Spiele ihm mehr Pflicht als Vergnügen.

Am 22. April 1868 schenkte die Kaiserin und Königin *Elisabeth* in Ofen noch einem Kind das Leben. Es war der seltene Fall, daß das Mädchen sehr willkommen geheißen wurde. Sonst wünschte man sich in Herrscherhäusern männliche Nachkommenschaft, doch ein Königssohn, der in der alten Königsburg zu Ofen zur Welt gekommen wäre, hätte in Ungarn leicht eine Stimmung heraufbeschworen, die zu politischen Komplikationen geführt hätte. Aber auch als Mädchen änderte das Kind viel im Familienleben des Herrscherhauses. *Elisabeth* überschüttete ihre Jüngste, *Marie Valerie*, mit exaltierter Liebe, nannte sie »die Einzige« und brachte sie von Ungarn aus nicht etwa nach Ischl zu ihrem Gemahl, sondern nahm sie nach Bayern zu ihrer Familie mit. Die beiden anderen Kinder standen im Hintergrund. Als *Gisela* im weißen Kleid zum Altar schritt, um zum ersten Mal die heilige Kommunion zu empfangen, konnten andere Kinder nachher glücklich die Mutter umarmen, *Gisela* nicht.

Sosehr *Franz Joseph* von seinen Pflichten in Anspruch genommen war, fand er doch Zeit für seine Kinder, ging mit ihnen spazieren, nahm *Rudolf* zur Jagd mit, in die Schwimmschule im südlichen Teil des Schönbrunner Schloßparkes und sogar in den Zirkus Renz. Als im Oktober 1870 die beiden Mädchen mit der Mutter nach

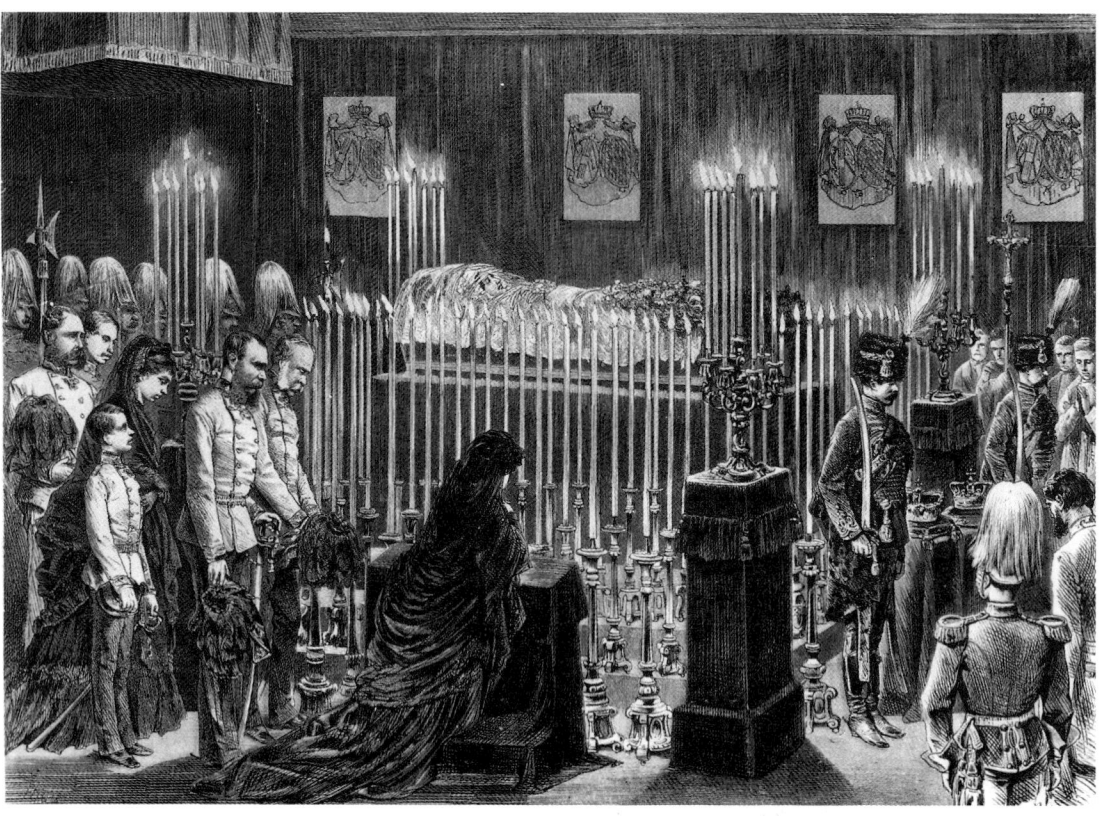

Franz Joseph, Elisabeth und Rudolf u. a. Familienmitglieder vor dem Sarg der Erzherzogin Sophie, 1892

Meran fuhren, um den Winter in mildem Klima zu verbringen, litt *Rudolf* unter der Trennung von Mutter und Geschwistern, spürte aber auch die Einsamkeit des Vaters und fühlte sich stolz als dessen einzige Stütze.

Er selbst aber verlor einen wichtigen Rückhalt: Am 28. Mai 1872 starb Erzherzogin *Sophie*. Der Kaiser trauerte um die Mutter, die konservativen Kreise bei Hofe sahen den Tod der Kaiserin-Mutter als schweren Verlust an, noch schwerer war er für die Enkelkinder *Gisela* und *Rudolf*. *Gisela* war ein bescheidenes Mädchen; ohne aufzubegehren nahm sie hin, was um sie und was mit ihr geschah. Sie war nicht entfernt so schön wie die Mutter, wirkte etwas farblos und hausbacken, sollte aber bald heiraten. Die Mutter fand für sie als Gemahl einen Verwandten, *Prinz Leopold von Bayern*. Die Hochzeit wurde im April 1873 mit allem herkömmlichen Prunk in Wien gefeiert. Beim Abschied am Bahnhof, als *Gisela* nach München abreiste, empfand *Rudolf* es bitter, sich von einem lieben, vertrauten Menschen trennen zu müssen, und weinte.

Die Weltausstellung in Wien 1873 versetzte die ganze Stadt und auch die kaiserliche Familie in Aufregung. *Rudolf* sah es als ehrenvolle Pflicht an, seinen Vater bei der Repräsentation zu unterstützen. Er tat es aus Liebe zu ihm und aus Freude daran, ernste Aufgaben übernehmen zu dürfen, weniger aus Begeisterung für das konservative monarchische Prinzip, denn der Einfluß seiner Lehrer ging in eine ganz andere Richtung. Unter ihnen befanden sich Revolutionäre von 1848, und bei aller notwendigen Vorsicht verleugneten sie doch ihren Standpunkt nicht. Ein ungarischer Benediktinerpater lehrte die ungarische Geschichte selbstverständlich anders, als es Erzherzog *Albrecht* gefallen hätte, und der berühmte Historiker *Anton Gindely* erweckte bei *Rudolf* Sympathie für die seiner Meinung nach unterdrückten slawischen Völker der Donaumonarchie. In ähnlicher Richtung wirkten die Lehrer der tschechischen Sprache und der Lehrer der Geographie, *Dionysius Grün*, auch der Unterricht in den naturwissenschaftlichen Fächern machte den Kronprinzen mit fortschrittlichen Gedanken vertraut. *Rudolf* zeigte Interesse für fast alles, seine Leistungen waren – außer in

Kaiser Franz Joseph mit den Enkelkindern Elisabeth, Franz Salvator und Leopold Salvator, 1894

Mathematik und theoretischer Physik – vorzüglich. Im Alter von vierzehn Jahren verfaßte der Kronprinz seine erste schriftstellerische Arbeit, einen langen Aufsatz als Geschenk an seinen Vater zu dessen 25jährigem Regierungsjubiläum. Der Inhalt des Elaborats richtete sich gegen die Kirche und die Aristokratie. Erzherzog *Albrecht* war damit gar nicht einverstanden, der Kaiser äußerte sich kaum darüber. Falls er den Aufsatz überhaupt gelesen hatte, nahm er ihn nicht ernst.

Generalmajor Graf *Gondrecourt* hatte *Rudolf* im Sinne *Franz Josephs* erziehen wollen, Oberst *Latour* und die meisten anderen Lehrer erzogen ihn nach dem Vorbild Kaiser *Josephs II.* und des Liberalismus, ohne abzuschätzen, welchen verhängnisvollen Gegensatz zwischen Vater und Sohn sie damit für künftige Zeit heraufbeschworen.

Marie Valerie genoß die Liebe ihrer Mutter, mußte aber auch allen Launen der Kaiserin folgen. Im Jahre 1874 erfuhr die kleine Erzherzogin, sie müsse ihrer Gesundheit wegen im Meer baden – doch nicht etwa in Abbazia oder einem anderen leicht erreichbaren Hafenstädtchen der österreichischen Adriaküste, sondern auf der Insel Wight vor der Südküste von England. Dort wollte die Mutter reiten. Im nächsten Sommer folgte *Marie Valerie* ihr in die Normandie, anscheinend sogar recht gerne. Als die Kaiserin einmal äußerte, sie erwäge, nach Amerika zu reisen, war die Tochter sogleich begeistert von dem Plan. Ihr gefielen die weiten Fahrten mit allem Komfort und großem Gefolge von der Obersthofmeisterin bis zu Badefrauen und Stallpersonal, insgesamt an die 60 Personen. Darunter befanden sich auch die Lehrer der Erzherzogin und eine englische Gouvernante.

Da die Kaiserin exotische Tiere liebte, hatte ihre Tochter außer Wolfs- und Windhunden auch Papageien um sich, sogar ein Makako-Äffchen und schließlich einen verkrüppelten kleinen Neger namens *Rustimo*. Dieser begleitete sie auf Spaziergängen, saß im Wagen neben ihr und fletschte die Zähne, wenn Kinder herandrängten, weil Marie Valerie gewohnt war, Süßigkeiten zu verteilen. Die öffentliche Meinung nahm es nicht gut auf, daß die Kaisertochter Umgang mit einem Heiden pflog. *Rustimo* mußte getauft werden, und zwar nicht in einer Kirche, sondern im Salon der Erzherzogin.

Nach einem schweren Reitunfall der Kaiserin mußte *Marie Valerie* ihr versprechen, nie ein Pferd zu besteigen. Sie hätte sich ja gern von einem Pony gemütlich durch die Gegend tragen lassen, aber die gefährlichen Hindernisse, über die die Mutter sprang, sagten ihr nicht zu, also verzichtete sie gänzlich. Überhaupt waren ihr die Launen der Mutter nicht immer verständlich, das nervöse Lachen wirkte auf das Mädchen sogar unheimlich.

Franz Joseph nahm sich der jüngsten Tochter an, sooft es ihm möglich war. Im Fasching 1882 ließ er einen »Adoleszentenball« in der Hofburg veranstalten, bei dem *Marie Valerie* als Gastgeberin agierte. An die 30 junge Leute aus der kaiserlichen Familie und der Hocharistokratie waren geladen, man tanzte und plauderte, soupierte und tanzte weiter. Es war ein vergnüglicher Abend, aber leider eine Ausnahme. Nicht einmal die Familienfeste zu einem Geburtstag oder am Heiligen Abend waren mehr gemütlich, sondern eher eine fast peinliche Verpflichtung. Man hatte einander nichts zu sagen, war deshalb verlegen, vor lauter Fremdheit kam kaum ein Gespräch zustande. Erst als *Marie Valerie* einen entfernten Vetter aus der Toskana-Linie heiraten durfte und Kinder hatte, lernte sie ein richtiges Familienleben kennen.

Marie Valeries Kinder sahen, fröhlich und unbefangen, im Kaiser nicht das strenge Familienoberhaupt, sondern den gemütlichen »Opapa«, der oft das Weihnachtsfest bei ihnen im Schloß Wallsee an der Donau feierte. Im Sommer durften sie ihn in Ischl besuchen und in seinem Schreibzimmer spielen, mit Buntstiften auf gebrauchten Briefumschlägen zeichnen und sogar bei ihm speisen. Morgens besuchte der Kaiser sie im Kinderzimmer, mitunter spielte er mit ihnen im Garten.

Franz Ferdinand und Otto

Als hochgeachteter Herr ohne aufreibende Verpflichtungen lebte im Jahre 1863 in Graz Erzherzog *Karl Ludwig*, ein jüngerer Bruder des Kaisers, mit seiner Gemahlin *Maria Annunziata*, einer Tochter des Königs *Ferdinand II.* von Neapel und Sizilien. Ihres Lungenleidens wegen brauchte sie mildes Klima. Das Ehepaar bewohnte eines der schönen Palais in der Sackstraße unterhalb des Schloßberges, ein mittelalterliches Gebäude, das im Stile des Barock umgebaut worden war. In diesem Palais brachte Erzherzogin *Maria Annunziata* am 18. Dezember 1863 ihren ersten Sohn zur Welt, nur 16 Monate später den zweiten. Die beiden Buben hatten gerade erst einige Eindrücke von ihrer Umgebung gesammelt, da mußten sie nach Wien übersiedeln; ihre Mutter empfand das Leben in Graz als zu eintönig. Ihr neues Heim wurde ein Palais in der Favoritenstraße; der Vater, Erzherzog *Karl Ludwig,* hatte es erworben und wohnlich einrichten lassen. Dort kam 1868 der dritte Sohn, *Ferdinand Karl,* zur Welt.

Die drei Söhne des Erzherzogs wurden von Ammen und Kinderfrauen umsorgt, ihrer Mutter durften sie nicht nahe kommen. Sie erhielten keinen Kuß, spürten keine liebkosende Hand, ja nicht einmal sprechen durften sie mit ihr, denn *Maria Annunziata* litt an Tuberkulose. Die Vorsichtsmaßnahmen sollten gegen Übertragung schützen, die erbliche Belastung konnten sie jedoch nicht beheben. Der Tod der Erzherzogin im Jahre 1871 riß im Leben ihrer Kinder keine sehr große Lücke.

Ein Jahr vorher, am 13. Mai 1870, hatten die drei Buben noch ein Schwesterchen bekommen, nicht im Wiener Palais, sondern im Schloß Artstetten. Das alte Gebäude mit Rundtürmen, die mit Zwiebelhelmen gekrönt sind, steht weithin sichtbar nördlich der Donau im Nibelungengau. Als zweiten Wohnsitz der Familie in schöner Landschaft ließ Erzherzog *Karl Ludwig* im Dorf Reichenau unterhalb der Raxalpe, wo der Bergbach Schwarza aus dem Höllental kommt, ein freundliches Gebäude errichten, das sowohl als Schloß wie auch bescheidener als »Villa Wartholz« bezeichnet wurde.

Sein Sohn *Franz Ferdinand*, der Älteste der vier Geschwister, hätte sowohl in Artstetten wie auch im Wiener Stadtpalais ein zufriedenes Leben führen können, doch der strenge Plan seiner Erziehung ließ ihm nicht viel freie Zeit. Nach der heiligen Messe um sieben Uhr früh begann der Unterricht und dauerte mit einigen Pausen bis acht Uhr abends. Er umfaßt die üblichen Fächer von Religion bis Zeichnen, dazu kam die körperliche Ertüchtigung mit Turnen und Schwimmen, im Laufe der Jahre standen auch Fechten, Schießen, Reiten und Tanzen auf dem Lehrplan sowie die Fremdspra-

Der Thronfolger Franz Ferdinand mit seiner Familie

chen Latein und Französisch, Ungarisch und Tschechisch, eine Einführung in die Militär- und Rechtswissenschaft kam schließlich hinzu. Der Erfolg war recht unterschiedlich. *Franz Ferdinand* wurde zwar ein vortrefflicher Schütze, lernte eifrig Geschichte und Geographie, für die Sprachen zeigte er sich jedoch weder begabt noch interessiert. Da seine Gesundheit nur schwach war, konnten seine Lehrer nicht zu viel von ihm verlangen. Im späteren Leben sollten ihm die mangelhaften Kenntnisse im Ungarischen und Englischen noch unangenehm bewußt werden.

Die Probleme des Einzelunterrichts betrafen seit jeher die Kinder der vornehmen und reichen Familien. Der Lehrer konnte die Aufmerksamkeit ganz in Anspruch nehmen und leicht erkennen, wieweit der Schüler den Lehrstoff erfaßte, dem Schüler aber fehlten Wetteifer und gegenseitige Ergänzung sowie jemand, der über einen kleinen Unfug lachte. Die dauernde Konzentration führte bald zu Ermüdung. Bei *Franz Ferdinand* hing es oft von der Stimmung des Augenblicks und, wie in allen ähnlichen Fällen, von der Person des Lehrers ab, ob er sich bemühte, Lob und Anerkennung zu verdienen. Sein jüngerer Bruder *Otto* war ganz anders veranlagt, nicht launenhaft und jähzornig, dafür recht faul im Lernen, immer zu lustigen Streichen aufgelegt und dabei so munter, geradezu liebenswert, daß niemand ihm ernstlich zürnen konnte. Die Lehrer verziehen ihm jedesmal, und zwar nicht nur, weil ihnen ja nichts anderes übrig blieb, sondern weil sie den lustigen Bengel doch zugänglicher fanden als den mürrischen *Franz Ferdinand*. Auch der Vater bevorzugte den charmanten *Otto* und machte damit *Franz Ferdinand* noch verdrossener, verschlossener und reizbarer. Dazu kam, daß *Otto* gewandter und beweglicher war, den älteren Bruder im Fechten und Reiten übertraf – er wäre wohl auch im Raufen überlegen gewesen, wenn die Erzieher dergleichen nicht verhindert hätten.

Erst im Alter von zehn Jahren fand *Franz Ferdinand* jemanden, der ihn aus seiner Isolation befreite: die neue Gemahlin seines Vaters, *Maria Theresia von Braganza* aus der Königsfamilie von Portugal. Sie war nur acht Jahre älter als ihr Stiefsohn; wie sie daheim die jüngeren Geschwister vernünftig gelenkt hatte, versuchte sie es in Wien, Reichenau und Artstetten mit dem unzugänglichen *Franz Ferdinand*. Erst lehnte er die fremde junge Frau ab, doch mit der Zeit erkannte er, daß sie ihn verstand, ihm Mut einflößen wollte, und war ihr dafür dankbar. Sie erkannte auch die Spannung zwischen dem Knaben und einigen seiner Lehrer, suchte andere, pädagogisch besser geschulte, und hatte damit größtenteils Erfolg. Die neuen Lehrer verstanden es zumeist, den schwierigen Zögling für ihre Fächer zu interessieren und sein Vertrauen zu erringen.

Der Kaiser war geneigt, seinen Neffen nach dem 14. Geburtstag zum Obersten eines Infanterie-Regiments zu machen, das gerade frei geworden war, aber Erzherzog *Karl Ludwig* meinte, der Rang eines Leutnants würde genügen. *Franz Ferdinand* war damit zufrieden, ja er war richtig glücklich und ließ sich sogleich eine Uniform anfertigen, einen Säbel und alle anderen Ausrüstungsstücke beschaffen. Er war noch viel zu jung, um Dienst bei dem Regiment machen zu können, aber er fühlte sich doch schon als junger Mann anerkannt und freute sich darüber, wie es jeder Vierzehnjährige getan hätte. Trotzdem wirkten die Eindrücke der Kindheit in ihm nach, er hegte weiterhin Neid gegen seinen fröhlicheren, beliebteren Bruder *Otto* und blieb seiner Umgebung gegenüber mißtrauisch.

Die liebste Enkelin

Ob gerecht oder nicht, die Geburt eines Mädchens erregt gewöhnlich weniger Freude als die eines Knaben; das galt auch im kaiserlichen Lustschloß Laxenburg am Morgen des 2. September 1883. Der Kindesvater, Kronprinz *Rudolf*, war der einzige Sohn des Kaisers, sein Sohn hätte die Dynastie in gerader Linie fortgesetzt. Aber das Kind, das seine Gemahlin *Stephanie* ihm schenkte, war eine Tochter. Drei Tage darauf taufte sie der Fürsterzbischof von Wien nach herkömmlichem Zeremoniell. Ihre Namen lauteten *Elisabeth* (nach der Kaiserin, der Taufpatin), *Marie Henriette* (nach der Großmutter mütterlicherseits), ferner *Stephanie* und *Gisela*. In der Familie nannte man sie »*Erzsi*«, die ungarische Koseform des Namens Elisabeth. Ihre Mutter war erst 19 Jahre alt, in der Ehe nicht glücklich, bei Hofe fast ohne Freunde. So war ihr das Kind ein rechter Trost. Der Anblick der kleinen Tochter, wenn sie in der Badewanne lag, wenn sie lachte, ja auch wenn sie auf dem Töpfchen saß, entzückte die Mutter. *Stephanie* spielte gern mit ihr und schenkte ihr all die Liebe, die *Rudolf* gering achtete.

Erzsi war fünf Jahre und fünf Monate alt, als sie von der Mutter an die Bahre geführt wurde, auf welcher der Vater lag. Der Verband um seinen Kopf machte ihn schwer erkennbar, sie hatte ihn ohnehin nicht oft gesehen, begriff die Zusammenhänge nicht, sah aber die Mutter heftig weinen, spürte die allgemeine Stimmung und ahnte, daß etwas Grauenhaftes geschehen sei.

Außer der Mutter hatte *Erzsi* eine Erzieherin um sich, eine ausgebildete Lehrerin aus Ofen, nach dem Tode des Vaters bekam sie eine eigene Kammervorsteherin. Gräfin *Elisabeth Coudenhove*, eine fromme, selbstlose Dame von 30 Jahren, gewann bald die Zuneigung des Mädchens und wurde die Vertraute in allen Belangen. *Erzsi* war oft allein, ohne Spielgefährten und auch ohne die Mutter, wenn *Stephanie* abends Theater und Konzerte besuchte oder überhaupt von Wien abwesend war, denn um der Hofgesellschaft zu entfliehen, unternahm die verwitwete Kronprinzessin weite Reisen.

Je lockerer die Bindung an die Mutter wurde, desto mehr neigte *Erzsi* dazu, den verstorbenen Vater zu verehren, obwohl sie wenig Erinnerung an ihn hatte. In mancher Hinsicht wurde sie ihm ähnlich, war eigensinnig und empfand die Regeln des höfischen Lebens als Zwang. Den Kaiser, ihren Großvater und Vormund, verstand sie jedenfalls so zu bezaubern, daß er ihr jede Ungezogenheit verzieh. Doch wenn sie wollte, konnte sie sich tadellos benehmen. In den Erinnerungen von *Franz Josephs* Kammerdiener heißt es, sie »wuchs zu einem verwöhnten, entzückenden Prinzeßchen heran, das Großpapas Liebling wurde«.

Der Kaiser bemühte sich, seiner Enkelin den Vater zu ersetzen, sie wiederum spürte seine Sorge um ihre Gesundheit und nahm auch wahr, wie er ihre Erziehung und den Unterricht überwachte, indem er oft überraschend einen Blick in das Zimmer warf, in dem sie mit einem Lehrer oder der Gouvernante beisammen saß. Sie lernte viel, vor allem natürlich Religion und Fremdsprachen, aber auch alle anderen damals üblichen Fächer, einschließlich Musik und Tanz. Selbstverständlich ritt sie und spielte Tennis. Erzsi erwies sich als sehr begabt, besonders in der Malerei; in Schloß Schönbrunn besaß sie ein eigenes Atelier.

Elisabeth, die Tochter des Kronprinzen Rudolf, als Ischler Bauernmädchen

Schönbrunn war ihr von Kindheit an vertraut, dort fühlte sie sich wohler als in Laxenburg. Schon als kleines Mädchen hatte sie ihre Kaninchen und Hühner gehegt, und da diese am Rande des großen Fasangartens in der Meierei untergebracht waren, rechnete sie auch die Kühe und Kälber der Meierei zu ihren Schützlingen. Ihre Hunde durfte sie wie ihre Großmutter Elisabeth in die Hofburg mitnehmen. An der Hand des Großvaters ging sie gern durch die Schönbrunner Menagerie und fütterte die Tiere, die ihr gefielen, besonders die Bären.

Erzsi, wie Erzherzogin *Elisabeth Marie* genannt wurde, ging im Alter von zwölfeinhalb Jahren mit ihrer Mutter zum ersten Mal zur heiligen Kommunion in der Kammerkapelle der Hofburg. In ihrem langen weißen Kleid sah sie, wie die Kaiserin feststellte, recht hübsch aus. Nach einer Periode des Wachstums und der Hagerkeit begann sie allmählich voller zu werden, gewann weibliche Formen, zeigte einige Züge ihrer schönen Großmutter. Schon begannen Erwägungen, welcher standesgemäße Herr als Gemahl für sie in Frage käme, aber auch da bewies Erzsi ihren eigenen festen Willen, der dem Großvater noch Sorgen bereiten sollte.

Kaiser Karls Jugendjahre

Am Beginn des Nibelungengaues steht auf einem Felsen nördlich oberhalb der Donau das alte Schloß Persenbeug. Seit dem Jahre 1800 ist es habsburgischer Besitz, am 17. August 1887 wurde hier Erzherzog *Karl Franz Joseph* geboren. Sein Vater war der fesche, allzu lebenslustige Erzherzog *Otto*, der jüngere Bruder des Thronfolgers *Franz Ferdinand*, seine Mutter, *Maria Josefa*, kam aus Sachsen. Sie war so fromm, daß ihr Mann sie als »Nonne« verspottete. Von ihr gewann der kleine *Karl* die tiefe, aber tolerante Religiosität, die ihn zeitlebens erfüllte.

In der Kinderstube auf Schloß Persenbeug wurde der kleine Erzherzog von der Mutter und einer treu besorgten Kinderfrau umhegt; später lernte er zunächst das Wiener Palais seines Großvaters Erzherzog *Karl Ludwig* in der Favoritenstraße kennen, dann verschiedene, aber immer noble Wohnungen in den Städten, wo sein Vater als Offizier in Garnison war. In Prag z. B. wohnte die Familie im böhmischen Königsschloß auf dem Hradschin. Aus dieser Zeit ist eine Geschichte überliefert, die vom Verkehr mit den anderen vornehmen Familien erzählt. Zu Ostern 1893 lud die Gräfin *Christine Schönborn* die Erzherzogin *Maria Josefa* in ihr prächtiges Palais auf der Prager Kleinseite ein, damit *Karl* mit ihren Enkeln im Garten Ostereier suchen könne. Karl erschien in einem dunkelblauen Matrosenanzug mit langer Hose und verneigte sich sehr brav vor jeder Dame. Die Damen waren entzückt von dem wohlerzogenen kleinen Erzherzog, den Buben aber, besonders den älteren, imponierte der sechsjährige Musterknabe überhaupt nicht, zwei von ihnen, *Rudi Czernin* und *Johannes Lobkowicz*, erhielten jedoch den Auftrag, ihm beim Eiersuchen zu helfen und den Korb mit der schwarzgelben Masche zu tragen, in den er die gefundenen Eier legte. Zum Lohn wurde nachher eine Jause mit Gugelhupf und Schokolade serviert.

Ab dem Jahr 1897 wohnte *Karl* mit seinen Eltern in Wien im Schloß Augarten, jeden Sommer besuchte er die Großeltern in Reichenau an der Rax, am wohlsten aber fühlte er sich in Schloß Persenbeug mit den weiten Gartenanlagen. Da gab es eine Kindereisenbahn, bei der er nach Belieben den Lokomotivführer oder einen Fahrgast, einen Stationsvorstand oder einen einfachen Bahnwärter spielen konnte. Mitunter kamen Adelige zu Besuch, mit deren Kindern er spielen durfte. Er verkehrte aber auch, freilich unter Aufsicht, mit den einheimischen Buben. Er wußte, daß es arme Leute gebe und es Christenpflicht sei, Almosen zu verteilen, und das wollte er aus eigenen Mitteln tun. Er bat daher den Verwalter um eine Arbeit, über deren Lohn er verfügen könne. Später legte er sich einen eigenen Garten an, verkaufte seine Blumen und sein Gemüse, um mit dem Erlös Arme beteilen zu können, oder er half mit seinen Blumen der Mutter, den Altar der Schloßkapelle zu schmücken. Mit ihr ging er täglich zur heiligen Messe und begleitete sie, wenn sie Kranke besuchte.

Im Frühjahr 1895, noch vor dem Aufenthalt in Persenbeug, mußte *Karl* die Mutter entbehren. Sie fuhr nach Wien zu den Eltern, er blieb in Ödenburg, wo sein Vater in Garnison war, unter der Obhut einer »Miss«, einer irischen Gouvernante. Sie war schon seit einigen Jahren im Hause, von ihr lernte er im täglichen Umgang die englische Sprache und dazu den Stoff der Elementarschule. Ende April durfte er mit ihr nach Wien fahren, um die Mutter zu besuchen. Und jetzt erfuhr er, daß ihm ein großer Wunsch erfüllt worden war. Er hatte endlich einen Bruder bekommen! Als der Kleine in der Taufe den Namen *Maximilian Eugen* erhielt, durfte Karl die Taufkerze halten.

Noch in Ödenburg trat ein »Präfekt« in *Karls* Leben; er

sollte in der Erziehung, die bisher von Frauen geleitet worden war, das männliche Element vertreten. *Dr. Josef Holzlechner* besaß zwar noch keine pädagogische Erfahrung, seine vorzüglichen Kenntnisse in Latein und Griechisch waren vorläufig nicht gefragt, aber *Karl* fand Gefallen an dem jungen Mann, der seinen Tagesablauf vom Morgengebet um sechs Uhr bis zum Schlafengehen teilte, mit ihm turnte, ritt und nach der Zielscheibe schoß, auf Spaziergängen im Anschauungsunterricht Botanik, Zoologie und Mineralogie lehrte, im Winter mit ihm rodelte und die Eislaufbahn besuchte. Die Sommer brachten nun sportliche Aktivitäten und Naturerlebnisse, aber nicht mehr auf Persenbeug beschränkt. Vom unermüdlichen Präfekten begleitet, bestieg *Karl* Tiroler Berge, kletterte an den Klippen der österreichischen Adriaküste und schwamm ins Meer hinaus.

Dr. Holzlechner war für *Karl* ein guter Kamerad, höher im Rang der Erzieher standen jedoch *Georg Graf Wallis*, der schon *Karls* Vater unterrichtet hatte, und als Religionslehrer der Bischof *Waitz*, der spätere Erzbischof von Salzburg. *Karls* Lektüre begann dem Alter entsprechend mit Märchen und ging über Heldensagen und Reisebeschreibungen weiter bis zu den klassischen Dramen; die sah er dann auch auf der Bühne des Hofburgtheaters von den berühmtesten Schauspielern jener Zeit dargestellt.

An Fremdsprachen lernte *Karl* Englisch, Französisch und Ungarisch, außerdem sollte er sich einige Kenntnisse in den anderen Sprachen der Monarchie aneignen. Das alles war im Hausunterricht durchaus möglich, für die naturwissenschaftlichen Fächer aber erschien es sinnvoller, die Sammlungen und Apparate einer modernen Schule zu nutzen. Also besuchte der junge Erzherzog vom zwölften Lebensjahr an als Privatist das hochgeachtete Schottengymnasium in Wien, nahm am Unterricht teil, soweit der für ihn in Frage kam, widmete dem Latein aber weniger Zeit, als seine Klassenkameraden es tun mußten. Eigentlich hätte *Karl* lieber im Gymnasium auch Griechisch gelernt, als sich im Privatunterricht mit der tschechischen Sprache abzumühen. Tschechisch aber war wichtig für einen jungen Erzherzog, der dem Thron nahe stand und jedenfalls eine rasche militärische Karriere in Aussicht hatte. Seiner zukünftigen Laufbahn wegen durfte er die Ferien auch nicht mehr geruhsam in Persenbeug oder Reichenau verbringen, sondern mußte Reisen unternehmen, die seinen Horizont erweitern sollten. Im Jahr 1900 bereiste er Bosnien und die Herzegowina, 1901 lernte der Vierzehnjährige Ungarn und Siebenbürgen kennen, Galizien und die Bukowina.

Im folgenden Jahr besuchte *Karl* bereits einen »Adoleszentenball«. Fürst *Alfred Windisch-Grätz* hatte für den 6. Februar 1902 in sein Palais in der Renngasse die Sprößlinge des Hochadels eingeladen; *Karl* erschien, wie einer der Teilnehmer des Balles schilderte, »noch ganz Kind, ein freundlicher blonder Knabe mit treuherzigen blauen Augen«. Der junge Erzherzog wußte noch nicht, daß das Leben auch hart sein konnte, hatte noch keine ernsten Schwierigkeiten erlebt. Später, als er Kaiser war, warf man ihm vor, er sei zu vertrauensselig und leicht zu beeinflussen, wahre zu wenig Distanz: das ergab sich zum guten Teil aus seiner behüteten, sorglosen Jugendzeit.

Der neue Adel

Wenn junge Adelige heirateten, war die katholische Religion des Ehepartners ziemlich selbstverständlich, nationale Unterschiede spielten keine Rolle, die Eltern achteten nur darauf, daß Sohn oder Tochter nach Möglichkeit im gleichen Stande und unter guten finanziellen Bedingungen heirateten. Der Hochadel begann beim Grafen, doch gegen Ende des 19. Jahrhunderts zählten sich auch die Barone oder Freiherren dazu, um sich von denen abzugrenzen, die unten nachgekommen waren. Der Kaiser verlieh nämlich jedes Jahr an bisher Bürgerliche das Prädikat »Ritter von«, »Edler von« oder einfach »von«. Hohe Offiziere und Beamte hatten sich die Standeserhöhung zumeist redlich verdient und wurden dafür mehr geachtet als Bankiers und Fabrikanten, die in die höhere Schicht aufgestiegen waren, aber dieser Geldadel verfügte über die Mittel, sich als Förderer der Kunst und wohltätiger Einrichtungen sowie durch noble Einladungen in Szene zu setzen. Die Erziehung der Kinder unterschied sich kaum von jener des Großbürgertums zwischen Lemberg, Triest und Temesvár, aber jede Mutter hoffte, daß ihr Sohn mit einem Gleichaltrigen des hohen Adels Freundschaft

Kaiser Franz Joseph im Haus des Industriellen Liebig in Reichenberg, 1906

schließe, ihre Tochter einen aus der beneideten Schichte heirate.

»Papa hat für diese sogenannte zweite Gesellschaft, der wir angehören, einen sehr guten Ausdruck gefunden: der Beruf der zweiten Gesellschaft ist, die erste sein zu wollen. Sie tut nichts als sie kopieren, und das ist fad«, schrieb Frau *Serafine Rainer*, geborene *Scharschmid von Adlertreu*, im Jahre 1893 in ihr Tagebuch, nachdem sie einen aufwendigen, aber wenig unterhaltsamen Ball im Ringstraßenpalais eines Barons von jüngerem Adel miterlebt hatte. Vier Jahre danach vermählte sich ihre jüngere Schwester *Paula* mit *Heinrich Baltazzi*, einem feschen Husarenoffizier aus sehr reicher Familie. Dessen Geschwister konnten aufgrund des väterlichen Vermögens in die besten Kreise einheiraten. Neben drei Grafen war der Ritter, später Baron *Albin Vetsera* ein eher bescheidener Verwandter, doch seine Tochter wurde tragisch berühmt.

Maria Alexandrine Baronesse Vetsera, genannt *Mary*, mag als Beispiel jener »zweiten Gesellschaft« dienen. Während der Vater als Diplomat zumeist im Ausland tätig war, führte die Mutter *Helene*, geborene *Baltazzi*, in Wien ein großes Haus. *Mary* kam in einem soliden Gebäude am Donaukanal zur Welt, doch das war keine

vornehme Gegend, später bewohnte die Familie ein kleines Palais im noblen dritten Gemeindebezirk in der Salesianergasse.
»Salesianerinnen« nannte man die Nonnen des Ordens von der Heimsuchung Mariens, den *Franz von Sales* gestiftet hatte; sie führten ein Pensionat zur Erziehung adeliger Mädchen. Hier wurde *Mary* unterrichtet, hier trug sie das äußerst unelegante Gewand der Zöglinge. Der gesellschaftliche Ehrgeiz der Mutter verstand es jedoch, ihre Töchter in modischer Toilette zu präsentieren. *Hanna*, die Ältere, war ein ruhiges, vernünftiges Mädchen mit guter Begabung für Musik und Malerei, *Mary* war hübscher, viel lebhafter, kokett, zuweilen auch melancholisch. Die Mutter lud zu Diners und Tanzfesten und veranstaltete für *Mary* bald nach deren dreizehntem Geburtstag einen Kinderball – aber *Mary* war kein Kind mehr. Während manches Mädchen gleichen Alters in seiner Gestalt an ein Bügelbrett erinnerte, war *Mary* bereits voll erblüht. Die Gesellschaftsspalten einzelner Zeitungen nahmen von ihr Notiz und erwähnten den pikanten Gegensatz zwischen dem dunklen Haar und den blauen Augen. Der Tratsch vermerkte zwar den mandelförmigen Schnitt der Augen und die gedrungene Gestalt mit kurzen Beinen als Erbe levantinischer Vorfahren, doch insgesamt wirkte *Mary* sehr attraktiv. Als sie mit Mutter und Schwester im Eislaufverein erschien, feierte man das neue Mitglied als schön und begabt. Daß ihre Bildung ziemlich lückenhaft war, störte nur die eifersüchtigen Mütter anderer Mädchen, immerhin hatte *Mary* einen Privatlehrer für Französisch, und sie nahm Unterricht in Klavierspiel und Gesang. Sie las Gedichte und verfaßte auch selbst welche, aber mehr als für Literatur interessierte sie sich für ihre Toiletten und für den Rennsport.
Marys Onkel *Aristides Baltazzi* hatte bereits den Anschluß an die vornehme Gesellschaft gefunden: Am 8. August 1884 heiratete er in der einstigen Prälatenkapelle des Schottenstiftes die Gräfin *Maria Theresia Stockau*. Trauzeuge war Fürst *Rudolf von und zu Liechtenstein*, Oberststallmeister (später Obersthofmeister) des Kaisers. Zu den Mädchen, die der Braut Blumen vor die Füße streuten, gehörten *Hanna* und *Mary Vetsera* in rosaroten Kleidern.
Onkel *Aristides* war ein berühmter Herrenreiter, der in England und Ungarn sogar die Kaiserin begleiten durfte, und Mitglied des exklusiven Jockeyklubs. Mit ihm zeigte sich seine Schwester *Helene* mit ihren Töchtern auf der Tribüne des Rennplatzes in der Freudenau, und da geschah es, daß *Mary* sich in den Kronprinzen verliebte. Der Verlauf der Tragödie ist bekannt.

Der Hochadel

Wie sich der Geldadel über jeden Kontakt mit der echten Aristokratie freute, so empfand der Hochadel es als Ehre, mit dem Kaiserhaus verkehren zu dürfen. Für die Kinder war solch eine Begegnung freilich zumeist eine harte Probe. Im Winter 1866 lud Erzherzogin *Sophie* eine ehemalige Hofdame zu Besuch in die Hofburg ein und forderte sie auf, den Sohn mitzubringen. *Elisabeth Gräfin Festetits de Tolna*, nunmehr verehelichte Reichsgräfin *von Schönfeld*, stellte also ihren kleinen *Heinrich* der Erzherzogin vor, diese hatte ihre Enkel *Gisela* und *Rudolf* bei sich. Die Kinder sollten zusammen spielen, doch *Heinrich* war so befangen, daß er anfangs sich kaum zu rühren wagte. Angesichts der Spielsachen des Kronprinzen taute er endlich auf und stellte sich in ein schwarzgelbes Schildwachhaus, aber als *Rudolf* ihn zum Spaß nicht mehr heraustreten ließ, schrie *Heinrich* jämmerlich.
Wenige Jahre später konnte der junge Graf sich bereits bewähren. Vor dem Gutshaus der Eltern im westlichen Oberungarn (der heutigen Slowakei) hielt ein Wagen der Scheibbser Extrapost, der Postillion in rotem Spenzer mit Dreispitz öffnete den Wagenschlag, zwei Herren stiegen aus und gingen auf das Haus zu. *Heinrich*, zehn Jahre alt, war allein daheim und wußte, daß er die Eltern zu vertreten habe, ging auf die Herren zu, begrüßte sie und sagte, die Eltern seien leider nicht zu Hause. Einige Tage darauf erhielt die Mutter einen Brief: Erzherzog *Karl Ludwig* bedaure sehr, sie nicht angetroffen zu haben, sei aber ganz entzückt von dem Kleinen, der so herzig und wohlerzogen mit ihm gesprochen habe.
Die Komtessen *Marie* und *Elisabeth Wilczek* durften im Jahre 1876 ihren Vater auf eine Reise begleiten. Sie waren dabei vernünftigerweise mehr praktisch als vornehm gekleidet und erschraken sehr, als sie in Konstanz am Bodensee dem Großherzog *Friedrich I.* von Baden

begegneten und dieser sie auf die Insel Mainau einlud. Als sie dort ankamen, saßen die Herrschaften schon bei Tisch; es war ein Galadiner, bei dem auch der deutsche Kaiser anwesend war, die Komtessen sahen aller Augen auf sich gerichtet und empfanden den Gang zu ihrem Platz als einen Spießrutenlauf. Nach dem Diner fuhr die ganze Gesellschaft in einem Dampfschiff hinüber nach Friedrichshafen, um König *Karl I.* von Württemberg einen Besuch abzustatten. Dort zeigten sich die Damen in großer Toilette, die Herren in Paradeuniform, *Marie* und *Elisabeth* mußten ihre Reisekleider als äußerst peinlich empfinden. Königin *Olga* von Württemberg, eine Tochter des Zaren *Nikolaus I.*, plauderte aber äußerst liebenswürdig mit ihnen und sagte: »Ich höre so gern den österreichischen Dialekt, und es tut mir wirklich wohl, ihn hier zu vernehmen.« Die Mädchen freuten sich darüber, Kaiser *Wilhelm I.* aber faßte es als Stichelei auf, womit er wahrscheinlich recht hatte.

Die hohen Ämter bei Hofe waren dem Adel vorbehalten und wurden gut honoriert, aber das Gehalt hätte nicht ausgereicht, den nötigen Aufwand zu bestreiten; die Basis des Lebensstandards bildete der Grundbesitz. Die Familien, die auf ihren Gütern lebten, hatten allerdings das Problem des Unterrichts für ihre Kinder. Meistens verlief der Bildungsweg des jungen Landadeligen so wie der des späteren Ministerpräsidenten *Heinrich Graf Clam-Martinic*. Dieser hatte vom sechsten Lebensjahr an einen Hofmeister, legte mit zehn Jahren in der nächsten böhmischen Volksschule, vermutlich in Ertischowitz, die Prüfungen ab, um ein Gymnasium in Prag besuchen zu können, und maturierte dort 1881.

Noch vor dem Hofmeister spielte das Kindermädchen eine Rolle. Im Schloß des Grafen *Albin Csáky von Körösszeg und Adorjan* in Mindszent an der Theiß waren schon fünf Kinder aufgewachsen, als sich noch zwei einstellten, *Ili* und *Imre* (Emerich). Für diese Nachzügler blieb weder viel Interesse noch Zeit übrig; die Kinder sahen die Eltern gewöhnlich nur zweimal am Tage nach den Hauptmahlzeiten, durften dabei aber nicht sprechen, wenn sie nicht angeredet wurden, und waren froh, sobald sie nach einem Handkuß in ihr Kinderzimmer verschwinden konnten. Umso enger schlossen sie sich an das Kindermädchen *Minka* an und liebten es heiß. Von *Minka*, die aus der deutschen Sprachinsel Zips stammte, lernten sie Deutsch, mit den Eltern und dem Hauspersonal sprachen sie ungarisch. Als das Erziehungsprogramm eine dritte Sprache vorsah und das deutsche Kindermädchen durch eine französische Gouvernante ersetzt wurde, weinte *Imre* heftig und weigerte sich zu essen, bis er eine Tracht Prügel bekam. Nach kurzer Zeit gewann er aber auch die »Mademoiselle« lieb.

Es kam zwar vor, daß ein Vater seinen ungebärdigen Sohn im Zorn mit dem Hosenriemen schlug, aber im allgemeinen war körperliche Züchtigung selten, ein angestellter Erzieher war überhaupt nicht dazu berechtigt. Prinz *Louis Hohenlohe* erzählte aus seiner Kinderzeit eine andere Art der Strafe: Für ein Vergehen wurde er degradiert, die gesamte Dienerschaft durfte ihn nicht mehr mit »Durchlaucht« anreden, sondern nur mit »Herr Graf«. Die nächste Verschärfung der Strafe lautete »Herr Baron«, in schwererem Falle »Herr Ritter«, für sehr arge Vergehen fielen die Titel ganz weg, und er hieß nur mehr »Herr Louis«.

Heutzutage mag solch eine Strafe lächerlich erscheinen – sie entsprach einer Zeit, da man auf Würde großen Wert legte und schon ein Kind es als Schande empfand, wenn diese verletzt oder nur beeinträchtigt wurde. Ein anderes Beispiel dafür, wie empfindlich ein Kind sein konnte, allerdings ohne Zusammenhang mit einer Strafe, berichtet *Graf Alfons Clary-Aldringen*, dessen Vater damals an der k.u.k. Botschaft in Berlin tätig war, in seinen ungemein lesenswerten »Geschichten eines alten Österreichers«:

»Im Winter 1891 gab die verwitwete Kaiserin Friedrich einen Kinderball für ihre Enkel, zu dem auch die Kinder einiger Diplomaten eingeladen wurden. Die Kaiserin war für meine Mutter besonders gnädig und ließ sie während des Balles neben sich sitzen. Meine Schwester war schon unter den Tanzenden, ich war noch viel zu klein, die Kaiserin hatte mich auf ihre Knie genommen, von wo aus ich interessiert zusah, denn die jungen Prinzen trugen schon Uniformen, um welche ich sie sehr beneidete; denn mir hatte man noch ein Röckchen angezogen, wie es damals für kleine Buben Mode war. Mehrmals schon hatte ich mich dagegen gewehrt, denn meine Altersgenossen, Söhne eines russischen Diplomaten, trugen schon richtige Hosen. Plötzlich kam einer der kleinen Prinzen zu seiner Großmutter und küßte meine Hand mit den beschämenden Worten: ›Ach, was für ein nettes kleines Mädchen!‹ Ich brach in Tränen aus, worüber die Kaiserin lachte. Als ich nach Hause kam, riß ich mir das verhaßte Röckchen vom Leibe und erklärte, daß ich nie wieder eines tragen würde. Ich siegte und bekam die ersehnten Hosen!«

Der Hofmeister

Zum täglichen Umgang der Kinder gehörte das Hauspersonal. Während die Stubenmädchen und die Hilfskräfte in Küche und Stall häufig wechselten, wurden Kammerdiener und Kammerjungfern, die schon lange im Hause waren, mit der Zeit zur Familie gerechnet. Respekt genossen auch der Leibjäger, der Kutscher und die Köchin. Eine besondere Stellung nahm die Gouvernante ein, eine »Mademoiselle« oder »Miß«, zuweilen auch zwei zugleich, und natürlich der Hofmeister, der als Akademiker mit der Herrschaft zusammen speiste und bedient wurde.

Da gab es erfolgreiche Lehrer und solche, die der Trägheit oder gar Bosheit ihrer Schüler hilflos gegenüberstanden, biedere und jähzornige. Einer mußte aus dem böhmischen Schloß, wo er einen jungen Grafen unterrichtete, geradewegs nach Prag ins Irrenhaus gebracht werden. Eine interessante, sympathische Persönlichkeit war *Dr. Karl Mandl* (1835–1912). Erst war er Erzieher bei den Grafen *Kinsky* (Linie *von Chimitz und Tettau*) auf Schloß Matzen im Marchfeld, dann kam er zu Graf *Hans Wilczek*, dem berühmten Kunstsammler und Mäzen, nach Schloß Seebarn bei Korneuburg.

Dr. Mandl war Jurist und Historiker, spielte Orgel, Harmonium und Klavier, unterrichtete erst *Hans Raphael*, den Sohn des Grafen, ab 1867 auch die drei Schwestern. *Elisabeth* bewährte sich als Schülerin auf der Orgel und spielte in der Kapelle der Burg Kreuzenstein. In einem großen Zimmer neben der Bibliothek war eine Theaterbühne mit Kulissen errichtet, auf der die Grafenkinder und andere Verwandte als Schauspieler auftraten. Standen nicht genug Darsteller zur Verfügung, wurden auch Angestellte des Gutsbetriebes mit ihren Familien herangezogen. *Dr. Mandl* bearbeitete alte und neuere Komödien für diesen Gebrauch und

Hans Graf Wilcek mit Familie

verfaßte selbst einige Stücke, er war Regisseur und spielte auch mit, die Musiker wurden aus Wien eingeladen.

Private Theateraufführungen waren schon zur Zeit *Maria Theresias* üblich gewesen und blieben weiterhin beliebte Unterhaltung; auf den Schlössern in der Nachbarschaft von Seebarn studierten die Familien der Grafen *Schönborn* und *Colloredo* kleine Komödien ein und luden zur Vorstellung, das ergab gegenseitige Anregung und befruchtende Kritik. In anderen Herrenhäusern, wo die Voraussetzungen für ein ganzes Theaterstück fehlten, vergnügten sich die jungen Leute immerhin damit, als Dienstboten verkleidet Gäste zu empfangen und zu bedienen. Auf Schloß Leesdorf bei Baden servierten Sohn und Tochter des Hauses sogar bei einer Hochzeitstafel in der Rolle von Butler und Kammermädchen, wobei aber zur Sicherheit der richtige Butler hinter einem Paravent saß und die Auftritte soufflierte. Als auf Schloß Seebarn die Kinder keinen Unterricht mehr brauchten, blieb der Hofmeister als Bibliothekar und gebildeter Freund der Familie im Hause und begleitete die Familienmitglieder auf vielen Reisen, besonders auf Kunstfahrten in Österreich, Deutschland und Italien. Graf *Wilczek* war ein großzügiger Förderer der Polarforschung; zum wissenschaftlichen Stab der Expedition des Jahres 1882 unter Fregattenkapitän *Emil von Wohlgemuth*, den der berühmte *Karl Weyprecht* zu seinem Nachfolger bestellt hatte, zählte der ehemalige Hofmeister *Dr. Mandl*.

Schulen und Internate

Ein junger Adeliger, der in einem der deutschen Kronländer der Monarchie aufwuchs, erlernte als erste Fremdsprache gewöhnlich Französisch, in den anderen Kronländern war zunächst die deutsche Sprache wichtig; dafür sorgte, wie schon erwähnt, anfangs das Kindermädchen oder die Gouvernante. In manchen Schlössern aber lebte man sehr polyglott. *Zdenko Radslav Graf Kinsky* erzählt in seinen Erinnerungen »Zu Pferd und zu Fuß«, daß seine erste Sprache die ungarische war, welche die Dienstboten der Mutter gebrauchten. Die Familie sprach untereinander französisch, für die Studien wurde das Deutsche, für den Sport Englisch selbstverständlich, dazu kam noch die böhmische Landessprache.
Ein Hofmeister, der alle Unterrichtsfächer beherrschte, war die Ausnahme, meistens waren mehrere Lehrer nötig. Auf alle Fälle aber waren am Ende jedes Schuljahres Prüfungen an einer öffentlichen Schule abzulegen, denn wer später einmal studieren wollte, brauchte seine staatsgültigen Zeugnisse, und dazu mußte er an einer Schule als Privatist gemeldet sein. In Lemberg kamen dafür drei Gymnasien in Frage, ein deutsches, ein polnisches und ein ruthenisches, in Krakau zwei (eines davon, das St.-Annen-Gymnasium, hatte schon *Jan Sobieski* besucht), in Triest ebenfalls zwei, ein staatliches deutsches und ein städtisches italienisches, in Laibach und Czernowitz je eines – um nur einige Beispiele zu nennen. Realschulen kamen für junge Aristokraten kaum in Betracht.
Von den Wiener Schulen genoß das Schottengymnasium hohes Ansehen. Nach Erzherzog *Karl* wurden sein Bruder *Maximilian* und seine Vettern *Ernst* und *Max von Hohenberg*, die Söhne *Franz Ferdinands*, dort eingeschrieben, im Schuljahr 1911/12 ein Herzog *von Braganza*, ein Prinz *von und zu Liechtenstein*, ein Prinz *von Thurn und Taxis* und eine lange Reihe von Grafen, die meisten als Privatisten, einige aber auch als ordentliche Schüler. Das Schuljahr 1915/16 verzeichnet sogar ein Mädchen, die Komtesse *Ernestine Harrach*.
Bei Adelsfamilien, die sich keinen Hauslehrer leisten konnten oder aus irgendeinem Grunde nicht leisten wollten, kam für den Sohn außer einem Gymnasium auch eine Militär-Unterrealschule in Frage, an die sich die Ausbildung an einer Kadettenschule anschließen sollte. Unter den 17 Instituten dieser Art auf dem Gebiet der Monarchie wurde begreiflicherweise die Kavalleriekadettenschule in Mährisch-Weißkirchen bevorzugt. Die Militär-Unterrealschüler trugen Uniform, mohrengraue Kappe und Waffenrock, dazu Pantalons aus lichtblauem Tuch, aber noch keine Waffe. Ihre Ausbildung war vom fachlichen Standpunkt aus wohl gut, doch ziemlich hart. Mancher Vater aber wünschte für seinen Sohn eben eine strenge Erziehung, und wenn die Familie in einer entlegenen Gegend wohnte, wo kein Schulbesuch möglich war, blieb nur ein Internat, sei es ein militärisches, sei es ein geistliches, als Ausbildungsstätte.
Seit 1856 bestand in Kalksburg ein Jesuitenkolleg. Anfangs hatte dafür eine größere Wohnung genügt, später mußte es immer wieder erweitert werden. Es steht mitten in einem herrlichen Park auf einem Ausläufer der Hügelketten des Wienerwaldes. Etwa ein Viertel der Zöglinge waren Ungarn.
Einer von diesen, *Albert Graf Apponyi*, erzählt in seinem Buch »Erlebnisse und Ergebnisse«, weshalb er in das Internat eintreten mußte. Seine Eltern hatten ihren Kindern die Erinnerung an eine sonnige Kindheit mit ins Leben geben wollen und ihnen viel Schönes geboten: Sommertage in einem niederösterreichischen

Fechtunterricht im Jesuitenkollegium Kalksburg

Schloß, Herbsttage in Gries bei Bozen, wo der kleine *Albert* bei einem Ausflug zum ersten Mal reiten durfte, während die Damen in Sänften getragen wurden. *Albert* hatte einen sehr tüchtigen Hauslehrer, aber der hatte es nicht schwer mit seinem Schüler. Sein Zögling war ungemein wißbegierig und nahm jedes Wort auf, sowohl im Unterricht wie abends, wenn der Vater Besuch hatte. Da saß der Zehnjährige still in einem Winkel und durfte bei den Gesprächen zuhören. Wenn sie deutsch oder ungarisch geführt wurden, verstand er sie, obwohl er natürlich nicht alles begriff; kamen Dinge zur Sprache, die nicht für seine Ohren geeignet waren, unterhielt man sich französisch oder auf Latein, das damals noch jeder gebildete Ungar ganz geläufig beherrschte, Grund genug für Albert, auch diese Sprache zu erlernen.

Sein Leben war schön und sorglos, nur durch einen Kummer getrübt: Sosehr er seine Schwester *Georgine* auch liebte, war er doch sehr eifersüchtig, da sie, die fünf Jahre Ältere, manches tun durfte, was ihm noch versagt war. Sooft er sich zurückgesetzt fühlte, wurde er zornig und heulte. Die Eltern meinten, der Verkehr mit Gleichaltrigen würde ihn vernünftiger machen, und gaben ihn nach Kalksburg zu den Jesuiten.

Die erste Zeit im Internat wurde bitter. Die Schulkameraden ließen sich zwar gern von *Albert* bei den Hausübungen helfen, erkannten aber bald, wie reizbar er war, und wenn er auf kleine Sticheleien mit Ausbrüchen von Jähzorn reagierte, belustigte sie das nur. Es dauerte ein Jahr lang, bis er sich überwinden konnte, keinen Zorn mehr zu zeigen. Als er seinen Quälern kein Schauspiel mehr bot, hörten sie auf, ihn zu necken. Die Lehrer fand *Albert* in verschiedenem Maße sympathisch, aber jeden achtbar als Mensch und Priester. Über Pater *Spinell*, der Latein und Griechisch unterrichtete, ist in den Erinnerungen zu lesen: »Ich habe größere Gelehrte gekannt als ihn, aber keinen Lehrer, der ihm zu vergleichen gewesen wäre.« Der beste Schüler neben *Albert* war *Clemens Graf Deym*, doch der verließ Kalksburg noch vor der Matura: Er trat in ein Priesterseminar ein. Das geschah übrigens öfter; auch Baron *Vilmos Apor de Altorja*, der später als Bischof von Raab berühmt wurde, hatte die Unterstufe des Gymnasiums von Kalksburg besucht.

Ähnlichen Rang wie Kalksburg hatte das Kolleg der Jesuiten »Stella Matutina« in Feldkirch in Vorarlberg, ein für damalige Begriffe sehr modernes Gebäude außerhalb der Altstadt am linken Ufer der Ill. Hier legte Erzherzog *Franz Karl Salvator*, ein Enkel Kaiser *Franz Josephs*, die Matura ab.

Das Theresianum

Das österreichische Gymnasium war aus der städtischen Lateinschule entstanden, also eine bürgerliche Einrichtung oder eine der Kirche; als besondere Bildungsstätte für die adelige Jugend hatte *Maria Theresia* 1746 in der einstigen Sommerresidenz ihres Vaters das Theresianum errichtet.

Im Erdgeschoß befanden sich, bis ins erste Stockwerk reichend, die Hauskirche, ferner die Küche, das Winterbad, die Speisesäle und Kanzleien. In einem Quertrakt des Gebäudes, der in den Garten ragte, lag die Reitschule von 1 000 m² Fläche. Ein großer Saal war für Fecht- und Exerzierübungen bestimmt, im Winter auch für Bewegungsspiele, ein zweiter Saal für Feierlichkeiten, dahinter lagen zwei Turnsäle. Nahe der Reitschule ging man in die Stallungen für 20 Pferde, die das Oberststallmeisteramt zur Verfügung stellte, in die Sattelkammer und die Wagenremise.

Im ersten Stockwerk befanden sich die Bibliothek, der Tanzsaal und die Räumlichkeiten, die der Kronprinz von Spanien, der spätere König *Alfons XII.*, als Zögling von 1872 bis 1874 bewohnte. Der Garten zwischen den Gebäudetrakten steigt dem Gelände entsprechend von Norden nach Süden an; im obersten und größten Teil gab es Alleen und Rasenflächen, Spielplätze und ein gemauertes Bassin, das im Sommer als Schwimmschule, im Winter als Eislaufplatz diente. Auf dem Abhang zum unteren Garten konnten die Zöglinge im Winter rodeln.

Neben dem Unterricht nach dem Lehrplan für Gymnasien lernten die Zöglinge nicht-deutscher Muttersprache noch Grammatik und Literaturgeschichte, ergänzt durch Lektüre und Konversation, in ihren Nationalsprachen. Außerdem war für alle Klassen Französisch obligat, im Obergymnasium standen Englisch oder Italienisch zur Wahl. Die Schüler der Unterstufe hatten Unterricht im Turnen und Schwimmen, dazu militärische Übungen, in der Oberstufe kamen Reiten und Fechten hinzu, 1889 wurde auch Handfertigkeit eingeführt. Selbstverständlich lernten sie tanzen, aber zu ihrem Bedauern gleich den Kadetten nur untereinander, nicht etwa mit Mädchen.

Die Zöglinge waren in zwölf Cameraten zu je etwa 20 Buben unterteilt, jede Camerata hatte ihren Präfekten, der die Aufsicht führte, und drei Diener, die Kleider und Schuhe reinigten, aufräumten, bei Tisch servierten und abwechselnd im Schlafsaal Nachtdienst versahen. An Räumlichkeiten hatte jede Camerata einen Studier- und einen Schlafsaal, eine Präfektenwohnung und ein Dienerzimmer. Der Tagesplan war allerdings weniger bequem: Aufstehen um sechs Uhr, an Sonn- und Feiertagen um halb sieben, Nachtruhe nach dem Abendgebet um neun Uhr, nur in den obersten Jahrgängen später. Körperliche Züchtigung war streng verboten, dafür gab es eine andere wirksame Strafe, den Entzug des Ausganges, der üblicherweise an Sonn- und Feiertagen von 11 bis 19.45 Uhr gewährt wurde.

Außer katholischen wurden evangelische Zöglinge aufgenommen, orthodoxe und islamische, vorwiegend Söhne des alten bosnischen Adels, doch auch drei sehr prominente Ausländer: *Abbas Hilmi*, der spätere Khedive von Ägypten, *Said el Yussuff Mohammed Bey* aus Syrien und *Vlora Mehmed Ekrem Bey* aus Albanien. Der europäische Adel war durch einen Fürsten *Metternich*, einen Prinzen zu *Hohenlohe-Waldenburg*, einen

Tanzstunde im Theresianum

zu *Schaumburg-Lippe* und zwei *Sulkowski* vertreten, dazu kamen aus dem Grafenstand neun *Attems-Heiligenkreuz* (freilich nicht gleichzeitig), sechs *Teleki*, fünf *Wurmbrand-Stuppach*, fünf *Herberstein* und viele andere, übrigens auch ein Graf *Felix Harnoncourt* und ein Ritter *Emanuel von Karajan*.

Im Haus trugen die Zöglinge dunkelblaue Tuchblusen, beim Ausgang, Kirchenbesuch und zu festlichen Anlässen aber zeigte sich jeder in einem dunkelblauen Uniformrock mit doppelreihigen Goldknöpfen und roten Aufschlägen, die am Kragen und an den Ärmeln mit Goldlitzen besetzt waren. Die Weste war in derselben Farbe gearbeitet, die Hose aus grauem, für den Sommer leichteren, für den Winter festeren Stoff. Ebenso war der Paletot in zwei Ausführungen vorhanden, mit Goldknöpfen besetzt; bei besonderen Feierlichkeiten wurde statt der dunkelblauen Uniformkappe ein zweispitziger Hut getragen. Mit Handschuhen und Degen wirkten die Theresianisten sehr vornehm und waren entsprechend stolz darauf.

Seit 1849 wurden auch Zöglinge aus bürgerlichen oder erst kürzlich geadelten Familien aufgenommen, eine Würde aber blieb den Söhnen altadeliger Familien vorbehalten: Edelknabe am Kaiserhof zu werden. Diese

Aussicht sollte die Besten belohnen, die anderen aufmuntern. Der Kurator der Theresianischen Akademie wählte sie aus, wobei außer dem Verhalten im Hause und den Leistungen im Unterricht auch die politische Denkungsart beurteilt wurde, das k.k. Oberstkammeramt prüfte den Stammbaum, über Antrag des Oberststallmeisteramtes wurden die Edelknaben schließlich vom Kaiser ernannt. Ein Hofmeister unterwies sie für ihren Dienst bei den kirchlichen Feiern zu Ostern und zu Fronleichnam, bei Begräbnissen und Seelenämtern, als Begleiter zu Pferd oder zu Fuß, als Fackel- oder Schleppenträger. Je nach dem Anlaß trugen sie dabei die rote Hofgaladienstuniform oder das schwarze Dienstkleid, nach alter Tradition mit Kniehosen und weißen oder schwarzen Strümpfen.

Um 1900 waren 30 Stellen für Edelknaben vorgesehen, aber nicht alle tatsächlich besetzt, so daß bei der Hochzeit von Erzherzogin *Isabella* mit Prinz *Georg* von Bayern in Schönbrunn das Oberststallmeisteramt junge Hocharistokraten auffordern mußte, den Dienst als Edelknaben für kurze Zeit zu leisten. Zum letzten Mal traten die Edelknaben bei der Fronleichnamsprozession 1918 auf; noch am 29. Oktober 1918, als das Reich schon zerfiel, wurde *Maximilian Elias Graf Kielmannsegg* zum Edelknaben ernannt.

Über die Vor- und Nachteile der Erziehung im Internat sind die Meinungen sehr verschieden. Zweifellos war sowohl im Theresianum wie in den Kadettenschulen und geistlichen Kollegien mancher Zögling recht unglücklich, zumindest in den ersten Jahren. Er vermißte die Geborgenheit in der Familie oder auch nur die Möglichkeit, sich von den anderen zurückzuziehen, in der Weite des allgemeinen Schlafsaales wenigstens einen Winkel für sich zu haben. In dieser Beziehung

Zöglinge des Theresianums als Edelknaben

stand es in Kalksburg besser, da war der Schlafsaal durch Holzverschläge so unterteilt, daß jeder Knabe eine Koje für sich hatte. Das war aus Rücksicht auf das Schamgefühl so eingerichtet, gewiß aber empfand es mancher Zögling als Wohltat: die Koje ersetzte ihm ein wenig das eigene Zimmer, das er im Vaterhaus hatte.

Die Spielsachen, die jeder daheim gern gehabt hatte, paßten nicht alle für eine größere Gemeinschaft. Wenn es schon selten gelang, mit einem Kameraden beim Schachbrett zu sitzen, ohne ratgebende Zuschauer um sich zu haben, wie hätte einer seine Zinnsoldaten zur Schlacht aufstellen können – da hätten viele Hände zugegriffen, den Figuren hätte es nicht gut getan! Ähnlich wäre es einem Steinbaukasten ergangen, der wäre bald nicht mehr vollständig gewesen.

Adeliges Landleben

Sooft ein kleiner Individualist nach kurzem Urlaub in die ungeliebte Gemeinschaft zurückkehren mußte, beneidete er die Dorfbuben, mit denen er als Kind früher gespielt hatte, noch mehr die Vettern, die keine Eliteschule besuchen mußten, sondern das Leben auf dem Lande weiter genießen durften, wie es dem jungen Grafen *Géza Zichy* vergönnt war. Während andere Muttersöhnchen in der strengen Zucht des Theresianums oder eines anderen Konviktes gehärtet wurden, ging der zwölfjährige *Géza* auf die Jagd, bewaffnet mit einer alten einläufigen Flinte und einem Fokos, der Stockhacke der ungarischen Hirten. Dabei wurde das früher ängstliche, übernervöse Kind allmählich munterer und tapferer, neben der Musik wurde die Jagd zu seiner großen Leidenschaft.

Die Jagd birgt jedoch Gefahren. Im Alter von 14 Jahren fuhr *Géza* mit seinem kleinen Wagen aus, vor den drei Esel und ein Pony gespannt waren. Im Augenblick, als er abgestiegen war und sein Gewehr vom Wagen heben wollte, zogen die Tiere an, der Hahn der Flinte verfing sich im Sitzleder, spannte sich und schnellte zurück, der Schuß ging los und traf *Gézas* rechten Oberarm. Die Verletzung war so schwer, daß der Arm amputiert werden mußte, doch *Géza* gab nicht auf. Um nicht auf den mürrischen Diener angewiesen zu sein, zog er sich allein an, lernte mit der linken Hand zu schreiben, zu fechten und zu schießen. Jeder kleine Erfolg machte ihm mehr Mut; er ging wieder auf die Jagd, besuchte gegen den Rat der Ärzte das Preßburger Gymnasium und wurde als einarmiger Klavierspieler bekannt.

Weniger dramatisch, aber ebenfalls von der Jagd bestimmt, verlief die Jugendzeit des Grafen *Carl Abensperg-Traun*. In seinem schönen Buch »Mein Jägerleben« berichtete er von allen Stadien. Er begann mit den Erzählungen der Verwandten und des lieben alten Augustin, des Leibjägers seines Vaters, und mit dem ersten Anblick einer Strecke erlegten Wildes. Der nächste Abschnitt bestand darin, daß der kleine *Carl* zur Jagd mitgenommen wurde, vorerst nur als Zuschauer, dabei einen bunten Fasanhahn oder einen Fuchs im Schnee sah, die Wildenten am Donauufer bei Petronell beobachtete und Rehe in einem Gehege kennenlernte.

Die *Abensperg-Traun* sind ein uraltes Adelsgeschlecht, noch aus der Zeit der Babenberger, haben ihre Fähigkeiten als Feldherren und Staatsmänner bewiesen, und auch *Carls* Vater war ein kluger Mann. Er hielt seinen Sohn kurz und erlaubte ihm erst verhältnismäßig spät, selbst auf Wild zu schießen. Jahrelang mußte sich der Bub damit begnügen, im Wald und in den Auen Abwurfstangen von Rehböcken zu suchen, sie zusammenzufügen und damit sein Zimmer zu schmücken. Den ersten Hirsch in freier Wildbahn bekam *Carl* erst 1885 zu Gesicht, und zwar im Revier Bockfließ seines Onkels *Hugo Graf Traun*, der Senior der Familie und k.k. Oberstjägermeister war. Die Hirschjagden im September in diesem Revier waren ihm die schönsten Tage des Jahres, obwohl die Buben meistens erst nach dem Unterricht zum Jagdfrühstück nachkommen durften. Dank seiner Orientierungsgabe, seiner jungen, scharfen Augen und Ohren, die jede Spur, jede Losung, jedes Geräusch vermerkten, bewährte Carl sich als Begleiter, der Waidmannsheil brachte.

Ein ebenso traditionelles Vergnügen wie die Jagd war für die Adeligen das Reiten, als Kind zunächst auf einem Pony. Etwa mit zehn Jahren durften die Knaben in der Partie der Erwachsenen Tennis spielen und normal große Pferde besteigen. Dasselbe galt auch für die Mädchen, sofern sie dazu Neigung zeigten.

Beides, die Freude am Reiten und an der Jagd, vereinte sich im Herbst beim Hubertusritt und anderen Reitjag-

Die Kinder des Erzherzogs Leopold Salvator bei einer Flugvorführung in Aspern bei Wien

den, ob nun in Pardubitz ein Hirsch verfolgt wurde, im Marchfeld ein Fuchs, ob die Meute einer Fährte folgte, die aus Fuchslosung gelegt war, oder ein Reiter die Rolle des Fuchses, andere die der Hunde übernahmen, die Fährte aus Papierstückchen bestand (das war dann die »Schnitzeljagd«) oder man auf Sichtweite ritt. Die Damen und Herren, die noch zu jung waren, um teilnehmen zu dürfen, ließen sich vom Stallmeister oder sonst einer verständnisvollen Seele an eine Stelle führen, wo sie die Reiterschar (»das Feld«) vorbeigaloppieren sahen, ein prachtvoller Anblick, auch wenn der rote Reitrock noch selten war. Dazu kam die freudige Gewißheit, einmal selbst dabei sein zu dürfen.

Die meisten jungen Adeligen genossen das vielgenannte »Glück im Sattel«, und wenn die Ausbildung auch manchmal hart war, ließen der eigene Stolz und die Liebe zu den Pferden sie doch erträglich erscheinen. So ist in den Memoiren des Fürsten *Ernst Rüdiger Starhemberg* zu lesen: »Unser Reitunterricht erfolgte nach den Grundsätzen der Kavallerieausbildung. Oft blutig aufgeritten, mit blau gefrorenen Fingern, Schmerz und Wut unterdrückend, lebten wir das Leben richtiger Kavallerierekruten. Hunde und Pferde spielten genau so wie im Leben meines Vaters auch für uns eine große Rolle. Oft schlichen mein Bruder und ich nach dem offiziellen Schlafengehen aus unserem Zimmer, um heimlich bei unseren geliebten Pferden in der Box im Stroh zu schlafen, was offiziell verboten war, aber stillschweigend geduldet wurde. Zwei bis drei Hunde schliefen immer bei uns im Bett.«

Eng verbunden mit dem Reiten und Jagen war das Naturerlebnis, und zwar zu jeder Jahreszeit und in jedem Gelände, auf Tiroler Bergpfaden und in den böhmischen Wäldern, in den Auen an der Drau und der Donau, schließlich »Auf der Wiese hinter Steinamanger, wo die große Puszta fanget an«, wie es in einem wehmütigen Lied heißt. Wenn ein Knabe seine Nachtruhe opferte, tat er es zwar nicht, um mit einem älteren Bruder oder Vetter einen Morgen im Freien zu genießen, sondern der Jagd wegen, aber er nahm wahr, wie am Ufer eines Sees noch in völliger Dunkelheit das Wassergeflügel wach wurde, und hörte die verschiedenen Laute der Enten, Reiher und Haubentaucher. Allmählich unterschieden die Augen Graues und Schwarzes, einen Baumstumpf etwa. Wo die Augen nicht halfen, wurde das Gehör wichtig, wenn Zweige knackten oder das Wasser zwischen den Schilfhalmen leise rauschte, weil eine Wildente vorbeischwamm. So wartete man stundenlang, während fahles Morgenlicht das Dunkel verdrängte, bis endlich die Sonne aufging und dem Bild neue Farben verlieh. Damals, in jungen Jahren, waren diese Naturerlebnisse nur Begleiterscheinungen der Jagd, später wurden es kostbare Erinnerungen, die man weitergab wie so manche andere.

Zdenko Radislav Graf Kinsky, erzählt aus seinem zehnten Lebensjahr (1907) von einem Ausflug aus der Sommerfrische Abbazia nach Triest. Dazu hatte der Vater einen Wagen gemietet, aber bald außerhalb des Kurortes stieg er mit den Töchtern *Hanna* und *Nora*, den Söhnen *Norbert* und *Zdenko* aus und suchte sich den Weg querfeldein in der Luftlinie, 50 km weit über Hänge, Gräben und Steinmauern, während die Pferde den Wagen gemächlich über die langen Serpentinen der Landstraße zogen.

Nora Kinsky, die die Gewalttour mitmachte, hatte schon als Mädchen durch große Energie bewiesen, daß ein sorgloses Landleben kein untätiges sein mußte: Sie kümmerte sich um die drei jüngeren Geschwister, lernte viele Sprachen, übernahm als Zehnjährige die Leitung des Stalles, mit 14 Jahren diente sie ihrem Vater als Sekretärin in dessen Schloß oberhalb der Stadt Chlumec, einem prachtvollen Barockbau namens »Karlskrone«. Außerdem übersetzte sie französische Literatur in die tschechische Sprache, musizierte und war durchaus keine Stubenhockerin; wenn sie auf ihrem falben Hengst Honzo durch die Gegend ritt, folgten ihr überall bewundernde Blicke.

Im Ersten Weltkrieg wurde Gräfin *Nora Kinsky* für ihre tatkräftige Hilfe berühmt. Ab 1916 besuchte sie die Lager der Kriegsgefangenen in Rußland und bemühte sich, ihnen das Schicksal zu erleichtern.

SCHULE UND ERZIEHUNG IM ALTEN ÖSTERREICH

Geistliche Schule zur Zeit Josephs II.

DAS TSCHECHISCHE PENSUM

Fritz Mauthner

Die Tschechen hatten zu meiner Schulzeit schon ein eigenes Gymnasium auf der Altstadt, und auch das angeblich deutsche Piaristengymnasium war völlig in ihren Händen. Aber auch auf wirklich deutschen Gymnasien kam die deutsche Sprache zu kurz, weil ein Schulgesetz es so haben wollte. Ich habe diese Dinge schon flüchtig erwähnt. Nach dem Schulgesetze sollten wir alle uns in beiden Landessprachen mündlich und schriftlich gleich gut ausdrücken können. So stand es auf dem Papier. Hätte die Schule diese Bestimmung erfüllt, so hätte jeder von uns imstande sein müssen, den deutschen Aufsatz – wenn ich so sagen darf – auf deutsch und auf tschechisch abzufassen. Das Ziel wäre nicht unerreichbar gewesen, bei angestrengter Arbeit. Doch Faulheit und andere Neigungen der Lehrer wie der Schüler hatten zur Folge, daß auch diese gesetzliche Bestimmung zum Vorteile des tschechischen Unterrichts ausschlug und zum Nachteil des deutschen. Wir ärgerten uns darüber, daß wir eine so schwierige Sprache erlernen sollten, deren Kenntnis uns nicht wertvoll schien; eine bodenständige tschechische Literatur gab es damals noch nicht. Weder eine poetische noch eine wissenschaftliche Literatur. Hatte doch noch kurz vorher der hervorragendste tschechische Gelehrte Franz Palacky seine ›Geschichte von Böhmen‹ in deutscher Sprache zu schreiben angefangen und sich erst später entschlossen, das Werk in seiner Muttersprache fortzusetzen; genau so wie zu Ende des siebzehnten Jahrhunderts nationalgesinnte deutsche Gelehrte sich entschlossen, die lateinische Kultursprache mit der unfertigen deutschen zu vertauschen, viel langsamer und viel später als die Gelehrten in Italien und in Frankreich.

Wir lernten also das tschechische Pensum nur widerwillig; die Folge war, daß die tschechischen Schüler der Zweisprachigkeit sehr nahe kamen, wir aber nicht. Deutsche Musterschüler brachten es so weit, Tschechisch schreiben zu können, wie sie Latein schrieben, konnten die zweite Landessprache aber nicht sprechen. Die Tschechen dagegen waren in den letzten Gymnasialklassen befähigt worden, einen deutschen Schriftsatz ohne allzu schlimme Fehler auszuarbeiten und sich in deutscher Sprache mündlich ganz geläufig und richtig auszudrücken. Die Härte der Aussprache war unerheblich; unser eigenes Prager Deutsch mochte sich auch nicht erfreulich anhören. Die meisten deutschen Schüler hatten nach acht Jahren nicht gelernt, die sieben Fälle des tschechischen Substantivs und die feinen Umformungen des tschechischen Verbums richtig anzuwenden, hatten es nicht erlernt, die zweite Landessprache orthographisch zu schreiben. In den Stunden, in denen Tschechisch gesprochen werden mußte, halfen wir uns mit ein paar Dutzend Redensarten, die uns aus dem Kuchelböhmisch unserer Jugendzeit geläufig waren und die wir »hochböhmisch« aussprechen gelernt hatten. Niemand von uns erreichte es, einen tschechischen Brief ordentlich schreiben zu können, einige Streber aus gemischten Sprachbezirken ausgenommen, die denn auch nachher in das tschechische Lager übergingen; ich weiß nicht einmal, ob ich sie Renegaten schelten darf. Diese jungen Leute aus gemischten Sprachbezirken waren zumeist Juden; der Vater hatte sie, oft in Rücksicht auf seinen Handel, als Kinder in tschechische Schulen gesteckt, und dort war ihnen eine unklare Schwärmerei für das tschechische Herz angeflogen, das jeder Böhme haben müßte.

Nach dem Schulprogramm hätten also fast alle deutschen Schüler durchfallen müssen; es ging aber damit ähnlich wie mit dem jüdischen Religionsunterricht; die Lehrer freuten sich über jede tschechische Vokabel, die sie einem Deutschen beigebracht hatten, und geizten nicht mit guten Zensuren. Als wir nach Septima oder Oktava (Unter- oder Oberprima) kamen, wurde ein neues Landesgesetz erlassen, wonach nur eine der beiden Landessprachen obligatorisch war. Um den drolligen Kauz, der uns damals in Tschechisch unterrichtete, nicht zu kränken, hielten wir alle in seiner Stunde aus, und er setzte einem jeden geschmeichelt eine »große Eminenz« (»vorzüglich«) ins Zeugnis.

KINDERGARTEN, VOLKSSCHULE, SCHULREFORM UND PÄDAGOGISCHE IDEEN

Winfried Böhm

In den Prager »Gelehrten Nachrichten« konnte man am 17. März 1772 folgendes lesen: »Ueberdieß blüht der pädagogische Reformgeist anitzo in Deutschland aus allen vier Winden; und man kann nicht genug auf seiner Hut sein, wenn man sich Schritt vor Schritt mit paradoxen und ungereimten Sätzen balgen muß, die man bald in Methodenbüchern, bald in Anweisungen, Einrichtungen, unvorgreiflichen Gedanken und Romanen uns zu überfallen ausschickt.«
Was den Schreiber dieser Zeilen offenbar verwirrte und in erhebliche Unruhe versetzte, das beschreibt der wohl bedeutendste österreichische Pädagoge des 19. Jahrhunderts, *Vincenz Eduard Milde*, wenige Jahre später in viel besonneneren und abgeklärten Worten in der Vorrede zu seinem 1811 erschienenen »Lehrbuch der allgemeinen Erziehungskunde«: »In verflossenen Zeiten dachte und redete man weniger von Erziehung, man folgte einigen durch Erfahrung empfohlenen und durch Alter ehrwürdig gewordenen Gewohnheiten oder einem lebhaften, obwohl dunkeln, natürlichen Gefühle. In unsern Tagen dagegen ist die Erziehung ein Hauptgegenstand des Räsonierens und Reformierens sogar unter den niederen Ständen geworden. Durch die große Menge der Schriften über Erziehung wurden viele, vormals unbekannte, richtige Grundsätze, aber auch sehr viele halbwahre oder irrige Vorschriften verbreitet. Was gewöhnlich bei Verbesserungen geschieht, geschah auch hier, und hier um so mehr, da es einen Gegenstand betraf, über den zu denken und zu reden sich fast jeder für berechtigt und zugleich für fähig hielt. Nichts war so gut, daß einige es nicht verbessern wollten, und nichts so schlecht, daß andere es nicht unverbesserlich fanden. Was der eine empfiehlt, verwirft der andere, und die große Menge sich widersprechender Vorschläge machet nicht nur die Wahl, sondern sogar die Kenntnis derselben zu einer schweren Aufgabe.«
Mögen auch um 1770 herum Erziehung und Schule noch keineswegs jenen herausragenden Stellenwert im Leben des Kindes eingenommen haben, der ihnen spätestens gegen Ende der Donaumonarchie zukam, so umfaßt doch der Zeitraum, von dem in diesem Buche gehandelt wird, genau jene rund 150 Jahre lebhaftester pädagogischer Diskussion und bildungspolitischer Erneuerung, in denen sich das staatliche Schulwesen etablierte und verfestigte und die Erziehung der Kinder mehr und mehr zu einer öffentlichen Angelegenheit wurde. Wenn ungefähr am Ende dieser Zeitspanne der in Wien geborene Dichter *Stefan Zweig* in seinem Buch »Die Welt von Gestern« ein düster graues Bild der österreichischen Schule malt, dann läßt sich dieser Text wie der Endpunkt eines großen historischen Entwicklungsbogens betrachten, der mit der maria-theresianischen Schulreform anhebt und sich mit der herben Schulkritik der Reformpädagogen am Ende der Habsburgermonarchie niedersenkt. Das *Zweig*sche Verdikt über die Schule spiegelt dabei zugleich wider, welches Gewicht, bisweilen sogar ein traumatisches, die Schule im Leben der Kinder inzwischen gewonnen hatte. *Zweig* erinnert sich der Schule als eines Jochs, unter das sich die Schüler erbarmungslos beugen mußten: »Schule war für uns Zwang, Öde, Langeweile, eine Stätte, in der man die ›Wissenschaft des nicht Wissenswerten‹ in genau abgeteilten Portionen sich einzuverleiben hatte, scholastische oder scholastisch gemachte Materien, von

Ferdinand Georg Waldmüller, Knabe mit der Fleißmedaille, 1828

denen wir fühlten, daß sie auf das reale und auf unser persönliches Interesse keinerlei Bezug haben konnten. Es war ein stumpfes, ödes Lernen nicht um des Lebens willen, sondern um des Lernens willen, das uns die alte Pädagogik aufzwang. Und der einzige wirklich beschwingte Glücksmoment, den ich der Schule zu danken habe, wurde der Tag, da ich ihre Tür für immer hinter mir zuschlug.«

Die neuen pädagogischen Ideen, die sich im Gefolge von Aufklärung und Philanthropismus über Europa ausbreiteten, wurden gewiß nicht auf dem Boden der habsburgischen Kronländer geboren. Diese Länder haben in jenen Jahrzehnten keine Pädagogen von europäischem Rang hervorgebracht, und jener eine große pädagogische Denker, der internationale Bedeutung verdient hätte, nämlich *Vincenz Eduard Milde*, ist lange Zeit in seiner Bedeutung verkannt worden und taucht auch heute noch allenfalls als Randfigur in der Geschichte der Pädagogik auf. Daß die neue Pädagogik in den Donauländern aber Fuß fassen und sich ausbreiten konnte, das lag nicht allein an den vorherrschenden politischen Interessen und an den wirtschaftlich-gesellschaftlichen Veränderungen (z. B. an der raschen Bevölkerungszunahme nach 1750), sondern dazu trug nicht wenig die Auffassung von Erziehung und Unterricht bei, die sich die führenden Persönlichkeiten der Donaumonarchie zu eigen machten und die ihnen von ihren überwiegend aufklärerisch eingestellten Ratgebern immer wieder nahegebracht wurden.

Maria Theresia dürfte wohl übertrieben haben, wenn sie behauptete, die Erziehung und Unterweisung ihrer Kinder habe den hauptsächlichsten und wichtigsten Gegenstand ihrer Aufmerksamkeit ausgemacht; unbestreitbar ist aber ihr waches Interesse an Erziehungsfragen allgemein und an der Erziehung ihrer eigenen Kinder im besonderen. Dabei erschien ihr vor allem wichtig, daß die Erziehung so früh wie möglich beginnen und die Gesamtpersönlichkeit des Kindes im Auge haben sollte, seine seelisch-geistigen ebenso wie körperlichen Kräfte. Die Erziehung der Kinder *Maria Theresias* erfolgte nach einem genau geplanten und bis in Einzelheiten präzise festgelegten Konzept; die uns durch viele Aufzeichnungen bekannte Erziehung *Josephs II.* und *Leopolds II.* mutet geradezu wie die Durchführung eines auf dem rationalistischen Reiß-

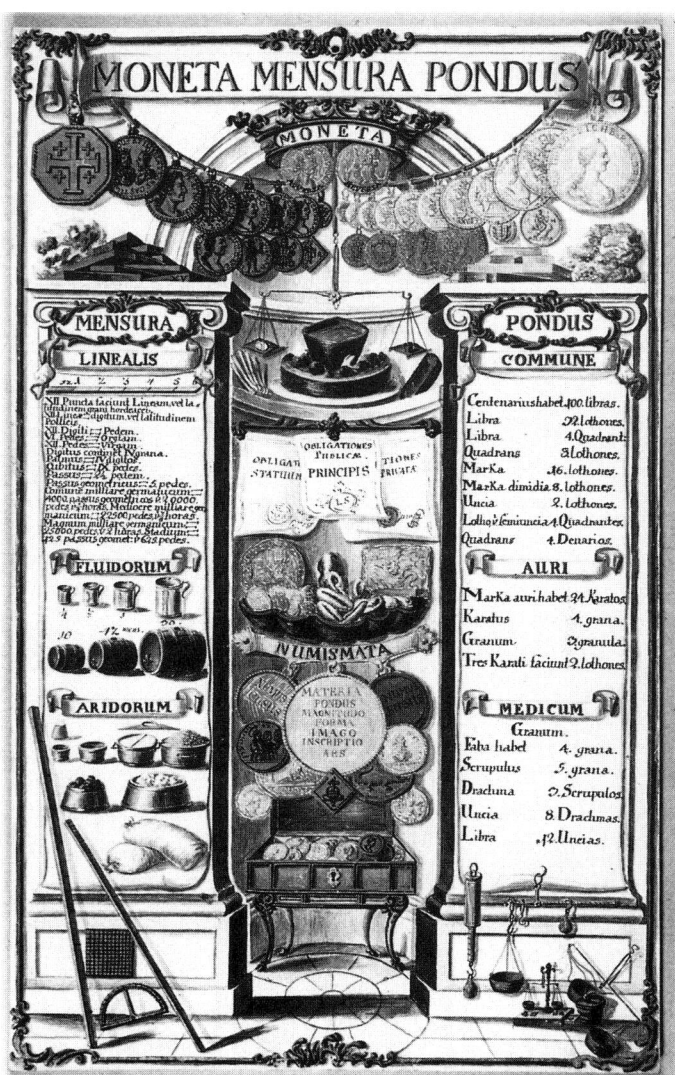

»*Geldwesen, Maße, Gewichte*«, Anschauungsunterricht für Erzherzog Ferdinand, 1769

brett der Aufklärung entworfenen Planes an. *Leopold II.*, der von seinen Geschwistern spöttisch »Doktor« genannt wurde, hatte eine ausgeprägte Neigung zur pedantischen Gelehrsamkeit, und er sehnte sich – wenigstens in seinen jungen Jahren – nach dem Ruhm des Philosophen. *Franz Joseph I.*, dessen Regierungszeit die ganze zweite Hälfte unseres Berichtszeitraumes umgreift, war von seiner hochgebildeten Mutter ebenfalls zielstrebig auf seine künftigen Aufgaben vorbereitet und entsprechend streng diszipliniert worden. Auch wenn er niemals eine emotional vertiefte Beziehung zu Schule, Unterricht und Wissenschaft gefunden hat, so wußte er doch existentiell um ihre Bedeutung für die Heranwachsenden ebenso wie für Staat und Gesellschaft.

Zumindest indirekt haben auch die kirchenpolitischen Maßnahmen *Maria Theresias* und *Josephs II.* dazu beigetragen, daß Schule und Unterricht zunehmend als eine staatliche Aufgabe gesehen und aufgefaßt wurden; die Aufhebung der kirchlichen Steuerfreiheit schränkte die finanziellen Möglichkeiten der Kirche im Bildungswesen erheblich ein. Die Reduzierung der Klöster unter *Joseph II.* führte zwar einerseits zu einer Verarmung der Bildungslandschaft, sie verstärkte andererseits aber den Zugriff des Staates auf das Schulwesen. Die von *Joseph II.* verordnete Verbesserung der Pfarreinteilung, die zur Schaffung von etwa 3 200 neuen Seelsorgestationen auf dem gesamten Gebiete der Monarchie führte, wirkte sich vor allem im Bereich der »deutschen Schulen« aus; die Teilung der großen städtischen Pfarreien und die Einrichtung neuer Pfarren bzw. Lokalkaplaneien vermehrte die Zahl dieser Trivialschulen beträchtlich, denn neben Kirche und Pfarrhaus wurde in fast allen Fällen auch ein neues Schulhaus gebaut. Schließlich ist in diesem Zusammenhang auch auf einen Gedanken zu verweisen, der schon unter *Maria Theresia* aufkam und der dann nach den Niederlagen von 1859 und 1866 maßgeblich die Schulentwicklung und ihre Gesetzgebung mitbestimmte: Die Mißerfolge auf den Schlachtfeldern wurden zu erheblichem Teile der mangelnden Ausbildung der Offiziere und dem niedrigen Bildungsstand der Soldaten angelastet; eine bessere Ausbildung der Offiziere (durch Gründung von Militärakademien und Ingenieurschulen) und eine Anhebung des Bildungsstandes des gemeinen Volkes (durch den Ausbau der »deutschen Schulen«) sollten in Zukunft auch für den Erfolg in Kriegen sorgen. Sowohl die von *Maria Theresia* eingeleitete Schulreform als auch die Schulgesetzgebung nach 1866, vor allem das Reichsvolksschulgesetz von 1869, sind ohne diesen Gedanken nur schwer faßbar.

Will man sich ein Bild von der Erziehung und dem Unterricht der Kinder um 1770 machen, so hat man sich zunächst von beinahe allen Vorstellungen zu befreien, die das Kinderleben heute prägen. Das gilt im Hinblick auf die Familie ebenso wie für die vorschulische Erziehung, und in Hinsicht auf die Schule gilt es sowohl quantitativ wie qualitativ, also in bezug auf die Organisation, auf die Lehrmethoden und auf die Didaktik.

Wenn auch im Laufe des 18. Jahrhunderts allmählich der Zerfall des »großen Hauses«, das praktisch keinen Unterschied zwischen Familienmitgliedern und im Hause wohnenden Mitarbeitern kannte, einsetzte und die Großfamilie ganz langsam zur Kernfamilie zu schmelzen begann, so wurde um diese Zeit doch in der Familie nicht nur weiterhin der sittliche und soziale

A. Greil, *Hoheit wird unterrichtet*, 1900

Häuslicher Unterricht

Charakter des Kindes geformt, sondern den weitaus meisten Kindern wurde auch der grundlegende schulische Unterricht im Hause vermittelt. Für die Adeligen war es geradezu eine Selbstverständlichkeit, daß sie ihre Söhne und Töchter durch private Hauslehrer unterweisen ließen und sie nicht in öffentliche Schulen schickten. Aber auch die gehobene Mittelschicht und selbst vermögende Handwerker stellten für ihre Kinder Hauslehrer ein, die für diese Familien häufig auch die Funktion eines gesellschaftlichen Statussymbols einnahmen. Sogar weniger wohlhabende Bürgerfamilien, die mit dem Niveau der Elementarschule und vor allem ihrer Lehrer unzufrieden waren, hielten es für nötig, sich einen eigenen Hauslehrmeister zu halten, und war es gleich nur ein bescheidener Stundenlehrer. In bürgerlichen Familien wurden das ABC und die Anfänge des Lesens und Schreibens gewöhnlich von Vater und Mutter gelehrt; durch Vorlesen wurden den Kindern nicht nur viele für die Lebensorientierung wichtige Volkserzählungen und religiöse Überzeugungen tradiert, sondern auch Informationen über aktuelle Ereignisse mitgeteilt. *Helmut Engelbrecht*, der bedeutende Historiker des österreichischen Bildungswesens, berichtet, daß in der Stadt Wien, die in der ganzen Monarchie am reichsten mit Schulen ausgestattet war, im Jahre 1770 von 19 314 schulfähigen Kindern nur 4 665 eine öffentliche Schule besuchten, während 6 632 privat unterrichtet wurden.

Die Kleinbürger- und Grundschichtfamilien, besonders aber die Bauernfamilien lebten in steter Sorge um ihren Lebensunterhalt und waren weit davon entfernt, sich einen Hauslehrer leisten zu können. Sie widersetzten sich aber gleichzeitig auch dem Lernen in der Schule, zum einen, weil sie das Schulgeld sparen wollten, zum anderen, weil sie ihre schulfähigen Kinder als Arbeitskräfte benötigten, schließlich wohl auch deshalb, weil ihnen der Wert der Schulbildung noch nicht bewußt geworden war und das niedrige Ansehen der Trivialschullehrer wenig geeignet erschien, ihnen diesen Wert einsichtig vor Augen zu führen. Wenn man am Beginn des 18. Jahrhunderts die Analphabetenquote der Bevölkerung der Donaumonarchie mit 90 Prozent ansetzt, so war auch im frühen 19. Jahrhundert nur ein Alphabetisierungsgrad von etwa 30 Prozent erreicht. Abhilfe konnte, vor allem im Hinblick auf die untere und die Bauernschicht, nur die Einführung der allgemeinen Schulpflicht bringen, obwohl dies einen Eingriff in die soziale Primärgruppe Familie darstellte und die Abtretung der Kindererziehung an fremde Personen auch dazu führen konnte, daß diese gegen die Normen des eigenen Hauses wirkten oder wenigstens auf eine allgemeine Nivellierung hintendierten. Gleichwohl setzte sich unaufhaltsam der aufklärerische Gedanke durch, daß man die Erziehung als Quelle individueller und staatlicher Glückseligkeit nicht länger Privatsache und auch nicht nur eine Familienangelegenheit sein lassen könne.

Die »deutschen Schulen«, wie man die Primarschulen der damaligen Zeit nannte, spannten gegen Ende des 18. Jahrhunderts bereits ein recht dichtes Netz über die Länder. Sie bestanden nicht nur in Städten, sondern in der Regel bei jeder Pfarre, bisweilen sogar bei Filialkirchen, und sie standen unter denselben Leitbegriffen, die schon seit dem 16. Jahrhundert üblich waren: Nutzen, Gottesfurcht, Zucht und gute Tugenden; neu hinzu kam allenfalls der Gedanke der allgemeinen Wohlfahrt. Man darf sich aber diese Schulen keineswegs in Ausmaßen vorstellen, wie sie uns in diesem Jahrhundert gewohnt geworden sind. Oft fand sich gerade ein Dutzend von Schülern zum Unterricht ein, und die durchschnittliche Schulfrequenz lag – auf das ganze Territorium der Monarchie bezogen – zwischen 20 und 30 Knaben; Mädchen besuchten die Schule kaum. Die Verantwortlichkeit für die »deutschen Schulen« und auch die Kontrolle über sie lag praktisch bei der Kirche und ihrer Geistlichkeit. In ländlichen Gebieten war der Schulmeister in aller Regel Angestellter des Pfarrers, für den er auch den Dienst des Mesners und Organisten zu leisten hatte; dafür wurde er häufig »herbergsfrei« im Mesnerhaus untergebracht. Dieser Schulmeister hatte seinem Vorgesetzten allezeit Respekt und Achtung entgegenzubringen, und wenn er sich in Wort oder Tat gegen diesen verfehlte, hatte er nicht nur mit

Schulvisitation in einer Volksschule, 1787

seiner Entlassung, sondern oft auch mit Geld- oder Arreststrafen zu rechnen. Als Schulmeister oblag es ihm, die Kinder zu Gottesfurcht zu erziehen, sie im Katechismus des *Petrus Canisius* zu unterweisen und ihnen die »guten Künste« des Lesens, Schreibens und Rechnens beizubringen. Die Rute blieb weiterhin sein Insignium, wenngleich sich zunehmend eine mildere Behandlung der Kinder ankündigte und es in zeitgenössischen Lehrerermahnungen heißt, daß »Maultaschen, Stöße und Schlagen zum Kopf Narren macht« und deshalb tunlichst zu unterlassen sei. Da der Schulmeister von seinem kärglichen Schulgeld kaum leben konnte, war er dort, wo ihm nicht der Kirchendienst das notwendige Zubrot eintrug, gezwungen, einen Nebenerwerb im Handwerk, als Schreiber, als Pachtwirt oder als Musikant zu suchen.

Unterrichtsstunden im heutigen Sinne gab es damals noch nicht. Die beiden für die Schule des 19. und 20. Jahrhunderts typischen Unterrichtsformen des Frontal- und des Gruppenunterrichts waren völlig unbekannt. Statt dessen herrschte die Einzelunterweisung der Schüler und das individuelle Abhören vor. *Lorenz Kellner* gibt in seinen »Skizzen und Bilder aus der Erziehungsgeschichte« von 1862 ein überaus anschauliches Beispiel. Ein 1859 im 83. Lebensjahre stehender Lehrer erinnert sich seines Erstleseunterrichts: »Auf welche Weise ich die Buchstaben gelernt habe, weiß ich nicht mehr. Das in allen Schulen sie zu lehren übliche Verfahren war folgendes. Der Lehrer saß an seinem Tische, die Kinder traten eins nach dem andern vor ihn und sprachen rasch und monoton und ohne zu wissen, was die Worte für eine Bedeutung hatten: Im Namen des Vaters, des Sohnes und des heil. Geistes, Amen, und sagten ihre Lexe (Lektionen) auf. Der Lehrer faßte den Zeigefinger des Kindes, hielt denselben unter das große A des ABC-Buches und sprach: a. Das Kind wiederholte: a; dann kam gleich das große B an die Reihe und so fort bis x und z. Das wurde täglich und so lange fortgesetzt, bis das Kind endlich alle Buchstaben nach der Reihenfolge des Alphabetes auswendig hersagen konnte.« Diese kurze Beschreibung macht deutlich, daß sich der Lehrer mit jedem einzelnen Knaben beschäftigte und daß daher dem einzelnen Kind umso weniger Zeit gewidmet werden konnte, je stärker die Schule besucht wurde. Von einem gemeinsamen Unterricht und von einem gemeinsamen Lernen konnte also nicht die Rede sein.

Diese individuelle Unterrichtsmethode erschien wenig geeignet für eine differenzierte Schule und noch weniger für eine alle Kinder umfassende Massenschule. Genau in diese Richtung lenkten aber einige kluge und weitsichtige Männer den pädagogischen Blick und das bildungspolitische Planen.

Der aus Oberösterreich stammende Jesuit *Ignaz Parhammer* war als Dreißigjähriger 1745 nach Graz berufen worden, um die Schulmüdigkeit der dortigen Be-

Die Waisenknaben des Ignaz Parhammer

völkerung zu bekämpfen. Durch mitreißende Predigten erreichte er, daß die »deutschen Schulen« von den Eltern angenommen und in kurzer Zeit vermehrt und finanziell abgesichert wurden. 1748 übernahm er die Aufsicht über die Primarschulen Wiens und 1759 die Leitung des Waisenhauses am Rennweg, das bald zu einer Art von pädagogischem Mekka für die ganze Monarchie wurde. 1768 schickte er nämlich den Lehrer bei St. Stephan *Anton Felkel*, zum Teil auf eigene Kosten, nach Sagan in Niederschlesien, um dort die neuen Lehrmethoden des Abtes *Felbinger* zu studieren und sie dann im Wiener Waisenhaus einzuführen. Seine Vorstellung von einer öffentlichen Erziehungsanstalt »zum vortheil des gemeinen wesens« breitete er in mehreren Publikationen aus. Die von ihm entworfene und geplante neue Schule sollte »taugliche Beamte und Lehrmeister, gut gesittete Bürger, emsige Arbeiter, vortreffliche Künstler, taugliche Handwerker, tapfere Soldaten, getreue Dienstboten, gehorsame Untertanen« hervorbringen, und dazu erschien ihm eine straffe Organisation und vor allem eine effektive Lehrmethode notwendig.

1770 legte der in sächsischen und preußischen Landen erfahrene Staatsminister *Johann Anton Graf von Pergen* der Kaiserin einen »Plan über die Verbesserung des Schul- und Erziehungswesens in den kaiserlichen Erblanden« vor, der die begeisterte Zustimmung des Fürsten *Kaunitz* fand. Dieser Plan beschäftigte in den folgenden zwei Jahren die Kaiserin, die Mitregenten, den Staatsrat und die Minister auf das lebhafteste. Dazu bestand in der Tat Anlaß, denn die drei Kardinalpunkte dieses Entwurfs enthielten reichlich bildungspolitischen Sprengstoff. Erstens verlangte der Graf, es solle raschestens »ein möglichst vollkommen ausgearbeiteter Plan über das gesamte Schul- und Erziehungswesen durch landesherrliches Ansehen festgestellt werden, welcher in allen Theilen auf den großen Endzweck gerichtet ist, wahre aber zugleich aufgeklärte und zu den Diensten des Vaterlandes so fähige, als willige Christen zu ziehen«. Zweitens müsse die Aufsicht und Leitung über das Schul- und Erziehungswesen und über alle Teile desselben uneingeschränkt und dauerhaft dem Staate übertragen werden. Und drittens seien Unterricht und Erziehung den Ordensgeistlichen, denen sie bisher in hohem Maße anvertraut waren, zu entziehen und die Schulen mit weltlichen oder weltgeistlich bewährten Lehrern zu besetzen.

Der hohe Stellenwert, den die Erziehung im öffentlichen Bewußtsein einzunehmen begann, spiegelt sich auch in der 1771 in gedruckter Form erschienenen Vorlesung, die der Professor der schönen Wissenschaften und der Moral an der Prager Universität *Karl Heinrich Seibt* »Über die Erziehungskunst« hielt und in der er entschieden die Auffassung vertrat, daß ein Staat, in dem jeder einzelne Bürger »in seinen allgemeinen und in den besonderen Pflichten seines Berufes unterrichtet und dieselben mit Fertigkeit und aus Antrieb zur Tugend auszuüben angewöhnt wird… unfehlbar und unabhängig von allem, was zufällig ist, ein glückseliger Staat wird.«

Auch das hochgestochene Konzept einer Nationalerziehung wurde auf österreichischem Boden bereits 1775 vorgetragen. Sein Verfasser, der Professor für Universal- und Literaturgeschichte an der Wiener Universität *Ignaz Matthias Hess*, forderte, daß für alle Stände tüchtige Mitglieder herangebildet würden, und das könne nur geschehen in einem dreistufig aufgebauten Bildungssystem: Die »deutschen Schulen« seien auf die »Erfordernisse des vaterländischen Nährstandes« auszurichten, da der größte Teil ihrer Absolventen in ein bürgerliches Gewerbe eintrete; die Mittelstufe habe die in der Primarschule erworbenen Kenntnisse zu vertiefen und zu erweitern und durch den Unterricht in Sprachen und Realien auf die Universität vorzubereiten. Die Aufgabe des Universitätsunterrichtes sah *Hess* darin, für den Dienst im Staate auszubilden.

Einen entscheidenden Anstoß für die tatsächlich eingeleiteten Reformen gab der eher barock denn aufklärerisch eingestellte und einer längst zu Ende gehenden Epoche angehörende Bischof von Passau *Leopold Ernst Graf Firmian*, vormals schon Fürstbischof von Seckau und sieben Jahre Verwalter des Bistums Trient. Da er das Übel versteckter Irrlehren bekämpfen und die Gegenreformation endlich zu ihrem krönenden Abschluß führen wollte, wandte er sich im Mai 1769 in einem Promemoria persönlich an die Kaiserin, um sie von der Wichtigkeit einer staatlichen Verbesserung des allgemeinen Schulwesens zu überzeugen. In diesem bischöflichen Schreiben heißt es: »Die Nutzbarkeit guter Schullen für den Staat und die heil. Religion darf

Unterricht an einer weltlichen Knabenvolksschule, um 1750

ich Euer Majestätt selbst eigener allertiefesten Einsicht mit mehrern nicht vorstellen; ich habe erst unlängst durch Vorschreibung eines allgemeinen Cathechismus und nachdrucksamer Verordnungen an meine untergebene Geistlichkeit, das christliche Lehr- und Schullwesen mit allem Fleiß zu besorgen, dasjenige gethan, was ich als Bischof thun können und zu thun mich verbunden erachtet habe. Damit nun meine bischöfl. Vorsorge, welche ich sonderbar in dieser Anliegenheit mittelst göttl. Beystands beständig fortzusetzen entschlossen bin, und die Bemühungen der aufgestellten Seelsorgern mehrere Wirkung bekommen, nehme ich mir die Freiheit, Euer Kays. Königl. Apostol. Majestätt wollen allermildest zu verfügen geruhen, daß die allgemeine Schullen mittelst allerhöchst landesfürstl. Anordnungen in gute Ordnung gesetzt und nachdrucksam befördert werden möchten.« Schon Ende Mai 1769 gab die Kaiserin das Schreiben an den Grafen *Chotek* mit entsprechenden Weisungen weiter, und schon wenige Tage später erging ein Dekret der k.k. böhmisch-österreichischen Hofkanzlei, das eine gründliche Bestandsaufnahme der Schulgebrechen anordnete und Verbesserungsvorschläge einforderte.

Von den nun einsetzenden Aktivitäten kam dreien eine besonders entscheidende Bedeutung zu. Erstens entschloß sich *Maria Theresia* aufgrund eines Votums ihres Staatsrats zur Einrichtung einer eigenen »Commision in Schulsachen«, die freilich nur für Österreich ob und unter der Enns zuständig war. Bald folgte aber die Anweisung an alle Erbländer, sich diesem Beispiel anzuschließen. Zweitens ordnete die Kaiserin die Gründung einer Normalschule in Wien an, die schon am 2. Januar 1771 im Churhaus zu St. Stephan eröffnet wurde, und tat damit einen wichtigen Schritt in Richtung auf eine Verbesserung der Lehrerausbildung. Der erste Leiter dieser Schule, *Joseph Meßmer*, beschrieb ihre Aufgaben treffend so: »Eine Normalschule ist diejenige, in welcher nicht allein die ersten Kenntnisse, die jedem Menschen theils nothwendig theils nützlich sind, als: die Grundsätze der christlichen Religion, das Buchstabiren, Lesen, Schreiben, Rechnen, sondern auch was demselben zu seinem besseren Fortkommen in der

Welt zuträglich sein kann, als: die Religionsgeschichte, die weltliche Geschichte und der damit verknüpften Geographie, wenigstens in Absicht auf unser Vaterland, die deutsche Sprachlehre, die Sittenlehre, welche den Zustand der natürlichen Pflichten enthält, die wir dem Landesfürsten, der Obrigkeit, den Herren, Meistern und Mitbürgern schuldig sind, sodann die Naturlehre und Haushaltungskunst, in ihren gehörigen Klassen nach der besten und leichtesten Lehrart vorgetragen werden. Ihre Hauptabsicht geht dahin, daß sie allen anderen Schulen in und vor der Stadt und auf dem Lande, zum *Muster* diene; daß in allen andern Schulen sowohl die Lehrenden als Lernenden durch sie in Eifer und Ordnung erhalten werden, daß in derselben vorzüglich geistliche und weltliche Schullehrer, die man zum künftigen Unterrichte der Jugend gebrauchen will, in den Schulwissenschaften unterwiesen und gebildet werden, daß diese von da gleichsam wie aus dem Mittelpunkte in alle Schulen des Landes ausgehen und nach der hier erlernten Lehrart, welche der Natur und den menschlichen Seelenkräften gemäß, festgesetzt und in Übung gebracht würde, damit sie der ihnen anvertrauten Jugend einen gleichförmigen Unterricht geben können.«

Bei der Suche nach dieser neuen Lehrart, die einen gleichförmigen Unterricht für alle Kinder gewährleisten könnte, tauchte immer wieder der Name eines Mannes auf, jener des Abtes *Johann Ignaz Felbiger* aus dem Augustiner-Chorherrenstift Sagan in Niederschlesien. Als Sohn eines österreichischen Postmeisters und einer bayerischen Mutter in Schlesien geboren, war *Felbiger* nach Abtretung seiner Heimat an *Friedrich II.* loyaler preußischer Untertan geworden. Als Abt von Sagan war er eher zufällig mit Schulproblemen konfrontiert worden. In diesem konfessionell gemischten Gebiet waren nämlich die (vom Stift unterhaltenen) katholischen Schulen in Konkurrenz zu den erfolgreicher arbeitenden evangelischen Schulen geraten, und darin sah *Felbiger* eine nicht hinzunehmende Bedrohung des katholischen Glaubens. Von diesem Befund beunruhigt, arbeitete sich der Abt eifrig in die pädagogische Literatur seiner Zeit ein, deren Autoren ganz überwiegend Protestanten waren; dabei fesselten ihn ganz besonders der 3. (methodische) Teil des Schulbuchs der Berliner Realschule und das Schulreglement für die (protestantischen) braunschweigischen Lande. *Felbiger* tat darüber hinaus etwas völlig Ungewöhnliches. Er reiste noch während des Siebenjährigen Krieges inkognito nach Berlin, um die im Geiste des protestantischen Pietismus entstandene Realschule von *Johann Julius Hecker* persönlich zu besuchen und die in dieser Schule gebräuchlichen neuen Unterrichtsmethoden durch eigenen Augenschein kennenzulernen.

Anliegen der vielgerühmten Lehrart in *Heckers* Realschule war es, »den Schülern alle Sachen ordentlich und deutlich, gründlich und überzeugend, auf eine ihnen angenehme, vergnügende Weise, mit merklichem Vorteil und Ersparung der Zeit und Mühe zu der so nötigen Vorbereitung teils auf künftige Klassen und Lektionen der Schuljahre, teils auf die ganze Lebenszeit und Lebensart vorzutragen«. So stand es im Berliner Schulbuch, und der Abt war überrascht, diese Lehrart in praxi beobachten zu können. Als *Felbiger* Berlin wieder verließ, war er davon überzeugt, die zukunftweisende Unterrichtsmethode schlechthin entdeckt zu haben, und fortan richtete sich sein ganzes Bemühen darauf, diese Lehrart zunächst nach Schlesien und später in die böhmisch-österreichischen Lande zu verpflanzen. Fünf Merkmale dieser Berliner Methode waren es, die dem Abt vorzüglich geeignet erschienen, die Schulen und den Unterricht den Bedürfnissen der Zeit anzupassen und auf die Höhe der pädagogischen Gegenwartsdiskussion zu heben. Wenn wir uns diese fünf Merkmale kurz vergegenwärtigen, dann geben sie uns – so theoretisch sie zunächst auch anmuten mögen – ein recht plastisches Bild davon, wie das Kinderleben in dieser neuen Schule aussah bzw. aussehen sollte. Die eingreifendste Neuerung war das nahezu völlige Abgehen von der herkömmlichen Einzelunterweisung der Schüler und die strikte Einführung des »Zusammenunterrichts«, wobei die Kinder nach ihren Fähigkeiten bei jedem Lehrgegenstand in sogenannte Klassen eingeteilt wurden. Während sich die Lehrer bisher mit den Kindern nacheinander einzeln beschäftigten und damit für das einzelne Kind umso weniger Zeit aufwenden konnten, je stärker die Schule besucht war, sollten jetzt »alle Kinder zusammen auf einmal und zu gleicher Zeit vorgenommen« werden. Was der Lehrer sagte oder tat, sollte sich nunmehr an alle Kinder zugleich richten. In seinem pädagogischen Hauptwerk »Eigenschaften,

Wissenschaften und Bezeigen rechtschaffener Schulleute« von 1768 hat *Felbiger* die seiner Meinung nach unübersehbaren Vorzüge dieses Zusammenunterrichtens breit ausgeführt. Dort betont der Abt insbesondere, daß der Unterricht, wird er allen Kindern gleichzeitig und gleichförmig erteilt, auf diese Weise ungemein intensiviert werden kann, und im Paragraphen 3 des zweiten Hauptstücks dieses Buches heißt es, den Unterschied zur alten Lehrart optimistisch hervorhebend: »Diese stete und ununterbrochene Aufmerksamkeit hindert sie (die Kinder), Leichtfertigkeiten zu treiben, die in Schulen sonst sehr gewöhnlich sind; der Lehrer ist dabei der Mühe enthoben, seinen Unterricht alle Augenblicke mit Ermahnungen und Drohungen zu unterbrechen; er bedarf also der Dinge nicht, mit denen soviel Zeit in den meisten Schulen vergeudet wird, wodurch er sich in den Verdacht der Tyrannei setzt und die Gemüter der Lernenden von sich abwendig, zugleich aber das Lernen zum Ekel macht.« Das zweite Moment hing damit eng zusammen und betraf das Zusammenlesen. Hatte früher auch das Lesen nur einzeln stattgefunden, praktizierte die neue Lehrart das Lesen derart, daß anfänglich kurze, bei größerer Geübtheit auch längere Sätze von allen Schülern zusammen oder auch bankweise laut vorgelesen wurden. Dazu bedurfte es zum ersten Male gemeinsamer, d. h. für alle Schüler gleicher Lesebücher, so wie das Zusammenunterrichten bald auch nach gleichen Schulbüchern für die anderen Fächer verlangte. Das öftere Wiederholen sollte den Schülern das Gelesene tiefer ins Gedächtnis eingraben. Überhaupt räumte diese neue Unterrichtsweise dem Gedächtnis den beherrschenden Platz ein; *Felbiger* selbst dachte sich das Gedächtnis als einen riesigen Speicher, in dem möglichst viel geistiges Material angehäuft werden sollte, damit der Verstand in dieser Scheune ausreichend Betriebskapital vorfände und einen Schatz von Kenntnissen für das ganze Leben zur Verfügung hätte.

Diese Vorherrschaft des Gedächtnisses kam im dritten und vierten Merkmal der neuen Methode noch stärker zum Tragen. In der Berliner Realschule fand ein Verfahren besondere Aufmerksamkeit, das als Tabelliermethode oder – nach seinem Erfinder, dem Berliner Konsistorialrat *Johann Friedrich Hähn* – auch *Hähnsche* Methode genannt wurde. Dieses bestand darin, daß der im Zusammenunterrichten noch unerfahrene Lehrer den Lehrstoff durchgehend gliederte und den Zusammenhang des einzelnen mit dem ganzen klar kennzeichnete. Diese Gliederung erfolgte ähnlich unserer heutigen Dezimalklassifikation; der in der Unterrichtsstunde dargebotene Stoff wurde unter den einzelnen Gliederungspunkten an der Wandtafel derart dargestellt, daß jeweils nur der Anfangsbuchstabe eines neuen Abschnittes angeschrieben wurde. Durch Einrücken und durch die Ziffern – bzw. ergänzend auch durch die Buchstabenbezeichnung – konnte dabei die sachliche Über- oder Unterordnung sichtbar gemacht werden. Eine Variante dieser Methode nahm auch Klammern zu Hilfe, wobei eine Unterabteilung durch eine senkrechte Klammer zusammengefaßt wurde und das jeweils Übergeordnete vor der Spitze der Klammer stand. Die Tabellen gaben laut *Felbiger* dem Lehrer die Möglichkeit, »das wesentliche aus dem ganzen Umfange einer Wissenschaft in die engen und leicht zu übersehenden Grenzen einer kleinen Tafel einzuschränken«. Sie sollten ihn gleichzeitig der Gefahr entheben, etwas von dem zu vergessen, was er dem Gedächtnis seiner Schüler unbedingt einzuprägen hatte. Es fällt dem kritischen Leser gewiß schon an dieser Stelle schwer, das drohende Abgleiten dieser Lehrart in geisttötenden Schematismus und in übertriebenes Memorieren zu übersehen; andererseits darf man jedoch nicht verkennen, daß überhaupt erst dieser formalisierte Unterricht dem Lehrer gestattete, mit seinem Stoff »zu Ende zu kommen«, und gleichzeitig machte dieses Verfahren den Unterricht so »einförmig« und kontrollierbar, daß ein Lehrer auf dem anderen aufbauen konnte, wie es ein differenziertes Schulsystem unabdingbar erfordert.

Mit der Tabelliermethode ging – nicht minder schematisch und mechanisch – viertens die Buchstabiermethode einher. Dabei schrieb der Lehrer, wenn er einen zu lernenden Text vortrug, jeweils den ersten Buchstaben von jedem Wort an die Tafel und fragte sofort ab, was der Buchstabe bedeutete. Er durfte nicht mehr als fünf oder sieben Worte auf einmal nehmen und mußte diese so oft wiederholen, bis sie sich dem Gedächtnis aller Schüler fest eingeprägt hatten. Schließlich hatten die Schüler anhand der an der Tafel stehenden Buchstaben das ganze Stück aufzusagen, erst zusammen, dann einzeln. Erst wenn das fehlerfrei gelang, konnte zum nächsten Stück vorangeschritten werden. Am Ende löschte der Lehrer die Buchstaben und ließ das Gelernte ohne diese Hilfsmittel aufsagen.

Zu diesen Merkmalen gesellte sich als fünftes das sog. Katechisieren, d. h. das Unterrichten durch Fragen und Antworten. Dabei ging es nicht – wie wir heute erwarten würden – um ein Lehrverfahren, das die Schüler Fragen stellen und den Lehrer antworten ließ. Gemeint war auch nicht die Art des Examinierens, die auf eine im Buch stehende Frage eine auswendig gelernte Antwort erwartet. Es ging *Felbiger*, der offenbar ganz intuitiv die in dieser Lehrart schlummernden Gefahren ahnte, vielmehr darum, daß sich der Lehrer durch Verständigungsfragen davon überzeugt, daß seine Schüler nicht nur bloße Worte, sondern auch die Sachen erfaßt »und ihrer Seele ein richtiges Bild von dem Hauptsächlichsten seines Vortrages eingeprägt haben«.

Felbiger, der diese Methode in Berlin mit aller nur denkbaren Begeisterung studiert und sich zu eigen gemacht hatte, übertrug sie zunächst in die Schulen des Chorherrenstiftes Sagan, weshalb sie fortan auch die Sagansche Methode geheißen wurde. Als er von *Friedrich II.* 1765 aufgefordert wurde, das »Königlich preußische General-Land-Schul-Reglement für die Römisch-Katholischen in Städten und Dörfern des souveränen Herzogtums Schlesien und der Grafschaft Glatz« zu verfassen, bildete die in Berlin aufgenommene Methode das Herzstück der Verordnung. Diese neue Lehrart machte *Felbiger* weit über die Grenzen Schlesiens hinaus bekannt, vor allem in den katholischen Ländern. Nur am Rande sei hinzugefügt, daß in dem *Felbigerschen* Schulkonzept für Sport und Spiel kein Raum war; beide traten gar nicht in sein Blickfeld. Es nimmt nicht wunder, daß in Wien bei der Kaiserin und bei den an einer Verbesserung des Schulwesens, insbesondere der »deutschen Schulen«, Interessierten der Wunsch wuchs, den Abt für die Schulreform in Österreich zu gewinnen. Im Jänner 1774 erwirkte die Kaiserin bei *Friedrich II.*, daß dieser seinen berühmten Untertanen für kurze Zeit nach Wien sandte, damit ihn Maria Theresia »über verschiedene, das Schulwesen betreffende Gegenstände zu Rathe ziehen« könne. Es sollte ein Aufenthalt werden, von dem *Felbiger* nicht mehr nach Schlesien zurückkehrte.

Schon wenige Monate nach seiner Ankunft in Wien legte er eine »Allgemeine Schulordnung für die deutschen Normal-, Haupt- und Trivialschulen in sämmtlichen Kayserl. Königl. Erbländern« vor, die die Kaiserin am 6. Dezember desselben Jahres unterschrieb und zum Gesetz erhob. Diese Schulordnung beruhte auf der schlesischen Vorgängerin und lehnte sich wie jene eng an die (protestantische) braunschweigische Schulordnung an; die Berlinische, nunmehr Sagansche Lehrart bildete ihren Kern.

Außer dieser methodischen Festlegung bestellte das Gesetz bei jeder Landesregierung eine Schulkommission als Aufsichts- und Verwaltungsorgan und sah (in Paragraph 2) drei Arten von Elementarschulen vor; 1. in jeder Provinz am Ort der Schulkommission eine Normalschule, 2. in den größeren Städten (mindestens in jedem Kreis und in Klöstern) eine Hauptschule und 3. in allen Orten mit Pfarr- oder Filialkirchen eine gemeine deutsche oder Trivialschule. Der Lehrbetrieb wurde bis in Einzelheiten hinein geregelt; an den Trivialschulen (ein- oder zweiklassig mit ein oder zwei Lehrern) Unterricht in Religion, Schreiben, Lesen, Rechnen sowie eine »Anleitung zur Rechtschaffenheit und Wirtschaft«, die Hauptschulen (drei- oder vierklassig mit drei Lehrern) und die Normalschulen (vierklassig mit vier Lehrern) hatten weitgehend den gleichen Lehrplan, zu dem neben der durch einen Katecheten vertieften Religion vor allem Naturlehre, Geschichte, Geographie, Haushaltung und Landwirtschaft, die Anfangsgründe des Feldmessens, der Baukunst und Mechanik sowie Zeichnen gehörten. Die tägliche Unterrichtszeit wurde von acht bis elf Uhr (bzw. im Sommer von sieben bis zehn Uhr) und von zwei bis vier Uhr am Nachmittag festgesetzt. Der Schulbesuch wurde für alle Kinder zwischen dem 6. und 12. bzw. 13. Lebensjahr verpflichtend, die nicht von einem Hauslehrer unterrichtet wurden. Eine wichtige Festlegung der Schulordnung bestand darin, daß sie dem Staat jederzeit die Kompetenz bot, in das Schulwesen dirigistisch einzugreifen; die Kirche, die bisher für das Schul- und Erziehungswesen bestimmend war, mußte hinter die Schulhoheit des Staates zurücktreten. Drei Rahmenbedingungen sollten das *Felbigersche* Reformwerk begleiten und begünstigen: 1. das Bemühen um eine verbesserte Lehrerausbildung, 2. die Schaffung einheitlicher Schul-

*Johann Baptist Reiter,
Kinder, 1813–1890*

bücher und 3. die Einbindung des elementaren Schulwesens in die Zentralverwaltung.

Alle drei Maßnahmen wurden noch unter *Maria Theresia* in Angriff genommen; sie erbrachten aber erst viel später zufriedenstellende Ergebnisse. Auch insgesamt sind die Erfolge dieser Schulreform nicht leicht zu taxieren. Grob gesehen kann man gewiß sagen, daß sie eine erste Aufwertung des Lehrerberufes brachte, den Unterricht zu einer geplanten und damit auch kontrollierbaren Tätigkeit machte, die Herstellung von einheitlichen Schulbüchern anregte, die Zahl der Schulen beträchtlich erhöhte und auch den Schulbesuch steigerte, jedoch bei weitem nicht in dem erhofften Ausmaß. Ihre nachhaltigste Wirkung erreichte sie wohl dadurch, daß sie die Bedeutung von Schule für das individuelle Leben sowie für Staat und Gesellschaft ins Licht rückte und einen Großteil der Bevölkerung erstmals für Schul- und Erziehungsfragen sensibilisierte.

Joseph II. trennte sich zwar bald von *Felbiger* – er entließ ihn 1781 und schob ihn unter dem Vorwand, er könne sich von dort aus um eine Verbesserung der Schulen in Ungarn kümmern, auf die Probstei Preßburg ab –, wollte aber die von ihm angestoßene Schulreform weiterführen und in einigen Punkten sogar noch intensivieren. Als er bei *Felbigers* Ausscheiden erfuhr, daß damals im Durchschnitt weniger als ein Drittel der schulfähigen Kinder dem seit 1774 verpflichtenden Schulbesuch nachkam, verschärfte er mit einem Schulzwangerlaß die Schulpflicht und versuchte darüber hinaus, den Besuch der Trivialschulen unentgeltlich zu machen. Um das Netz der Primarschulen noch enger zu knüpfen, ordnete er an, daß nicht nur in Pfarreien und Lokalkaplaneien, sondern auch in Ortschaften ohne Seelsorger eine »Gemeinschule« zu errichten sei, wenn dort 90 bis 100 schulpflichtige Kinder gezählt würden. Unter dem Einfluß philanthropischer Gedanken schränkte *Joseph II.* die Möglichkeit körperlicher Züchtigung der Schüler erheblich ein.

Philanthropische Gedanken, als deren Fürsprecher sich auch der böhmische Schulreformer und persönliche *Seibt*- und *Felbiger*-Schüler *Ferdinand Kindermann* bekannte, ließen bald eine kritische Einstellung gegenüber der auf Gedächtnisübungen ausgerichteten Saganschen Methode aufkommen und schon *Kindermanns* Mitarbeiter und Nachfolger propagierten an ihrer Stelle eine *sokratische Lehrart,* die sich des Gesprächs (auch des Gruppengesprächs) bediente, die Schüler selber Schlußfolgerungen ziehen ließ und insgesamt mehr den Verstand ansprach als das bloße Gedächtnis. Die zahlreichen von dem *Kindermann*-Mitarbeiter *Joseph Anton Gall* verfaßten neuen Lehrbücher ließen die Tabelliermethode und die schematischen Buchstabentabellen wieder fallen und legten dagegen großen Wert auf moralische Erzählungen.

Die Neuordnung des elementaren Schulwesens von 1774 hatte ausdrücklich für alle Länder der österreichischen Monarchie gegolten. Sie sollte nach Ansicht der Herrscher zu einer Vereinheitlichung des Staatsgefüges beitragen, ohne daß damit eine Germanisierung im engeren Sinn angestrebt worden wäre. Im Gegenteil trug diese Schulreform sogar zu einer nationalen Wiedergeburt der slawischen Völker bei, nicht zuletzt durch die Publikation der Schulbücher in den einzelnen slawischen Sprachen. Auch darf man nicht übersehen, daß ein starkes Bildungsgefälle zwischen Stadt und Land weiterhin bestehen blieb und daß sich die Reform regional unterschiedlich ausgewirkt hat.

Daß Böhmen eine Art Vorreiterrolle übernahm, war in besonderer Weise den beiden schon genannten Reformern *Seibt* und *Kindermann* zu verdanken. War dabei der Prager Universitätsprofessor mehr eine Art Vordenker, so ragte der Kaplitzer Dechant und spätere Bischof von Leitmeritz durch sein praktisches Engagement und durch seinen weitgespannten pädagogischen Horizont hervor. Ausgehend von der als Musteranstalt geltenden Kaplitzer Normalschule regte *Kindermann*, über *Felbiger* hinausgehend, auch die Pflege des Gesangsunterrichts an und führte in die Primarschulen eine Art von »Industrieunterricht« ein, indem er die Kinder, und zwar Jungen wie Mädchen, auch im Stricken, Spinnen, Weben und in der Garten- und Feldarbeit unterweisen und sich üben ließ. *Kindermann* lag das Streben nach einem vollkommenen System fern, und er zog es vor, den Blick auf das Praktische zu lenken und die »Industrie« als etwas zu vermitteln, das mit der konkreten Existenz jedes einzelnen verbunden war. Es darf angenommen werden, daß diese geradezu pionierhaft zu nennende »Industriepädagogik« *Kindermanns* sich auch förderlich auf die spätere Industrialisierung gerade Nordböhmens ausgewirkt hat.

Ähnlich wie in Böhmen faßte die Schulreform auch bei den Südslawen festen Fuß, und der griechisch-orthodoxe Direktor der Normalschule in Temesvár *Theodor Jankovic Mirijevski* wurde zu einer Art Leitfigur für die Schulreform in Südeuropa. Von den 1774 erlassenen »Regulae Directivae für die Verbesserung des illyrischen und walachischen Elementar- oder Trivial-Schulwesens« ging überhaupt die staatliche Regelung des serbischen und rumänischen Schulwesens aus.

Die Sonderstellung Ungarns innerhalb der Habsburgermonarchie stand zwar einer direkten Übernahme der maria-theresianischen Verordnung entgegen, umso erstaunlicher ist, daß die 1777 genehmigte »Ratio educationis totiusque rei literariae per Regnum Hungariae et provincias eidem adnexas« alle Schulen erfaßte und den Unterricht nach dem *Felbigerschen* Modell regelte. *Helmut Engelbrecht*, der in seiner mehrbändigen und überaus verdienstvollen »Geschichte des österreichischen Bildungswesens« unseren Berichtszeitraum in drei Epochen unterteilt, bezeichnet die Periode zwischen der maria-theresianischen Schulreform und dem Revolutionsjahr 1848 als eine Art Übergangszeit, in der die Schule, insbesondere die Primarschule, als ein Stabilisierungsfaktor der politischen Verhältnisse entdeckt und benutzt wurde. Im Gefolge der Revolutionsereignisse in Frankreich sprach man den schulischen Einrichtungen mehr und mehr die Aufgabe zu, revolutionäre Gedanken schon im frühesten Keime zu ersticken; dabei wies man vor allem der religiösen Erziehung eine stabilisierende Rolle zu. Diese Sinngebung traf sich mit den politischen Vorstellungen von *Franz II.*, der in seinen Regierungsjahren (1792–1835) immer wieder zu polizeilichen Unterdrückungsmaßnahmen griff. Sie stimmte auch mit der Überzeugung des Vorsitzenden der 1795 vom Kaiser eingesetzten Studien-Reform-Hofkommission, des aus Franken stammenden Grafen *Heinrich Franz von Rottenhan*, überein, der mit Entschiedenheit dafür eintrat, daß in einem wohlgeordneten Staate über die kluge Austeilung der Geistesgüter (durch Schule und Bildung) »eine Art von Staatspolizey« wachen müsse, die den einzelnen Staatsbewohnern nach dem Maße ihrer Empfänglichkeit jenen Grad von Geistesbildung zu gestatten hätte, »der zu ihrem individuellen und zum allgemeinen Wohlstand dienlich ist«. Im Hinblick auf die unteren Schichten der Gesellschaft schätzte Graf *Rottenhan* nicht nur diese individuelle Empfänglichkeit sehr gering ein, sondern ihr Unterricht sollte sich nach seinen Vorstellungen im wesentlichen darauf beschränken, daß sie moralisch zu handeln und ihre Pflicht zu erfüllen lernten; das von diesen Kindern Gelernte dürfte sie später auf keinen Fall bei ihrer (niedrigen) Arbeit stören oder sie gar mit ihrem sozialen Zustand unzufrieden machen. Vor diesem politischen Hintergrund lag es nahe, daß die neu geschaffene zentrale Schulreformkommission auf eine straffe Reglementierung der Schulen hinarbeitete. In ihren 1799 vorgelegten abschließenden Beratungen trat sie dafür ein, den Unterricht in den Volksschulen – dieser Begriff begann nun an die Stelle von Trivialschulen oder »deutschen Schulen« zu treten – auf Religion, Lesen, Schreiben, Rechnen, die Vermittlung der Standespflichten und einige wenige praktische Verstandesübungen zu reduzieren. Diese Beratungen mündeten 1805 in eine »Politische Verfassung der deutschen Schulen in den k. auch k.k. deutschen Erbstaaten«, die dann 1806 in Kraft trat. Darin schob der Staat dem Klerus jene Lasten zu, die er selber nicht zu tragen vermochte. Den Ortsseelsorgern wurde die Aufsicht über die Trivialschulen, auf dem Lande auch über die Hauptschulen übertragen, vor allem die Kontrolle über das methodische Vorgehen der Lehrer, über ihr schulisches und außerschulisches Verhalten sowie über Fleiß und Sittlichkeit der Schüler. Die Erziehung zu untertäniger Pflichterfüllung, wohlverhaltener Sittlichkeit und gottesfürchtiger Religiosität wurde das erklärte Motto der Volksschulen am Beginn des 19. Jahrhunderts. Von einer Erziehung zu Mündigkeit und zu freier Selbstentscheidung, wie sie die zur gleichen Zeit entstehende wissenschaftliche Pädagogik forderte, war keine Rede. Die Verkürzung der Lehrerausbildung auf drei Monate schien die Dürftigkeit der Wissensvermittlung in den Volksschulen verbürgen zu sollen, eine Maßnahme, gegen die sich der allmählich ein eigenes Standesbewußtsein und ein gewisses Solidargefühl entwickelnde Lehrerstand bald mächtig auflehnen sollte. Der Unterricht wurde durch die enge Anbindung an obligatorische Lehrbücher streng normiert und nahm deshalb immer mehr schablonenhafte Formen an, die seine angestrebte »Einförmigkeit« mehr und mehr ins Negative zu wenden begannen.

Parallel zu diesen bildungspolitischen Entwicklungen formten sich gegenstrebig neue pädagogische Ideen und Leitbilder heraus, die vor allem auf dem Boden der auch in Österreich allmählich entstehenden wissenschaftlichen Pädagogik erwuchsen. Drei Persönlichkeiten müssen dabei genannt werden: der von philanthropischem Gedankengut geprägte *Franz Michael Vierthaler* (1758–1827), der bereits von *Pestalozzi* und *Kant* beeinflußte *Franz de Paula Gaheis* (1763–1809) und der eigenständig und produktiv denkende Inhaber der ersten pädagogischen Lehrkanzel an der Universität Wien (1806), zugleich der ersten in der ganzen Monarchie, und spätere erste bürgerliche Fürsterzbischof der Reichshauptstadt (1832), *Vincenz Eduard Milde* (1777–1853). Allen drei ist ein sehr enges und existentielles Verhältnis zum katholischen Glauben gemeinsam; der erste war gläubiger Laie, der zweite Ordensmann (Piarist), der dritte Priester und Bischof; alle drei standen sie dem Denken der Aufkärung nahe und wurden dafür kritisiert, daß sie der Religion und der religiösen Erziehung eine zu geringe Rolle beimaßen.

In zahlreichen Büchern und in seinen Vorlesungen an der Universität Salzburg verstand *Vierthaler* die Volksschulen zwar als »öffentliche Erziehungshäuser des Staates«, trat aber entschieden dafür ein, daß man die Kinder nicht auf den Altären des Staates opfern dürfe, sondern zuerst für ihre Selbständigkeit und Mündigkeit sorgen müsse, und zwar schon in jenem frühen Alter, in dem sich die ersten Spuren von Verstand und Vernunft zeigen. Im Hinblick auf den Unterricht bekämpfte *Vierthaler* jegliche Methodengläubigkeit und forderte ein selbsttätiges und entdeckendes Lernen der Schüler und den regen Gebrauch des sokratischen, bisweilen sogar ironisierenden Gesprächs: »Es ist für Kinder eine köstliche Freude, etwas errathen zu haben; auch reitzt nichts so sehr zum Denken als das Bewußtseyn, denken zu können.«

Für *Gaheis* galt der Mensch und auch schon das Kind in den ersten Schuljahren als »vernünftig-sinnliches Wesen«; er geißelte daher alle pädagogischen Einseitigkeiten, lehnte jegliches pädagogische »Exercierwerk« ab, betonte die Wichtigkeit einer Ausbildung aller kindlichen Fähigkeiten und Kräfte und wollte die Kindheit eine »Zeit der Munterkeit, der körperlichen Übungen, des Vergnügens und der Freude« sein lassen; dementsprechend bedeutete Erziehen für ihn, die Kinder »verständig und lebensfroh (zu) machen«. Hinsichtlich des schulischen Unterrichts neigte auch er der sokratischen Lehrart zu und verlangte, daß die Lehrer den Unterricht nicht einförmig gestalten, sondern ihn auf den Wachstumsprozeß und auf die Interessen der Kinder abstimmten. Große Beachtung fanden seine Versuche, die Schüler auf Wanderungen mit ihrer Heimat und Umgebung vertraut zu machen; er lehrte sie sogar das Anfertigen einfacher Landkarten und wurde zu einem Bahnbrecher der Heimaterziehung in Österreich. Geradezu empört zeigte sich *Gaheis* über das bescheidene Niveau der Lehrerausbildung und darüber, daß man die edle Kunst der Menschenerziehung offenbar keiner sorgfältigen Vorbereitung für bedürftig ansah.

Für *Vincenz Eduard Milde*, der pädagogische Fragen nicht nur aphoristisch und beiläufig behandelte, sondern als erster österreichischer Autor eine systematische Pädagogik verfaßte, hatte die Schule in erster Linie die Aufgabe, die Schüler zur Selbstbildung zu führen: »Alles, was ein Eigentum unseres Geistes werden soll, muß nicht von außen herangetragen, sondern im Innern selbst entwickelt werden.« Man dürfe daher nicht nur Fragen an das Kind stellen, sondern umgekehrt müsse jenes lernen, Fragen zu stellen. Dabei leitete *Milde* die Überzeugung, daß der Mensch nicht nur ein naturbestimmtes Individuum ist; im Gegenteil sah er die spezifische Auszeichnung des Menschen darin, *Person* zu sein, d. h. ein mit Vernunft, Freiheit und Sprache ausgestattetes und zu eigener Selbstbestimmung fähiges und berufenes Wesen. Diese Berufung zur Selbstbestimmung läßt den Menschen zum Autor seiner eigenen Lebensgeschichte werden; um dies aber tatsächlich werden zu können, dazu bedarf er von frühester Kindheit an einer Erziehung zur Selbständigkeit und Eigenentscheidung, nicht aber der Gängelung und Fremdbestimmung. Diese personalistische Auffassung des Menschen (und schon des kleinen Kindes) führte *Milde* auch dazu, in seinem 1811 erschienenen (1965 neu herausgegeben) voluminösen »Lehrbuch der allgemeinen Erziehungskunde« auch den Bereich der Heil- und Sonderpädagogik in den Blick zu nehmen und ein pädagogisches Umdenken in Strafrecht und Strafvollzug einzuleiten. Mit diesen Gedanken überforderte er

Michael Neder, Schulszene, 1869

allerdings den Verständnishorizont vieler seiner Zeitgenossen beträchtlich. Auch folgender Satz aus dem I. Teil (Paragraph 292) seines Lehrbuchs wird wohl für viele Lehrer kaum nachvollziehbar, wenn überhaupt einsehbar gewesen sein: »Das Geschäft des Lehrers besteht nicht im Mitteilen und Einprägen, sondern im Erregen, Hinrichten und Leiten der Geistestätigkeit auf bestimmte Objekte. Solange die Überzeugung nicht allgemein sein wird, daß der Schüler nicht bloß passiv auffassen, sondern selbsttätig hervorbringen müsse, wird man nicht mit Unrecht den *Unterricht,* wie manche Lehrer denselben erteilen, als ein *Hindernis des Denkens* ansehen.«

Die nachrevolutionäre Epoche von 1848 bis zum Ende der Monarchie war bildungspolitisch hauptsächlich von drei Ereignissen geprägt:

1. führte die Aufhebung der Grunduntertänigkeit dazu, daß die Grundherren nach dem Verlust ihrer angestammten Herrschaftsrechte auch ihrer Verpflichtungen ledig werden wollten, vor allem des ihnen von *Joseph II.* aufgezwungenen Schulpatronats. Die Gemeinden, die zunehmend die Schullasten zu übernehmen hatten, beanspruchten und erhielten immer stärkeren Einfluß auf das niedere Schulwesen.

2. wurde das Bemühen in den nicht-deutschen Kronländern immer heftiger, sich von der deutschen Sprache als vorherrschender Unterrichtssprache zu befreien.

3. führte der fortschreitende Industrialisierungsprozeß zum schleunigeren Verfall des »ganzen Hauses« und ließ die Kindererziehung noch stärker zu einer öffentlichen Angelegenheit werden.

Wie es bei allen Revolutionen der Fall zu sein pflegt, hatte auch jene von 1848 Fragen von Bildung und Schule in den Vordergrund des öffentlichen Interesses gespült. Aus pädagogischer Sicht war für die jetzt zu betrachtenden Jahrzehnte vor allem eine neue Sicht des Kindes und eine veränderte gesellschaftliche Einschätzung der Kindheit wichtig. Es waren jene Jahrzehnte, in denen sich die Wissenschaft erstmals gezielt des Kindes annahm. Bereits 1787 war in Wien das erste Kinderkrankenhaus eröffnet worden, und ihm folgte 1847/48 das zweite. Die Kinderheilkunde etablierte sich als eigenes medizinisches Fach an den Universitäten (erster ordentlicher Lehrstuhl 1855). Die kindlichen Infektionskrankheiten und die Säuglingssterblichkeit konnten innerhalb weniger Jahre erheblich eingeschränkt werden. Die neu entstehende »Schulhygiene« und die Einführung des Schularztes beeinflußten zunehmend Schulbauten, Schuleinrichtungen und Unterrichtsformen. Das erwachende Interesse an schwachbegabten, verhaltensgestörten und körperbehinderten Kindern ließ die sonderpädagogische Frage aufkommen, aber auch schon nach Möglichkeiten einer integrierten Erziehung von Behinderten und »Normalen« suchen. Auch die Psychologie wandte ihre Forschung dem Kinde zu, und schon 1851 veröffentlichte *Johann Elias Löbisch* eine vielbeachtete »Entwicklungsgeschichte der Seele des Kindes«. Als gegen Ende des Jahrhunderts *Sigmund Freud* das herkömmliche Bild des Kindes zerbrach und seine Theorie der kindlichen Sexualität vortrug, wurde diese Beschäftigung noch intensiviert, und *Alfred Adlers* Individualpsychologie gewann dann unmittelbaren Einfluß auf Schule und Pädagogik. Um die Jahrhundertwende begann auch in der Kunst das Interesse am Kind zu wachsen, und bald verstieg man sich sogar zu der Behauptung, das Kind sei der eigentliche Künstler schlechthin und in ihm ruhe ein ungehobener Schatz schöpferischer Kräfte. Der aus Leitmeritz stammende Maler *Franz Čižek* (1865–1946) wurde zu einem der Pioniere nicht nur der österreichischen Kunsterziehungsbewegung, sondern er erreichte internationale Anerkennung. Seine Methode des freien kindlichen Ausdrucks bereicherte bald den schulischen Unterricht und trug wesentlich zur personalen Selbstgestaltung der Schüler bei.

Das Kind wurde in jenen Jahrzehnten aber nicht nur von der Wissenschaft und von der Kunst entdeckt, sondern es wurde zunehmend auch Opfer der rasch um sich greifenden Industrialisierung und der sich zuspitzenden Widersprüche des Kapitalismus. In erschreckendem Maße wurde es zum ausgebeuteten Werkzeug des Produktionsprozesses. Von der liberalen Gewerbeordnung von 1859 bis zu ihrer Novellierung im Jahre 1885 tobte der Kampf um eine Eindämmung der Kinderarbeit. Als dann endlich eine regelmäßige Erwerbsarbeit für Kinder bis zum 13. Lebensjahr verboten wurde, blieb die Landarbeit wie selbstverständlich ausgespart, und in der Agrarkrise um 1870 wurden Bauernkinder sogar verstärkt wieder dem Schulbesuch entzogen und bei der Feldbestellung und beim Viehhüten eingesetzt.

Parallel dazu wurde der Blick der Öffentlichkeit für das Kind betreffende soziale Mißstände geschärft, und vor allem die gesellschaftliche Verwahrlosung und das kriminell erscheinende Verhalten vieler Grundschulkinder erregten die öffentliche Aufmerksamkeit. Die katholische Kirche und private Wohltätigkeitsvereine versuchten die fehlende Sorgfalt und Zuwendung von Eltern zu ersetzen. Auch Fragen des Kinderschutzes und der Jugendfürsorge kamen auf, und der erste österreichische Kinderschutzkongreß suchte 1907 in Wien nach verbindlichen Regelungen. Kaiser *Franz Joseph* setzte im Jahr darauf anläßlich seines 60jährigen Regierungsjubiläums ein bemerkenswertes Zeichen, als er die durch sparsam gestaltete Festlichkeiten zurückbehaltenen Gelder für wohltätige Zwecke zugunsten von armen Kindern verwendete. Ähnlich signifikant war auch ein Jahr später die Tatsache, daß dem Kaiser 80 000 Wiener Schulkinder offiziell gratulieren konnten; sie marschierten, in den Reichsfarben geschmückt, durch Wien nach Schloß Schönbrunn, um dem Kaiser zuzujubeln. Auch als Konsument trat das Kind mehr und mehr in das Blickfeld von Handel und Industrie. Spielzeug und Kindermode, Kindermöbel und Kinderbücher, Kindernahrung und Kinderzeitschriften kamen auf den Markt, und es erwuchs nach und nach ein eigener Wirtschaftszweig.

Pädagogisch schufen die hier von uns betrachteten Jahre eine neue Einrichtung neben der Schule: die institutionalisierte Vorschulerziehung. Ganz ähnlich wie in allen anderen Ländern entstand das Bedürfnis nach einer öffentlichen Vorschulerziehung mit dem Beginn der Industrialisierung, und es steigerte sich parallel zu dem Grade ihrer Zunahme. Die ersten derartigen Ein-

Kindergarten in Wien, 1884

richtungen auf dem Gebiete der Donaumonarchie folgten nicht französischen oder deutschen Vorbildern, sondern dem Beispiel der von *Samuel Wilderspin* (1793–1866) in London ins Leben gerufenen Zentral-Kinderschule. Dessen epochemachendes Buch über die frühzeitige Erziehung der Kinder (in Bewahranstalten mit enormen Kinderzahlen) wurde von *Joseph Wertheimer* ins Deutsche übersetzt und erschien 1826 in Wien. Während sich diese Einrichtungen in England aber fast ausschließlich an die Kinder armer Familien wandten, befürworteten ihre engagierten Bahnbrecher in Österreich von Anfang an die Notwendigkeit einer solchen Erziehung für alle Kinder; auch die Kinder der Reichen erschienen ihnen einer solchen bedürftig, um sie den rohen Wärterinnen und »der Aufsicht des ungebildeten Pöbels« zu entziehen.

Diese Anstalten zeigten von ihrem Entstehen an ein Doppelgesicht. Ursprünglich als Bewahranstalten um einer rein behütenden Aufgabe willen ins Leben gerufen – sie sollten die wegen der Berufstätigkeit beider Elternteile von Verwahrlosung bedrohten Kinder »bewahren« –, wurden bald, wenngleich bescheidene, pädagogische Programme entworfen, wie man die dort aufbewahrten Kinder auch erziehlich beeinflussen könnte, und so tauchte schon in der Gründerzeit neben der Bezeichnung »Bewahranstalt« auch der Name »Vorbereit- oder Vorschule« auf. Eine frühe kaiserliche Verordnung von 1832 bestimmte, daß die Kinderbewahranstalten keine Schulen sein dürften, aber ein bereits im selben Jahre erschienener Leitfaden für die pädagogische Arbeit in diesen Einrichtungen sprach deutlich davon, daß die Kinder nicht nur zu beaufsichtigen und zu überwachen seien, sondern daß auch ihre geistigen und körperlichen Kräfte angeregt und sie zur weiteren religiös-moralischen Erziehung und zur geistigen Unterrichtung in der Volksschule vorbereitet werden sollten. In der Praxis blieben die meisten dieser Einrichtungen, allein schon wegen der unvorstellbar großen Zahlen der anwesenden Kinder, auf ihre fürsorgerische Funktion eingeschränkt und in erster Linie nicht Erziehungs-, sondern Bewahranstalten. Die erste Kinderbewahranstalt in der Monarchie wurde 1828 in

Budapest, die erste auf heute österreichischem Boden 1830 in Wien (durch *Joseph Wertheimer*) eröffnet; beide und auch die ihnen folgenden verdankten sich privaten Initiativen aus sozialer Gesinnung und christlicher Liebestätigkeit heraus. In den sechziger Jahren drangen mehr und mehr die Gedanken *Pestalozzis* und *Fröbels* nach Österreich ein, zumal sich dessen Verwandte und große Verbreiterin der Ideen, *Beate von Marenholtz-Bülow,* in Kufstein aufhielt und über Tirol hinaus kräftig die Werbetrommel rührte. Unter dem Einfluß und nach dem Vorbild des 1840 von *Fröbel* in Thüringen gegründeten Kindergartens schufen Kreise des Bürgertums ähnliche Einrichtungen, vorwiegend für die Kinder ihrer sozialen Schicht und mit einer erklärt pädagogischen Absicht. Laut *Engelbrecht* hat in Österreich als erste eine gewisse *Ida Weider* ab 1848 in Graz damit begonnen, drei- bis sechsjährige Kinder aus Bürgerfamilien nach der *Fröbelschen* Pädagogik zu betreuen sowie seine Spielgaben und Bewegungsspiele zu gebrauchen. Als ein ausgesprochen *Fröbelscher* Kindergarten entstand jener 1863 in Wien, dem bald weitere in Graz (1869), Linz (1872) und Klagenfurt (1873) folgten. Bis 1884 stieg ihre Zahl auf mindestens 72. Die mehr der sozialen Aufgabe gewidmeten Kinderbewahranstalten nannten sich um diese Zeit bereits häufig Volkskindergärten, wobei im einzelnen die innere Gestaltung und das Gewicht der pädagogischen Zielsetzung erheblich differieren konnten.

Nachdem der 4. Österreichische Lehrertag 1871 in Linz ein Memorandum angeregt hatte, das die politisch-gesellschaftliche Bedeutung einer staatlich anerkannten und geregelten Vorschulerziehung hervorhob, tat die Monarchie als einer der ersten Staaten der Welt 1872 einen wichtigen Schritt zu einer gesetzlichen Verankerung der vorschulischen Erziehung. Das Ministerium traf dabei eine folgenreiche Entscheidung, indem es sich zwischen Bewahranstalten und Kindergärten eindeutig zugunsten der Kindergärten entschied, weil nur diese geeignet erschienen, die häusliche Erziehung der Kinder zu ergänzen und zu unterstützen und auf die Volksschularbeit vorzubereiten. Die bestehenden Kinderbewahranstalten sollten zügig in Kindergärten umgewandelt werden; die Länder, Schulbezirke und vor allem die Gemeinden wurden aufgefordert, öffentliche Kindergärten ins Leben zu rufen und nach Möglichkeit unentgeltlich zugänglich zu machen. Ein großes ungelöstes Problem stellte allerdings lange Zeit die Ausbildung der Kindergärtnerinnen dar; zwar fand bereits 1868 in Wien in Verbindung mit der israelitischen Kinderbewahranstalt ein Ausbildungskurs und 1872 in Kufstein ein zweiter statt, aber auch noch gegen Ende des Jahrhunderts war die Zahl der Mädchen, die eine entsprechende Ausbildung erhalten konnten, verschwindend gering. Der neue Frauenberuf der Kindergärtnerin konnte sich erst im zweiten Jahrzehnt unseres Jahrhunderts etablieren, als eine zweijährige Ausbildung dafür vorgeschrieben und ihm der gesellschaftliche Anstrich einer Profession gegeben wurde. Während des Ersten Weltkriegs erlebten die Kleinkindereinrichtungen einen so großen Zulauf, daß sie ihm nicht mehr gewachsen waren. Gleichzeitig schlugen in diesen Institutionen, vor allem aber in den rasch aus dem Boden gestampften Kriegskindergärten, politisch-demagogische Indoktrinationen durch – an die Stelle der Kinderlieder traten aggressive Kriegslieder, die *Fröbelschen* Spielgaben wurden durch Kriegsspielzeug ersetzt –, so daß wir hier am Vorabend des Untergangs der Monarchie ein erschreckendes Beispiel für den politischen Mißbrauch pädagogischer Einrichtungen vor Augen haben.

Ungeachtet der Vorschulerziehung hielten die pädagogischen Wortführer und Reformer von 1848 die Volksschule für das wichtigste und entscheidende Glied im öffentlichen Bildungswesen und legten dafür Pläne und Entwürfe vor. Richtungweisend wurden davon vor allem die Ideen des liberalen Universitätsprofessors *Franz Exner.* Nach seinen Schule machenden Vorstellungen sollten in den Volksschulen allen Kindern jene Kenntnisse und Fertigkeiten vermittelt werden, die es ihnen ermöglichten, im Erwerbsleben zu bestehen, ihre staatsbürgerlichen Rechte und Pflichten wahrzunehmen sowie ein menschenwürdiges Leben zu führen. Dafür hielt *Exner* eine Erweiterung des bisherigen Lehrstoffes für unabdingbar. Zu Religion, Lesen, Schreiben und Rechnen ließ er die Pflege der Muttersprache bis zu ihrem »fertigen mündlichen und schriftlichen Ausdrucke«, Welt- und Vaterlandsgeschichte, Geographie, geometrische Anschauungslehre mit Zeichnen, Naturgeschichte, eine für wichtige Gewerbe anwendbare Technologie, Gesang und Leibesübungen

Spielplatz des Kriegskinderhortes Mariahilf im Ersten Weltkrieg

hinzutreten. *Exner* hielt an der Schulpflicht vom 6. bis zum 12. Lebensjahr fest, forderte aber die Aufstockung der Trivialschule auf drei Klassen mit je zwei Jahrgängen. Die Unterhaltung der Volksschulen und die Besoldung der Lehrer sollten Gemeindeangelegenheiten sein; Schulgeld sollte nicht erhoben werden, wenigstens nicht auf dem Lande. Die Lehrerausbildung – noch immer ein wunder Punkt des Bildungswesens – sollte auf zwei, später auf drei Jahre ausgedehnt werden, und längerfristig wäre die Errichtung von Lehrerseminaren anzustreben. Das Gehalt der Lehrer müßte auf ein Niveau ansteigen, daß die Amtsinhaber nicht mehr auf Nebentätigkeiten angewiesen wären, um ihren Lebensunterhalt zu sichern; gleichzeitig wäre die Altersfürsorge und die Absicherung der Witwen und Waisen zu regeln. Der an pädagogischen Fragen außerordentlich interessierte und wissenschaftlich hochgebildete Unterstaatssekretär *Ernst von Feuchtersleben* – heute vor allem als der Verfasser des Gedichtes »Es ist bestimmt in Gottes Rat« bekannt – machte alle Pläne zunichte, indem er seitens des Ministeriums erklärte, die offenkundigen Hauptbedürfnisse des Volksschulwesens seien im Augenblick nicht zu befriedigen. In ideeller Hinsicht blieben die Gedanken *Exners* maßgebend und richtungweisend für die folgenden Jahrzehnte. Das gilt auch unbeschadet des 1855 mit dem Hl. Stuhl geschlossenen Konkordats, das die Stellung der Kirche im Bildungswesen noch einmal zu festigen versuchte, aber die zunehmende Veröffentlichung von Erziehung und Schule nicht aufhalten konnte. Außerdem sorgten die sich in Lehrerversammlungen und -vereinen organisierenden Lehrer für eine lebendige bildungspolitische Auseinandersetzung in der Öffentlichkeit, und sie trieben den langwierigen Prozeß ihrer Professionalisierung – eine Grundvoraussetzung für ein gut funktionierendes öffentliches Schulwesen – geschickt und erfolgreich voran.

Wer sich ein anschauliches Bild von der Volksschule jener Zeit machen will, der mag die außerordentlich detaillierten Visitationsberichte zur Hand nehmen, in denen der bedeutende österreichische Dichter *Adalbert Stifter* (1805–1868) in den Jahren 1850–1865 seine Tätigkeit als Schulrat dokumentiert hat. *Stifter* beklagte vor allem, daß den Eltern der Wert einer guten Schulbildung noch immer nicht aufgegangen sei, während er den in der Schule tätigen Lehrern ein durchweg gutes Zeugnis ausstellte; sie leisteten auch dort aufopferungsvoll und geduldig ihre pädagogische Arbeit, wo über hundert Kinder in einer Klasse säßen und ihnen der Unverstand der Eltern wie ein kalter Ostwind entgegenblase. Bemerkenswert erscheint, auf welchen kleinsten gemeinsamen Nenner der auch als erziehungswissenschaftlicher Autor bedeutsame (wenngleich bis heute unterschätzte) *Stifter* die pädagogische Problematik seiner Zeit gebracht hat. Die Schule laufe, so stellt er mit unüberbietbarem Scharfblick fest, bei der Erreichung ihrer Ziele zwei Gefahren entgegen. Sie droht dort in falsche Theorie und in Doktrinarismus zu verfallen, wo sie »ihren Zweck, das Leben, aus dem Auge verliert« und »statt tatsächlich Begründetem (sei es ein Reales durch die Welt oder ein Formales durch den Verstand) ein Eingebildetes gesetzt wird«, und sie entartet in falsche Praxis und leere Handwerksgemäßheit, wo »Tatsächliches ohne Zusammenhang und Rückwärtsgehen auf allgemeinere Gründe gegeben wird, wodurch sich Hergebrachtes statt Zweckmäßiges forterbt«. Dahinter steht *Stifters* pädagogische Grundüberzeugung, die Aufgabe der Schule wie die aller Erziehung laufe in einem einzigen Punkte zusammen, nämlich jeder menschlichen Person ihre Selbstverwirklichung aus eigener Kraft und in eigener sittlicher Verantwortung zu ermöglichen.

Nach der Niederlage bei Königgrätz im Jahre 1866, an der der Schule bzw. ihrer verschleppten Verbesserung eine erhebliche Mitschuld gegeben wurde, wurden die liberalen Gedanken *Exners* von neuem aufgegriffen und in die öffentliche Debatte geworfen. Bald machte sich die Ansicht breit, die Volksschule entspräche nicht mehr den Erfordernissen der Zeit, und ihre Verbesserung mache die Abschaffung der kirchlichen und die Einführung einer strikt staatlichen Schulaufsicht notwendig. Damit war der Boden für eine gesetzliche Neuregelung des Volksschulwesens bereitet, und schon am 14. Mai 1869 konnte *Franz Joseph I.* ein Volksschulgesetz unterschreiben, das für das österreichische Schulwesen fast ein ganzes Jahrhundert lang bestimmend wurde. Dieses Gesetz nannte zwar weiterhin die religiöse Erziehung an erster Stelle, dennoch machte es die interkonfessionelle Gemeinschaftsschule, die allen Kindern ohne Unterschied von Glauben und Geschlecht gleiches Wissen vermittelte, zur Regel. Der erweiterte Fächerkanon folgte im wesentlichen den Vorschlägen *Exners* und fügte für die Mädchen noch Handarbeit und Hauswirtschaft hinzu. Die Höchstzahl der Kinder in einer Klasse wurde auf 80 herabgesetzt, und die Ausbildung der Lehrer wurde auf vier Jahre ausgedehnt und an neu einzurichtende Lehrerbildungsanstalten verlegt. Der Lehrerberuf rückte in den Rang eines öffentlichen Amtes auf: den Gemeinden stand es frei, ihren Lehrer vorzuschlagen und auch zu besolden, seine Anstellung vollzog der Landesschulrat. Insgesamt gesehen schuf das Volksschulgesetz von 1869 nicht nur die interkonfessionelle Gemeinschaftsschule ohne Unterschiede in Glauben und Geschlecht, sondern sie tat auch einen entscheidenden Schritt in Richtung auf eine Einebnung von Standesunterschieden und eine Abschaffung von vermögensbedingten Privilegien. Damit wurde auf dem Gebiet der Donaumonarchie eine demokratische bildungspolitische Maßnahme getroffen, die im Deutschen Reich erst nach dem Ersten Weltkrieg und in Großbritannien gar erst 1944 gelang.

Freilich fand das Volksschulgesetz viele Kritiker und Gegner; diese kamen fast ausschließlich aus dem konfessionell-konservativen Lager, und bisweilen erzeugten ihre Angriffe sogar ein gewisses kulturkämpferisches Klima. Das Volksschulgesetz wurde in den folgenden Jahren an manchen Stellen durch Kompromiß-

Eine Schulklasse, um 1910

klauseln aufgeweicht, von denen jene wohl am schwersten wog, die den Bauern und Landarbeitern grundsätzlich zugestand, den Schulbesuch ihrer zwölf- bis vierzehnjährigen Kinder auf einen Teil des Jahres, einen Teil des Tages oder auch nur auf einzelne Wochentage zu beschränken, wenn sie ihrer Arbeitskraft bedurften. Es erscheint von einem historischen Rückblick her außerordentlich interessant, daß die österreichische Schule in den ersten beiden Jahrzehnten unseres Jahrhunderts bei weitem nicht so stark in das Kreuzfeuer der Kultur- und Bildungskritik geriet, wie es in anderen vergleichbaren Ländern der Fall war. Auch der Ansturm reformpädagogischer Ideen und Schulkonzepte hielt sich in den Ländern der Donaumonarchie in Grenzen, auch wenn mit dem Kunsterzieher *Franz Čižek* und dem Arbeitsschulpädagogen *Otto Glöckel* zwei genuin böhmisch-österreichische Reformpädagogen hervortraten. Zwar wurden die neuen Gedanken der Reformpädagogik, wie der Prager Erziehungswissenschaftler *Karel Rydl* erst kürzlich nachgewiesen hat, vor allem in Böhmen mit wachem Interesse aufgenommen, aber es kam jedenfalls nicht zu jenem reformpädagogischen Erdrutsch, wie er etwa in Deutschland zu beobachten war.

Das eingangs angeführte Urteil *Stefan Zweigs* bezog sich auf das Gymnasium und mag dort wohl seine volle Berechtigung gehabt haben. Im Hinblick auf das Kinderleben in Kindergarten und Volksschule ergibt sich aus der historischen Rückschau auf die Länder der Donaumonarchie eher der Eindruck, daß sich zwar auch dort die öffentliche Erziehung und Schule immer mehr dieses Kinderlebens bemächtigt hatten, diese Macht der Schule aber nicht in jenen schablonenhaften und lebensfernen Schematismus entartet war, gegen den sich am Beginn des 20. Jahrhunderts der Aufstand einer radikalen »Pädagogik vom Kinde aus« erheben mußte, welche den Grundwiderspruch von Kindheit in der modernen Gesellschaft unübersehbar aufdeckte: den Widerspruch zwischen einer ständig wachsenden Bedeutung der Kindheit und der ihr gewährten Freiheit zur Selbstbestimmung auf der einen Seite und einer immer wichtiger erachteten pädagogischen Ingriffnahme der Kindheit und der daraus folgenden Fremdbestimmung von Kindheit auf der anderen Seite. Den Pädagogen und Erziehern der Donauländer schien es gelungen zu sein, diesen Widerspruch abzumildern und das Kinderleben in Kindergarten und Schule kinderfreundlicher zu gestalten.

DAS BILD DES KINDES IN DER SCHÖNEN LITERATUR

Franz Kafka mit seinen Schwestern Valli (links) und Elli

AUS: DIE VERWIRRUNGEN DES ZÖGLINGS TÖRLESS

Robert Musil

Wieder nach einer Weile, während deren er mich von Zeit zu Zeit heimlich angesehen hatte, wurde er plötzlich bleich. Eine merkwürdige Veränderung ging mit seinem Gesichte vor. Die förmlich unschuldige Anmut, die es vorher verschönt hatte, schwand, wie es schien, mit der Farbe. Es sah nun grünlich aus, käsig, verquollen. Ich hatte so etwas vorher nur ein einziges Mal gesehen – als ich auf der Straße hinzukam, wie man einen Mörder arretierte. Der war auch unter den anderen Leuten umhergegangen, ohne daß man ihm das geringste hätte anmerken können. Als ihm aber der Schutzmann die Hand auf die Schulter legte, war er plötzlich ein anderer Mensch geworden. Sein Gesicht hatte sich verwandelt, und seine Augen starrten erschrocken und nach einem Ausweg suchend aus einer wahren Galgenphysiognomie.

Dann wurde ich durch den Wechsel in Basinis Ausdruck erinnert; ich wußte nun alles und wartete nur noch...

Und es kam auch so. Ohne daß ich etwas gesagt hätte, fing Basini – von dem Schweigen erschöpft – zu weinen an und bat mich um Gnade. Er habe das Geld ja nur in der Not genommen; wenn ich nicht darauf gekommen wäre, hätte er es so bald wieder zurückgegeben, daß niemand darum gewußt hätte. Ich solle doch nicht sagen, er habe gestohlen; er habe es sich ja nur heimlich ausgeliehen...; weiter kam er nicht vor Tränen.

Danach aber bettelte er mich von neuem. Er wolle mir gehorsam sein, alles tun, was überhaupt ich wünsche, nur solle ich niemandem davon erzählen. Um diesen Preis bot er sich mir förmlich zum Sklaven an, und die Mischung von List und gieriger Angst, die sich dabei in seinen Augen krümmte, war widerwärtig. Ich versprach ihm daher auch nur kurz, mir noch überlegen zu wollen, was mit ihm geschehen werde, sagte aber, daß dies in erster Linie Beinebergs Sache sei. Was sollen wir nun eurer Meinung nach mit ihm anfangen?«

Während Reiting erzählte, hatte Törleß wortlos, mit geschlossenen Augen zugehört. Von Zeit zu Zeit war ihm ein Frösteln bis in die Fingerspitzen gelaufen, und in seinem Kopfe stießen die Gedanken wild und ungeordnet in die Höhe wie Blasen in siedendem Wasser. Man sagt, daß es so dem ergehe, der zum ersten Male das Weib sehe, welches bestimmt ist, ihn in eine vernichtende Leidenschaft zu verwickeln. Man behauptet, daß es einen solchen Augenblick des Sichbückens, Kräfteheraufholens, Atemanhaltens, einen Augenblick äußeren Schweigens über gespanntester Innerlichkeit zwischen zwei Menschen gebe. Keinesfalls ist zu sagen, was in dem Augenblicke vorgeht. Er ist gleichsam der Schatten; eine Lockerung aller früheren Spannungen und zugleich ein Zustand plötzlicher, neuer Gebundenheit, in dem schon die ganze Zukunft enthalten ist; eine auf die Schärfe eines Nadelstichs konzentrierte Inkubation ... Und er ist andererseits ein Nichts, ein dumpfes, unbestimmtes Gefühl, eine Schwäche, eine Angst ...

DAS BILD DES KINDES IN DER SCHÖNEN LITERATUR

Hermann Schreiber

Die Situation

Zwischen der Niederlage von Königgrätz im Jahr 1866 und dem Friedensdiktat von Saint-Germain befand sich die österreichisch-ungarische Monarchie in einem unleugbaren politischen Niedergang. Er wurde jedoch nur von den hellsichtigen Bürgern dieses alten Kaiserreiches als unaufhaltsam erkannt, weil er auf eine bizarre Weise mit wirtschaftlicher Prosperität und kultureller Blüte verbunden war, ganz so, als hätte der drohende Verlust politischer Macht erst all die anderen Blüten sprießen lassen, so üppig, bis sie sich zu einem Makart-Bukett vereinigten: dicht, bunt, eindrucksvoll, aber ohne Duft.

Obwohl Große wie *Grillparzer, Lenau* und *Adalbert Stifter* nicht mehr lebten, hatten an der Kulturblüte des sterbenden Reiches die Dichter einen so hohen Anteil, daß die literarischen Ereignisse des siegreichen wilhelminischen Deutschland daneben verblassen. Die fruchtbare Völkervielfalt zwischen Galizien und der Adria, zwischen Czernowitz und Bodensee setzte zu einem letzten und überzeugenden Triumph an, dessen Umfang und Farbenpracht wir inzwischen beinahe vergessen und jedenfalls, trotz gewisser Bemühungen, noch nicht wiederentdeckt haben. Die beglückende Fülle gerade der literarischen Produktion begräbt zwar die nicht sonderlich zahlreichen Werke von wahrhaft weltliterarischer Qualität, aber sie ist in ihrer Gesamtheit ungemein charakteristisch für einen Selbstbehauptungswillen im quasi Schöpferischen. Ihn mögen die Ahnungen nahen Untergangs geweckt haben, in den starken Talenten ebenso wie in den literarischen Lokalgrößen, und in ihnen allen mit der gleichen verzweifelten Bemühung, aufrichtig und nach bestem Vermögen von dem Zeugnis zu geben, dem Dauer zu verleihen, was offensichtlich auch durch die Dichter nicht mehr zu retten war.

»Aber 1918«, schreibt *Julius Hay* in »Geboren 1900«, »krachte die österreichisch-ungarische Monarchie zusammen. Die unlängst noch so heilig und unantastbar geglaubten Grenzen unseres Landes schrumpften über Nacht ein. Alles, was im Menschen an Bösem und Niederträchtigem schlummerte, wurde durch diese Erschütterung auf uns losgelassen ... Ich kann nicht mehr alle Hindernisse seit meinen frühesten Jahren aufzählen, die sich einem glücklichen Leben entgegenstellten. Aber die reichste Quelle des Unglücks kann ich nennen; ich werde sie bis ans Ende meiner Tage in Erinnerung behalten – es war die Angst. Was hat mir und wohl auch anderen Kindern diese ständige Angst eingejagt? Ich glaube: alles. Zur ständigen Schürung dieser Angstgefühle setzt das kleine Kind seine ganze Phantasie in Bewegung, die aber bei weitem nicht so reich ist, wie man oft denkt. Die Hauptquelle der Angst sind die Erwachsenen, sie liefern die Nahrung ohne Unterlaß.«

Obwohl sich die Befürchtungen und die allgemeine Unruhe der Erwachsenen den Kindern zweifellos mitteilten oder von ihnen erahnt wurden, gewannen die Kinderjahre unserer Dichter und Erzähler in dem Augenblick eine besondere Qualität, ja eine einzigartige Bedeutung, als die Umwelt, in der sich Kindheit und Jugend abgespielt hatten, nun ebenfalls vergangen war und ebenso unwiderbringlich erschien wie das Glück der eigenen frühen Jahre. Ohne daß sie es alle expressis verbis sagten, setzte in ihnen, den wahrhaft schöpferischen Naturen und den Nachempfindenden, doch das

Gefühl doppelter Vereinsamung ein, das sich aus vagem Mißbehagen über den eigenen Alterungsvorgang zur vollen Trostlosigkeit verdichtete, als sich jenes große Reich mit seinen vielen sonnigen Schauplätzen in Städten, Dörfern, Tälern und Höhen auf Nimmerwiedersehen in die Geschichtsbücher empfahl. Es gab in fernen Ozeanen vulkanische Eilande, von denen man, um sie am Leben zu erhalten, die paar Dutzend Familien abtransportiert hatte; sie lebten, da sie nur wenige waren, großzügig unterstützt und bequem in London, und keiner dachte an Heimkehr. Als der Vulkan dann aber doch ausbrach und das Eiland vollends unbewohnbar wurde, bemächtigte sich ihrer erst die tiefste, die unentrinnbare Einsamkeit.

Daran ist man erinnert, wenn man sieht, mit welcher Inbrunst sich die Dichter eines hinabgegangenen großen Staatswesens über Kinderschicksale beugen, erfahrene oder erlebte. Und wenn sie darüber schreiben, so meinen sie, dem Schicksal eine doppelte Wiedergutmachung abgerungen zu haben: den Sieg über das eigene Alter und den Triumph über das Diktat von Saint-Germain. Natürlich gibt es auch eine ganze Anzahl für uns wichtige Autoren, die das Glück hatten, die Bitternisse von 1918 gar nicht erleben zu müssen. Daß in ihren Kindheitsgeschichten sich die grauen Wolken am Horizont bereits hochschieben, ja daß sie ihn bei dem einen oder anderen düster bedecken, das gehört zur Gnade oder Ungnade des Genies früher Geburt, das mehr ahnt, als andere wissen können, oder das sich in seiner selbstverliebten Ahnungslosigkeit bis zum Schluß hinwegzutäuschen vermag wie jener einst so berühmte *Harry Graf Kessler*: Im Frühjahr 1918, als schon alle Fronten der Mittelmächte zusammengebrochen waren, äußerte er seinem Freund *Bogenhausen* gegenüber die tiefe Besorgnis, daß die Donaumonarchie, soferne ihr nun auch noch das ganze russische Polen zufalle, unter einem slawischen Übergewicht zu leiden haben werde.

»Es gibt im Denken des erwachsenen Menschen, wenn er sich als ein Fertiger erlebt, Barrieren, die durch nichts zu durchbrechen sind, unzerstörbare Befestigungen, die ihm den sogenannten Charakter verleihen, ein unveränderliches, inneres Profil. Alles hängt, für die Kunst, davon ab, ob sie die anderen erreicht, vor allem Menschen eines Alters, wenn noch innere Bewegung herrscht, Kinder, Jugend. Der Künstler selbst, solange er Neues erstrebt, wird, und zwar alsbald im Gegensatz zum Gros seiner Altersgenossen, sich nicht als ein Fertiger erleben und muß alle Versuchung, es endlich doch zu sein, abwehren, denn es würde ihn nicht vorantreiben, sondern zur Ruhe und zum Genuß des Erreichten und damit ans Ende bringen« *(Ernst Jandl)*.

Der Knabe und die Dinge

In unsicheren Zeiten sucht man Halt. In dem großen Wandel der Jahrhundertwende war das unheimlichste, daß auf den ersten Blick alles beim alten blieb. Man lebte im Urväter-Hausrat inmitten intakter Erinnerung und ahnte dennoch, daß Entscheidendes anders geworden sei.

Aber während *Stifter* sich noch mit den kleinen Dingen identifizieren und in ihnen Gott und den Sinn der Schöpfung erleben konnte, ist es plötzlich anders: »Kunst und Leben treten auseinander, eine schicksalhafte Kluft zwischen beiden tut sich auf, die vom Dichter kaum mehr überbrückt werden kann. Er schaut auch dem eigenen Leben nur noch zu« *(Walter Rehm)*. Die Lebensphase vor dieser Spaltung, das glückhafte Einssein mit sich selbst und mit der Schöpfung, ist die Kindheit: »... da hatte jedes Ding seinen besonderen Sinn, und es gab unzählbar viele Dinge. Und keines war mehr im Werte als ein anderes. Gerechtigkeit war über ihnen. Jedes durfte einmal das Einige scheinen, durfte Schicksal sein«, sagt *Rilke* in der frühen Erzählung »Die Letzten«, und kurz vor dieser Stelle: »Es muß schwer sein, sich das zu denken. Ich hätte es selbst kaum gekonnt vorher; aber jetzt scheint es mir ganz natürlich. Die Kindheit ist ein Land, ganz unabhängig von allem. Das einzige Land, in dem es Könige gibt.« Zwischen 1898 und 1901 geschrieben, steht diese seltsame, unentschlossen wirkende Novelle zwischen den »Prager Geschichten« und den »Geschichten vom Lieben Gott«. Wie in einem Ritornell wird *Rilke* nach dem Weggang aus der magischen Heimat Prag in den schöpferischen Käfig der Kindheit zurückkehren, ja er empfiehlt diesen Vorgang ausdrücklich in einem Vortrag aus dem Jahr 1907: »Wenn es Ihnen möglich ist, kehren Sie mit einem Teile Ihres entwöhnten und erwachsenen

Gefühls zu irgendeinem Ihrer Kinder-Dinge zurück, mit dem Sie viel umgingen. Gedenken Sie, ob es irgend etwas gab, was Ihnen näher, vertrauter und nötiger war, als so ein Ding. Ob nicht alles – außer ihm – imstande war, Ihnen weh oder unrecht zu tun, Sie mit einem Schmerz zu erschrecken oder mit einer Ungewißheit zu verwirren? War es nicht ein Ding, mit dem Sie zuerst Ihr kleines Herz geteilt haben wie ein Stück Brot, das reichen mußte für zwei?«

Nur, wir kennen alle das Buch, in dem sich diese und andere Andeutungen eindrucksvoll erfüllt haben: Die »Aufzeichnungen des Malte Larids Brigge«, gegen Ende des vergangenen Jahrhunderts inhaltlich angesiedelt, 1910 im Insel-Verlag zu Leipzig erschienen.

Da die Dichtung der Empfindsamkeit in Paris delirierte, vielleicht aber auch, um gegen *Huysmans* berühmte Parodie »A rebours« aufzutreten, verlegt *Rilke* die Handlung nach Paris, doch kehrt sein vornehmer Held immer wieder in das großväterliche Stadtpalais mit seiner unverwechselbaren Aura zurück. Es kommt zu magischen Szenen wie jener in einem Erkerzimmer, in dem ein seit Jahren nicht mehr geöffneter Schrank von alten Kostümen und Uniformen überquillt, und natürlich hat Malte auch eine Vision, eine Geistererscheinung, und tiefe Depressionen angesichts eines abgebrannten Grafenschlosses.

Das Kind, dessen Kenntnisse und Verstandeskräfte zum Ordnen der Eindrücke noch unfähig sind, wird die Beute tiefer Ängste, die sich in Fieberphantasien manifestieren, und die Krankenhausatmosphäre, die Berührung mit fremden Menschen aus weniger vornehmen Schichten, erzeugt jenes existenzielle Unbehagen, das sich zeitweise zum Entsetzen über das eigene einsame Ich steigert.

Gewiß lassen sich die Erfahrungen und Zustände eines hypersensiblen Kindes nicht verallgemeinern, und eingeflossene autobiographische Bekenntnisse relativieren vollends die Rückblicke auf eine Kinderwelt, die auch der Dichter als längst hinabgegangen, als großväterliches Umfeld, zugleich von sich fortschiebt und sehnsüchtig heraufrufen möchte. Während die Männer, und seien sie noch so vornehm und hochgestellt, uns als Gefangene der vergangenen Epoche entgegentreten, haben die Frauen Kraft wie Großmutter Brigge oder trösten durch Schönheit und Zärtlichkeit wie Tante Abelone, die jüngere Schwester der verstorbenen Mutter.

Es ist eine kindliche Welt, die trotz der imaginierten dänischen Adelsverhältnisse (zu denen *Rilke* sich eine genealogische Verbindung konstruiert hatte) zu Prag und zur Donaumonarchie zahlreiche Parallelen aufweist: das Nebeneinander alten Adels und kleiner Leute, die Macht der Familientraditionen, die Nähe russischer und venezianischer Bezüge und Erinnerungen – und dazwischen, in »erlauchter Lebensunfähigkeit« der Dichter selbst, kindlicher König inmitten magischer Dinge, ein Antiquitätenhändler, der nichts so sehr fürchtet wie einen Käufer.

Während in Berlin der Naturalismus über die Bühnen tobt, ergehen sich an der Donau und an der Moldau die Dichter in Träumen und Phantasien, rufen das Glitzergeschmeide der Renaissancedichtung herauf und stellen den nüchternen Besserwissern aus dem Norden ihre Schwierigen entgegen als Herren von unbestreitbarer Kultur und Kaisertreue, die aber nicht ganz von dieser Welt zu sein scheinen, die sich bewegen wie große Kinder und sehr wohl wissen, daß diese vage Ichverlorenheit ihren Charme ausmacht. Am 7. Juli 1893 schreibt *Hugo von Hofmannsthal* an *Richard Beer-Hofmann* aus Bad Fusch unter anderem den Satz: »Ich wollte, wir wären keine so nachdenklichen und zweifelsüchtigen Tagediebe« – womit er zwar nicht sich selbst meint, sondern den Adressaten, aber worin doch auch Zweifel an der Legitimität des eigenen Solipsismus mitschwingen. Und dem dreißigjährigen *Gabriele d'Annunzio*, der schon ein Dutzend vielbeachteter Dichtungen geschaffen hat, verabreicht *Hofmannsthal*, der eben erst die Matura hinter sich gebracht hat, wahre Keulenschläge von tiefster Weltweisheit, um die glanzvolle Glasglocke des Poeta laureatus zu zertrümmern: »Aber das Leben ist doch da. Es ist durch sein bloßes oppressives, unentrinnbares Dasein unendlich merkwürdiger als alles Künstliche und unendlich kräftiger, und zwingt. Es hat eine fürchterliche betäubende Fülle und eine fürchterliche demoralisierende Öde. Mit diesen zwei Keulen schlägt es abwechselnd auf die Köpfe derer, die ihm nicht dienen. Die aber vom Künstlichen zuerst herkommen, dienen ihm eben nicht. Über denen hängt das Leben drohend wie die Sturmwolke, und wie geängstigte Schafe laufen sie hin und her.«

Der Schüler Hofmannsthal (vorne links neben dem Lehrer)

Erst Jahre später, 1906, beginnt sich zu entschleiern, was schmerzlich und unverlierbar dieses so graziöse Talent der Jahrhundertwende verhärtet. Das Kind *Hofmannsthal* mit Ängsten, wie jenen, von denen *Julius Hay* spricht, erwacht zusehends und durchbricht den Kokon angelesener Präpotenz. Noch traut der Hochgelobte und Vielgeliebte der eigenen Aufrichtigkeit nicht ganz; die Stelle, die wir nun zitieren, wird in späteren Ausgaben seiner Reden wieder getilgt werden: »Da ich ein Kind war, ich denke es wie heute, brachte ich meine Einbildung oft stundenlang nicht los von der Qual von Tieren, von mißhandelten Pferden, eingesperrten Tieren, großen, traurig blickenden Gefangenen, die immer herumgehen zwischen dem Gitter und der Wand.« (Es ist etwa die Zeit, in der *Rilke* sein berühmtes Gedicht vom Panther schreibt.) »Und ich sann etwas aus, aber vergaß es später wieder völlig, von einem Tierbändiger, der seine Löwen tötet, ihnen vergiftetes Fleisch hinwirft. Es kamen andere Jahre, und ich vergaß dies völlig. Tausende von Kindern leiden mehr als sie jemals ahnen lassen unter der Qual von Tieren. Solche dumpfe Schmerzen liegen in der Zeit wie andere in anderen Zeiten.«

Er hat sich die Frage noch immer nicht beantwortet, die Claudio im Schlußmonolog von »Der Thor und der Tod« sieben Jahre zuvor stellt: »Warum bemächtigt sich des Kindersinns / so hohe Ahnung von den Lebensdingen / daß dann die Dinge, wenn sie wirklich sind / nur schale Schauer des Erinnerns bringen?«

Nicht *Sigmund Freud*, mit dem sich *Hofmannsthal* wohl aus der gleichen Scheu wie *Rilke* erstaunlich wenig beschäftigt, sondern der Physiognom *Rudolf Kassner* (1873–1959) wird ihnen allen, diesen dem Ich zugewandten feinnervigen Dichtern der österreichischen

Jahrhundertwende, die Frage beantworten, warum sie angesichts des sich ankündigenden Erdbebens, im Fin de siècle und im Aufbruch eines neuen Jahrhunderts, das Kind und Kindergestalten mit einer strahlenden Aura umgeben und in der Kindheit nach jener unbewußten Sicherheit suchen, die dem ganzen scheinbar so festgefügten Staatswesen verlorenzugehen scheint. Mähren, woher er stammt, nennt *Kassner* das eminent österreichische Kronland, und tatsächlich hat es mit Galizien gewetteifert in der Entsendung von Begabungen an die Donau nach Wien. »Wenn der Mensch in der Zeit stehenbleibt«, schreibt *Kassner* in seinem »Buch der Erinnerung«, »wie man von primitiven Völkern oder von Kindern sagt, von jenen, daß sie in der Zeit stehengeblieben seien, von diesen, daß die Zeit für sie stillstehe, fallen Einbildungskraft und Magie zusam-

Arthur Schnitzler mit Geschwistern

men, und das, was wir Zeit nennen, bleibt in der Ewigkeit wie zusammengefaltet ... Ich finde in der Tat keinen anderen (Begriff als den Begriff des Magischen), den magisch-mythischen, um das Verhältnis des Kindes zur Natur, vielmehr zur Welt, Bildwelt der ersten Lebensjahre, zu bezeichnen. Mir hat als Kind und später der Begriff Natur so gefehlt, wie er nur einem Landkind fehlen kann ... Alles gehörte doch für das Kind zueinander und bildete ein Ganzes: das Entengeschnatter im Hof und die aufgehende Sonne, das Eis im Bach, aus dem das rotbraune glänzende Weidengesträuch ragt, ein lehmiger, trockener Hohlweg zwischen Feldern und Weinbergen ... Meine Sinne bezogen alles auf die Erde und deren Kräfte. Ich konnte mein Kindergesicht in die Erde bohren, und nach einem der in jenen Landstrichen so seltenen Gewitter lief ich hinaus, um die Erde zu riechen und mir im nassen Gezweig von Flieder und Goldregen das Gesicht zu baden.«

Wir besitzen, was in diesem vergessenen und unauffindbaren Buch ausgedrückt wurde, in den gültigen Dichtungen *Rilkes* und *Hofmannsthals*, in die von *Kassner* mehr einging, als sich in Briefen und Erinnerungen belegen läßt, etwa in dem Bericht über ein nächtliches Gespräch vom Juni 1914 in jenem Schloß Duino, das später von italienischen Granaten zerstört werden wird. Und nach dem Gespräch, in dem *Rilke* seine eigene Nachsicht, ja Sanftmut gegenüber anderen hatte verteidigen müssen, schreibt *Kassner:* »Der Mann blieb in Rilkes Welt Eindringling, darin waren nur Kinder, Frauen und Alte zu Hause. Und in der Welt der Kinder, Frauen und Alten ist der Konflikt zwischen Urteil und Gefühl auch sinnlos ... Als Kind ist Rilke unter Sonderlingen aufgewachsen, in Prag, wo der Sonderling endemisch ist. Als ich ihn das letztemal – 1923 – in Muzot besuchte, habe ich ihn dringend darum gebeten, seine Kindheitserinnerungen aufzuschreiben ... Ich fürchte aber, daß die Kindheitserinnerungen nicht niedergeschrieben wurden. Ich erinnere mich einer wundervollen Geschichte aus seiner Kindheit ... Es war da in Prag ein älterer Onkel, ein Junggeselle. Dieser hatte eine einzige Leidenschaft, einen Tick der Seele: Vögel. Ein ganzes Zimmer war voll davon. An einem bestimmten Tag der Woche durfte der kleine Rilke den Onkel besuchen. Zu Mittag, zusammen mit einer Cousine. Der Onkel kam aus dem Vogelzimmer, das ans Speisezimmer grenzte, Federn staken ihm im Haar, im Bart, der Anzug war damit bedeckt ... Doch mit einem Tage war das alles zuende, keine Käfige mehr, kein Singen und Kreischen, und statt der Vögel eine rothaarige und sommersprossige, sehr bunt gekleidete Person mit lauter Stimme. All die vielen Vögel hatten sich in diese Frau verwandelt, die dann auch meinen Onkel nicht mehr verließ und schließlich begrub, schloß Rilke.«

Auch das ist eine jener Verwandlungen, die Kinder zunächst nicht begreifen, die eine scheinbar intakte, als sicheren Besitz gehütete Welt mit grotesker Schnelligkeit und Radikalität verändern, so daß der seinen Mythen nachtrauernde Knabe ratlos zurückbleibt. *Hofmannsthals* nicht sehr umfangreiches lyrisches Werk lebt weitgehend aus der frühen Ratlosigkeit des sensiblen Kindes, auch wenn diese später – zumindest auf seine übelwollenden Kritiker – als kokette Attitüde wirkt. Aber gerade jenes Dutzend von Gedichten, in denen sich dieses Grundgefühl seiner individuellen Existenz am gültigsten manifestiert, hat sich bis heute in unserem Bewußtsein lebendiger erhalten als manch andere bei ihrem Erscheinen hoch gepriesene Poesie: In dem Gedicht »Ein Knabe« spricht *Hofmannsthal* von den Wegen der Heimkehr, auf denen das Kind zugleich Herr und Knecht ist, und in den berühmten Terzinen über die Vergänglichkeit ist das Kind von der unsichtbaren Schar der Vorfahren zugleich schützend und beunruhigend umgeben:

Noch spür ich ihren Atem auf den Wangen:
Wie kann das sein, daß diese nahen Tage
Fort sind, für immer fort und ganz vergessen?
Dies ist ein Ding, das keiner voll aussinnt,
Und viel zu grauenvoll, als daß man klage:
Daß alles gleitet und vorüberrinnt.
Und daß mein eignes Ich, durch nichts gehemmt,
Herüberglitt aus einem kleinen Kind
Mir wie ein Hund unheimlich stumm und fremd.
Dann: daß ich auch vor hundert Jahren war
und meine Ahnen, die im Totenhemd,
Mit mir verwandt sind wie mein eignes Haar,
So eins mit mir als wie mein eignes Haar.

Das Haar, das nicht so schnell zu Staub zerfällt, das sich nicht sogleich in ekelerregende Verwesung auflöst, wird dem denkenden Kind zur Verbindung mit hinabgegangenen Welten. Im Grauen erstirbt die Klage, verstummt das Wort. Es ist wohl kein Zufall, daß es das Haar ist, das aus der kindlichen Erinnerung, aus dem Erlebnis der frühen Berührung zu einem Schutzmantel wird wie auch bei *Ernst Weiß* (1884–1940), dem Arzt-Dichter aus Brünn, der in seiner Bedeutung längst erkannt ist, aber noch immer zu wenig gelesen wird:

»Die Mutter hatte ihr Kind Daniel im Arm, das Haupt des Knaben glättete die Falten an ihrem Halse. Ihre Pulse schlugen ruhiger. Die Wangen des Kindes waren eingehüllt in die dunklen, seidigen Haare der Mutter, seine Hände ineinander verschlungen. Das Kind weinte nicht, seufzte nicht. Seine Glieder breiten sich auf der atemschwer gehobenen Fläche des mütterlichen Leibes, so ganz in Frieden gelöst, in Freude besänftigt. So mußte die Mutter lächeln. Sie begann zu singen, heimatlicher Klang, eintönig, alte, endlose Weise. Der dunkle Staub duftete nur nach Blumen, Gärten und Kinderzeit.« (»Daniel«, Berlin 1924.)

Die feinen, verwöhnten Stammhalter der wohlhabenden Familien, auf den Gymnasien mehr umworben als gedrillt, sie klettern auf Speicher, um allein zu sein, sie werden wohldosierter Geistererscheinungen gewürdigt, in denen Bankos Blut durch ein wenig Ahnenstaub ersetzt erscheint. Sie steigen in den Keller hinab, weil diese die Fundamente des Vaterhauses sind (nicht etwa, weil sie Kohle nach oben tragen müßten), und hinter den Häusern öffnen sich Gärten. »Ein alter Garten«, schrieb *Hofmannsthal* 1906, »ist immer beseelt. Der seelenloseste Garten braucht nur zu verwildern, um sich zu beseelen. Es entsteht unter diesen schweigenden, grünen Kreaturen ein stummes Suchen und Fliehen, Anklammern und Ausweichen, eine solche Atmosphäre von Liebe und Furcht, daß es fast beklemmend ist, unter ihnen allein zu sein.« Es ist ein Zeitschriftenaufsatz aus einem für *Hofmannsthal* sehr wichtigen Jahr. Er begegnet Richard Strauss, was sein Leben prägen und verändern wird, und sein Sohn *Raimund* wird geboren. Allein im verwilderten Hausgarten erlebt *Hofmannsthal* noch einmal, was für sie alle, für *Hay*, für *Schnitzler*, für *Ernst Weiß*, für *Richard Beer-Hofmann*, das Kindsein eines empfindsamen Knaben charakterisiert: die Furcht, die sich an die Liebe heranschiebt, die Stummheit der Dinge, die Sprachlosigkeit der Kreatur, die auf schöpferische Erweckung wartet.

Der Genius im Kerker

Die Kindheit erzeugt Ambivalenzgefühle, die zu Dichtungen sehnsüchtig-rückgewandter Observanz häufiger führen als zum Heraufrufen früher Ängste; so waren gewisse Erfahrungen, die sich an das frühkindliche Dasein anschlossen, fast stets so belastend, daß ihre Aufarbeitung im literarischen Kunstwerk wie ein düsterer Monolith im Gesamt-Œuvre stehenblieb. Wir haben in einem anderen Kapitel eine Mutter erlebt, die sofort den Hauslehrer losschickte, wenn der geliebte Sohn nur um ein Viertelstündchen länger in der bösen Schule zurückgehalten wurde. Diese Mütter, die mit allem, was sie hatten und mobilisieren konnten, für ihre zarten Sprößlinge kämpften, um die Entwicklung des jungen Genies nur ja nicht zu gefährden, willigten aber doch alle in die standesgemäße Internatserziehung ein, obwohl zumindest der Hausarzt Madame hätte warnen müssen – warnen vor dem Terror der Gleichaltrigen, vor dem Erwachen des Sexualtriebs in einer dafür denkbar ungeeigneten Umgebung und vor der traditionellen Härte der Lehrer vor allem in Internaten mit militärischen Zuschnitt.

Aus irgendeinem geheimnisvollen Grund lagen die schrecklichen Internate in den schrecklichsten Orten der Monarchie, in Mährisch-Weißkirchen an der Betschwa, so reizlos, wie das nahe Teplitz hübsch war, und in Sankt Pölten, einer Kleinstadt von sprichwörtlicher Provinzialität und Beengtheit. »Rilke«, schreibt *Rudolf Kassner*, »war Dichter, war Persönlichkeit, auch wenn er sich nur die Hände wusch. Die einzige ganz schreckliche Erinnerung seines Lebens waren die Jahre, die er in der Kadettenschule von Sankt Pölten zubrachte.« *René Rilke*, wie man ihn damals nannte mit einem Vornamen, der bei Mädchen nur ein weiteres e hinzugewinnt, *René* war in die Volksschule stets von seiner Mutter begleitet worden; Mutter und Sohn hatten dabei französisch gesprochen, um eine Mauer zu den anderen Schülern aufzurichten, von denen einige sogar Böhmisch als Muttersprache hatten; und nun, im zarten Alter von zehn Jahren, sollte *René* aus dem schönen

Rainer Maria Rilke als Zögling in Mährisch-Weißkirchen

Prag in die ferne Pseudostadt Sankt Pölten reisen und dort nicht etwa in einem Adelskonvikt wohlbehütet aufwachsen, sondern in einer Kadettenanstalt. Es wurde so schlimm, daß selbst die dichterische Bewältigung nicht über Fragmente hinauskam; das eine trägt, wie oft, wenn *Rilke* auf Distanz geht, einen französischen Namen als Titel – »Pierre Dumont« – und entstand 1894. Pierre hatte Urlaub, seine Mutter begleitet ihn im Zug nach Sankt Pölten zurück, obwohl er Uniform trägt, man blickt einander mit tränenfeuchten Augen an, dann:

»Noch ein Kuß, und fort war er. Am Tore schaute er sich noch einmal um. Er sah die kleine schwarze Gestalt der Mutter dort zwischen den verdämmernden Bäumen – und schluckte hastig die Tränen hinunter… Er taumelte in den breiten Flur hinein, er war so müde…

Dumont! Rief eine brutale Stimme. Der Unteroffizier von der Torwache stand vor ihm. Dumont, zum Teufel – wissen Sie nicht, daß Sie sich zu melden haben…?«

Das Thema klingt da und dort wieder auf, aber anders als *Musil* und *Torberg* hat *Rilke* nie die Kraft aufgebracht, sich von den offensichtlich rein seelischen Torturen in Sankt Pölten freizuschreiben, denn seine Zeugnisse und Lernerfolge hätten nicht besser sein können. *Wolfgang Leppmann* hat in seiner großen *Rilke*-Biographie (Bern 1981 und 1993) auf diesen Gegensatz hingewiesen und auf die erschütternde Tatsache, daß *Rilke* erst wenige Jahre vor seinem Tod, in einem Brief von 1920 an einen ehemaligen Lehrer, die wahre Tiefe seiner Nöte offenbarte. »Er hätte sein Leben nicht ertragen können, antwortet er jetzt, ›wenn ich nicht durch Jahrzehnte alle Erinnerungen an die fünf Jahre meiner Militärerziehung verleugnet und verdrängt hätte‹. Er scheut sich nicht, Sankt Pölten und Mährisch-Weißkirchen (wohin er nach einigen Jahren überwechselte) mit Dostojewskis ›Totenhaus‹ zu vergleichen, und spricht von den Schuljahren als einer ›gewaltigen Heimsuchung meiner Kindheit‹, nach welcher er, ›als ein Erschöpfter, körperlich und geistig Mißbrauchter, verspätet, sechzehnjährig, vor den ungeheueren Aufgaben meines Lebens‹ gestanden sei, ›betrogen um den arglosesten Teil meiner Kraft und zugleich um jene nie wieder nachzuholende Vorbereitung, die mir reinliche Studien gebaut haben würde zu einem Anstieg, den ich nun, geschwächt und geschädigt, vor den steilsten Wänden meiner Zukunft beginnen sollte‹.«

Leppmann, Berliner und jenseits des Ozeans aufgewachsen, Ordinarius in Oregon und durch die Mutter Österreicher, vermutet – allerdings nur auf die guten Zensuren gestützt –, daß es *Rilkes* ureigenste Problematik war, die ihn Sankt Pölten und Weißkirchen als so schrecklich empfinden ließ, obwohl man *Rilkes* Andeutung, er fühle sich auch körperlich mißbraucht, vielleicht noch einmal nachgehen wird. Aber die Bedeutung dieses Briefes an den einstigen Deutschlehrer und Oberleutnant, an den 1920 als Generalmajor wieder auftauchenden Herrn *von Sedlakowitz*, kann nicht übersehen werden, denn diese Antwort gehört »mit Kafkas Brief an den Vater und Thomas Manns Brief an den Dekan der Bonner Universität zu den großen Abrechnungen der modernen deutschen Literatur« (Leppmann).

Weniger Zweifel herrschen hinsichtlich der Erlebnisse, die *Robert Musil* nach dem Besuch der Militär-Unterrealschule in Eisenstadt in den Jahren 1894–97, also beinahe zugleich mit *René Rilke* und in der Militär-Oberrealschule von Mährisch-Weißkirchen, zuteil wurden, denn er verdankt ihnen seinen ersten großen literarischen Erfolg.

Wilfried Berghahn betont in seiner Monographie über *Robert Musil* (Reinbek 1963), daß es sich bei den »Verwirrungen des Zöglings Törleß« *nicht* um einen autobiographischen Roman handle; *Musil* habe, ähnlich wie *Rilke*, diesen inhaltsschweren Stoff geflohen, ja ihn zwei Freunden – naturalistischen Autoren – schenken wollen, also angeboten. Dies deutet allerdings darauf hin, daß ihm an einer Gestaltung gelegen war, auch wenn er sie nicht selbst auf sich nehmen wollte.

Tatsächlich beschreibt *Musil*, als er 1902 dann doch selbst mit der Niederschrift beginnt, die äußeren Verhältnisse so vage, daß seine Jahre in Eisenstadt und später in Mährisch-Weißkirchen schwer zu lokalisieren sind; das, worauf es ankommt, ist, wie er sich ausdrückt, das Gespenstische der Vorgänge, die Tatsache, daß sich in dem von *Musil* als renommiert geschilderten Institut die jugendlichen Insassen wie unter einem düsteren Zauber zu verwandeln beginnen, an dem das Entsetzliche die Tatsache ist, daß dieser Zauber nichts erschaffen muß, sondern nur etwas hervorruft, herausholt, was in den Tiefen der jungen Seelen bereits angelegt und schlummernd vorhanden war.

Natürlich kannte *Musil* als Offizier die Tatsache, daß eine Summe von Individuen bei ihrer Zusammenfassung in Gruppen sich anders verhält und in der kollektiven Verhaltensweise anders zu berechnen ist als der einzelne. Das Bestürzende an dem Mitschüler-Kollek-

Robert Musil als Realschüler, 1894

tiv in der Internatsschule von W. war nicht nur, daß die Kameraden des Törleß gelegentlich »bis zur Roheit wild und ungebärdig« waren und ein »animalisches« Gehabe an den Tag legten, sondern daß der heimwehkranke, durch intellektuelle Überlegenheit und ästhetische Maßstäbe isolierte Held der Geschichte seine ganze Welt sich auflösen sah: »War diese (Folter-)Kammer möglich, dann war es auch möglich, daß von der hellen, täglichen Welt, die er bisher allein gekannt hatte, ein Tor zu einer anderen, dumpfen, brandenden, leidenschaftlichen, nackten, vernichtenden führte. Daß zwischen jenen Menschen, deren Leben wie in einem durchsichtigen und festen Bau von Glas und Eisen geregelt, zwischen Bureau und Familie bewegt war und anderen, Herabgestoßenen, Blutigen, ausschweifend schmutzigen, in verwirrten Gängen voll brüllender Stimmen Irrender, nicht nur ein Übergang besteht, sondern ihre Grenzen heimlich und nah und jeden Augenblick überschreitbar aneinanderstoßen.«

Als *Alfred Kerr,* der neben *Karl Kraus* berühmteste

Kritiker der Jahrhundertwende, diese Geschichte kennenlernte und für den Druck empfahl, konnte er noch nicht ahnen, in welchem Maße der Erste Weltkrieg und erst recht der kollektive Wahn der Rassendiskriminierung die zunächst noch individuellen Erkenntnisse des hellsichtigen *Robert Musil* als wahrwerdende Vision erweisen würden. 1903, als der kleine Roman erschien, machten die Eröffnungen über die Zöglings-Sexualität und die Pseudo-Homosexualität in der Interatsatmosphäre mehr Sensation als die Bereitschaft zur schrankenlosen Grausamkeit. Heute sieht man die pubertären Erscheinungen, wie Musil sie reportiert, eher als weitgehend normale Durchgänge und später von selbst abheilende Phasen an, während die mit rotem Stoff ausgeschlagene, für meditative und Folter-Rituale benützte Kammer und die jugendlichen Lynch-Orgien als ahnungsvolle Studien dessen aufgefaßt werden, wozu der Mensch auch im 20. Jahrhundert – der Mensch aller Gesellschaftsklassen und Kulturen – fähig ist. Obwohl gerade die Oberschicht ihre Kinder Kadettenanstalten anvertraute und ähnliche Erfahrungen wie der junge Törleß in jeder Generation machte, ist doch die Radikalität eines *Robert Musil* nirgends sonst erreicht worden, geschweige denn überboten – abgesehen natürlich von *Musils* Tagebüchern, in denen der Rohstoff dieser Geschichte von Scheitern und Ernüchterung zwanzig Jahre lang nicht untergeht. Eine bezeichnende Erwähnung versieht *Frisé*, der Herausgeber der Tagebücher, mit der Nr. 95:

»Die Schilderung einer k.u.k. Militär-Erziehungs- und Bildungsanstalt (Postklassische, Stifterische oder ähnliche Bezeichnung?), wäre seltsam genug auch abgesehen von der Wichtigkeit des Zöglings für die spätere Politik… Die Wahrheit. Gehört sie zur franzisko-josephinischen Ära oder ist der Ursprung älter? 48? Grenzergeist?…Warum haben meine Eltern nicht protestiert? Heute noch unverständlich. Mensch«

Es gibt auch ausgesprochen unflätige Äußerungen über Mährisch-Weißkirchen, weswegen die oben skizzierte historische Zuordnung zu Gedanken und Wehrgrundsätzen der Zeit vor *Franz Joseph I.* Aufmerksamkeit verdient: Obwohl *Musil* diese Notiz 1937 niederschrieb, vor der Besetzung Österreichs, aber vier Jahre nach der Machtergreifung *Hitlers*, vermochte er offensichtlich an die Enthemmungen, wie er sie erlebt hatte, nur zu glauben, wenn er sie als archaische Relikte auffaßte. Dazu fügen sich auch die auf seltsame Weise zwiespältigen Äußerungen *Musils* über *Hitler* (116: *Hitler* der Mann des Schicksals. Vielleicht: Der das Chaos in sich hatte).

Robert von Musil, wie die amtliche Österreichische Biographie der Akademie der Wissenschaften auch heute noch schreibt, und der adelssehnsüchtige *René Rilke* lassen ihre Helden im Internat passiv und ohne Gegenwehr leiden, weswegen sich die Selbstbefreiung durch diese Bekenntnisbücher in Grenzen hält. Weder *Rilke* noch *Musil* ist in seinem Leben jemals von den Demütigungen wirklich frei geworden, die sie hinnehmen mußten, weil in diesen wenigen Jahren eine ganze Welt zusammenstürzte – die in der frühen Kindheit gewonnene Sicherheit, einer besonderen Kaste anzugehören, eine Art Unverletzlichkeit gleichsam von Geburt mitbekommen zu haben. Wer dagegen anging – Ausbilder, Lehrer, Internatspersonal oder Mitschüler – tat nichts Übliches, sondern wagte Unerhörtes, stellte den Gang der Dinge und die Gesetze der Welt auf den Kopf.

Zu dieser Weltsicht aus einer vermeintlich immunisierenden Herkunft steht die Auseinandersetzung mit Jugendschicksalen, wie wir sie bei Autoren aus dem österreichischen Judentum finden, in einem kennzeichnenden Gegensatz. Noch ahnt die Generation der im 19. Jahrhundert in Galizien, Böhmen, Mähren oder in Wien geborenen Juden nicht, was das 20. Jahrhundert für die, dank einer neuen Gesetzeslage in allen Zentren der Monarchie aufblühenden Judengemeinden bringen wird – wie sollten sie auch: Das Unvorstellbare blieb unbegreiflich selbst jür jene, die sich von der behüteten, ja beinahe kindlichen Existenz des wohlgeborenen Bürgers der alten Monarchie erheblich unterschieden. Sie hatten die Pogrome am östlichen Rand Mitteleuropas erlebt oder von ihnen gehört; sie kannten die Traditionen der Familien, die durch Jahrhunderte kreuz und quer durch Europa gewandert waren, schutzsuchend und wieder vertrieben, in Ruhezeiten zu Vermögen gekommen und dieses Vermögens wegen wieder und aufs neue verfolgt.

»Mit aller Vorsicht und Beharrlichkeit, die ihn sein hartes Dasein von klein auf gelehrt hatte, verschaffte er sich seitdem in dem wunderbaren Haus seinen Anteil an dem freien und schönen Leben, das jeden Abend sich hier neu gebar.« So beginnt ein Absatz in dem Entwicklungsroman »Zenobi«, dem einzigen Roman von *Ephraim Frisch* (1873–1942) aus eben jenem Städtchen Strij in Österreichisch-Galizien, aus dem auch *Ludwig Begleiter* stammt, der unter dem amerikanisierten Namen *Louis Begley* das erschütternde Kindheitsbuch »Lügen in Zeiten des Krieges« schrieb. Vorsicht und Beharrlichkeit sind andere Ausgangspositionen als Traum und Ernüchterung. Die Juden sind gewarnt; sie kämpfen, was nicht immer heißt, daß sie siegen werden. Zwei große Schüler-und-Lehrer-Konfrontationen haben ihre Autoren eben wegen der Schicksalhaftigkeit der Auseinandersetzung berühmt gemacht: »Die Klasse«, ein um die Jahrhundertwende spielender Roman von *Hermann Ungar*, und »Der Schüler Gerber hat absolviert«, der in die letzten Jahre der Donaumonarchie verlegte Roman von *Friedrich Torberg*.

Ungar, 1893 im mährischen Boskovice geboren und 1928 in Prag gestorben, hatte den gleichen Geburtstag (20. April) wie *Hitler*, brauchte sich aber noch nicht mit ihm auseinanderzusetzen. Dennoch sah er seinen Lehrer Josef Blau gleich achtzehn kleinen Hitlers gegenüberstehen: »Er wußte, daß die Blicke der Knaben ihn umlauerten, daß jede Blöße, die er sich gab, sein Verderben werden konnte. Es waren in diesem Jahr achtzehn Knaben, denen er gegenübergestellt war. Sie saßen zu zweien vor ihm in den Bänken und sahen ihn an. Er wußte, daß das Verderben kommen würde. Er mußte sich damit abfinden, grausam zu scheinen. Er wußte, daß er es nicht war. Er verteidigte sein Brot, er kämpfte um jeden Tag Aufschub. Seine Härte war ein Glied des Systems, das Ende zu verzögern. Er mußte Zeit gewinnen. Jeden Tag konnte er, der Lehrer Josef Blau, vielleicht durch Sammlung aller seiner Kräfte die Milderung dessen erzielen, was er verwirkt hatte.«

Ungar stammte aus wohlhabendem Haus und wuchs zweisprachig auf, weil in Strij alle situierten jüdischen Familien auch deutsch sprachen. Dennoch transponiert der im Leben durchaus erfolgreiche, bis zum Kulturattaché aufgestiegene *Hermann Ungar* die ererbten Nöte und Ängste, die gleichsam vegetativ-bedrohte Existenz seiner Vorfahren, Freunde und Gefährten in den Lehrer Josef Blau, der von vorneherein zum Opfer bestimmt ist, der diese Opfer-Existenz auf sich nimmt, nur das bittere Ende hinauszuschieben hofft, wohl wissend, daß es kommen muß. Unsicherheit und das Bewußtsein herannahenden Schuldigwerdens wecken, was seine Seele an Verschwiegenstem birgt, eine erschütternde, in ihrer Originalität nicht anzuzweifelnde *Musil*-Parallele:

»Die Knaben trugen fast ausnahmslos blaue Matrosenkleidung mit freiem Hals und weitem, gegen den Magen spitz auslaufendem Ausschnitt. Der Ausschnitt ließ einen Teil der Brust und die weiße, unbehaarte Haut des Körpers sehen. Sie waren mit eng anliegenden Hosen bekleidet, die bisweilen hoch über dem Knie endeten, während die Beine in kurzen Strümpfen steckten, so daß wieder das Fleisch hervortrat. Diese Kleidung der Knaben erfüllte den Lehrer Blau mit Widerwillen. Ihm war, als lehnte diese Art, sich zu kleiden, ihn, seine Existenz ab, als sei sie gegen ihn gerichtet, als liege in ihr die Absicht, ihn herauszufordern. Er war klein und mager. Er trug, weil alles Flatternde ihn beunruhigte, und aus Ordnungssinn, den Rock fest verschlossen. Seine Beine waren dürr, und er verdeckte selbst die Haut des Halses durch einen hohen, gestärkten Hemdkragen. Er litt wachend an der so peinlichen wie quälenden Vorstellung, daß er selbt in Matrosenkleidung stecke, von den Schülern entdeckt und nicht zuletzt wegen der Behaarung seiner Brust tödlich gehöhnt und beschämt werde.«

Da ist, im Angesicht einer Knaben-, nicht einer Mädchenklasse, ein ganzes Bündel sexueller Ängste, Wünsche und Begierden, dadurch zum explosiven Gemisch geworden, daß Blau immer allein gegen alle ist, daß er alle Blicke auf sich gerichtet fühlt. Er befindet sich in einer Position permanenter Exhibition und sieht die nahende Aggression gegen den Lehrer, den Juden, den schlecht bezahlten und schlecht gekleideten Beamten wie Gewitterwolken sich zusammenballen:

»Er sah in den Augen der Knaben das gierige Verlangen, die Schranken zu übersteigen und ihm näherzukommen. Da es nicht mit Gewalt ging, solange die Zügel seinen Händen nicht entglitten, versuchten sie es mit List. Sie verfolgten ihn auf der Straße. Keine Vorsicht konnte genügen, auf die Dauer zu verhindern, daß sie Selma sahen. Sie mußten von ihrer Existenz wissen, und während sie ihn, den Lehrer, mit dem gespannten Blick gehorsamer Aufmerksamkeit ansahen, gingen ihre Gedanken vielleicht wollüstig um seine Ehe. Sie entblößten ihn vielleicht bis auf den hageren Körper der Hülle der Kleider, um sich ihn mit Selma in jenen Situationen vorzustellen, die ihn dem Hund auf der Straße gleich machten. Kannten Sie Selma? Hatte einer von ihnen sie in den anliegenden Kleidern erblickt, die die runden, gefüllten Formen erkennen ließen, dann wurden solche Vorstellungen wirklich, bekamen Gestalt. Sie durften Selma nicht sehen. Er mußte, wie der Befehlshaber einer belagerten Festung, weit und breit das Land, selbst fruchtbares, zu einer Wüste machen, um die Annäherung des Feindes mit allen Mitteln zu erschweren.« (*Ungar* sagt nicht: zu verhindern: Der Lauf der Dinge ist vorgezeichnet!)

In so einer Seelenlage treiben auch sonst harmlose Zwischenfälle den Probanden auf die Katastrophe zu, und Lehrer Blau hat schließlich nur noch ein einziges Wesen, das ihm Hoffnung gibt, dem er sich, wenn auch ohne Echo, anvertraut – seinen Sohn. Dieses Kind, im Stadium der Unschuld und vor dem Eintritt in die Kollektivschuld der Gruppen-Grausamkeit, muß sich folgendes Bekenntnis anhören:

»Ich bete, daß du mich begreifst. Es ist nicht um mich, mein Sohn, es ist um dich und um die anderen. Es ist eine entsetzliche Flucht vom einen zum andern, es beginnt bei einem Wort, einem Schritt, einem Gedanken ... Aber vielleicht ist es noch nicht zuende, mein Sohn, es wandert noch, es wandelt, auch wenn ich tot bin, zu dir, mein Erbe. Es ist gut, daß ich sterbe. Nun wird nichts Neues mehr von mir ausgehen.«

Wenn auch nicht *Kafka*, so ist doch mit Sicherheit *Friedrich Torberg* eine Entdeckung von *Max Brod*, und der Kreis des Prager Deutschtums mit seinem starken jüdischen Einschlag umhüllte sie alle durch Jahrzehnte, von *Rilke* bis *Meyrink*, von *Leppin* bis *Ungar* und viele, viele andere: Dichter, Journalisten, Zeichner, Theaterleute. Die Grundkonstellation in *Torbergs* berühmtem Erstlingsroman »Der Schüler Gerber hat absolviert« ähnelt der »Klasse« von *Ungar*: Der Erzähler hält sich mühsam auf Distanz, das persönliche Engagement aber leuchtet aus jeder Zeile. Der Held ist durch seine Sensibilität und Hochbegabung isoliert wie der Zögling Törleß, aber die Marterinstrumente schärft nicht die Klassengemeinschaft, sie wirken nicht in der Tag-und-Nacht-Unentrinnbarkeit des Internats, sondern sie kommen mit tödlicher Präzision in jeder Mathematikstunde auf Gerber zu, im Zweikampf mit Artur Kupfer, der die einzige Schwachstelle des sonst brillanten Schülers unbarmherzig ausnützt.

Wir befinden uns in der alten Schule franzisko-josephinischer Prägung, lange vor *Otto Glöckel* und *Ludwig Tesar*, inmitten einer Atmospäre der Bedrohung, durch die zunehmenden Zahlen von Schüler-Selbstmorden bestätigt. Kupfer setzt nach der alten, aber noch nicht geächteten Überzeugung der ganzen Gesellschaft den schulischen Erfolg mit der Chance im Leben gleich und macht dem Schüler Gerber in einer Reihe von Szenen, die dem Leser unter die Haut gehen, klar, daß sein Versagen in der Mathematik noch gar nichts ist gegen das, was ihn im Leben erwartet; das erst werde der wahre Schiffbruch sein! Statt sich durch eine junge Liebe aus der Schulatmosphäre zu befreien, sieht Gerber die vermeintliche Aussichtslosigkeit auch noch dieser Beziehung als zusätzliche Folge seiner Untüchtigkeit und gelangt zu dem ingrimmigen Schluß, er hätte auch als Kandidat für das Leben versagt. Ohne das Ergebnis der Reifeprüfung abzuwarten (die er bestanden hat), stürzt Gerber sich entnervt aus dem Fenster der Schule und stirbt.

Zum Unterschied von *Rilke* und *Musil*, die den Schulbetrieb als einen entsetzlichen Auswuchs des im Ganzen zu bejahenden, behüteten Lebens ansehen, wird für *Torberg* die Schule zu einem allmächtigen Kosmos. Auch die Kapitelüberschriften entlehnt er dem Schulbetrieb, bis hin zum Abschluß: Abiturient, abiturus sum – ich werde abgehen.

Eine geistvolle Variante des ganzen Generationen gemeinsamen Schüler- oder eigentlich Gymnasiasten-Elends findet *Franz Werfel* in dem Roman »Der Abiturientantag«. So wie manche frühe Schuld ein Leben lang nachwirkt, im Geschädigten wie im Schädiger, so bringt manches Jubiläum dank der sänftigenden Distanz der Jahre Dinge ans Licht, die bis dahin sorgfältig als Geheimnis gehütet wurden. Das Fünfundzwanzig-Jahr-Jubiläum einer Gymnasialklasse vereint gesetzte Herren, von denen nicht wenige studiert und etwas erreicht haben, im Gedenken an ein Kleinstadtgymnasium um die Jahrhundertwende. Das Ereignis begünstigt eine Sinnestäuschung: ein wohlbestallter Landgerichtsrat namens Sebastian meint, in einem Untersuchungshäftling, den er eben verhört hat, seinen einstigen Mitschüler Franz Adler wiederzuerkennen, den Begabtesten der Klasse, einen häßlichen und doch faszinierenden Einzelgänger, den Sebastian seinerzeit durch tausend kleine Gemeinheiten mit einem Verbrechen belastete, das er selbst begangen hatte, und das unentdeckt blieb, weil Adler floh und damit als der Schuldige feststand. *Staudte* hat uns in seinem meisterlichen Film »Rosen für den Staatsanwalt« ähnliche Mechanismen aus dem Innersten der Schulderkenntnis vor Augen geführt; *Werfel* tut es mit den Mitteln der Erzählung, und obwohl dieser Roman nicht zu seinen stärksten Werken zählt, überzeugt das Walten einer geheimnisvollen Gesetzmäßigkeit: Der Untersuchungshäftling ist natürlich nicht Adler, aber er hat ausgelöst, was er für die Katharsis und den Sinn der Erzählung tun mußte, als Werkzeug einer höheren Gerechtigkeit.

Torberg hat der Erstausgabe seines Romans ein Talmud-Zitat vorangestellt, demzufolge die Welt auf Gerechtigkeit, Liebe und Wahrheit beruhe, ein Bekenntnis zu den Werten des Judentums Jahre vor *Hitler*. Auch bei *Werfel* und *Ungar* sind, lange ehe die SA die Messer wetzte, die gedemütigten Helden, die ein ganzes Buch hindurch Leidenden und Malträtierten, Juden, was eine sehr spezielle Observanz schafft. Diese Autoren scheinen die von *Goebbels* und *Himmler* instrumentalisierte Ächtung ihrer Familien, ihrer Person und ihres Glaubens vorwegzunehmen, und wenn man nicht von Ahnungen sprechen will, so muß man annehmen, daß sie das säkuläre Schicksal der Juden bereits in den hochbegabten jüdischen Schulkindern exemplifiziert sehen: Die Väter werden wegen ihres Reichtums verfolgt, verjagt und beraubt; die Kinder aber erregen Neid und Mißgunst, weil ihnen die Bewältigung des Gymnasialstoffes erheblich weniger Mühe bereitet als den Söhnen der Honoratioren.

Und dann kommt einer vom gleichen Jahrgang wie die große Prager Generation, 1882 geboren und somit im alten Österreich aufgewachsen, Kind gewesen, reif geworden: *Josef Weinheber* aus dem Wiener Arbeiterbezirk Ottakring, verstorben 1945 in Kirchstetten, Bezirk Sankt Pölten, an einer Überdosis Morphin. In seinem Roman »Das Waisenhaus« besuchen die Zöglinge das Gymnasium der Kleinstadt, worin *Weinheber* eine besondere Grausamkeit sieht: »In das Dunkel ihrer fragwürdigen Herkunft hatte man für Augenblicke das Licht des Wissens und einer ihrer Art und Umgebung hohnsprechenden Bildung hineinleuchten lassen; eines Wissens, das Wünsche schuf und Begierden erweckte nach Rang und Geltung, nach Luxus und Ruhm, nach dem Glanz einer fremden, anderen Welt, wo man die Armut nur vom Hörensagen kannte« – ein schwer zu widerlegender Vorwurf an die Erziehungsgrundsätze des alten Österreich, das zwar fortschrittlichen Ideen Raum gab, aber nur wenige reale Aufstiegschancen anbieten konnte.

Auch hier wird in der dritten Person erzählt und das autobiographische Grundmaterial auf zwei Helden verteilt, den unzureichend begabten, an eine Karriere als Maler denkenden Schreiber und den Pseudopoeten Treffeis. *Weinheber* selbst war das voreheliche Kind eines Fleischhauers und einer Weißnäherin, kam schon mit sechs Jahren in ein Erziehungsheim und nach dem frühen Tod des Vaters in das Hyrtlsche Waisenhaus der zwischen Baden und Wien liegenden Kleinstadt Mödling. Der Widerspruch zwischen der tristen Situation und den Geistgebäuden der Gymnasialbildung führt gerade die helleren Köpfe an den Rand des Wahns: »So erzog man diese Großsprecher aus geknebelter Geschlechtlichkeit, diese Träumer aus Verzweiflung, diese Don Quichotes der Armut und des Minderwertigkeitsgefühls.« Es kommt zu einer Revolte, von dem fünfzehnjährigen Poeten inszeniert, von der milden Autorität der geistlichen Schwestern schließlich aber besiegt, wonach dann die Ausweglosigkeit der Pubertätsnöte in den Vordergrund tritt, das Problem, für das geistliche Bewahranstalten zu keiner Zeit irgendwelche Lösungen bereit hatten. *Weinheber* drückt sich deutlich, aber immer noch versöhnlich aus, wenn er schreibt: »Es war der Kampf triebhaften Geschlechts gegen das glühende Ethos unverdorbener, reiner Seelenhaftigkeit.«

Auch hier halten die Übel der Zeit Einzug: Selbstmordversuche, die Zeitkrankheit Tuberkulose, die dämonische Arbeitslust der Frühvollendeten, ein Vergewaltigungsversuch und endlich die Erlösung des jungen Poeten im Augenblick des Todes durch einen Kuß der von ihm geliebten jungen Nonne.

Alle Zwänge sehr junger Menschen im alten Österreich sind hier vereinigt, die soziale Chancenlosigkeit, die Armut, die starre Religiosität der Umgebung und die

Verständnislosigkeit der Erziehenden gegenüber kindlicher und pubertärer Sexualität. Noch siebzehn- und achtzehnjährige Jungmänner vermögen sich vom Erbe des Waisenhauses nicht frei zu machen, und was wir heute Hospitalismus nennen, ist für Weinheber eine fiebrige Waisenhauskrankheit.

Der bedeutende Dichter, der seine Erfolge schon vor der Besetzung Österreichs hatte und auch vom Schuschniggstaat hofiert wurde, ist heute ein wenig Beachteter, von dem allenfalls die heiteren Gedichte des Bandes »Wien wörtlich« gelesen werden. Der Roman »Das Waisenhaus« könnte einer neuen *Weinheber*-Forschung manche Deutungen liefern: durch den Hinweis auf lebenslang verzweifelt bekämpfte Komplexe, vor allem wegen seiner Halbbildung, die er als Autodidakt durch Studien der Antike zu besiegen hoffte. Daraus nährte sich die übersteigerte und rational nicht zu erklärende Arroganz seiner privaten Äußerungen auch gegenüber wohlmeinenden Kontaktsuchern, der Wiedereintritt in die NSDAP noch im Jahre 1944 und die Drogenabhängigkeit, die ihm den Weg in den Tod ebnete, als die Sowjetarmeen seine Heimat erreicht hatten. Bis zu seinem vierzigsten Lebensjahr war er österreichischer Postbeamter gewesen, zugleich aber überzeugt, der größte Dichter deutscher Sprache seit *Rilke* zu sein, allenfalls neben *Stefan George*. Seinen Tagesablauf bis 1932, als er den Postdienst quittierte, ohne auch nur im entferntesten berühmt zu sein, vermag man sich vom heutigen literarischen Betrieb aus gesehen nicht vorzustellen. Andererseits hat der Briefwechsel zwischen *Weinheber* und dem von den Nationalsozialisten eingesetzten Zsolnay-Lektor *Hermann R. Leber* auf eine sehr beeindruckende Weise erwiesen, wie stark *Weinheber* – seine Wurzeln wohl kennend – am österreichischen Charakter seiner dichterischen Existenz festhielt. Der Vorwurf, es sei zuviel Österreichisches in seinem Werk, veranlaßte ihn – der *Josef Nadler* gut kannte – zu wütenden Reaktionen und zu der Argumentation, daß ein Dichter seinen Nährboden brauche (auch wenn dieser eine Kindheit und Jugend von einmaliger Tristesse trug). »Er sah zurück. Und ohne Herzbewegen sah er voraus und sah den Glanz und Ruhm sich die Verlassenheit wie Schneefall legen und sah zerbrechen Werk und Menschentum« (Gedicht »Janus«).

Sonderschicksal von Anfang an

Wir kennen aus Mythen und Legenden den Formenkreis der gefährdeten Geburt. Der Eintritt ins Leben ist häufig dann besonders mühsam, seltsam oder gefahrvoll, wenn dem solchermaßen Geborenen eine besondere Rolle im Weltgeschehen zugedacht ist. Der Erfindungsreichtum rund um die Geburt des künftigen Genies reicht von der historischen Verbindung zum bethlehemitischen Kindermord bis zu den gynäkologischen Tricks, die Hera aufführt, um Herakles verspätet und unter anderen Nachteilen ins Leben treten zu lassen.

Nicht wenige österreichische Erzähler geben ihren Helden schon im Augenblick des ersten Atemzuges, am Beginn seines kindlichen Daseins, nicht gerade eine göttliche Aura, aber ein bedeutungsschwangeres Sonderschicksal oder weben es ihm gleichsam in die Windeln. Der häufigste Topos ist jener von der unehelichen oder zumindest vorehelichen Geburt. Heute selbst bei prominenten Müttern kaum noch des Aufhebens wert, im städtischen Bereich häufig unbemerkt und sozial weitgehend abgesichert, konnte sie im alten Österreich, auf dem katholischen Dorf und in der sich nur sehr langsam wandelnden Gesellschaft der Monarchie, tatsächlich zum Schicksal werden. Als solches finden wir sie denn auch bei der großen Erzählerin Marie von Ebner-Eschenbach, in »Innocens«, einer der berühmtesten Novellen des *Ferdinand von Saar*, oder in dem Roman »Die Freude am Licht« des vergessenen *Wilhelm Fischer-Graz*. Je dichter die Atmosphäre einer Dorfgemeinschaft vor uns ersteht, desto zwingender ist die Außenseiterrolle solcher Geschöpfe, desto deutlicher wird aber, daß eben diese schwierige Kindheit, dieses Nirgends-Hingehören zum Motor für den später wirksamen Ehrgeiz und den endlichen Aufstieg wird, der die ganze Erzählung, den Roman solch einer Entwicklung, erst rechtfertigt.

Johannes Freumbichler, 1881 im literarisch vielgenannten Henndorf am Wallersee geboren, ist wieder im Gespräch, weil sein Enkel *Thomas Bernhard* sich zu den Einflüssen bekannte, die er von dem 1949 verstorbenen eigenwilligen Erzähler empfing. »Jodok Fink«, schon durch seinen Namen aus der Dorfgemeinschaft herausgehoben, ist ein Querkopf, ein Sonderling, der die Ehe der Eltern zu sprengen droht, weil sein Vater weder lesen noch schreiben kann und den begabten Jungen zum Bauern machen will, während die Mutter – eine häufige Konstellation – aus dem kleinen Jodok etwas Besonderes werden lassen will. Der Bildungsweg für gescheite Jungen vom Land führt zum Priesterberuf, aber Jodok ist zu ungebärdig, verscherzt sich durch einen Dummenjungenstreich das Stipendium und bestätigt die Vorurteile der Dorfgemeinschaft. Eine zweite Karriere als Bildschnitzer – einem traditionsreichen Alpenberuf – scheint sich zu eröffnen, aber Jodok sieht seine Berufung anders: »Ich bin, wenn ich's recht bedenk, ausgezogen, um den Zaubergarten, Welt genannt, zu durchwandern und zu erforschen, wozu der Schöpfer ihn eigentlich geschaffen hat.« Die Kaiserstadt Wien jedoch wird, trotz einiger Freunde aus der Heimat, zu einer Enttäuschung, in der nur die Holzschnitzerei einigen Trost bedeutet, bis Jodok am Ende dieses noch im Zeichen *Gottfried Kellers* stehenden Entwicklungsromans heimkehrt.

Die Geschehnisse des Buches sind um 1900 und kurz danach angesiedelt, das Buch erschien 1942, als *Freumbichlers* begabter Enkel *Thomas* eben elf Jahre alt war. Eine Kindheitsgeschichte hat hier offensichtlich eine spätere Kindheit im Generationenlauf beeinflußt, wenn es auch vermutlich zu weit gehen mag, die Absage an Wien, die Jodok, den Bildschnitzer, wieder in die Heimat zurücktreibt, mit *Thomas Bernhards* Wien- und Österreich-Kritik in eine ursächliche Verbindung zu bringen. (Gegen Freumbichler hatte das offizielle Österreich übrigens gar nichts: So eigenwillig, unabhängig und autoritätsfeindlich *Freumbichler* sich auch durchs Leben quälte, seine Geschichte von der Magd Philomena Ellenhub brachte ihm einen Österreichischen Staatspreis ein.)

Kinderschicksal und Ehetragödie greifen ineinander, wenn *Friedrich Freiherr von Gagern* (1882–1947) aus dem seit Jahrhunderten in Kärnten und Krain begüterten österreichischen Adelsgeschlecht das Findelkind Marko in halbverwilderter Einsamkeit aufwachsen läßt. Seine Ziehmutter bringt neun Monate nach einer Wallfahrt ein Kind zur Welt und wird von ihrem Gatten, der weiß, daß nicht er der Vater ist, in Wut und Eifersucht erschlagen. Der kleine Marko, zwischen Haustieren, Pflanzen und allgemeinem Mißtrauen dennoch gesund und kräftig geblieben, wird schon halbwüchsig zum Knecht und lernt die Welt kennen, die *Gagern* wie wenige andere Autoren erlebt und geschildert hat: das gegen den Willen der Bevölkerung zu Ungarn geschlagene Kroatien, die Märkte, auf denen die Volkstumsgegensätze ausbrechen, die Geistlichkeit, die Obrigkeit, die Juden.

Als man Marko sein erstes Mädchen nehmen will, wird er zum Mörder. Es ist fortan keine Kindheitsgeschichte mehr, aber deren notwendige Folge, daß dieser Außenseiter, vom ersten Augenblick an ohne schützende Familie und seiner Herkunft nicht verpflichtet, ungebärdig bleibt, sich nicht eingliedert, die Ungerechtigkeiten dieser bis heute brutalen Welt der Gegensätze nicht demütig hinnimmt, sondern aufbrausend zurückschlägt. Nach einigen Jahren, in denen Marko Ubranitsch als ein kroatischer Robin Hood gelebt hat, muß er ins Gefängnis zu Agram. Ein Erdbeben (!) ermöglicht ihm die Flucht; als er seine Bande davon abhalten will, einen Herrensitz zu plündern, wird er verwundet und stirbt, edel bis zuletzt, in den Armen einer alten Bäurin.

Der Freiherr aus dem weitverzweigten, in den Niederlanden wie in Österreich zu hohen Positionen gelangten Geschlecht hat dem Entwicklungsroman *Goethescher* und *Kellerscher* Prägung eine wichtige Funktion hinzugewonnen: Dank seiner hervorragenden Kenntnis und persönlich engen Bindung an den Südosten der Monarchie und die dort herrschenden Verhältnisse verbindet er die besondere Entwicklung eines in tiefster innerer Einsamkeit zum Outcast werdenden Jungen mit einem Zeitbild, das zusätzliche Motive und Kräfte für dieses Kinderschicksal liefert. Damit hebt sich seine Geschichte von Marko Ubranitsch farbig heraus aus den psychologisch determinierten Schilderungen österreichischer Kleinstadtschicksale, von denen trotz aller Kunst der Darstellung doch eine gewisse Monotonie ausgeht.

Ein zunächst ähnlicher Ansatz führt in einem einst erfolgreichen Roman von *Franz Karl Ginzkey* zu einer vergleichsweise idyllischen Lösung: In »Jakobus und die Frauen« wächst der Held in einem abgelegenen österreichischen Gebirgstal heran; seine Mutter ist bei der Geburt gestorben, und als er erst zwölf Jahre alt ist, stirbt auch sein Vater. In die triste und farblose Kind-

Erste Annäherungsversuche im Wiener Prater, 1908

heit einer Vollwaise bringt ein novellistisches Motiv das Ereignis: Ferienkinder aus Wien bedeuten die Begegnung mit einer anderen Welt, und der Ring, den ein kleines Mädchen dem Knaben Jakobus schenkt, durchzieht die weitere Handlung, die von den Schauplätzen her Charakter gewinnt. Der aus Pola stammende *Ginzkey* läßt seinen kleinen Helden mit einem Vormund an die österreichische Adria gehen, Gymnasium und Kadettenanstalt dürfen nicht fehlen, aber Jakobus ist auch hier der melancholische Einzelgänger. Die südländischtemperamentvolle Schwester eines Schulkameraden wird seine erste Liebe, aber Jakobus erkennt trotz seiner Jugend die Unvereinbarkeit der Charaktere und flüchtet in die Lyrik mit einem »Lied der Mutterlosen«, in dem er sich sein Sonderschicksal bestätigt und auf das sinnliche Abenteuer verzichtet.

Ginzkey, der bei dem vielen Österreichern zur Heimat gewordenen Leipziger Staackmann-Verlag sehr geschätzt wurde, zieht in dem Buch von 1908 noch einmal alle Register des Altösterreich-Romans. Um die Jahrhundertwende spielend, gibt er Gelegenheit, alles einzubringen, was bis heute einen gewissen Reiz ausübt, die Duellaffären, die kaiserliche Gnade, die eine Trauung auf dem Totenbett gewährt. Trotz kräftiger

Farben in der Schilderung der verschiedenen Milieus bleibt Jakobus selbst der Träumer und Idealist, den wir aus anderen Büchern schon kennen, und bestätigt die Scheu vieler, auch begabter Autoren, sich mit der harten Lebenswirklichkeit der hinabgehenden Donaumonarchie tiefer einzulassen, sich den Zugang zu den Arbeitermilieus zu erarbeiten und das Weltgeschehen in die Handlung einzubeziehen. Auch für *Ginzkey* ist das Wunderwerk der Doppelmonarchie, ähnlich wie die Kindheit, ein Paradies mit kleinen Fehlern, von dem der Autor erst abrücken wird, als die Ereignisse des Jahres 1938 ihm eine Umorientierung opportun erscheinen lassen.

Früh verwaist zu sein und darum statt im Schloß der Familie in der Waisenhaus-Atmosphäre aufwachsen zu müssen ist der Handlungsgrundriß einer der schönsten, bis heute gelesenen österreichischen Kindheitsgeschichten, geschrieben von dem aus einer Südtiroler Familie stammenden in Bischofshofen geborenen *Josef Leitgeb* (1897–1952). Seine Chronik einer Kindheit trägt den Titel »Das unversehrte Jahr«, spielt um 1910 und deutet damit wohl an, daß für den jugendlichen Helden der Erzählung das Waisenhaus nicht jenes Schrecknis war, das *Weinheber* uns schildert. Die starke Religiosität, die Atmosphäre des Stiftes Wilten und das Tiroler Umfeld mildern, was in der Großstadt hart und unerträglich wäre, und *Leitgeb*, der eigentlich Lyriker ist, erfüllt den autobiographisch getönten Jahreslauf mit Farben und Düften intensiv erlebter heimatlicher Natur. (Die starke Heimatverbundenheit *Leitgebs* war wohl der Grund dafür, daß er, obwohl Dr. jur., als Dorf- und Hauptschullehrer arbeitete.) Von dem kleinen Ort Schwendt aus trat *Leitgeb* zum Brenner-Kreis in Verbindung und hatte einen durch Jahre fortgeführten Briefwechsel mit seinem Förderer *Ludwig von Ficker* und – durch das Kriegserlebnis ausgelöst – mit *Ernst Jünger*. »Landschaft sowie Musik bilden auch in den Gedichten die positive Gegenwelt zu Krieg und Zerstörung. Außerhalb Tirols blieb Leitgebs Werk weitgehend unbeachtet, in Tirol jedoch gilt er als moderner Klassiker« (Bernhard Fetz 1990 im Bertelsmann-Literaturlexikon).

Es grünt so grün

Ähnlich, wie bei *Leitgeb* die Natur die Schrecken der Zeit dämpft, sieht auch *Erich Landgrebe* das Schicksalsjahr 1914 im milden Licht eines letzten unbeschwerten Sommers, der für seinen Helden Michaels erster Sommer ist. Zunächst hat man den Eindruck eines Jugendromans, in dem die Auseinandersetzungen der Dorfjugend mit dem ins Kamptal zugereisten Michael die Handlung ergeben. Bald aber bevölkert sich die Kleinwelt von Stiefern mit kennzeichnenden Romanfiguren: einem vazierenden Philosophen und einem Michael freundschaftlich verbundenen Pferdeknecht. Die Tragik bricht in die sommerliche Idylle ein, als der Pferdeknecht ertrinkt, als Michaels Vater zu den Waffen gerufen wird und als seine Mutter ihm sagen muß, der Vater, zu dem Michael in den Krieg ziehen will, werde nie mehr zurückkommen. Nach einem mißglückten Selbstmordversuch erkennt Michael seine Aufgabe darin, seiner verwitweten Mutter zur Seite zu stehen, und gewinnt daraus neuen Lebensmut.

Landgrebes nach 1938 ohne Kapital unternommener und darum gescheiterter Versuch, zumindest Teil-Eigner des angesehenen Zsolnay-Verlages zu werden, hat zu einer Art Ächtung durch die literarische Kritik geführt, die nicht nur »Michaels ersten Sommer«, sondern auch seinen hervorragenden Kriegsroman »Von Dimitrowsk nach Dimitrowsk« völlig in Vergessenheit geraten ließ. So wie *Leitgeb* seine Musik hatte, tröstete *Landgrebe* sich mit der Malerei. Seine sensible Kindheitsgeschichte aus dem Kamptal bleibt in der etwas dürftigen niederösterreichischen Literaturszene jedenfalls eine erfreuliche Erscheinung, der sogar die Ehre erwiesen wurde, mit *Franz Nabls* »Kindernovelle« verglichen zu werden. *Nabl*, 1886 aus einer böhmischen Familie nach Wien gekommen und 1974 in Graz gestorben, ist freilich ein ungleich stärkerer Erzähler, dessen Bücher durchwegs von großer Selbstzucht und tiefem Ernst der Aussage bestimmt sind. Aber weder *Peter Handke* noch dem Grazer Autorenkreis ist es gelungen, auch nur ein einziges der *Nablschen* Werke im aktuellen Bewußtsein zu halten, trotz einer Verfilmung von *Luc Bondy* (Das Grab des Lebendigen) und einer oft überraschend aktuellen Thematik.

Kinderschicksale sind in *Nabls* Werk nicht selten: der

kleine, von seinem Vater vernachlässigte Heinz in dem um 1900 spielenden Roman »Der Ödhof«, die Ich-Erzählung von Onkel Barnabas, der sich eines vierjährigen Jungen annimmt, und vor allem die tragische »Kindernovelle«: Ein Fünfzehnjähriger, hilflos in jäh erwachten Sehnsüchten, verliert sein Herz und seinen Verstand an eine schöne, aber oberflächliche reife Frau und verkennt dabei die Chance einer zarteren Bindung zu einer Gleichaltrigen. Die in der gesamten Literatur der Jahrhundertwende oft angesprochenen seelischen Nöte des Pubertierenden geben bei *Franz Nabl* häufig den Ansatz zu tragischen Entwicklungen ab, ohne daß er das Geschlecht als Geißel und die Verirrungen als Sünde hinstellt. Während das kleine Kind in verschiedenen Erzählungen des Dichters einen Onkel Barnabas oder auch weiblichen Zuspruch findet, ist der Halbwüchsige fast stets allein und unberaten, eine Situation, die *Nabl* im Alter gutmachen will, indem er in seiner »Steirischen Lebenswanderung« einen Knaben und ein Mädchen mit einer neuen Heimat vertraut macht, so wie er aus Böhmen in den Süden, in die österreichischen Kernlande, gewandert ist. Obwohl die Naivität der Volksschriftsteller wie *Petri Kettenfeier Rosegger* und *Reimmichl* fehlt, finden wir hier, nach den harten und unbeirrbar erzählten Romanen, mitunter betulich wirkende Annäherungen an die Jugend. Sie könnten heute kaum noch Leser finden, obwohl die Generaltendenz des Vordringens in die Geheimnisse der Natur und der Heimatgeschichte keineswegs überholt ist: »Niemals hatte der Knabe der Landschaft, in der er geboren, niemals das Mädchen der Stadt, in der es zur Welt gekommen war, gedacht oder sich nach ihr gesehnt. Als ihnen aber die Stätten ihrer Kindheit und Jugend genommen wurden, da gingen im Wachen und im Traum ihre Gedanken immer wieder dahin zurück, immer wieder sang tief in ihrem Herzen die Sehnsucht ihr leises, schmerzliches Lied. Sie erkannten den größeren Reichtum, die größere Schönheit anderer Gegenden, sie bewunderten sie und konnten glauben, daß sie lebenswert seien, aber es mangelte das Hin- und Widerwirken geheimnisvoller, zu Keim und Blüte drängender Säfte, ohne die das letzte, innigste Einswerden nicht geschieht. Und nun wußten sie klar und deutlich, beglückt und traurig, daß es eine Heimat gab, denn nun lernten sie das Heimweh kennen ... Zu einer lieben Gepflogenheit, als ahnten sie, daß sie daraus unbesiegliche Kräfte schöpfen konnten, wurde es ihnen, einander von ihren Kindheitsgärten zu erzählen, die im gleichen Lande lagen und sich, scheinbar, so wenig glichen.«

In der Folge geht *Nabl* in einer für ihn durchaus neuen Art, in Kapiteln über Volksbräuche, über Graz, über einzelne Pflanzen wie den Hundszahn, über Teiche, Flüsse und Auen, mit so deutlicher Tendenz zu Einsamkeit und Idylle auf die Jugend zu, daß man beinahe an eine Flucht aus der Wirklichkeit denken möchte (die ihm übrigens weitgehend gelungen ist: Weder er noch *Leitgeb* mußte sich vor den Karren der NS-Literaturpolitik spannen lassen).

Die Intensität, mit der *Nabl* die Natur und ihre Erscheinungen in Erzählungen und Schilderungen einbezieht, fiel schon in frühen Werken auf. Sie wird gegen Ende seines Lebens aber überdeutlich in einer beinahe *Jüngerschen* Rücksichtslosigkeit gegenüber dem neutralen Leser, der ja nicht immer ein militanter Naturapostel ist. Man fühlt sich in die zeitweise gängige Unterscheidung zwischen den Poeten vom Land und den Autoren aus den großen Städten erinnert. Dazu stimmt, daß *Nabl* ein Jahr vor den Idyllen seiner steirischen Lebenswanderung seinen einzigen Polit-Thriller erscheinen läßt, den Roman »Der Fund«, der in der Übergangszeit zwischen Monarchie und Republik in Österreich spielt und einen korrupten Bürgermeister zum negativen Helden hat, dessen Tochter jedoch zu einer engelsgleichen Gegenfigur würde.

Es ist in der erzählerischen Unbarmherzigkeit, in der Unentrinnbarkeit der *Nablschen* Romane und Novellen zwar ein Zug des Mitleidens für den kleinen hilflosen und den heranwachsenden, unberatenen Menschen ausgespart, aber im gesamten *Nablschen* Kosmos gilt doch das *Schopenhauersche* Postulat von der Natur als Orakel: »Wenn nun die Allmutter so sorglos ihre Kinder tausend drohenden Gefahren ohne Obhut entgegensendet, so kann es nur sein, weil sie weiß, daß wenn sie fallen, sie in ihren Schoß zurückfallen, wo sie geborgen sind, daher ihr Fall nur ein Scherz ist. Sie hält es mit den Menschen nicht anders als mit den Tieren« (zitiert nach *Hartmut Scheible*).

Das alte Österreich und die jungen Mädchen

Der Parade junger Herren und frühreifer Knaben in der österreichischen Dichtung ist ein gewisser elegischer Reiz nicht abzusprechen, ja er hält sich bis in die letzten nostalgischen Romane und Erzählungen wie jenen von *Alexander Sacher-Masoch* und beflügelt selbst schwächere Talente wie *Siegfried Freiberg* zu ihren besten Arbeiten. Aber Sensibilität, frühe Ängste und Träumereien bilden insgesamt doch auch ein Spektrum reizvoller Monotonie, während sich die Mädchenfiguren in all diesen Kinder- und Jugendgeschichten wie bunte Farbtupfer und bisweilen sogar wie beunruhigende Irrlichter ausnehmen.

Die unleugbare Tatsache, daß die Mädchen um ihre Möglichkeiten früher wissen, ihre Chancen entschlossener wahrnehmen und sich in den schwierigsten Phasen des Heranwachsens mit oft verblüffender Sicherheit bewegen, läßt ihre jugendlichen Anbeter meist recht dumm dastehen. Da hilft kein Elternhaus, keine Bildung, kein frühes Dichtertum: Das lebendige Weib verfügt oft schon im Alter von zwölf, vierzehn oder fünfzehn Jahren über das Instrumentarium des Geschlechterkampfes und wird erst mit sechzehn oder siebzehn, weil es nun ernst ist, inoffensiv, scheu und unsicher.

Die Literatur der Jahrhundertwende hat uns keine k.u.k. Lolita beschert, aber eine ansehnliche Schar unwiderstehlicher kleiner Hexen mit Engelsgesichtern, gegen die es offensichtlich keine tauglichen Waffen gab. Nicht nur ein *Peter Altenberg*, der stets Unterlegene, wird zu ihren Opfern werden und sie noch am Boden liegend preisen, auch Siegergestalten sind als Jünglinge noch bemerkenswert hilflos: *Arthur Schnitzler*, der später ein Tagebuch über seine tristen Triumphe führt, ebenso wie *Richard Beer-Hofmann*, dem Wiens begehrteste Bonbonverkäuferin in die Arme sinken wird. Vor Tische las man's eben anders, und ehe die jungen Herren sich noch die Servietten umgebunden haben, sind selbst dralle Analphabetinnen wie *Ferdinand von Saars* Maruschka (»Die Troglodyten«) ans Ziel gelangt.

Die Romane und Erzählungen, in denen ein Mädchen zum erotischen Zentrum wird und in die Handlung mindestens ebenso deutlich eingreift wie der männliche Held, sind sehr unterschiedlicher Art und stammen von Autoren jeglicher Couleur, und die Gestalten selbst decken alle Skalen früher Attraktion ab, vom bodenständigen Mief der Höhlenbewohnerin bis zum zarten Duft einer Gymnasiastin aus guter Familie in *Schnitzlers* schwächster und bekanntester Novelle »Fräulein Else«.

Die Völkervielfalt der Kronländer bereichert die Palette. Die unterschiedslos feinen, wohlgekleideten und mütterlich gouvernierten jungen Helden treffen außerhalb der österreichischen Erblande auf schreckhaft exotische weibliche Wesen, in *Millöckers* »Bettelstudent« zwar allesamt kenntnisreich besungen, in der plötzlichen Wirklichkeit etwa einer Sommerfrischenbegegnung aber doch eher bestürzend als erfreulich. Hatte solch ein junger Herr eben gelernt, wie man mit den jungen Tanten und den Cousinen umzugehen habe, trat unversehens ein istrisches oder kroatisches oder gar ungarisches Bauernmädchen in sein Blickfeld, das statt der Schühchen und Strümpfchen gar nichts an den Füßen hatte, statt der hochanständigen Besuchsgarderoben nur einen Bauernkittel und über dem allen braune Schultern, wirre Haare und jenen Blick, den deutsche Feuilletonisten bis heute als g'schlampert bezeichnen, weil es ein wirklich zutreffendes Wort für diese unschuldige Braunaugenverführung nicht gibt.

Sich vom Fremden, Exotischen angerührt, ja verführt zu fühlen ist ein Kernmotiv der Weltliteratur und als solches ausgiebig studiert worden. Aber während *Sudermann* in seinem »Katzensteg« die Verführerin aus dem Nachbarvolk holen mußte und *Gerhart Hauptmanns* »Ketzer von Soana« dem heidnischen Charme einer ladinischen Venus erliegt, brauchten die österreichischen Dichter ihre Liebesgöttinnen nur von den heimischen Fluren zu pflücken wie etwa *Rudolf Greinz* die glutäugige Sophie Zöttl, zwölfjährig, zügellos, die Heldin seines Erfolgsromans »Die Stadt am Inn« von 1916. Nach einer verständnisvollen Klosterschwester, mit der alles gutgeht, nimmt sich die strenge Oberin von Marienthal des Mädchens an und weckt die Dämonen, die man schon besiegt glauben durfte. Sophie agiert heimtückisch; ihre reizvoll-wilde Naivität ist dahin, und eine gewisse Verschlagenheit nötigt die frommen Stiftsdamen, sie zu ihrer Ziehmutter zurückzuschicken. Sophie, die nun allerlei Zwänge kennengelernt hat, weiß um den Wert der Freiheit und erweist

*Aus Peter Altenbergs
Fotosammlung*

sich als ausgezeichnete Schülerin. Aber ihre fremdartig-üppige Schönheit schon auf der Schulbank schafft Probleme, die sich lösen, als Sophie ihrer wahren Mutter begegnet und ihr Wanderleben wiederaufnimmt. Ohne ihren Ambitionen aus der Schule nachzutrauern, wird sie Kellnerin in Innsbruck, wobei ihre Schönheit und ihr Temperament die Gaststube füllen.

Greinz verlegte wie *Rosegger* und andere erfolgreiche Österreicher bei *Staackmann*, und wenn seine Romane auch zahlreiche Kolportageelemente enthalten, so muß man ihn doch als echten Volksschriftsteller bezeichnen, ein Metier, für das der studierte Germanist und Volkskundler auch eine tiefe und echte Beziehung zu seiner Tiroler Heimat mitbrachte. Von seinen Auflagen können heutige Autoren nur träumen, doch ist auch er heute weitgehend vergessen, während der etwa gleichzeitig lebenden und schreibenden *Paula Grogger* aus Öblarn *der* Klassiker des österreichischen Heimatromans gelungen ist, das bis heute nicht verwelkte große Buch vom »Grimmingtor«. Es spielt zu Beginn des 19. Jahrhunderts, und seine Heldin ist die sechzehnjährige Constantia Sorger, Tochter eines Bergknappen. Schon bei ihrem ersten Tanz fällt ihre frische Schönheit einem reichen Bräumeister und Fleischhauer auf; Constantia (d. h. die Standhafte) gibt ihm ihr Wort und hält es auch, während ein zweiter Bewerber, ein Jäger, in Eifersucht und Verzweiflung den Grimming in jener Nacht besteigt, in der einer Sage nach das Tor zu den Schätzen des Berges offenstehen soll. Es läßt den Tollkühnen auch ein, schließt sich aber hinter ihm, und man hat nie wieder von ihm gehört. Die sündhafte Schönheit des Mädchens hat zwei Männern Unglück gebracht, denn auch die Ehe wird, überschattet von der Erinnerung an den Jäger, nicht glücklich.

Ungleich weicher und verführerischer ist das Mädchenschicksal, das uns die Südtiroler Gräfin *Arco*, verehelichte Fürstin *Lichnowsky*, in dem zwischen 1880 und 1900 spielenden Buch »Kindheit« schildert. Wir verfolgen Christiane, die Heldin, tatsächlich von Kindesbeinen an, wobei die intakte Welt einer adeligen Familie und ihres ländlichen Lebens auf einem süddeutschen Gut einen zusätzlichen Reiz des Buches ausmacht. In einem katholischen Erziehungsheim am Bodensee lernt Christiane eine andere Welt kennen; neben Freundschaften und Feindschaften treten Intrigen, Zwänge und Ungerechtigkeit mit dem Ergebnis einer tiefen Verunsicherung, hat das schöne Mädchen im Schoß der Familie doch stets nur Liebe und Vertrauen empfangen. Nach unbeherrschten, wilden Reaktionen siegt schließlich die Lebenskraft des dank einer ländlichen Kindheit im wesentlichen ungeschädigten und unverbildeten weiblichen Geschöpfes, das nun um die Wirkungen der eigenen Schönheit weiß und sie zu dominieren versteht.

Der Weg ins Freie

Als Maruschka Kratochwil, *Ferdinand von Saars* Troglodytin, nicht nur Herzen, sondern auch Häuser angezündet hat, diktiert ein Dorfbürgermeister ihr ein Jahr Arbeitshaus zu, und als Sophie Zöttl in ihrem Tiroler Dorf nicht guttut, geht sie eben wieder auf Wanderschaft. Im Herzen des alten Österreich aber, in der Stadt Wien, da waren solche Fluchten längst nicht mehr notwendig. Die Wiener Mädchen, die in den Vorstädten promenierten, in den Gärten der Weinlokale saßen und die Blicke junger Herren und des Militärs auf sich zogen, die genossen seit dem großen Börsenkrach 1873 und dem Menschengewoge der Weltausstellung den Klimawechsel in der bis dahin sehr bürgerlichen Metropole, und die Eingemeindung der Vorstädte im Jahr 1892 machte so manches blitzsaubere Geschöpf aus dem Wienerwald oder den südlichen Randgemeinden zur Wienerin mit allem, was dies in Zeiten delirierender Prosperität und Lebenslust bedeutete.

Wir kennen die Backfische von damals aus vielen Romanen, Novellen und Bühnenwerken, und da vor allem diese am Leben geblieben sind, sehen wir die Wiener Mädchen der Vorkriegszeit mit den Augen, mit denen zum Beispiel *Arthur Schnitzler* die erst fünfzehnjährige *Winnie Benedikt* ansah oder auch die sechzehnjährige *Marie Glümer*, zwei seiner jungen Freundinnen. Und wir wissen, daß diese Mädchen sich das Interesse des zehn oder zwölf Jahre älteren, damit aber immer noch jungen Arztes umso lieber gefallen ließen, als er das Glück hatte, »nicht sehr jüdisch auszusehen«, wie es *Renate Wagner* in ihrem Buch »Frauen um Arthur Schnitzler« dezent ausdrückt.

Es ist ein Vorgang von grausamer Plötzlichkeit: In einem Sommer waren die Knaben und die Mädchen noch heitere Spielgefährten auf dem Semmering, in Gutenstein, in der Hinterbrühl, im Salzkammergut. Im Sommer darauf schon drehten sich die Mädchen, in koketter Sommergarderobe flirtend, zwischen den Herren der Kurpromenaden, während die Knaben, zu kurzbehosten Voyeuren degradiert, nur von Ferne zusehen durften. *Salka Viertel* hat uns geschildert, wie sie gleichsam von einem Tag zum anderen für die Offiziere der Garnison interessant wurde, als junges Mädchen und lange bevor sie sich selbst für Männer interessierte. Die Folgen illustrieren die tiefe Verlogenheit der nach außenhin so glänzenden Gesellschaft; die Mechanismen der Annäherung setzen sich nämlich unfehlbar und unbarmherzig gegen die schwankende Moral der Eltern durch. In *Schnitzlers* Novelle »Frau Beate und ihr Sohn«, vor dem Ersten Weltkrieg im Salzkammergut spielend, versucht die verwitwete Beate Heinold ihren über alles geliebten Sohn Hugo aus den Netzen zu befreien, die eine Lebedame, die Baronin Fortunata, nach ihm ausgeworfen hat; ein älterer Freund des Siebzehnjährigen soll ihr dabei helfen. Aber in der kupplerischen Atmosphäre der mondänen Sommerfrische sieht sich Frau Beate nicht nur von jungen und nicht mehr ganz jungen Herren hofiert, ja belagert – sie ergibt sich auch selbst jenem Freund ihres Sohnes, der ihr in ihrem Feldzug gegen die Baronin zur Seite stehen sollte – womit klar wird, daß sie der anderen im Grunde nichts vorzuwerfen hat.

Das Interesse für die früh erwachende Sexualität, nicht nur wegen Wedekind ein Generalthema der Jahrhundertwende, ist der Motor in der noch nicht zureichend erforschten Beziehung zwischen *Schnitzler* und *Freud*, die uns nun, nach der Auffindung des Briefwechsels im Herbst 1992, wohl bald besser bekannt werden dürfte. An ihrem Anfang scheint ein Brief von 1906 zu stehen, in dem *Schnitzler* sich zu »mannigfachen tiefen und starken Anregungen« durch *Freud* bekennt, und *Jean Améry* faßt die Beziehung der beiden Ärzte in dem Satz zusammen: »Es war kein Zufall, daß ihn (d. h. Schnitzler) und nur ihn unter den Österreichern Sigmund Freud, der mit ihm dies und das zu tun hatte, als seinen Pair anerkannte« (zitiert nach *Ulrich Weinzierl*, »Arthur Schnitzler«).

Sein ganzes Leben hindurch hat *Schnitzler* Träume aufgezeichnet und in späteren Jahren diktiert. Zwischenzustände zwischen Träumen und Wachen, aber auch endlose Monologe und Assoziationsketten, wie sie den Halbwachzustand kennzeichnen, werden als Stil- und Darstellungsmittel häufig eingesetzt, am überzeugendsten in der virtuosen Novelle »Leutnant Gustl«, schon um 1900 geschrieben, aber auch noch in der seinerzeit Skandal machenden Studie »Fräulein Else« ein Vierteljahrhundert später und damit wenige Jahre vor *Schnitzlers* Tod.

Eine reiche Tante hat ihre junge Nichte zu Ferien in einem Südtiroler Luxushotel eingeladen, etwa um 1890 (man rechnet noch nach Gulden, nicht nach Kronen). Wir folgen durch fünfzig Seiten den Gedanken Elses, unterbrochen durch ein paar Worte, die sie mit Bekannten und mit anderen Hotelgästen wechselt. Im wesentlichen aber ist das junge Mädchen mit sich allein, eine arme Verwandte, von der reichen Tante eingeladen: »Sicher bereut sie's schon ... Ich bin nicht verliebt, in niemanden, und war noch nie verliebt ... Ich glaube, ich kann mich nicht verlieben. Eigentlich merkwürdig, denn sinnlich bin ich gewiß ... Ich bin ja doch ein Snob. Der Papa findet's auch und lacht mich aus. Ach lieber Papa, du machst mir viel Sorgen. Ob er die Mama einmal betrogen hat? Sicher! Öfters! Mama ist ziemlich dumm, von mir hat sie keine Ahnung.«

Das Falkenmotiv meldet sich schon auf der ersten Seite an, ein zu allem Überfluß telegraphisch angekündigter Expreßbrief aus Wien des Inhalts, daß Papa, der liebe Papa, in Schwierigkeiten ist, eine Bagatelle an sich, 30 000 Gulden, aber man hat sie eben nicht, und das Prekäre ist: Es waren Mündelgelder, an denen der smarte Anwalt sich vergriffen hat. Das war zumindest in der Guldenzeit noch keineswegs ein Kavaliersdelikt. Aber im Hotel logiert der reiche Herr Dorsday; er hat auf die schöne, stolze und unnahbare Else ein Auge geworfen und wäre bereit, dem Papa aus der Patsche zu helfen, wenn er Else mit Muße betrachten dürfte, Else in nuce, ohne alle Kleider. Aus den 30 000 Gulden werden 50 000, was nun schon egal ist, aber das Mädchen, das sich selbst als »hochgemut und ungnädig« bezeichnet, ein stolzes Pflänzchen der Wiener Gesellschaft, deliriert fortan: Was ihre Eltern von ihr erwarten, was der reiche Herr von Dorsday eindeutig formuliert hat, ist zu wenig, um abgelehnt und doch auch wieder zu viel, um erfüllt zu werden. Schließlich geschieht, was der penetrante Voyeur sich erwartet, nicht in seinem Hotelzimmer, sondern vor vielen Augen in einem Hotelsalon.

Schnitzler war vielleicht der einzige Autor, der aus diesem Thema eine akzeptable Geschichte machen konnte, indem er nämlich alles Geschehen in die Seele einer sehr jungen Wienerin verlegte, die ihren Reifeprozeß noch vor sich und bis dahin nur in Gedanken umkreist hat. Als Figur ist sie sehr bezeichnend: sie liebt die Eltern, nimmt sie aber nicht mehr ernst und wird in der ersten Krise, selbst wenn diese beinah scheinbar zu nennen ist, urplötzlich wieder zum Kind. Originell ist auch, worum es geht: Hätte Dorsday die völlige, die geschlechtliche Hingabe verlangt, wäre Schnitzler innerlich kaum beteiligt gewesen; ihm war der intime Umgang mit den vielen jungen Wienerinnen auf eine Weise alltäglich, daß er zum Unterschied von Werfel oder Salten nie Aufhebens davon gemacht hat. Was ihn jedoch bis ins Mark irritiert und eifersüchtig macht, ist die optische Relevanz, der Dorsday zugebilligte voyeuristische Genuß, hat Schnitzler doch stets getobt, wenn etwa Marie Glümer (neben der er stets andere Freundinnen hatte) in Salzburg, Brünn oder Troppau Rollen spielen mußte, in denen die Direktoren ihre Schönheit einsetzten, denn Mizzis Talent war nur mittelmäßig: Schnitzler reist ihr in die Provinz nach, leidet wie ein Hund, wenn sie in einer Sudermann-Rolle im dünnen Nachthemd auf der Bühne steht, und wird daran weiter leiden bis ins Alter.

Es ist, wie in Hollywoods Frühzeiten: Daß wirklich etwas geschieht, wäre in der Literatur der Jahrhundertwende zwar denkbar, aber als naturalistischer Effekt unerwünscht. Darum herum aber kreist eifrig die Phantasie, kränklich bei *Richard Beer-Hofmann*, ästhetisch verbrämt bei *Hugo von Hofmannsthal*, psychologisch relativiert bei *Schnitzler*. Am Ende dieser Kindheitsmuster heben die Komplexe der Väter an, das Bild zu verfälschen. Auf einmal verläßt diese raffinierten Erzähler der Mut, sie flüchten auf die Bühne, ins Märchen, ins Gedicht:

Im Osten schlummern fremde Blumen ein,
Die müd ein Kind im Frühjahr dort vergessen, –
Dies alles aber soll symbolisch sein,
Drum weinen ohne Anlaß die Cypressen.

Einer von ihnen allen wird auf die Symbolik verzichten – *Felix Salten*, der Vielgeschmähte, weil er (nach eindeutigen Aussagen von *Arthur Schnitzler*, *Karl Kraus* und anderen) in seiner Josefine Mutzenbacher, einer Vierzehnjährigen aus Wien-Ottakring, ein literarisches Denkmal gesetzt hat, neben dem sich Schnitzlers Verse von 1892 wie ein Strauß welker Veilchen ausnehmen. Das andere Wien, wie sie es wohl alle kannten, wie es aber nur *Salten* rücksichtslos zu beschreiben wagte, hat sich durch seine krassen Schilderungen aus jeder Betrachtung über die Kinderwelt der Donaumonarchie hinausmanövriert in jene anderen Bereiche der Historie, die als Sittengeschichte nur sehr langsam und nur als Facette akzeptiert werden. Aber da Salten als eine der stärksten Begabungen in der Literatur seiner Zeit nicht übergangen werden darf, erwähnen wir wenigstens seine große Novelle »Mizzi«, die den Untertitel »Lebensgeschichte einer Wienerin« führt, womit *Salten* sie der Pepi Mutzenbacher annähert. Auf den ersten Seiten dieser, einiger Märchenelemente nicht entbehrenden Geschichte hat *Salten* seiner Liebe zu den Geschöpfen freien Lauf gelassen, zu denen die Kinder nolens volens heranwachsen. Die kleinen Rangen, die blauäugigen Unschuldsengel werden zu dem, was der Wiener Literatur der Jahrhundertwende mehr Farbe gibt als das schönste venezianische Kostüm oder das prächtigste Makartbukett: das als Schöpfung stets Schnitzler zugeschriebene süße Wiener Mädel, dessen Reiz jene am besten beschrieben haben, die statt der Gier ihre Sehnsüchte in die Feder fließen ließen:

»Mizzi sah aus, wie einzig Wiener Mädchen aussehen können, gleichviel, ob sie von ganz unten her stammen oder aus dem Bürgertum oder aus der Hocharistokratie. Diese Mädchen sind Prinzessinnen der Wiener Erde und der Wiener Luft. Sie haben eine ganz besondere, merkwürdig gehobene, unfeierliche Art von Reiz, die dennoch erhaben wirkt. Ihr Lächeln ist bezaubernd, weil es nicht bloß heiter, nicht allein sinnenfreudig, sondern zugleich seelenkundig und leutselig scheint. Der stumme Gesang ihrer Anmut entströmt bezwingend ihrem Gehen, der Haltung ihres Kopfes, jeder Bewegung, jeder Gebärde, der sanft harmonischen Linie ihres Leibes. Auf eine wunderbare Weise sind sie eins mit dieser Stadt, sind der lebendige Ausdruck, der schwingende Akzent dieser wunderbaren, hinreißend anmutigen Wienerstadt… Viele Menschen haben den Zauber der Wiener Mädchen genossen und sind dennoch in ihrer Erinnerung gegen diese nicht nur der Liebe, sondern der Verehrung würdigen Geschöpfe undankbar gewesen. Es gehört eben ein hoher Grad von Menschentum und Kultur dazu, Wien und die Wienerin, die einfache naturhafte Fülle der Begabung, diese lachend duldende und anmutig selbstironische Bescheidenheit richtig einzuschätzen. Aber ein Mädchen von der strahlenden Schönheit der Mizzi darf freilich durch ihre bloße Erscheinung des Sieges sicher sein. Sie sah aus, wie ein Schubertlied aussehen müßte, wenn es Gestalt annehmen könnte… Sie war keine Dirne; nur ein junges lebensfrohes Geschöpf, das ohne Bedenken seine wunderbare Schönheit und die Schönheit dieser Welt entschlossen genießen wollte. Sie war ganz ehrlich dabei, völlig triebhaft und ohne Berechnung. Auf dem tiefsten Grund ihres Wesens jedoch barg sich ein fester, unbeugsamer Charakter. Sie wußte selbst nicht viel davon, und niemand hatte so recht eine Ahnung von der ungebrochenen Natur, die Mizzi in Wirklichkeit war. Sie erschien allen Menschen, die in ihre Nähe kamen, gedankenlos, lustig, gutmütig, leichtsinnig und wenig zuverlässig, aber bezaubernd.«

Man darf Mizzi, Tochter eines Droschkenkutschers und einer Wäscherin, der schönen Else, der verwöhnten Tochter eines zu Unrecht angesehenen Rechtsanwalts, gegenüberstellen. Mizzi ist durch die Armut der Familie und das Dasein als Halbwaise einigermaßen auf das vorbereitet, was sie am Ende der Kindheit erwartet, und als der erste natürlich adelige Liebhaber ihre Mutter nicht hinreichend ästimiert, wirft sie ihn hinaus. Else hingegen erschrickt bis ins Mark, als es die Eltern selbst sind, die den Glassturz aufheben, unter dem sie gelebt hat. Die Anklage in der *Schnitzler-Novelle* ist oft unbemerkt geblieben, weil der Dichter im heikelsten Augenblick das Portiönchen Exhibitionismus, das in jedem schönen Weibswesen schlummert, wie eine Kohlensäurepatrone explodieren läßt. Im Grunde aber ist Else ein Opfer wie unzählige andere Töchter, und zwei Damen von Welt, die *Marie von Ebner-Eschenbach* und *George Sand*, haben mit beinahe den gleichen Worten ihrer Wut darüber Ausdruck gegeben, daß der Adel bei der Beschälung einer jungen Stute oft mehr Rücksicht und Behutsamkeit walten läßt als hinsichtlich der Hochzeitsnacht der eigenen Tochter. Hat die Neuvermählte Glück, so hat sich ihr Gemahl seine Erfahrungen bei gesunden Gutsmädchen geholt; hat sie Pech, so erinnert er sich in der ersten Ehe-Nacht an die Bordelle galizischer Garnisonen oder gar an den Perroquet gris in Paris. Auch wenn die jungen Eheleute einander lieben, weint die junge Frau nur zu oft am Morgen, nach den unerwarteten Schrecknissen der Nacht, ins Kissen, den Teddy oder die Lieblingspuppe im Arm, weil sie sich nicht einmal der Mama anzuvertrauen wagt. Die Jugendstilpoeten aber von *Altenberg* bis *Schaukal* kennen keinen Pardon:

> Ich sähe dich gern mit vielen roten Rosen
> um Haar und Hals und den Kinderbusen,
> roten, purpurroten Rosen.
> Und mit nackten, feinen, schmalen Füßen
> stehst du ein Kind, Kind-Weib,
> in demütig dienenden roten Rosen.

Sie hatten keine Chance, diese schönsten und letzten Blüten des alten Österreich, denn die Verführer bedienten sich der raffiniertesten Verkleidungen: Sie kamen als Psychotherapeuten, als Frauenrechtler, als Ästheten von affichierter Impotenz, was sie ungefährlich machen sollte. »Das erotische Pars-pro-toto-Spiel, der Fetischismus, beherrschte grell die Szene, und auch das Kindweib, Symbol einer teils vergreisten, teils infantilistischen Epoche, wurde bei Dichtern und Lebemännern große Mode«, schreibt *Otto Basil* in seiner brillanten, nur viel zu kurzen »Arabeske über die Jugendstilfrau« und zitiert schließlich *Nietzsche* mit dem wenig bekannten Wort »Purpurn lauert ein Drache im Abgrunde ihres Mädchenblicks«.

Womit wir am Ende wären und bei *Otto Weininger*, 1880 in Wien geboren und mit dreiundzwanzig Jahren durch Selbstmord aus dem Leben geschieden. Neben langen Ausführungen, die man heute kaum noch zu lesen, geschweige denn zu zitieren wagt, stehen in seinen Werken auch Impressionen, die von *Salten, Schnitzler* oder *Auernheimer* stammen könnten:

»Ich glaubte mich heute, als ich die schreckliche Kurkapelle am Strande des Meeres spielen hörte, das sie nicht sofort verschlang, an die Ischler Esplanade versetzt. Nur weniger Juden, aber dafür Berliner, Frankfurter, Sachsen. Die Männer Skatspieler, die Frauen entweder mütterliche Hyänen oder töchterliche Soi-disant-Kätzlein; die eine Hälfte die häßlichere. Die andere mit dem rückwärts quer straff gezogenen Rocke... Schämst Du Dich nicht auch, wenn Dich dieser Teil des Weibes anzieht? In ihm hat die Natur die Schamlosigkeit verleiblichen wollen.« Und an anderer Stelle, in einem Augenblick der Einsicht: »Der Haß gegen die Frau ist nichts anderes als Haß gegen die eigene, noch nicht überwundene Sexualität.«

Und dieses Universum der Sexualität, einerseits durch die letzten Tabus geschützt, andrerseits ein wilder Garten, wenn nicht schon das Paradies, das entdecken die Knaben und die Mädchen, die Jünglinge und die Jungfrauen der hinabgehenden, wunderbaren, unwiederholbaren Vielvölkermonarchie an der Hand von Dichtern, die selbst der Führung bedürften, Dichter, die keineswegs sicher sind, ein reines Gefäß zu sein:
»Jeden Morgen geht die Sonne über Millionen Menschen auf«, notiert *Hugo von Hofmannsthal* am 15. August 1913, ein Jahr vor dem großen Krieg, in der Idylle von Altaussee, »aber wo ist unter Millionen das eine Herz, das ihr rein entgegenklingt? Wann hat mich die Morgensonne *wirklich* beschienen? Einmal vielleicht, in jenem kurzen Traum. Aber ich werde dorthin gehen, wo mich ein jungfräuliches Licht an jungfräulichen Ufern treffen wird« (Notiz 25 zu »Andreas oder die Vereinigten«).

DIE KINDERWELT IM SPIEGEL DER MALEREI UND GRAPHIK

Joseph Danhauser, Das Kind und seine Welt, 1842

»EUER KINDER LAND SOLLT IHR LIEBEN...«

Reingard Witzmann

Die Imagination des Kindes in Malerei und Graphik

Das bekannteste Wunderkind des 18. Jahrhunderts stellte sich als Sechsjähriger dem Porträtisten. Vermutlich hat *Pietro Antonio Lorenzoni*, von dem heute hauptsächlich noch Kirchenbilder erhalten geblieben sind, *Wolfgang Amadeus Mozart* gemalt.

Das um 1763 entstandene Bild stellt eine merkwürdige Ambivalenz dar: Ein von seiner Herkunft bürgerliches Kind steckt in einem höfischen Kleidchen und trägt einen Galanterie-Degen. Seine blonden Haare sind stark gepudert, zu beiden Seiten mit der Brennschere »gekreppt« und im Nacken mit einer Schleife zusammengehalten. Die Körperhaltung nimmt eine Pose wie die eines Erwachsenen ein; doch das Gesicht strahlt die unverwechselbare Mischung eines barocken Kirchenputti mit einem fröhlichen Lausbuben aus. Daß es sich wirklich um einen kleinen Virtuosen handelt, veranschaulicht attributhaft die Klaviatur am unteren Bildrand.

Dieses Gemälde ist nach einer bekannten Geschichte entstanden, die nicht nur anekdotenhafte Züge trägt: Die Salzburger Musikerfamilie *Mozart* hatte im Oktober 1763 im Schloß Schönbrunn vor dem Kaiserpaar *Maria Theresia* und *Franz I.* mit ihrer Kinderschar konzertiert, anschließend ist der kleine *Wolferl* der »Kayserin auf den Schooß gesprungen, sie um den Halß bekommen, und rechtschaffen abgeküsst«.

Zwei Tage später ließ *Maria Theresia* den *Mozart*-Kindern als Geschenk kaiserliche Kleider zukommen: *Wolfgang* erhielt den abgebildeten lila Rock mit Goldborten, der ursprünglich dem jüngsten Sohn *Maria Theresias*, dem kleinen Prinzen *Maximilian*, gehört hatte. Nur den ausführlichen Briefen *Leopold Mozarts* verdankt die Nachwelt die vielen Informationen, die das Porträt heute besser einordnen und interpretieren lassen.

In jener Zeit mußte man schon ein besonderes Kind sein, um im Porträt überhaupt abgebildet zu werden. Das betraf in Österreich meist nur adelige Kinder, die wie kleine Erwachsene in Samt und Seide steif präsentierten. Bezeichnenderweise stammen weitere Bilder, die die *Mozart*kinder bei ihrer musikalischen Tätigkeit zeigen, aus französischer Künstlerhand.

In der österreichischen Kunst beschränkte sich im 18. Jahrhundert die Spannbreite der Kinderdarstellungen auf wenige Motive: Das schon erwähnte Kinderporträt war eher selten vertreten; vielmehr bevölkerte das verspielte, bequeme Kinderidealbild des »Putto« Kirchen und Klöster. Als besonders schönes Kleinkind kam, wie schon seit Jahrhunderten, weiterhin das Jesuskind vor, das nun durch eine spezielle Lichtbehandlung geadelt wurde.

Auch in der barocken Sinnbildkunst, der Emblematik, spielte das Motiv »Kind« eine Rolle. Zum Beispiel bedeutete in der barocken Bildsprache die Darstellung »Kleines Kind im Laufgitter hascht nach einem Schmetterling« verbal umgesetzt den Sinnspruch »Übung macht den Meister«.

Das Denken und die Wahrnehmung war in jener Zeit – vor der Einführung der allgemeinen Schulpflicht – vollkommen vom Bild bestimmt. Die Menschen lebten mit der Kenntnis von Zeichen und Symbolen, die heute erst wieder nachvollzogen und gedeutet werden müssen. Und so ist die Kinderwelt in der Bilderwelt jeweils zu hinterfragen, wieweit sie überhaupt der gesellschaftlichen Wirklichkeit entsprochen hat.

Pietro Antonio Lorenzoni,
Wolfgang Amadeus Mozart,
um 1763

Das Kinderbild wird Mode

In der zweiten Hälfte des 18. Jahrhunderts begannen neue Ideen die festgefügte Weltordnung des Barock aufzulösen. Sie hatten alle indirekt Einfluß auf das Kinderbildnis, das gegen Ende des 18. Jahrhunderts einen großen Aufschwung nahm. Das Kind wurde nun nicht mehr als Miniaturausgabe eines Erwachsenen, sondern mit seiner Identität als Kind in seiner kindlichen Umgebung abgebildet, wie es zum Beispiel das Aquarell von *Karl Hummel* aus dem Jahr 1799 zeigt.

Damals trat ein markanter Wendepunkt in der Bilderwelt ein. Durch die Ideen der Aufklärung war das politische Bewußtsein des Bürgertums erwacht und damit der Wunsch nach Religions- und Meinungsfreiheit. Das bisher übliche Heiligenbild wurde von einer weltlichen Bilderflut abgelöst. Neue, billigere und raschere Drucktechniken sicherten eine weite Verbreitung. In der nun säkularisierten Welt war einzig die »Liebe« der Menschen untereinander als das »Heilige« verblieben. Die Darstellung der »Heiligen Familie« machte die Metamorphose zur irdischen Kleinfamilie durch; die beliebten Neujahrszettelchen mit dem Christkindlein als Segensbringer mutierten zu modischen Glückwunschkarten, auf denen nun ein Wickelkind Glück und Segen verhieß.

Dieser Prozeß verlief keineswegs geradlinig und einfach, wie auch schon die Motive der Bilder- und Symbolsprache selbst unterschiedlichen Ursprungs waren. Einen weiteren starken Impuls für die Zunahme der Kinderbildnisse gegen Ende des 18. Jahrhunderts gab die neue pädagogische Strömung, die ganz auf das Kind setzte.

Das 18. Jahrhundert hat große Erzieher wie *Jean-Jaques Rousseau*, *Johann Heinrich Pestalozzi* und *Jean Paul* hervorgebracht, die das Kind als psychologisches Problem entdeckten: »Die Natur will, daß die Kinder Kinder seien, bevor sie Menschen sind.« Dieser Leitsatz von *Rousseau* faßte die beiden Strömungen, die die zweite Hälfte des 18. Jahrhunderts ausfüllten, zusam-

Karl Hummel,
Spielende Kinder, 1799

men. »Zurück zur Natur« avancierte zum Modetrend; auch wurde der Glaube an die Allmacht der Erziehung festgelegt. Die großen pädagogischen Arbeiten aus dem 17. Jahrhundert von *Jan Amos Komensky (Comenius), John Locke, Juan L. Vives* und *Wolfgang Ratke* wurden wieder aufgegriffen und verarbeitet.

Die beiden im Grunde vollkommen konträren Grundgedanken – einerseits »Naturzustand« des Menschen, andererseits seine Erziehung – kulminierten in einer intensiven Beschäftigung mit dem Kind, auch in der Kunst. Denn der kleine Mensch befand sich sozusagen noch in einem natürlichen »Urzustand«, in dem er frei von konventionellen Zwängen sowie Verbildungen nur aus »seiner natürlichen Unschuld« handelte und somit dem gekünstelten, in seinen engen Gesellschaftsnormen gefesselten Rokokomenschen ein Vorbild geben konnte. Andererseits mußte dieses Kind aber, um zu einem sittlichen Menschen heranzureifen, nach neuen pädagogischen Grundzügen erzogen werden.

Das pädagogische Tun sollte nun aber nicht mehr auf Tradition und Überlieferungen gründen, sondern auf die »natürliche Vernunft des Menschen« aufbauen. In der gesamteuropäischen Strömung der Aufklärungszeit begann der »Erziehungsoptimismus«, der im Grunde bis in die Gegenwart bestimmend geblieben ist. Ende des 18. Jahrhunderts sind die Anfänge einer von der Vernunft gesteuerten Lebensführung und -gestaltung anzusetzen. Die philosophisch vorbereiteten Ideen bedienten sich auch der bildenden Kunst. Denn im Erziehungsprozeß des neuen Menschen spielte die Anschauung, die sinnliche Wahrnehmung für das Erkennen, eine große Rolle.

Gleichwie der englische Maler und Karikaturist *William Hogarth* in der ersten Hälfte des 18. Jahrhunderts seine Kupferstiche »als moralische Schaubühne« ansah, so wurde das Bild in der Aufklärungszeit zum wichtigen Träger und Vermittler neuer Lebensideen für Erwachsen- und Kindsein, das nun seinen eigenen Status erhielt. Dieser pädagogische Ansatz zeigte sich vorerst in der Gebrauchsgraphik wie in Buchillustrationen, kleinen populären Blättchen und Bilderfolgen.

Bezogen auf das großdekorative Maß des Barock nahmen diese winzigen, oft auch witzigen Blättchen eine entgegengesetzte Position ein. An die Stelle des Großen trat nun das Kleine, das mit gleicher Energie und Ausdruckskraft künstlerisch gestaltet wurde. Aus dieser Fülle der populären Bilderbogen-Graphik schöpften dann später die Maler der Biedermeierzeit, beziehungsweise arbeiteten manche von ihnen gleichzeitig anonym für die Bilderbogenverleger. Die Residenzstadt Wien bildete dabei ein neues Verlagszentrum, das ganz Europa belieferte. In Almanachen, auf Bilderbogen und sogar auf Spiel- und Glückwunschkarten wurden nun bildliche Vorlagen geliefert, welche Kleidung, welche Spiele und welches Benehmen in Schule und Elternhaus für das Kind notwendig und passend sind. Denn bisher hatten die meisten Kinder, sobald sie sich allein fortbewegen und verständigen konnten, mit den Erwachsenen in einem informellen natürlichen »Lehrlingsverhältnis« gelebt. Die Kinder trugen die gleichen Kleider, sahen und hörten die gleichen Dinge wie die Erwachsenen und hatten keinen getrennten Lebensbereich.

Im Jahre 1788 erschien im »Damen Kalender zum Nutzen und Vergnügen«, einer Art Taschenbuch der Aufklärungszeit, ein Modekupfer mit dem Titel »Bequeme Kinderkleidung«. Während auf den folgenden Seiten der propagierte Putz für die Erwachsenen noch ganz dem aufwendigen Pomp nach höfischem Muster frönte, wurde – am Vorabend der Französischen Revolution – die bisherige Tyrannei der unkindlichen Kleidermode indirekt angeprangert. Zwar muten die neuen Vorschläge für die Kleinen nach heutigem Begriff merkwürdig an: Das Kinderpärchen scheint einem barocken Schäferspiel entsprungen zu sein, in das sich die elegante Rokokogesellschaft gerne flüchtete, um sich in einer illusionistischen Welt der Schäfer und Bauern ungezwungener geben zu können. Wenige Jahre später ist dann wirklich eine spezifische Kinderkleidung entwickelt, die sich den kindlichen Körperformen und dem Bewegungsdrang anpaßte.

Die modische Schäfer- und Schäferinnen-Poesie blieb in der Spielart der »Bauernwirtschaften« ein gewichtiger Topos bei den Kinderdarstellungen der Biedermeierzeit. Die innige Beziehung Kind und Natur wird auch später in der Biedermeiermalerei weiterhin sinnbildhaft umgesetzt. So sitzt zum Beispiel auf einem berühmten Gemälde von *Ferdinand Waldmüller* aus dem Jahre 1832 der junge Graf *Demetrius Apraxin* als kleiner »sehr feiner Bauer« inmitten einer herrlichen Salzkammergutlandschaft vor einer säuberlich mit Mohn- und Kornblumen dekorierten Erntegarbe. Seinen Kopf ziert ein typischer Schnitter-Hut; Handsichel, Krug und Korb geben dem Bild einen realistischen Anstrich, als ob das Kind wirklich Korn geschnitten hätte.

Ähnliche Motive sind bei *Peter Fendi* auf seinen Aquarellen zu finden. Da schleppen Kinder für sie überdimensionierte Geräte oder werkeln auf dem Feld. Allerdings sind sie nicht so prächtig und aufwendig angezogen wie das adelige Kind auf dem *Waldmüller*-Gemälde. Solche Darstellungen als Zeugnisse von Kinderarbeit zu interpretieren – wie es in der modernen Kunstgeschichte üblich ist – enden gezwungenermaßen mit dem Vorwurf an den Künstler, ihm habe das soziale Engagement gefehlt. Doch die Bildtraditionen waren zur Biedermeierzeit noch ganz dem Erzählerischen und den Bildsymbolen verhaftet, die in das 18. Jahrhundert zurückreichen. Erst im Zuge der Revolution 1848 kam es – allerdings nur kurzfristig – zur sozialen Anklage im Bild.

Für den ikonographischen Streifzug durch die Welt der Kinderbildnisse ist auch der Bildtopos »Mutter und Kind« bedeutsam. Ende des 18. Jahrhunderts erfuhr dieses Motiv aus der christlichen Ikonographie eine profane Umwertung. Bei einem Gemälde von *Martin Johann Schmidt*, genannt *Kremser Schmidt*, aus der Zeit um 1780 ist nicht mehr eindeutig festzustellen, ob es sich um eine heilige Madonna oder um eine Mutter mit ihrem Kind handelt. Die Unschuld des Kindes als wahrer Widerschein göttlicher Reinheit liegt auf dieser Darstellung.

Zusätzlich entwickelte sich ein erzählendes Mutter-Kind-Motiv, das seine detailreiche Ausformung aus der pädagogischen Literatur erhielt. Die Schrift der Schweizer Reformpädagogen *Pestalozzi* »Wie Gertrud ihre Kinder lehrt, ein Versuch, den Müttern Anleitung zu geben, ihre Kinder selbst zu unterrichten« führte zu direkten Auswirkungen auf die Bilderwelt der populären Druckgraphik jener Zeit. So malte um 1780 *Joseph Schaffer* die »ideale Mutter« in mehreren Aquarellen, und *Joseph Eder* stach die Illustrationen in die Kupferplatte. Der »privilegierte Kupferstecher« *Eder* eröffnete wenige Jahre später eine renommierte Kunsthandlung am Graben in Wien, wo er neben Spielen und Andachtsbildern solche Bilderbögen vertrieb.

Bis in die Biedermeierzeit wurde in der populären Graphik mütterliches Verhalten gegenüber dem Kind abgehandelt. *Matthäus Loder* karikierte mit scharfer Beobachtungsgabe die neue bürgerliche Gesellschaft und zeigte in seiner Serie »Zerrbilder menschlicher Torheiten« ein Gegenbild der sorgenden Mutter: Statt sich um ihr Kind zu kümmern, flirtet die Frau unbekümmert durch das geöffnete Fenster mit einem jungen Liebhaber. Währenddessen füttert der Ehemann das Kind. Doch *Loder* gibt den sorgenden Ehemann – durch die zufällig aufgehängten Hirschgeweihe an der Zimmer-

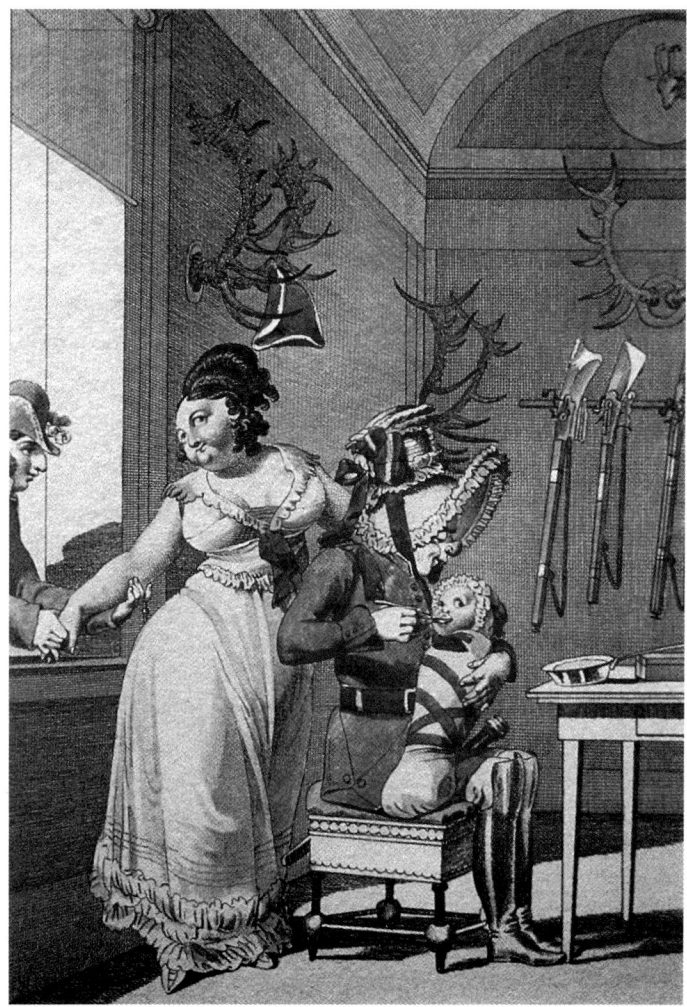

Matthäus Loder, Der gute Narr, 1818

wand – der Lächerlichkeit preis: Er ist nach der Redewendung der »Gehörnte«. Dieses »verkehrte Rollenbild« der Eheleute steht im Widerspruch zum »idealen« Familienbild.

Sozialgeschichtlich gesehen hat am Beginn der Industrialisierung innerhalb der Familie eine enorme Veränderung stattgefunden: Der Typus Familie wandelte sich von der gemeinsam wirtschaftenden und wohnenden Sozialform zur bürgerlichen Kleinfamilie. Eine neue Familienkultur, bei der eine abgeschirmte familiäre Innenwelt forciert wurde, brachte eine neue Rollenverteilung. Die Aufgaben der bürgerlichen Frau wurden auf Häuslichkeit und Kindererziehung reduziert, der pater familias stellte für die seinen die Verbindung zur Außenwelt dar und war auch verpflichtet, für ihren Unterhalt zu sorgen. Diese neue Konstellation wurde im Jahre 1811 im Allgemeinen Bürgerlichen Gesetzbuch (ABGB) bestimmend für die Gesellschaft festgelegt. Die sich neu herauskristallisierenden Arbeiterfamilien sowie die Bauernfamilien, die ihren wirtschaftlichen Bedingungen entsprechend weitgehend in den Lebensformen der alten Haushaltsfamilie verharrten, blieben im neuen ABGB vollkommen unberücksichtigt.

Zu dem äußerst komplizierten Komplex des Kinderbildnisses und seiner Entwicklung Ende des 18. Jahrhunderts gehört auch die künstlerische Strömung, die zur klassizistischen Malerei führte. Zwar erlangte der Klassizismus in Österreich nicht jene Bedeutung wie in Frankreich oder in England, doch reichte seine Gestaltungskraft in alle Bereiche des Alltags wie zum Beispiel der Kleidermode. Die Beschäftigung mit der Antike brachten den neuen Ansatz eines humanistischen Menschenbildes, das sich in der Aufbruchstimmung des späten 18. Jahrhunderts für das »Kindsein« – wenn auch teilweise nur kurzfristig auswirkte.

Die Malerei des Klassizismus bediente sich bestimmter »Bildformeln« und Gestalten sowie Geschichten aus der antiken Götterwelt, die in jener Zeit auch breiteren Bevölkerungsschichten – in der Stadt Wien zum Beispiel durch das Volkstheater und das Ballett – durchaus vertraut waren. Auf einem Gemälde von *Heinrich Friedrich Füger* zeigt der Künstler sein eigenes Kind, wie es gerade mit der Mutter gehen lernt. Die Frau führt das vollkommen nackte Kleinkind – das mehr einem »gezähmten Amor« gleicht – am Gängelband.

Bei Füger studierte *Carl Agricola*, der im Jahr der Französischen Revolution von der Kunstmetropole Wien angezogen worden war. 1819 malte er seine Familie in einer eigenwilligen Art: Jedes Familienmitglied ist als individuelle Persönlichkeit auf einer eigenen Miniaturtafel porträtiert, doch ein Gesamtrahmen hält und fügt alle wieder zu einer harmonischen Einheit zusammen. Während Eltern und Großmutter in zeitgenössische bürgerliche Kleidung gehüllt sind, treten die beiden älteren Kinder in der Gestalt des Amors mit Federflügeln bzw. als Psyche mit zarten Schmetterlingsflügeln auf, und das jüngste streichelt ein kleines Häschen. Das beigefügte Tier könnte durchaus nur ein Spieltier sein; doch stellt der Hase in der Mythologie und in vielen Weltreligionen immer ein lunares Tier dar, das durch seine enge Verbindung mit dem Mond Wiedergeburt, Verjüngung und auch Auferstehung verkörpern kann.

Die Kinderwelt zur Biedermeierzeit

Der Wiener Kongreß brachte zwar nach 22 Kriegsjahren den langersehnten Frieden, doch sahen sich die Kunstschaffenden und die Bevölkerung in ein Zensursystem eingebunden, das so umfassend und bedrückend wie nie zuvor durchgeführt wurde. Die Zensurbestimmungen bezogen sich nicht nur auf das gesprochene oder gedruckte Wort, sondern auch auf bildliche Darstellungen jeder Art. Unter diesen Zwängen versuchten die Menschen ihren Alltag zu meistern, mit Poesie in kleineren Dimensionen soweit die Mittel reichten.

Viele ganz junge und begabte Künstler drängten sich in der Residenzstadt Wien, wo sie – um überleben zu können – bei großen Verlegern wie *Johann Heinrich Müller* oder den Brüdern *Joseph* und *Matthäus Trentsensky* gegen geringen Lohn phantasievolle Bilderbogen entwarfen. So lieferte der damals noch vollkommen unbekannte *Moritz von Schwind* anmutige Vorlagen für eine Serie zum Thema Kinderspiele, die 1827 unter dem Gesamttitel »Kinderbelustigungen« zum ersten Mal erschien. *Schwind* zeigte den damals typischen Spielkanon der Mädchen und Knaben in ihrer rollenspezifi-

Carl Joseph Alois Agricola, Die Familie des Künstlers, 1819

schen Verteilung: Puppen für Mädchen und Murmeln oder Soldaten für die Knaben. Doch auch gemeinsame Bewegungsspiele wie »Geier und Henne« oder »Blinde Kuh« gelangten zur Darstellung. Diese Bilderbogen waren nicht nur zum Anmalen, sondern sicherlich auch als Anregung zum Spielen und zur Nachahmung gedacht.

Die neue Technik der Lithographie, des Steindruckes, ermöglichte ab 1820 eine massenweise und billige Herstellung solcher Blätter. Die »Kinderbelustigungen« dürften ein Erfolg gewesen sein, denn es erschienen mehrere Auflagen. So wurde bei jeder neuen Auflage die sich verändernde Kleidermode des bürgerlichen Kindes berücksichtigt und durch Umzeichnen auf den jeweils neuesten Stand gebracht.

In der Zeit um 1850 erschien im Verlag *Trentsensky* noch einmal eine ähnliche Serie unter dem Titel »Jugendbelustigungen«. Diesmal lieferte vermutlich der Theatermaler *Georg Fischer* die Vorlagen als sogenannte »Mandlbögen«: Anstelle des geschlossenen Bildes wurden die einzelnen Figuren – eben die Manderln – zum Ausschneiden aufgezeichnet. Die starre Szene löste sich aus der Fläche, denn die »Manderln« bekamen nach dem Ausschneiden eine Standfläche aus einem Holzklötzchen angeklebt und konnten von den Kindern variabel in verschiedenen Bezügen räumlich aufgestellt werden. So waren die Spieldarstellungen gleichzeitig auch ein Spielzeug aus Papier für die Kinder.

Die bezauberndsten Spieldarstellungen in der Biedermeierzeit gelangen *Peter Fendi*. Er gehörte zu den beliebtesten Kindermalern der Wiener Aristokratie. Besonders Kaiserin *Carolina Augusta* und Erzherzogin *Sophie* – die Mutter des späteren Kaisers *Franz Joseph* –

Moritz von Schwind, Blinde-Kuh-Spiel, 1827

bestellten bei ihm meist kleine, intime Aquarelle. Seine Hauptbeschäftigung gehörte jedoch dem bürgerlichen und kleinbürgerlichen Genrebild.

In unzähligen Aquarellskizzen schilderte *Fendi* liebevoll die mit diversem Spielzeug wie Puppen, Trommeln oder Wagerln hantierenden Kinder. Bei ihm ist nicht unbedingt vorgefertigtes Spielzeug für Kinder notwendig; die ganze Umwelt kann zur Spielwelt umfunktioniert werden. Die Zimmertür wird zum geheimen Versteck, das Loch im Griff des Holzschaffes ermuntert zum »Guck-Guck-Spiel«, oder Hut, Umhang und Handschuhe der Erwachsenen lassen alle Freuden des Verkleidens zu. *Fendi* malte keine »Anleitungen« für Kinderspiele, sondern Momentaufnahmen kindlichen Seins im Spiel. Die Zerbrechlichkeit und Flüchtigkeit dieses kindlichen Glücks deutet *Fendi* unterschwellig durch seine subtile, zerfließende Aquarelltechnik an.

Peter Fendi kam mit seinen Bildern der »Lebenswirklichkeit« näher als die meisten anderen Künstler seiner Zeit. Trotzdem hat auch er seine klassizistische Ausbildung nicht vollkommen abgelegt. Deshalb kann bei seinen Kunstwerken nicht von einem Realismus gesprochen werden, wie er seit der Mitte des 19. Jahrhunderts zum Beispiel in der französischen Kunst von dem Maler *Gustave Courbet* vertreten wurde. *Fendi* verbindet vielmehr Detailrealismus mit gefühlvollem Verklären der kindlichen Handlungen und Spielweisen. In diesen Kindern ist noch Ursprünglichkeit, ihre Empfindungen werden nicht durch Konventionen geregelt. Es sind Metapher der kindlichen, naiven Seele, die *Fendi* in seine alltäglichen bürgerlichen und auch bäuerlichen Szenen einkleidet, so daß er manchmal auch in das allzu Idyllische abzugleiten droht.

Auch für ihn sind die Kinder noch Sinnbilder der Unschuld, und auf seinem Gemälde »Kindliche Andacht«, 1842 entstanden, küßt ein irdisches Kleinkind, von seiner Mutter emporgehalten, den Jesusknaben eines Andachtsbildes. Die Gegenüberstellung wirkt gleich einem Spiegeleffekt: Das Kind und der Jesusknabe fließen ineinander über.

Auch bei dem heute bekanntesten Bild, »Der frierende Brezelbub«, das *Fendi* 1828 fertiggestellt hat, ist kaum ein sozialkritischer Ansatzpunkt zu der damals üblichen Kinderarbeit zu finden. Vielmehr soll durch dieses Gemälde die Mildtätigkeit der Besitzenden aufgerüttelt werden, damit sie mit Almosen helfend dem kleinen Verkäufer und seinem Hündchen beispringen. Das moralisierende Element herrscht vor.

*Peter Fendi,
Kindliche Andacht, 1842*

Dieser Darstellung ließ zwei Jahre später *Ferdinand Georg Waldmüller* seinen »Bettelknaben auf der Hohen Brücke« folgen. Wieder sind die äußeren widrigen Umstände durch die verschneite Umgebung charakterisiert. Doch diesmal blickt der kleine Bub direkt den Betrachter aus dem Bild an und faltet seine Hände zu einer bittenden Geste. Während bei *Fendi* indirekt und sanft vorgetragen wurde, daß dieses Kind der Hilfe bedürfe, so brachte *Waldmüller* sein Anliegen mit Nachdruck vor. Allerdings war im Jahre 1830 sicherlich kein Bettelkind so elegant und komplett gekleidet, wie *Waldmüller* es zeigte. Es ist jene Zeit, in der zum ersten Mal in der wachsenden Stadt Wien die Zunahme des Pauperismus öffentlich zugegeben wurde, da Massenarmut und Arbeitslosigkeit unübersehbar geworden waren.

Um 1830 spitzten sich die sozialen Verhältnisse in Österreich innerhalb der gesamteuropäischen schlechten wirtschaftlichen Lage dramatisch zu. Einige Schlaglichter verdeutlichen die Situation: So wurde in der Stadt Wien eine Lebensmittelsteuer eingeführt, die die Lebenshaltung für die Bevölkerung verteuerte. Choleraepidemien und Überschwemmungen verschärften das Elend zusätzlich. Auswärtige Handwerksgesellen, Juden und arbeitslose Dienstboten wurden aus der Residenzstadt Wien abgeschoben. Eine Kunstblumenfabrikantin aus Wien erhielt 1835 eine Auszeichnung, weil sie unter anderem »nützlich beschäftigte Kinder weiblichen Geschlechts« von acht bis zehn Jahren arbeiten ließ. Die Massenarmut entwickelte sich zu einem Problem, das durch traditionelles Almosengeben, aber auch durch Arbeitshäuser und behördlich angeordnete Notstandsarbeiten nicht gelöst werden konnte.

Dreiunddreißig Jahre später malte *Waldmüller* nochmals einen kleinen »Bettler am Magdalensgrund«, einer damals entsetzlich verkommenen Gegend von Wien, die im Volksmund nach den vielen Ratten »Ratzenstadl« genannt wurde. Diesmal bittet der Knabe nicht mehr, sondern hält in seiner Not die Hand dramatisch fordernd auf, während sich seine Mutter – wie im früheren Bild – mit einem kleinen Geschwisterl abseits hält.

Die sozialen Probleme waren durch die wachsende Industrialisierung extrem verschärft worden, die Schere zwischen Arm und Reich vergrößerte sich mit der ihr eigenen Dynamik. In breiten Bevölkerungsschichten war die materielle Not enorm, viele Landbewohner zogen in die Residenzstadt Wien, auch Kinder suchten vollkommen auf sich allein gestellt Arbeit und fanden statt des erhofften Glücks nur noch mehr Elend. Im Gegensatz dazu stand die Situation der Wohlhabenden, die ihren Reichtum durch neuen Luxus äußerlich dokumentieren wollten. Das sogenannte »Zweite Rokoko« mit seinen üppigen Verzierungen und seinem Pomp – so kam in der Damenmode auch wieder das Korsett auf – entsprach dem neuen Zeitgeist nach 1840. Der Biedermeiermaler *Joseph Danhauser* folgte mit seinen Bildergedanken einem dramatisch-erzählenden Duktus mit moralischer Quintessenz, allerdings nicht ganz mit der Schärfe, die Jahrzehnte vorher der Engländer *William Hogarth* angewandt hatte. Dem breiteren Publikum in Österreich war *Hogarth* durch die tonangebende »Wiener Theaterzeitung«, die ab 1806 von *Adolf Bäuerle* herausgegeben wurde und mit Bildbeilagen ausgestattet war, vertraut gemacht worden.

Danhauser hat in vielen Zeichnungen seine psychologischen Studien und in seinen Karikaturen das Benehmen der »reichen Gesellschaft« subtil festgehalten. Bei seinen Ölgemälden folgte er hingegen oft einem Bühnenaufbau mit Staffage, symbolhältigen Requisiten und drapierten Vorhängen, die effektvoll eingesetzt wurden, wie zum Beispiel bei dem 1836 gemalten Bild »Der Prasser«.

Danhauser entwarf aber auch eine andere »Bühne des Lebens«, auf der Kinder die Hauptakteure sind. Seine eigenen Kinder waren dem Künstler dazu Vorbild und Studienobjekte. Das berühmteste Bild *Danhausers* wurde »Das Kind und seine Welt«. Der Erfolg war unbestritten, und der Künstler mußte mehrere Fassungen ausführen, die heute nicht mehr komplett rekonstruierbar sind. Zumindest hat er im Entstehungsjahr 1842 zweimal das Bild, in den beiden folgenden Jahren jeweils zweimal Wiederholungen gemalt und 1845, in seinem Todesjahr, zwei bis drei Variationen davon angefertigt. Große Popularität und Verbreitung gewann das Bild durch den mit ziemlicher Sicherheit in das Jahr 1843 zu datierenden Reproduktionsstich von *Franz Stöber*.

Worin lag der Erfolg beim Publikum? Denn bei den zeitgenössischen Kunstkritikern war eher eine Distanzierung von Bildern mit Kinderszenen zu bemerken. So hieß es zum Beispiel bei dem Autor *Preleuthner*: »… statt der Leidenschaften weitverzweigtem Getriebe sieht man die Kinder um die Puppe zanken«. Wollte *Danhauser* wirklich in eine Verniedlichung und Verharmlosung von Bildinhalten flüchten? Hat er deshalb seine Professur an der Akademie und somit auch seine finanzielle Sicherheit aufgegeben, um liebliche, süße Bilder zu malen?

Die politische und soziale Entwicklung konnte dem äußerst feinfühligen *Danhauser* nicht verborgen bleiben. Er selbst hatte durch seine Möbelfabrik, die er von seinem Vater übernehmen mußte, die Probleme gekannt. Doch gab es keine Aussicht auf eine Lösung, und durch die enormen Spannungen brach 1848 in Wien die Revolution aus. Eine gewisse Resignation spricht sicherlich auch aus seinen Bildern, und *Danhauser* starb, noch nicht vierzigjährig, drei Jahre vor

*Joseph Danhauser,
Das erste Konzert, 1843*

der Revolution. Ähnlich anderen Wiener Biedermeierkünstlern – wie zum Beispiel *Ferdinand Raimund* oder *Franz Schubert* – hat er durch die widrigen Umstände zu einer inhaltlichen Tiefe gefunden, die sich allerdings nicht vordergründig erschließt. Ist es bei *Schubert* der große Melodienreichtum, der vorerst gefangen nimmt, so fallen bei *Danhauser*, aber auch bei anderen zeitgenössischen Malern zuerst die stupende Maltechnik und die zeichnerische Qualität auf.

Wie hat *Danhauser* die »Welt des Kindes« dargestellt? Auf einer fast merkwürdig leeren Bühne liegt im Zentrum das Kind: sein eigener dreijähriger Sohn. Mit dem Oberkörper ruht er auf einem Sessel – einem modischen Erzeugnis der Möbelfabrik *Danhauser* –, während die Beine sich auf einen Atelierschemel, auf dem noch ein Buch liegt, abstützen. Das Kind hat sich in einer dynamischen Bewegung dem Betrachter zugewandt, verstärkt wird dieser Moment durch das erhobene Bein. Die Augen des Kindes blitzen, als habe es etwas Wunderbares gesehen, an dem es aber nur selbst Anteil hat. Unter dem Sessel liegt ermattet und tief schlafend ein Tier, ein geflecktes Hündchen als Spielgefährte des Kindes, aber auch als Sinnbild für das kreatürliche Element. Wie auf der unendlichen Fläche eines Weltmeeres stehen untereinander vollkommen beziehungslos, aber ohne zu versinken, kleine steife Erwachsene umher. Dabei handelt es sich um Holzpuppen, sogenannte Docken, die damals als billigeres Spielzeug in Verwendung waren und in Holzspanschachteln aufbewahrt wurden. Eine solche Schachtel liegt auch in der linken unteren Bildecke; darunter ist eine Docke eingeklemmt. Sie vermittelt den Eindruck des nicht Aufstehenkönnens, des Erschlagenseins. Dieser »steife Holzerwachsene«, in der Querachse zum lebendigen Kind liegend, ergibt zwar keinen effekthaschenden, aber doch sehr wohl einen bestimmenden Kontrast.

Das überdimensionale, starke Kind mit winzigen Erwachsenen-Puppen, die kraftlos umhergruppiert sind, wird auch bei *Danhausers* Bild »Das erste Konzert« thematisiert. Erschöpft hängt ein Puppenpaar – sie wirken wie Eltern – in den Stühlen, während das Kind sein Lied zum Besten gibt. Ein Hanswurst bäumt sich im Krug auf, die anderen Puppen liegen hingeschleudert auf dem Boden, das Kind benötigt sie eigentlich nicht. Auch dieses Gemälde fand als Lithographie weite Verbreitung. Doch vom »süßen Spiel« mit Puppen kommt eigentlich nichts vor, das Kind schöpft aus seiner eigenen »Inwelt«.

Für den Künstler *Danhauser* lebt das Kind noch nicht in der intellektuellen Welt des Erwachsenen, sondern in einer prälogischen, magischen Spielwelt, aus der es seine Kräfte und seine Lebendigkeit bezieht. Erst im 20. Jahrhundert wurde von Kinderpsychologen das spezifische Denken der Kinder erforscht und dann auch therapeutisch genutzt. Die zeitgenössischen malenden Kollegen warfen *Danhauser* auch »Ungeschminktheit« und »Moralpaukerei« vor, lediglich *Ferdinand Georg Waldmüller* begriff den Künstler in seiner vollen Größe, wenn er schrieb: »*Danhausers* Wirken in der Kunst wird stets ein ehrenvolles für alle Zeiten seyn, besonders wenn man in Erwägung zieht, daß er zu jener Zeit mit allen Vorurtheilen zu kämpfen hatte, daß er als einer der Ersten diesen ungebahnten Weg betrat …«

Die realistische Darstellung war *Danhauser* kein Anliegen, auch wenn seine perfekte Malweise dies vermuten läßt. In seinen Bildern handelt er vielmehr die Psyche des Menschen ab, ihre Irrwege durch Gier, Neid und Unmenschlichkeit, und zeigt einen Weg zu einer neuen Weltordnung, in der keine starren Regeln, sondern das menschliche Gefühl die Handlungen bestimmt. Das von dem geschäftigen Getriebe der Welt noch unverdorbene Kind wirkt wie ein »Insel-Paradies« mitten im Chaos unserer Katastrophen. Dem Kind gelingt aber auch in seiner ureigensten Sphäre des Spiels schauendes Erkennen.

Auch das Gemälde »Mutterliebe« aus dem Jahr 1839, von dem er ebenfalls eigenhändig eine Replik anfertigte, ist eigentlich ein psychologisches Stimmungsbild, das Gefühl heraufbeschwört. Dargestellt ist *Danhausers* Frau, die das gemeinsame Söhnchen stillt. Das Weichfließende ihrer weißen Gestalt, ihr gelassener und doch konzentrierter Blick auf das Kind lassen den Betrachter eine feine und doch innige Verbundenheit dieser beiden Menschen verspüren.

Zu den wichtigen Brotarbeiten der Biedermeierkünstler gehörten die Porträtaufträge der bürgerlichen und adeligen Gesellschaft. Nicht nur der Erwachsene, sondern auch das Kind fand dabei einen beachtlichen Stellenwert. *Josef Kriehuber, Franz Eybl, Friedrich Amerling, Johann Mathias Ranftl, Joseph Danhauser* und *Ferdinand Georg Waldmüller* sind nur einige von vielen, die in den Kindern den Erwachsenen durchaus ebenbürtige Porträtmodelle sahen. Der Bildaufbau folgt immer wieder dem gleichen Schema: Meist mit dem für das Geschlecht spezifisch ausgestatteten Spielzeug – die Puppe für das Mädchen und ein technisches Gerät für den Knaben – lächeln die Kindergesichter auf die Beschauer herab wie Künder eines heilen Menschentums. Denn die Schattenseiten des Biedermeier fanden in der bildenden Kunst keinen wirklichen Niederschlag. Lediglich im Jahr 1848 kam es nach der Aufhebung der Zensur innerhalb der Bilderflut auch zu Zeichnungen von arbeitenden Kindern. Als das zeitgemäßeste Ausdrucksmittel für ihr Anliegen empfanden die Künstler die Karikatur. *Anton Zampis* und *August Pettenkofen* ließen die ausgebeuteten Schusterbuben, Hundewäscher und Straßenkehrer als revoltierende Kinder zu Wort kommen, doch die we-

Johann Mathias Ranftl, Bettelnde Kinder am Glacis, 1853

nigen Darstellungen gingen in der Menge der Bilder von 1848 unter.

Die Gründerzeit und der Historismus

Wie ein kurzes Aufflackern nach der Niederschlagung der Revolution durch kaiserliche Truppen entstanden – nachdem die Zensurbestimmungen wieder etwas gelockert worden waren – die in diesem Zusammenhang aggressivsten Bilder von *Johann Mathias Ranftl*: so 1852 die »Zwei Kinder, mit Schwefelhölzern hausierend, an der verschneiten Favoriten-Linie« und 1853 »Bettelnde Kinder am Glacis«. Betteln und Hausieren waren in jener Zeit streng verboten, und auch Kinder wurden hart dafür bestraft. Und doch wollte und konnte *Ranftl*, der ein Anhänger der Revolution des Jahres 1848 war, nicht die ganze Dimension des Elends der Kinder aufzeigen. Zu wohlgenährt wirken die Kleinen, zu viele Kleider besitzen sie. Allerdings hat der Knabe keine eigene Mütze – in der Kleidersprache des 19. Jahrhunderts immer eines der Symbole für Wohlhabenheit –, sondern trägt die Militärmütze eines Erwachsenen, vielleicht seines verstorbenen Vaters.

Letzteres Bild erschien im Druck unter dem rührenden Titel »Die Waisen in der Stadt« und erhielt als Erklärung ein Gedicht von *Johann Gabriel Seidl*: »Ihr Vater ruhet schon längst im Grab, / Ihre Mutter folgt' ihm aus Gram hinab, / Ihre Deck' ist der Himmel, ihr Flaum – der Schnee …« Diese Verse entsprachen nicht bloß entfernt dem Bildinhalt, doch wurden viele bekannte Kinderbilder ab 1848 im Druck mit solchen banalen Texten versehen. Damit war eine Verniedlichung und Beschönigung eingeleitet worden, die in der zweiten Hälfte des 19. Jahrhunderts für das Kinderbild bestimmend wurden. Der Schritt vom Klischee zum Kitsch war bald getan. Beliebtheit und Verbreitung des Kinderbildes nahmen in den folgenden Jahrzehnten noch zu. Der größte Anteil zu seinem weiteren Aufschwung, aber auch zu seiner Nivellierung kam den Familienzeitschriften zu, die in jedem Heft als sogenannte »Kunstbeilage« ein »Genrebild« brachten. In nur handwerklicher Ausführung wurden Gemälde von Modemalern in der jetzt vorherrschenden Technik des Holzstiches umgearbeitet, alle malerischen Farb- und Tonwerte gingen dadurch allerdings verloren.

Im Druck erschienen viele Werke von *Waldmüller*, vor allem sein beliebtestes Gemälde, »Mutterglück«, das er 1851 zum ersten Mal entwarf und selbst dreizehnmal wiederholte. Bei allen diesen Darstellungen fehlt der Vater. Bei *Waldmüller* bleibt meistens das Familienglück vaterlos; lediglich bei seinen Auftragswerken und Familienporträts kommt auch dem Vater eine Rolle zu.

In *Waldmüllers* Spätwerk vermehrten sich Bilder mit einer sozial-engagierten Ikonographie. Das um 1859/60 fertiggestellte Bild »Bautaglöhner erhalten ihr Frühstück« beinhaltet zwei Bedeutungsebenen: Im Hintergrund geht ein »Mörtelweib«, das am Kopf das schwere Schaff mit Mörtel trägt und sich daher ihrem Kind nicht wirklich zuwenden und widmen kann. Eine ärmliche Frau beaufsichtigt es indessen. Das kleine Mädchen will das Verhalten ihrer Mutter nicht verstehen und streckt verzweifelt die Händchen in die Höhe – eine Art Gegenstück zu dem Sujet »Mutterglück«. Den Vordergrund dieser Bildkomposition füllt im Blickpunkt ein Knabe aus, der Ziegel für ein Stück Brot schleppt.

Frauen- und Kinderarbeit war für die Arbeitgeber bedeutend billiger, und viele Männer blieben arbeitslos und mußten von ihrer Familie ernährt werden. Die Arbeitszeit betrug täglich bis zu dreizehn Stunden, Nachtarbeit war jedoch für Kinder verboten. Kinder bis zu zwölf Jahren wurden als »Arbeiterkinder«, hingegen jene über zwölf Jahre bereits als »freie Arbeiter« bezeichnet und auch wie erwachsene Arbeiter behandelt. Als 1869 mit dem Reichsvolksschulgesetz die Schulpflicht von sechs auf acht Schuljahre angehoben wurde, mußten trotzdem viele Kinder dem Unterricht fernbleiben, um für ihren eigenen Unterhalt zu sorgen. Die verarmte ländliche Bevölkerung zog aus allen Teilen der Monarchie in die Stadt. Das Elend hatte aber vor allem in der wachsenden Großstadt noch nie dagewesene Dimensionen angenommen. Kinder, die allein zugewandert waren, lungerten auf der Straße umher und nahmen jede Arbeit an. Viele teilweise noch im Kindesalter befindliche Mädchen wurden als Prostituierte verdingt.

Gegen den Pauperismus unternahm der Staat nichts, soziale Maßnahmen wurden nicht gesetzt, lediglich karitative Einrichtungen von kirchlicher und von privater Seite bemühten sich, das Elend zu lindern. Einzig das gesamte Waisenerziehungswesen wurde im Liberalismus reorganisiert, und die liberale Kommunalverwaltung in Wien übernahm dafür die Verantwortung. Der sogenannten »Armenkinderpflege«, deren Grundlagen 1863 bestimmt und durch Ordnungen im Jahre 1879 und 1881 näher geregelt wurden, widmeten sich in erster Linie die bestehenden Armen- und Wohltätigkeitsanstalten und Stiftungen: Sie dienten als Organe für den »Armenrat« und stellten die ehrenamtlichen »Armenväter«.

Einen Wiener Armenrat in Aktion malte *Waldmüller* 1857 in seinem Bild »Kinder armer Eltern werden von der Gemeinde Spittelberg am Michaelitag mit Winterkleidern beteilt«. Keine Spur von Armut, sondern viel-

Ferdinand Georg Waldmüller, Bautaglöhner erhalten ihr Frühstück, um 1860

Ferdinand Georg Waldmüller, Bildnis der vierjährigen Komtesse E., 1821

Johann Baptist Reiter, Die Weintraube, um 1868

mehr Anmut geht von dem Gemälde aus, auf dem die Kinder vor Freude in eine fast tänzerische, dynamische Kreisbewegung geraten sind.

Eine andere, heute wieder mehr in den Mittelpunkt gerückte Künstlerpersönlichkeit widmete sich ebenfalls dem Kinderbildnis: *Johann Baptist Reiter*. Der Linzer Maler war bereits 1830 nach Wien gekommen und hatte bei *Kupelwieser* studiert. In den vierziger Jahren traten seine ersten Erfolge ein, doch der Höhepunkt seines Schaffens kam erst nach 1850. Seine Bildsprache bediente sich eines realistischen Duktus: Diese andere Auffassung des Bildinhaltes kann an einem Beispiel erläutert werden. Um 1868 malte *Reiter* ein Bild, auf dem ein Knabe aus einem Fenster keck nach einer Weintraube greift, die außen an der Hauswand reift. Seine kleine Schwester hält ihn dabei fest, erwartungsvoll und doch etwas ängstlich. Es hat den Anschein, als ob die Kinder verbotenerweise hantieren: Ein Kinderstreich läuft ab.

Das Fensterbild an sich hat eine lange ikonographische Tradition: Einerseits der romantische Fensterblick, bei dem die Menschen durch ein Fenster in eine transzendente Ferne blicken und andererseits das geöffnete Fenster, aus dem die Menschen den Bildbetrachter »ad spectatores« anblicken. *Waldmüller* läßt 1821 bei einem Porträtauftrag die vierjährige Komtesse E. aus einem weinlaubumrankten Fenster blicken. Weintrauben und Weinlaub umrahmen das »Engelsgesicht«, und die Reben können auch als übertragenes Sinnbild für die Jugend gelten. Die Blumen- und Früchtesymbolik war den Biedermeiermenschen noch vollkommen geläufig. 1853 malte *Waldmüller* »Kinder im Fenster«: Aus einer brüchigen Hauswand strahlt das pralle Leben in Form von drei fröhlichen Kindergesichtern hervor. Im Dunkel des Raumes bleibt die Frau mit dem Säugling im Hintergrund. Ein Knabe zeigt belustigt mit seinem Finger aus dem Bildraum direkt auf das Publikum und weckt damit den Eindruck, die Betrachtenden seien der eigentliche Anlaß für das fröhliche Betragen der Kinder. Die »gemalten Kinder« nehmen sozusagen Kontakt mit dem Außenstehenden, mit dem »Du« außerhalb, auf. *Waldmüller* bedient sich eines Effektes, um die Kinder besonders »unmittelbar« und direkt im Dialog erscheinen zu lassen.

Ganz anders die Bildgeschichte bei *Reiter*, wo die Kinder sich unbeobachtet fühlen und nach der Frucht außerhalb des Fensters haschen, um sich zu bedienen. Es sind keine artigen Kinder mit Vorbildwirkung, die *Reiter* zeigt, sondern Kinder, »wie sie sind«, mit ihren guten und schlechten Seiten. Zwar gab es auch in der Biedermeierzeit Schlimme-Kinder-Darstellungen, wie zum Beispiel auf den Bildern von *Ranftl*, die aber in ihrer ausgeklügelten und umfassenden Boshaftigkeit den Betrachter abschrecken sollten. Im Gegensatz dazu erwecken die von *Reiter* gemalten Szenen einen völlig glaubhaften und realistischen Eindruck, daß sie sich so und nicht anders abgespielt haben, wie zum Beispiel auf dem Gemälde »Die zernagte Puppe«.

Von solchen »realistisch-gestellten« Szenen war es nur mehr ein Schritt zur Photographie. Ab 1870 nahm sie auch Kinderbilder in ihr Repertoire auf: Gestellte Atelieraufnahmen mit Themen wie »Der kleine Jägersmann«, »Mietzchens Unterrichtsstunde« oder »Die kleine Gärtnerin«. Sie entsprachen dem Modegeschmack der sogenannten »Lebenden Bilder«, die beim Großbürgertum und dem Adel sehr beliebt waren. Szenen wurden starr nachgestellt, oft sehr aufwendig in Kostümen nach Vorlagen mit »lebendigen Menschen«. Die Welt als Tableau, greifbar zusammengefaßt, mit Hilfe der Photographie fixiert und konserviert. Gerade in der Gründerzeit, in der die Kinder ähnlich wie in der Barockzeit »ohne Kindheit« lebten, erwiesen sich solche Kinderbilder – eine Art Traumbild im Foto – als geschäftsträchtig.

Zum Klischeebild gehörte damals auch der freche, witzige Schusterbub – in Wirklichkeit eines der geschundensten Kinder des 19. Jahrhunderts. *Johann Baptist Reiter* hatte schon 1847 einen Schusterlehrbuben, dem keine Strapazen anzumerken sind, gemalt, und die künstlerische Photographie nahm ihn 1873 in das Serienprogramm »Wiener Typen« als lustiges Bürschchen auf. Der gemalte Hintergrund und die operettenhafte Gestik geben dem Knaben einen sentimentalen Anstrich; doch gebärdet er sich wie ein »Erwachsener«. Und die bürgerlichen sowie adeligen Kinder waren wiederum – wie schon erwähnt – eigentlich keine Kinder, sondern verkleinerte Erwachsene. Sie trugen die gleiche aufwendige Mode wie ihre Eltern. Die größte Faszination der Gründerzeit ging von dem Bedürfnis nach Repräsentation und Reputation aus. Kleidung, auch Kinderkleidung, war dafür ein deutliches Zeichen. Hatte im Biedermeier noch eine bewegungsfreundliche Kleidung als richtig gegolten, so waren nun die Kinder den Formeln des Geschmacks der Erwachsenen unterworfen.

So stammt von *Ernst Klimt*, dem Bruder *Gustav Klimts*, ein Knabenbildnis aus dem Jahre 1885. In lässiger Pose lehnt sich das Kind an den Stuhl, strahlt in Haltung und Ausdruck unbekümmertes Selbstbewußtsein aus. Dieser feingemachte Knabe trägt noch keine Hosen, was soviel bedeutet, daß er höchstens vier Jahre alt ist. Während der Knabe später »behost« wurde und somit in der Gesellschaft als »Mann« identifiziert wurde, blieb das Mädchen sein Leben lang in Röcken – indirekt eine verschlüsselte Kleidersprache jener Zeit, in der die Frau immer unter der Vormundschaft des Mannes stand.

Die aufwendige Kleidung der Kinder aus reichem Haus, bei der kein Accessoire fehlen durfte – so betrat kein »besseres« Kind ohne Hut die Straße –, zeigt, wie wenig den kindlichen Bedürfnissen entgegengekommen wurde. Es war die Zeit der Verkleidung überhaupt, eine Welt voller Verstellung und Pose, in der theatralisches Bewußtsein alle Lebensäußerungen der höheren Gesellschaft beherrschte. Der große Wiener Festzug 1879 anläßlich der Silbernen Hochzeit des Kaiserpaares *Franz Joseph I.* und *Elisabeth*, gestaltet von dem »Künstlerfürsten« *Hans Makart*, war die Inkarnation von Sehnsüchten und Wunschträumen. Die ganze Stadt spielte mit. Zur Feier des 50- und 60jährigen Regierungsjubiläums des Kaisers in den Jahren 1898 und 1908 wurden auch die Wiener Kinder eingebunden. Der Maler *Franz Matsch* hat 1908 seinen Sohn im Festzugskostüm festgehalten.

Ernst Klimt,
Knabenbildnis, 1885

Isidor Kaufmann, Der Sohn des Wunderrabbi von Belz

Der sensible Künstler *Anton Romako*, der vollkommen verarmt und einsam 1889 starb, hat in einigen Bildern das Wesen jener Zeit hervorragend erfaßt. Sein »Blumenpflückendes Mädchen« sammelt – selber ein bleichsüchtiger Schatten – Rosen ein. Doch diese Blumen, sonst Sinnbild für erblühendes Leben, scheinen wie aus Papier gemacht.

In den letzten Jahrzehnten der Donaumonarchie trat die künstlerische Bedeutung Wiens immer mehr zurück, und nun lieferten die Länder der Monarchie Beiträge zum Kinderbild. *Franz von Defregger* beschäftigte sich mit den Tiroler Bauern, *Alois Schönn* holte sich seine Motive aus Galizien und Bosnien. *Isidor Kaufmann* schilderte eindrucksvoll das Leben der Juden in Ungarn, Polen und Galizien. *August von Pettenkofen* und *Raffalt* erschlossen der Kunst die heimatlosen und flüchtigen Bewohner der ungarischen Steppe und Pußta, die Zigeuner.

Obwohl *Mihály Munkácsy* auch in verschiedenen Städten Europas arbeitete, zeigt sein Hauptwerk doch das Leben in seiner Heimat Ungarn. Zur Zeit der Weltausstellung in Wien malte er – 1872/73 – ein Bild mit dem Titel »Der beschwipste Ehemann«. Es ist keine tollpatschige Szene wie in einem rührseligen Bauernschwank,

Johann Gualbert Raffalt, Wandernde Zigeunerkinder, um 1860

die *Munkácsy* erzählt, sondern eine ernste Geschichte: Der heimkehrende Häusler hat seinen Lebenskummer im Alkohol ertränkt. Ihm gegenüber, auf der anderen Bildseite, sitzt seine Frau, duldsam und um das Elend wissend. In dieser ungarischen Bauernstube gehört der Hunger zum Alltag. Die Frau stillt ihr Kind. In der Bildmitte, zwischen Mann und Frau, steht die Wiege und dahinter ein mächtiger Tisch. Ein Kleinkind krabbelt nicht – wie sonst üblich – auf dem Boden, sondern auf der erhöhten Ebene des Tisches, wie auf einem Altar dargebracht. Seine stämmigen Ärmchen fest aufgestützt, beobachtet es mit erhobenem Haupt und festem Blick den betrunkenen Vater. Nur im Kind liegen Hoffnung und Chance.

Der Jugendstil

Vor der Jahrhundertwende kam es – fast scheint es gesetzmäßig – wieder zu einer Gesamt-Reformbewegung, die das Kind und seine Lebenswelt intensiv betraf. War das Arbeiterkind ausgebeutet und ohne jede Bildungsmöglichkeit, so bedeuteten Schule und Erziehung für das bürgerliche Kind Zwänge und Einengungen. Der Dichter *Stefan Zweig* erinnerte sich in seinem Buch »Die Welt von Gestern« an seine Kindheit: »Aber viel später erst wurde mir bewußt, daß diese lieblose und seelenlose Methode unserer Jugenderziehung nicht etwa der Nachlässigkeit der staatlichen Instanzen zur Last fiel, sondern daß sich darin eine bestimmte, allerdings sorgfältig geheimgehaltene Absicht aussprach. Die Welt vor uns oder über uns, die alle ihre Gedanken einzig auf den Fetisch der Sicherheit einstellte, liebte die Jugend nicht oder vielmehr: sie hatte ein ständiges Mißtrauen gegen sie.« Und an die Schule erinnerte er sich: »Schule war für uns Zwang, Öde, Langweile ... Es war ein stumpfes, ödes Lernen nicht um des Lebens willen, sondern um des Lernens willen, daß uns die alte Pädagogik aufzwang.«

Zur Umkehr hatte schon *Friedrich Nietzsche* 1883/85 in seinem Werk »Also sprach Zarathustra« aufgerufen: »Euer Kinder Land sollt ihr lieben: diese Liebe sei euer neuer Adel ...« Das Verständnis für das Kind, der neue Kindersinn der Erwachsenen, zeigte sich auch in der Malerei. Es ist der Zusammenhang von Naturwirklichkeit und Kinderwirklichkeit, der bei *Károly Ferenczy* 1890 bei seinen »Steinwerfenden Knaben« auffällt. Am Ufer der grauen Donau stehen drei Buben, ihre Gestalten zeichnen sich deutlich in der Landschaft ab. Der eine wird gleich seinen Stein geschickt mit großer Leichtigkeit auf der Wasseroberfläche hüpfen lassen und so für kurze Zeit die Schwerkraft des Steines aufheben.

Als in der Silvesternacht des Jahres 1899 die schwedische Frauenrechtlerin und Reformpädagogin *Ellen Key* ihr Hauptwerk »Das Jahrhundert des Kindes« vorstellte, appellierte sie für ein besseres Verständnis für das Kind im 20. Jahrhundert. Sie beklagte die Unterdrückung des »eigenen Wesens des Kindes« und baute ihre Ideen der »Schule der Zukunft« auf den Grundsatz der »freien, vollen Selbstentwicklung« des Kindes auf.

Das »Prinzip der Selbsttätigkeit« erstreckte sie auch auf eine von ihr geforderte neue Spielkultur: »Hingegen müßte man sie (die Kinder) reichlich mit den Mitteln versehen, sich selbst Spielsachen anzufertigen. Am schlechtesten sind die Spielsachen, die den Luxus des Erwachsenen nachahmen.« Phantasie und Kreativität werden so im Kinde frühzeitig erstickt. Die Gesamt-Reformbewegung von *Ellen Key* war auf eine allgemeine Kulturtechnik gestützt; sie war davon überzeugt, daß eine Erneuerung der Gesellschaft nur vom Kinde ausgehen könne.

In der staatlichen Schulentwicklung und Pädagogik hatten solche Ideen vorerst keine Auswirkung. In Wien beschäftigten sich allerdings bekannte Künstler der neugegründeten Künstlervereinigung Secession, der Wiener Werkstätte und der Kunstgewerbeschule – heute Hochschule für angewandte Kunst – mit Entwürfen für kindgerechtes Spielzeug. Wie sehr man sich, dem Zeitgeist entsprechend, mit dem Themenkreis »Kind und seine Bereiche« auseinandersetzte, zeigt u. a. eine Postkartenserie der Wiener Werkstätte, die sie im ersten Jahrzehnt nach der Jahrhundertwende auflegte: Auf ihr werden bekannte Kinderspiele dargestellt, zum Beispiel »Blinde Kuh« oder »Laßt die Räuber durchmarschieren«. Es sind die gleichen Spiele, wie sie hundert Jahre vorher auf den Ausschneidebogen zu finden waren.

Das Interesse am Kind ist des öfteren mit einer folkloristischen Neigung verbunden. So malte der Ungar *Adolf Fényes* mit leuchtenden Farben die Menschen der ungarischen Tiefebene, seiner Heimat. Er zeigte auch bäuerliche Kinder mit all ihren Gefühlen. Das Gemälde »Geschwister« weist eine schlichte Komposition von einem einfachen Dreieck auf, das aber harmonisch die Übereinstimmung der beiden Kinder verdeutlicht. Ein stupsnäsiges kleines Mädchen, dessen Beine im Sitzen nicht einmal bis zum Boden reichen, umarmt das Brüderchen mit mütterlicher Gebärde. Man meint förmlich, das angenehme Schnaufen des kleinen Buben

Károly Ferenczy,
Steinwerfende Knaben,
1890

zu hören, der anscheinend um Liebe und Essen gleichzeitig bettelt.

Auch ein aufkeimendes wissenschaftliches Interesse an der Lebenswelt der Kinder dokumentierte sich in Form von Ausstellungen und Veranstaltungen in der Monarchie. Im Vordergrund standen der soziale Aspekt und der »Kinderschutzgedanke«, denn Not und Ausbeutung vieler Kinder waren zu offensichtlich, um sie weiterhin vertuschen zu können. Die »Allgemeine Ausstellung für Erziehung, Schutz und Gesamtwohl des Kindes« im Jahre 1907 in der Wiener Prater-Rotunde blieb aber – als ein typisches Beispiel – im Grunde eine Messe für Kinderartikel und eine Leistungsschau der Vereine, meist Wohltätigkeitsvereine.

In Brünn wurden 1908/09 Kinderbildnisse der letzten Jahrhunderte in der Ausstellung »Kind und Kunst« gezeigt. In der zeitgenössischen Kunst machte sich das Kind als Thema wieder verstärkt bemerkbar: Es wurde als »natürliches Kind« dargestellt. Doch der Siegeszug der Porträtphotographie hatte zur Folge, daß die Maler zusehends weniger Aufträge erhielten, daher sind auf den dargestellten Bildern meistens die eigenen Kinder oder die Kinder von Künstlerkollegen zu finden. So malte *Gustav Klimt* die kleine *Marie Moll*, eine Tochter des Malers und Secessionsmitgliedes *Carl Moll*, *Franz Matsch* hielt seine eigenen Kinder in vielen großformatigen Bildern spielend fest, dem Komponisten und Maler *Arnold Schönberg* gelang in der Darstellung seiner Tochter »Trudi« aus erster Ehe ein Kinderbild mit intensiver Ausstrahlung. Kindliche Unbefangenheit und Welt-Neugierde, aber auch Ernst und Würde blicken aus den Augen des kleinen Mädchens. Als Symbol für »naive Unschuld« hat *Ferdinand Andri*, der auch sehr viele folkloristische Themen aufgriff, die kleine »Elisabeth Steindl« gemalt.

Aus diesem »Kinderreigen« der Darstellungen fällt ein Gemälde von dem schon erwähnten Maler *Carl Moll* heraus: Seine Frau *Anna* sitzt mit ihrer Tochter *Marie* in ihrem berühmten Salon, den *Josef Hoffmann* gestaltet hat. Die Größe der Architektur verschluckt die kleinen Menschen fast, das vorherrschende Blau schirmt die Sitzenden vor dem Betrachter ab und läßt sie ferne erscheinen. Das Gespräch zwischen Mutter und Kind soll intim bleiben und nicht von Außenstehenden beeinflußt oder gar gestört werden können. Die kleine Familie bleibt in ihrem schönen »Wohnreich« unter sich.

»Weltuntergang« und Erster Weltkrieg

In der gesellschaftlichen Wirklichkeit der Kinder haben sich keine Reformgedanken ausgewirkt, die Rollenbilder von Mann, Frau und Kind waren festzementiert. Mit der »Politik der Straße« begann die ausgebeutete Schicht der Bevölkerung auf ihr Elend aufmerksam zu machen. Die fortschreitende Verarmung des Mittelstandes versetzte auch die bürgerliche Welt in Unruhe. Nur das achtsame Auge des Künstlers oder der Künst-

Hermine Heller-Ostersetzer, Das Leben der Armen ist bitterer als der Reichen Tod, um 1900

lerin ahnte die drohende Katastrophe des Ersten Weltkrieges, die besonders für die Kinder bitterste Not, Hunger und Entbehrungen brachte. Die Realität der breiten Bevölkerungsschichten war so trist, daß sie keinen Maler fand. Eine Frau war es, *Hermine Heller-Ostersetzer*, die sich 1900 beherzt in einer Graphikserie mit dem Titel »Das Leben der Armen ist bittrer als der Reichen Tod« künstlerisch mit dem Alltag auseinandersetzte. Auf dem Titelblatt ist eine sitzende, vollkommen erschöpfte Frau zu sehen und ein Kleinkind, das eigentlich als Greis dargestellt ist – kaum geboren, ist es bereits ohne Lebensperspektive.

Die Künstlerinnen jener Zeit sahen feinfühlig die Bedrohung des Kindes, nicht nur durch Armut, sondern auch durch zunehmende Aggression und Intoleranz innerhalb der Gesellschaft. Die Malerin *Elena Luksch-Makowsky* stellte sich selbst mit ihrem Söhnchen Peter dar. Das Kind vor sich emporhaltend, starrt sie in ihrem Selbstporträt mit aufgerissenen Augen ins Leere. Kindlich lutscht der Bub an seinem Zeigefinger; auf seinem Haupt trägt er ein Kränzlein – oder eine Dornenkrone?

Ganz anders löste im Jahre 1909 der erst dreiundzwanzigjährige *Oskar Kokoschka* seinen Auftrag, ein Kinderbildnis zu malen. Den kleinen Fred Goldman, den Sohn von Lili und Leopold Goldman, stellt er in der konventionellen Vorderansicht dar. Doch wächst dieser Knabe wie eine Pflanze aus den Händen der Eltern, die einen magischen Schutzring um das Kind bilden.

Im gleichen Jahr stellte *Oskar Kokoschka* ein Gemälde fertig, das die Kinder des Wiener Buchhändlers Doktor Stein zeigt. *Kokoschka* erinnerte sich in seiner Autobiographie »Mein Leben« an die Begegnung mit den Kindern: »Das Gesicht erhitzt vom Spielen, das Kleid zerrauft, ein rosa-weiß gestreiftes Gartenkleichen, wie es die Eltern aussuchten, der Knabe im obligaten Matrosenanzug für den Sonntag, wie Kinder der bürgerlichen Gesellschaftsschicht damals gekleidet waren, so boten sie sich meinem Blick.« *Kokoschka* versuchte mit den Kindern ins Gespräch zu kommen und fragte, »... ob sie gerne spielten und ob sie sich noch mehr Spielzeug wünschten«. Und da passierte etwas, was er sich, der die Konversation gesucht hatte, nicht gedacht hatte: »Da trat plötzlich eine Stille ein, und ich glaubte selber nicht länger, was ich sagte; selbst ihre Kinderkleider wurden zu einer Verkleidung, ich hatte sie un-

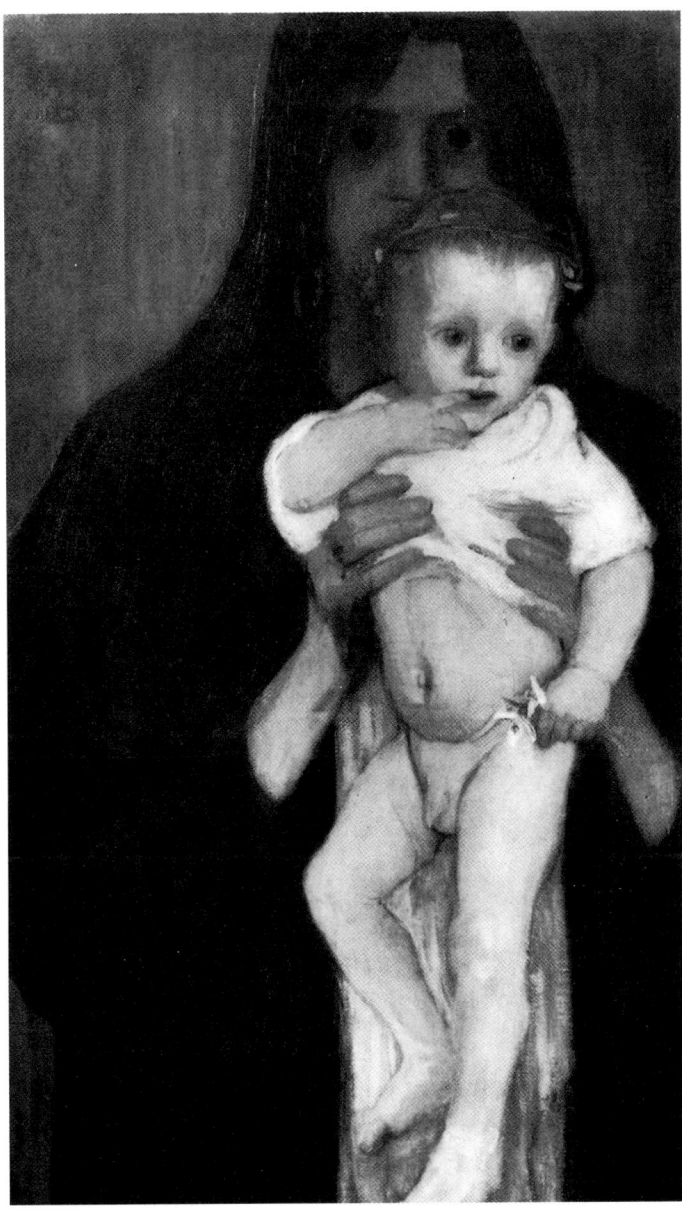

Elena Luksch-Makowsky, Selbstbildnis mit Sohn Peter, 1903

terbrochen, und das war etwas, was nie wiedergutgemacht werden kann. Sie liefen weg...«

Am Vorabend des Ersten Weltkrieges kam bei den Kinderbildnissen ein neues Thema auf: der »Kinderakt«. Zwar gab es seit jeher das nackte Kleinkind in allen Varianten vom Amor bis zum Putto, auch süße »Nackedeis« zierten Fresken und Bilder. Doch nun ist es das »entblößte« Kind, das gezeigt wird. 1908 malte sich der

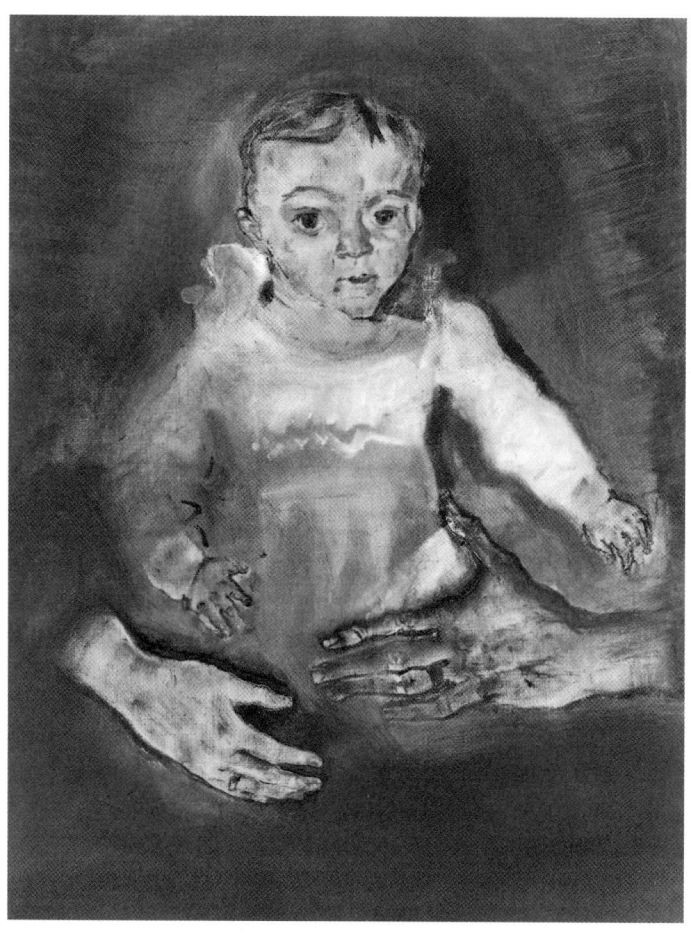

Oskar Kokoschka, Kind mit den Händen der Eltern, 1909

in Wien lebende Maler *John Quincy Adams* im Kreise seiner Familie, sein jüngeres Töchterchen zeichnend. Das Kind bietet sich in seiner ganzen Blöße dar, doch hält es, wenn auch hinabrutschend, schamvoll eine Decke vor seinen Unterkörper. Zur gleichen Zeit zeichnete *Kokoschka* »ganze Stöße« mit Bewegungsstudien von nackten Kindern. In seiner Autobiographie erzählt er, daß es sich dabei um Kinder einer Zirkusfamilie handelte, die er spielen und umherspringen ließ. Ihren zarten, ausgemergelten Körpern fehlt jegliche kindliche Rundung; sie sind keine Menschenknospen mehr, die sich entfalten werden, sondern scheinen allzu rasch früh gereift und fast verdorrt zu sein.

Egon Schiele hat wie keiner seiner Zeitgenossen Einblicke in die bürgerliche Zerfallswelt vor dem Ersten Weltkrieg gegeben. Auch er, der sich in einem seiner Gedichte selbst als »ewiges Kind« einstufte, zeichnete Kinder, holte sich Mädchen aus den überbelegten Vorstadthöfen, die ihm schmal Modell saßen. Und doch leuchtet aus ihren Augen eine Hoffnung, an die sie glauben. Die tödliche Bedrohung und der Verfall, die sonst in den Werken des Künstlers gegenwärtig sind, werden durch die Augen der Kinder gemildert.

Im Kriegsjahr 1915 verheiratete sich *Egon Schiele* mit *Edith Harms*, und es scheint, als habe er, der immer am Rande der Verzweiflung Balancierende, von da an einen daseinsbejahenderen Schwerpunkt in seinem Schaffen gesetzt. Er begann an dem großem Gemälde »Mutter mit zwei Kindern« zu malen und vollendete es nach seinen Vorstudien 1917. Ein solches Motiv war im Grunde im 19. Jahrhundert als »Mutterglück« als meistverkauftes Sujet gehandelt worden. Doch wie ganz anders hat *Schiele* seine Bildidee gestaltet: Er verzichtet auf jegliche schmeichelhafte Grazie, statt der räumlichen Geborgenheit einer Wohnstube umgibt die Menschen eine gähnende Leere. Die kräftigen Farben der Lebenden sind umgeben vom Dunkel. Im Bildaufbau streng komponiert, ähnelt die Gruppe formal der »Anna Selbdritt« aus der christlichen Ikonographie.

Schiele hat sich schon früher mit dem Motiv »Kind – Mutter« malerisch auseinandergesetzt, wie zum Beispiel 1911, als »Mutter und Tod« und die »Tote Mutter« entstanden, und 1914 in dem Bild »Blinde Mutter«. Auch bei dem Gemälde »Mutter mit zwei Kindern«, 1917, folgt er seiner eigenen Menschendarstellung, doch hüllt und umgibt er einzeln jedes Individuum – nicht die ganze Gruppe – mit einer Art Schutzhülle, die innen hell leuchtet und zugleich wie eine Aura wirkt. Die Mutter blickt zu keinem ihrer Kinder, die auf ihrem überbreiten Schoß sitzen, sondern schaut mit einem weise verklärten Anlitz ins Leere, das unter ihr zu liegen scheint. Die große »gebärende Mutter« malte *Schiele* mitten im unbarmherzigen Weltkrieg mit seinen mörderischen Schlachten. Eine neue Weltansicht tat sich dem Künstler auf: Das Kind bleibt weiterhin in der Bildsprache das Idol für alles Lebendige und Neue.

Egon Schiele, Mutter mit zwei Kindern III, 1915–1917

WAS KINDER LASEN

J. F. Ebersberg, Die zwölf Monate

DER SEPPL VOM PINZGAU

Max Karl Böttcher

»Lauf, Bub, daß du die Herrgottl zum Johann Machreich bringst! Der letzte Gulden ist hin, der Bader nahm ihn mir gestern ab für die Schröpfköpfl, die er Vater selig noch aufgesetzt hat, ehe er starb.«

Joseph Nußbaumer, der Bub, stand nicht gerade eilfertig auf, als ihn die Mutter anrief. Sonst ein williger Bursche, der mit seinen 13 Jahren schon mehr schaffte, als mancher Stadthase mit zwanzig, schien er heute nur ungern der alten kränklichen Mutter zu gehorchen.

Er saß an dem kleinen Schiebefenster vor dem Tisch, hatte ein uraltes, dickes, schweinslebergebundenes Buch vor sich und las darin. – Die Buchstaben waren groß und eckig, zum Teil goldverziert und manche sogar mit allerhand Engels- und Teufelsköpfen geschmückt. Noch beim Aufstehen blätterte er darin und wollte sich schier gar nicht trennen.

»Was ist aber nur los mit dir, Bub? Seit du die Schwarte in das Häusle gebracht, ist nichts mehr mit dir anzufangen. Von wem hast du das Buch, Seppl?«

»Der alte Küster lieh mir's, Mutter. Weißt doch, wie der Bauernaufstand gewest vor ein paar hundert Jahren, da hat's der Propst vom Kloster vergraben unter der alten Kapellen, die wir vor zwei Wochen niedergerissen haben, – und da lag's drunter, zwischen alten Steinen, in Tierhäut' eingenäht. Und ich hab' es mir geliehen. Der Küster hat mich doch so viel gern und da hab' ich ihn gebeten um das Buch und da hat er gemeint, weil ich doch sein Pat' wäre und sein Heustadl mit hätt' aufgebaut und in der Schul' zum Kirchenexamen vom Herrn Erzbischof das ›Große‹ gekriegt hätt', wollt' er mir halt das Büchlein auf zwei Wochen leihen.«

»Und was steht in der alten Scharteke für närrisch Zeug? Weißt, Seppl, deiner Mutter wär' halt tausendmal lieber, du nähmst die Bibel her und tätst darin studieren. – Also, was steht in dem Buche?«

»Mutterle, schilt bloß nit auf das Buch. Du, das macht uns noch reich.«

»Daß ich nit lach', Bub! Ich bin eine alte, dumme Frau, aber daß ich noch Zauberspuk und Hexenzeug glauben sollt', nein, da ist mir meiner lieben Seele Seligkeit zu lieb. Also nun lauf und trag die Herrgottl zum Kaufmann. Aber paß auf, daß er dir nit falsches Gemünz aufihängen tut! Hier sechzehn Stück der schönsten Herrgottl sind es. Hast sie schön sauber geschnitzt, Seppl. Der Vater hätt' seine Freud' dran gehabt. Um 20 Kreuzer das Stück verkaufst sie dem Johann Machreich. Billiger kriegt er sie nit.«

Und sie legte die Herrgottl sorgsam in einen Korb, tat Stroh zwischen je zwei der Figuren und sagte: »Also drei Gulden zwanzig Kreuzer mußt kriegen. Und bring gleich ein paar Lot Schmalz mit. Heute gibt's einen Schmarrn.«

Und nun packte Seppl das Buch weg und verschloß es in eine große Lade, die neben der Tür stand, und eilte dann mit dem Korbe davon.

WAS KINDER LASEN

Ernst Seibert

Kinderbücher von josephinischer Zeit bis zum Ende der Monarchie

Von den ersten Anfängen an entwickelte sich die Kinderliteratur auf österreichischem Boden im Spannungsfeld zwischen staatlich und kirchlich sanktionierter Pädagogik und immer wieder erneuten Ansätzen zur Entdeckung der Kindheit in einem Land, in dem dem Herrscherhaus zu huldigen war und in dem diese Gesinnung des Huldigens immer wieder in die Familie und auf deren Oberhaupt projiziert wurde.

Als im Zuge der theresianisch-josephinischen Schulreform der berühmte »Orbis pictus« des *Johann Amos Comenius* (1592–1670) wiederholte Male im Verlag des um die Kinderliteratur sehr bemühten *Johann Thomas Edlen von Trattner* erschien, war man nicht mehr darauf bedacht, daß *Comenius* 1624 bei der Vertreibung der protestantischen Prediger aus Österreich sein Amt verloren hatte.

Die 1776 erschienene Version des »Orbis pictus« ist die 115. Ausgabe dieses Klassikers der Lesekultur; sie wurde von dem Wiener Piaristenpater *Gratianus Marx* (1721–1810) bearbeitet, der von 1761 bis 1770 und 1774 bis 1778 Rektor der Savoyischen Ritter-Akademie in Wien war und seit 1776 auch Rektor des Collegiums Theresianum. In Instruktionen an die Lehrer der ersten Lateinklasse wurde angeordnet, daß der »Orbis pictus« kurz nach Anfang des Schuljahres den Knaben in die Hände gegeben werden sollte. Auf diese Weise fand das Buch in den habsburgischen Ländern weite Verbreitung. Laut Aufdruck wurde es von 1776 bis 1797 unverändert »ungebunden das Stück für 30 Kreuzer« verkauft.

Inhaltlich folgt diese Version in der Reihenfolge der behandelten Gegenstände der Originalfassung; jedoch ist der bei *Comenius* an den Beginn gestellte Abschnitt »Gott« weggelassen und wird anstelle dessen mit »Mundus – Die Welt« eröffnet. Auch der Abschnitt über die »Seele« ist ausgelassen, ferner alles zu den Themen Schrift und Buch, Astronomie und Geographie, Sittenlehre, Spiel, Militärwesen und Krieg sowie Religion.

Der enzyklopädische Entwurf des *Comenius,* der insgesamt die belebte und unbelebte Welt einschließlich sozialer Ordnungen und der Sphären des Geistigen und Religiösen umfaßt, ist also auf den Bereich des Gegenständlichen und Lebenspraktischen reduziert, ein ontologisches Konzept wurde zu einem Vademecum für angehende Staatsdiener verstümmelt. Diese Wiener Ausgabe »zum Gebrauch der kleinsten studierenden Jugend« stellt somit ein elementares Sach- und Sprachlehrbuch für den frühen Gymnasialunterricht dar und erscheint auf ein pädagogisches Prokrustesbett zusammengestutzt, das den Einblick in höheres Wissen und übergreifende Zusammenhänge noch nicht zuläßt.

Das eingangs erwähnte Spannungsverhältnis zwischen staatlich und kirchlich sanktionierter Pädagogik einerseits und einer immer wieder neu einsetzenden Entdeckung der Kindheit, das auch als getarnte Suche nach utopischen, gesellschaftlichen Gegenmodellen gewertet werden kann, hat in Österreich durchaus seine eigenen nationaltypischen Ausprägungen, die in der bisherigen deutschsprachigen Forschung nur wenig zur Sprache kommen.

Zunächst ist der Meinung entgegenzutreten, die österreichische Kinder- und Jugendliteratur sei schlechthin als eine Folgeerscheinung der philanthropischen Bewegung in Deutschland aufzufassen. Die ganz anderen Voraussetzungen für die Entwicklung des Erziehungsschrifttums in Österreich sind vor allem in den katholischen Erneuerungsbewegungen der Josephinischen Zeit gegeben, die einer einfachen Übernahme des vorwiegend protestantischen Philanthropismus an sich schon widersprechen. Dabei ist aus historischer Sicht mit zu bedenken, daß der damalige Katholizismus in Österreich von einer barocken, gegenreformatorischen Tendenz getragen wurde, in deren Hintergrund eine protestantische Weltoffenheit stand, die nun in erster Linie in einem neuen Erziehungsdenken ihre Renaissance erfuhr.

Der erste hier zu überblickende Zeitraum erstreckt sich etwa von der Aufhebung des für die Erziehungssituation bedeutenden Jesuitenordens, 1773, bis zu seiner Wiederzulassung, 1814, schließt also jene vier Jahrzehnte ein, in denen die Jesuiten aus dem Erziehungsgeschehen offiziell ausgeschaltet waren. Weiters fallen in diesen Zeitraum die großen Revolutionsdaten 1789 und 1830. Er umschließt jene Epoche, in der die deutschsprachige Literatur von der Klassik und Romantik geprägt war und in der sich gleichzeitig eine eigenständige österreichische Literatur entwickelt hat. Aufkeimen, Verbot und Wiedereinführung der Leihbibliotheken sind am Rande Merkmale dieser Entwicklung, die in besonderer Weise Literatur als allgemeinen Erziehungsfaktor deutlich werden lassen, ebenso das Aufkeimen des österreichischen Verlagswesens.

Als eine Schlüsselfigur im Hintergrund ist in den ersten Anfängen des Jugendschrifttums der Kardinal von Wien, Erzbischof *Migazzi*, anzusehen. Am Beginn seines reformkatholischen Wirkens in Wien zog er eine ganze Reihe pädagogisch interessierter junger Theologen an, die sich jedoch nach seiner ideologischen Wende um 1765 (zuerst pro-, dann antijansenistisch) von ihm lösten und etwa ab 1770 – unterstützt von dem schon bestehenden Interesse am (französischen) Jansenismus im Herrscherhaus und in Beamtenkreisen – ihre reformkatholischen Anliegen in Erziehungsschriften verbreiteten. Dadurch kam es zu einer Polarisierung zwischen jesuitischer Erziehungstradition, repräsentiert durch *Ignaz Parhamer, Michael Denis, Franz Xaver Arming* u. a., und reformkatholischen Tendenzen. Die Anfänge des österreichischen Jugendschrifttums stehen also primär in einem theologischen Bezugsfeld. Aus der diesem Bezugsfeld inhärenten Gespaltenheit, die Kardinal *Migazzi* eben im Bereich der Kinder- und Jugendliteratur mit parteiischem Interesse verfolgte, ist die Orientierung der österreichischen Kinder- und Jugendliteratur an den rigorosen Erziehungsforderungen des Jansenismus zu erklären.

Standen bei den Jesuiten Begriffe des Gehorsams und des Memorierens an oberster Stelle der Erziehungspostulate, so waren es bei den im reformkatholischen Geiste wirkenden Jugendschriftstellern die Begriffe der Schuld und der Sündhaftigkeit, die man dem heran-

»Vaters Liebling beim Federballspiel«, Illustration von M. Loder aus J. Glatz, »Das grüne Buch«, 1826

wachsenden Menschen von frühester Kindheit an vor Augen hielt. Vorrangiges Postulat war nun die Hilfestellung, die der Erzieher dem Kinde im Ringen gegen seine Sündhaftigkeit zu leisten hatte. Daraus entwickelte sich ein grundsätzlich neues Bild der Kindheit, das noch lange Zeit von aristokratischen Erziehungsmaximen, eng verbunden mit dem französischen Kultureinfluß in Wien, geprägt war. Eines der frühesten umfassenden Dokumente für dieses neue Kindheitsbild ist das »Wochenblatt für die österreichische Jugend« (1777/78) des Weltpriesters *Franz de Paula Rosalino*, der als ein von *Joseph II.* bestellter Zensor zur damaligen offiziösen Geistlichkeit ein kritisches Verhältnis hatte.

Erst sekundär wurde diese Entwicklung von den aktuellen Forderungen des Philanthropismus überlagert. Erhebliche Bedenken gegen den Philanthropismus kommen etwa darin zum Ausdruck, daß *Migazzi* 1789 gegen das Erscheinen der Werke von *Campe* und *Salzmann* in Wien beim Kaiser Einspruch erhob, was im Zusammenhang mit *Campes* Begeisterung für die Französische Revolution gesehen werden muß.

Die derart ebenfalls aus einer antithetischen Haltung erfolgende Rezeption des Philanthropismus wurde dann zum Teil auch vom Reformkatholizismus mitgetragen, der ja auch dem (nicht unbedingt berechtigten) Vorwurf eines Naheverhältnisses zum Protestantismus ausgesetzt war.

In besonderer Weise wird die Rezeption des Philanthropismus bei dem im reformkatholischen Geiste denkenden Jugendschriftsteller *Carl Giftschütz* erkennbar, der sich erst in den zwanziger Jahren zu einer Aufnahme *Campes* in seine Jugendschriften entschloß.

Besonderes Interesse verdient seine »Kurze Belehrung über die gegenseitigen Pflichten der Aeltern gegen ihre Kinder, und der Kinder gegen ihre Aeltern« (1820), in dem sich eine Wende von innerfamiliärer Untertänigkeit zur Achtung vor der Kindheit abzeichnet, aber auch sein Buch »Der strenge Beichtvater« (1816), worin noch das jansenistische Prinzip von der Schuldbeladenheit auch und gerade des Kindes vertreten wird. Auf einer breiteren Basis, wenngleich nicht mit dem programmatischen Anspruch der *Basedow*, *Salzmann* und *Campe* wurde der Philanthropismus in den Schriften des Protestanten *Jacob Glatz* propagiert, der nach

Illustration aus J. Glatz, »Ida oder Worte der Belehrung und Ermunterung«, 1813

seinem Aufenthalt bei *Salzmann* ab 1804 in Wien wirkte. Allerdings hatte er in den durchaus ökumenisch orientierten jugendliterarischen Werken von *Josef May* und *Franz Gaheis* Vorläufer, die seit der Mitte der achtziger Jahre philanthropisches Gedankengut in ihre Schriften mit einbezogen, weswegen sich May auch Anfeindungen des Kardinals *Migazzi* aussetzte. *Franz Gaheis* leitete mit seinen jugendliterarischen Werken jenen Entwicklungsabschnitt ein, in dem die Kinder- und Jugendliteratur von namhaften Vertretern des Leh-

Illustration aus: J. M. Armbruster, »Amalie Seckendorf. Ein Sittenbüchlein«, 1819 (links oben und unten)

Moritz von Schwind, Illustration zu den »Rosenblättern« von J. M. Armbruster, um 1822

rerstandes getragen bzw. mitgetragen wurde. Der Beginn dieses Abschnittes ist gegen Ende des Josephinischen Jahrzehnts zu datieren, als durch eine Reihe personalpolitischer Entscheidungen im Schulsektor gewissermaßen auch ein Neueinsatz in der Entwicklung der Kinder- und Jugendliteratur herbeigeführt wurde. Das Zurückdrängen aufklärerischer und damit enzyklopädischer Bildung im schulischen Bereich, das endgültig mit dem Wirksamwerden der politischen Schulverfassung 1805 erfolgte, brachte es mit sich, daß nun ein breiter Bereich von Wissensvermittlung aus dem schulischen Unterricht hinausverlegt und somit dem Jugendbuch überantwortet wurde. Eben zu dieser Zeit kam *Jacob Glatz* nach Wien, wodurch das Jugendschrifttum zusätzlich neue Impulse erhielt. In den Jugendschriften des Protestanten *Jacob Glatz* und auch denen seines ehemaligen Hochschullehrers *Johann Genersich*, den er nach Wien holte, sind u. a. Werke von *G. L. Kosegarten* aufgenommen. *Kosegarten*, der unter dem Einfluß *Herders* stand, widmete seine »Legenden« (1804) dem österreichischen Kaiserpaar, worin schon eine Vorstufe der dann um *Clemens Maria Hofbauer* in Wien verstärkt einsetzenden Rezeption romantisch-idealistischer Strömungen gesehen werden kann. *Herders* antiphilanthropische Einstellung ist ja bekannt und bestätigt sich insofern in der österreichischen Jugendliteratur, als er nirgendwo zusammen mit *Basedow*, *Salzmann* und *Campe* genannt wird.

Etwa gleichzeitig mit *Jacob Glatz* immigrierten zwei weitere für das Jugendschrifttum bedeutsame Persönlichkeiten in die Habsburgermonarchie: *Christian Karl André*, der Schwiegersohn *Salzmanns*, folgte 1798 dem Ruf der lutherischen Gemeinde nach Brünn; vormals hatte er sich als Autor philanthropischer Schriften einen Namen gemacht. Zwei Jahre später, 1800, begann die Karriere des Jugendschriftstellers *Johann Michael Armbruster* in österreichischen Diensten. Beiden gemeinsam ist, daß sie mit ihrem Eintritt nach Österreich ihre jugendliterarischen Publikationen zwar einstellten, jedoch – jeder auf seine Weise – die Entwicklung des Jugendschrifttums in Österreich nachhaltig beeinflußten, *André* vor allem in Böhmen, wo man dem Protestantismus und damit auch dem Philanthropismus mehr Offenheit entgegenbrachte als in Wien.

Somit läßt sich sagen, daß knapp nach der Jahrhundertwende, gleichzeitig mit dem Inkrafttreten der politischen Schulverfassung, und auch mit dem endgültigen Niedergang des Jansenismus in Österreich philanthropisches Schrifttum größere Verbreitung findet und sich mit dem (reform-)katholisch bzw. ökumenisch orientierten Erziehungsschrifttum vermengt. Diese Tendenz wird in besonderer Weise bei Jugendschriftstellern aus Ländern der böhmischen Krone, noch mehr aber bei den in Wien wirkenden, meist protestantischen Jugendschriftstellern aus Ungarn fortgesetzt.

Als besondere Autorität unter diesen ist *Johann Genersich* anzusehen, dessen jugendliterarische Schriften zwischen 1811 und 1819 in Wien erschienen, bevor er 1821 als Professor für Kirchengeschichte und Kirchenrecht an der von *Jacob Glatz* gegründeten Lehranstalt für evangelische Theologie nach Wien kam. Bei den ungarischen Schriftstellern sowie bei *Armbruster* ist aber auch die Propagierung des deutschen Idealismus besonders auffällig. Wenngleich also das österreichische Jugendschrifttum zum Teil von Immigranten wie *André* und *Armbruster* oder *Glatz* und *Genersich* mitbestimmt wird, läßt sich auch dieser Anteil keineswegs auf eine Verstärkung des Philanthropismus allein reduzieren. Ebenso bedeutsam erscheint diesen Immigranten neben der Orientierung am deutschen Idealismus ihr Interesse an der theologischen Brisanz, von dem das österreichische Jugendschrifttum seit den Anfängen im letzten Drittel des 18. Jahrhunderts geprägt war und auch im ersten Drittel des 19. Jahrhunderts weiterhin geprägt wurde.

Aus der seit den theresianischen und josephinischen Schulreformen zu einem starken Selbstbewußtsein gelangten österreichischen Lehrerschaft ging nun eine ganze Reihe von Jugendschriftstellern hervor, die all diese Tendenzen übernahmen. Auch bei ihnen wirkt die Dominanz des französischen Erziehungsschrifttums, ehemals aristokratisch und von religiösem Rigorismus geprägt, fort, mehr jedenfalls als der Einfluß der norddeutschen Pädagogen. Der gewiß bekannteste und auch produktivste, wenngleich nicht unbedingt anspruchsvollste von ihnen war *Leopold Chimani*; neben ihm sind als die wichtigsten zu nennen: *Aegidius Jais, Franz Xaver Sperl, Anton Sturm* und *Franz Michael Vierthaler* sowie die Enzyklopädistin *Antonie Wutka*.

Ein markanter, gleichfalls primär theologisch bestimmter Neuansatz im Erziehungs- und Jugendschrifttum ergab sich aus den pastoraltheologischen Bemühungen des *Hofbauer*-Kreises. *Clemens Maria Hofbauer* kam 1808 nach Wien und konzentrierte sich sehr bald auch auf Fragen der Jugenderziehung. Diese Bestrebungen wurden vor allem von *Friedrich August von Klinkowström* verwirklicht, insbesondere ab 1818, als durch seine Institutsgründung und gleichzeitige Herausgabe der Jugendzeitschrift »Sonntagsblatt für die Jugend« (1818) eine wichtige Grundlage für die restaurativ-katholische Wende auch im Jugendschrifttum eintrat.

In den Erziehungs- und Jugendschriften aus dem *Hofbauer*-Kreis, begleitet durch spätere Neuauflagen von Werken des als Journalist tätigen Jugendschriftstellers *Johann Michael Armbruster* und des gleichfalls journalistisch tätigen *Josef Sigmund Ebersberg*, erfolgte nun eine zunehmend starke Bindung an die *Metternichsche Restauration*.

In den dreißiger Jahren des 19. Jahrhunderts geraten die in der Aufklärungszeit aufgebrochenen pastoraltheologischen Erziehungsfragen in Vergessenheit. Auch das restaurativ-katholische erzieherische Denken verliert in der Biedermeierzeit seinen Rigorismus zugunsten der imaginären Welt der romantischen Märchen und ihrer Illustrationen. Die Märchenzyklen des mit *Armbruster* verwandten *Moritz von Schwind* stellen das wohl berühmteste Beispiel für die nun neu einsetzende Phase des Kinder- und Jugendschrifttums dar. Mit dem Tod *Franz' I.* im Jahr 1835 endet auch der noch in die Regierungszeit *Maria Theresias* zurückreichende Josephinismus bzw. gerät die Position des aufgeklärten Absolutismus in Konfrontation mit dem Liberalismus. In dieser Zeit haben eine Eltern- und eine Kindergeneration die theresianisch-josephinische Schulgesetzgebung an sich erlebt und wurde die nachfolgende selbst schon wieder Elterngeneration, bevor

Karl Philipp Moritz, »Kleine praktische Kinderlogik«, 1815

in der Biedermeierzeit das Kinderbuch in einen anders akzentuierten Entwicklungsabschnitt trat.

Die Entwicklung der österreichischen Kinder- und Jugendliteratur von Josephinischer Zeit bis zum Ende der Monarchie läßt sich in einer Reihe von Übergängen beschreiben, in denen jeweils ein dominanter Einfluß von einem anderen adäquaten abgelöst wird. Um 1760 breitet sich neben dem französischen Kultureinfluß, der vor allem das Erziehungsdenken in der Habsburgermonarchie nachhaltig beeinflußte, der englische Kultureinfluß aus. In den siebziger Jahren des 18. Jahrhunderts wird der Einfluß der Jesuiten auf dem Gebiet der Erziehung durch die im Herrscherhaus und in der Aristokratie verbreiteten jansenistischen Ideale abgelöst. Bezüglich der Entwicklung der Mädchenliteratur in Österreich ist davon auszugehen, daß sowohl die jesuitischen als dann auch die philanthropischen Erziehungsvorstellungen vorrangig in der Erziehung der Knaben Platz gegriffen haben, während für die Erziehung der Mädchen zunächst ausschließlich französische Schriftstellerinnen rezipiert wurden. Mit *Leprince de Beaumont* beginnend herrscht dabei verstärkt der jansenistische, also der auf die Schuldhaftigkeit des Kindes sich berufende Erziehungsstandpunkt vor und hält in der Mädchenliteratur vermutlich auch länger an als in der Literatur für Knaben.

Die ersten eigenständigen Jugendschriftstellerinnen in Österreich sind *Antonie Wutka* mit ihrer »Enzyklopädie für die weibliche Jugend« (1802) und *Barbara Netuschil* mit »Aphorismen für Mädchen« (1817), »Philippine und ihre Hofmeisterin« (1819) und »Gabriele oder die gute Tochter« (1831).

Die hier nur angedeuteten Beobachtungen über nationalitätenorientierte Unterschiede in der Geschlechtererziehung sind jedenfalls auch Anlaß für die gewiß berechtigte Behauptung, daß sich der fremdsprachige Kultureinfluß in der Kinder- und Jugendliteratur zumindest bis zur Restauration mit der Rezeption ausländischer Literatur im österreichischen Schrifttum durchaus messen kann oder diesem sogar vorangeht.

Eine besonders aparte Form des Umgangs mit kindlichen Fehlern und Unzulänglichkeiten stellt die »Kleine praktische Kinderlogik« von *Karl Philipp Moritz* dar, »welche auch zum Theil für Lehrer und Denker geschrieben ist« und in Wien 1815 erschienen ist.

Fern aller in der damaligen Kinderliteratur verbreiteten Tendenzen, weder frömmelnd noch tugendpredigend versucht sie schlicht und einfach, Ordnung in das Leben der Kinder zu bringen, indem sie diese mit den Spielregeln der Logik vertraut macht. Bereits die ersten beiden Absätze wirken durchaus einladend, so auch die beigegebenen Illustrationen.

»Fritz war ein unordentlicher Knabe. Wenn er sich des Abends auszog, so warf er den einen Schuh unter den Ofen, den andern setzte er unter das Bett.

Das eine Strumpfband steckte in der Rocktasche, und das andere hing unter dem Spiegel. Rock und Weste lagen oben und der Hut lag unten.«

Am Ende des Josephinismus bzw. mit dem Anbruch des Biedermeier wird in Erziehungsbelangen vor allem ein neues Bild von Familiarität erkennbar, die Familie entwickelt sich zu einem Hort, in dem institutionelle Erziehung durch das individuelle Vorbild abgelöst wird, die Rolle des Hausvaters wird auf die des Familienvaters reduziert. Nach 1848 wird die Kinder- und Jugendliteratur gegenüber einer bis dahin zu verzeichnenden politischen Tabuisierung zunehmend tendenziös; der betonte Katholizismus wird von antisemitischen Tönen begleitet und die patriotisch-erzieherische Gesinnungsliteratur bekommt zunehmend nationalistische Züge. Ein ähnlicher Befund widerspiegelt sich in einer Untersuchung der Entwicklung schulischer Lektüre.

In der Suche danach, was Kinder damals gerne lasen, wäre es naheliegend, auch die zeitgenössischen Lesebücher in Österreich zu sichten, wenngleich sich in Lesebüchern nicht immer das widerspiegelt, was tatsächlich gelesen wurde. Mit wenigen Ausnahmen gibt es zu diesem Thema jedoch kaum Forschungsmaterial, was in der jüngst erschienenen Arbeit von *Barbara Wimmer* bestätigt wird, die darauf hinweist, daß eher noch der Zeitraum vor 1848, nicht aber der danach in Österreich erfaßt ist.

Die genannte Arbeit geht vom Verfasser eines Lesebuches mit klingendem Namen aus: *Josef Mozart* (1805–1892), der als »Vater des österreichischen Gymnasiallesebuches« bezeichnet wird und mit dem großen Komponisten weitschichtig verwandt war, organisierte den deutschen Sprach- und Literaturunterricht in Österreich und gab ab 1854 ein »Deutsches Lesebuch für die oberen Classen der Gymnasien« und ab 1858 ein »Deutsches Lesebuch für die unteren Classen der Gymnasien« heraus. Bemerkenswert ist, daß diesen Lesebüchern gegenüber den von den zeitgenössischen Dichtern *Adalbert Stifter* und *Franz Stelzhamer* verfaßten im Rahmen des religiös-vaterländischen Erziehungskonzeptes des Ministers *Thun-Hohenstein* der Vorzug gegeben wurde.

Die Untersuchung der Lesebuch-Entwicklung in der zweiten Hälfte des 19. Jahrhunderts in Österreich bestätigt die Tendenz, Literatur zunächst in den Dienst der sittlichen Bildung zu stellen und dann in zunehmendem Maße staatsbürgerliche Pflichten, Loyalität gegenüber der Monarchie und der Nation zu betonen, bis sich der Horizont letztendlich schon am Ende der Monarchie in heimatlich völkischer Deutschtümelei verengt.

Vergeblich sucht man in diesen und auch in späteren Lesebüchern nach Kinder- und Jugendschriftstellern.

Leopold Chimani, »Ein Dienst ist des anderen werth«. Illustration aus »Gemüthliche Erzählungen für die Jugend«, 1817

Vielmehr sind darin die großen Dichter des Barock (*Opitz, Dach, Fleming*), der Aufklärung (*Klopstock, Brockes*) und des Deutschen Idealismus (*Herder, Goethe, Schiller* und *Hebel*, die Brüder *Grimm, Uhland* und *Rückert*) vertreten bzw. an österreichischen Repräsentanten *Franz Grillparzer, Adalbert Stifter* und *Johann Gabriel Seidl*.

Wenn man sich nun wirklich der Aufgabe unterwirft, Proben aus dem Werk des zweifellos meistgelesenen Autors, *Leopold Chimani*, näher zu betrachten, scheint es auch weiter nicht erstaunlich, daß selbst eine biedermeierliche Pädagogik diesen Autor aus dem offiziellen Lektürekanon ausgeklammert hat.

»Ein Dienst ist des andern werth« aus den »Gemüthlichen Erzählungen für die Jugend« von *Leopold Chimani* handelt von der Wohltätigkeit, die ein vornehmer zwölfjähriger Knabe einem armen Gleichaltrigen zuteil werden läßt. Zu Pferde unterwegs trifft der wohlhabende den armen Knaben in einer verlassenen Gegend, als dieser sich einen Dorn in den Fuß getreten hat und deshalb nicht zu seiner Großmutter weitergehen kann, der er Brot bringen möchte. Der wohlhabende bringt den armen Knaben, nachdem er ihm Hilfe geleistet hat, auch noch mit dem Pferd zur blinden Großmutter, die dem Wohltäter ihren Segen gibt.

Jahre später treffen die beiden einander als Soldaten im »großen Kampfe für die Befreiung Europens gegen die Übermacht Frankreichs«, wo nun der Reiche, inzwischen zum »braven Officier« avanciert, in Bedrängnis gerät und der andere zu seinem Lebensretter wird. Ethische Simplizität wird zum narrativen Grundmuster und durchzieht alle Fasern dieser Erzählungen.

Die Geschehnisse sind in 18 Absätzen wiedergegeben, von denen sechs in bedrückender Stereotypie mit dem Namen des Protagonisten eingeleitet werden, ein zusätzliches Mal heißt es: »Der gute Eugen suchte ihn zu trösten.« Im ersten Absatz wird er als »der Sohn des Pächters von Grünau« vorgestellt, der »von seinem Vater die Erlaubniß erhalten [hatte], nach Frankenstein zu reiten, wo man eben mit der Weinlese beschäftigt war«. Der arme Knabe ist nicht nur »älternlos«, sondern hat in der Erzählung auch keinen Namen. Alle Erzählelemente erscheinen überhöht und kontrastiert, womit in einer geradezu sterilen Künstlichkeit der Leser von der Wirklichkeit abgehalten wird. Jeder Satz ist bis zum unvermeidlichen schmückenden Beiwort permanent auf Identifikation bedacht, jede Tätigkeit wird zum unverkennbaren Handlungsmuster:

»Der gute Eugen suchte ihn zu trösten; er band sein Pferd an einen Pfahl, setzte sich voll Mitleid zu dem armen Knaben hin, nahm seinen Fuß, so schmutzig er auch war, auf seinen Schoß, zog ihm mit leichter Hand den Dorn heraus, trocknete das Blut mit seinem Schnupftuche ab, und verband die Wunde mit demselben.«

Die Gegensätze könnten kaum größer sein, aber der zu Pferd und der mit den auch noch so schmutzigen Füßen scheinen geradezu füreinander geschaffen. Warum sich der arme Knabe nicht selbst von dem Dorn befreien kann, was dem wohlhabenden »mit leichter Hand« gelingt, taucht als Frage gar nicht erst auf. Als würde das vornehme Wesen des wohlhabenden Knaben unmittelbar auf das Wesen des armen übergehen, beginnt dieser sofort in mehr als wohlgesetzten Worten seinen Dank zu bekunden:

»›Gott wird es Ihnen danken‹, sprach der arme Knabe, ›ich kann Ihnen diesen Dienst nie vergelten; nun werde ich doch, so sauer es mich auch ankommen wird, zu meiner armen Großmutter gelangen können.‹«

In *Chimanis* »Heitere Ansichten aus dem Leben guter Menschen« wird der Leser in besonderer Weise gewahr, wie sich alle soziale Realität dem Hang zur Idylle unterzuordnen hat. Eines der vielen altersgerechten knappen Kapitel beginnt mit dem Satz: »Amalie fing endlich vor Schmerz zu weinen an.« Der neugierige Leser erfährt, daß der einzige Grund für Amalies Kummer ihr Durst ist, daß sie als kleine Prinzessin mit einer Fürstin im Walde unterwegs ist und diese biedermeierliche Lehrmeisterin (das weißglänzende Buch demonstrativ in die Mitte des Bildes gestreckt) nur darauf wartet, ein Exempel ihrer Lehrhaftigkeit geben zu können. Die Gelegenheit dazu stellt sich auch gleich ein:

»Da ertönte in einiger Entfernung eine Leyer, welche von dem Gejauchze junger Bergbewohner begleitet, ja fast überstimmt wurde. Die Fürstin wurde einen wohlbetretenen Fußweg rechts von dem Durchbau gewahr, schritt auf demselben eine Strecke vorwärts, und befand sich bald auf einem freien Platze, von hohen Fichten und Tannen umgränzt, in dessen Mitte ein Kreis junger und bejahrter Bergbewohner um ein ländliches Mahl auf dem grünen Rasen saßen, während Knaben und Mädchen um den Leyermann fröhlich jauchzend in muntern Sprüngen tanzten.«

Mit besonderer Deutlichkeit wird hier ein Charakteristikum von *Chimanis* Moralliteratur erkennbar, das in der biedermeierlichen Kinderliteratur weitverbreitet ist: Mit sicherer Intuition tastet sich *Chimani* ununterbrochen an gesellschaftlich brisante Themen heran, die er dann mit größter Selbstverständlichkeit in unüberbietbar idyllische Situationen auflöst.

Adel und einfaches Volk (Bergbewohner) treffen nicht irgendwann, sondern an einem Sonntag aufeinander, nicht irgendwo, sondern auf einer geradezu arkadischen Waldlichtung, nicht aus irgendeinem Anlaß, son-

Leopold Chimani, »Heitere Entdeckung«. Illustration aus »Heitere Ansichten aus dem Leben guter Menschen«

dern beim Fest für einen »ehrwürdigen Greis [...] der seinen fünfundsiebzigsten Geburtstag feyerte«.

Das Fortwirken des französischen Kultureinflusses, das in den immer auch standesbezogenen Erziehungsvorstellungen in Widerspruch zur offiziell restaurativen antinapoleonischen Einstellung gerät, wird bei *Leopold Chimani* durch geschickte Differenzierungen aufgefangen: In den »Gemüthlichen Erzählungen für die Jugend« äußert er sich abfällig über das Verhalten der plündernden Franzosen in Wien am 9. Mai 1809, dem allerdings durch das Verhalten vornehmer französischer Offiziere Einhalt geboten wurde.

Damit wird die Thematisierung nationaler Differenzen durch die Betonung von Standesunterschieden wieder aufgehoben.

Viele von *Chimanis* Werken erschienen in dem überaus ambitionierten *H. F. Müller*-Verlag, unter dessen liebevoll illustrierten Bändchen u. a. auch »Der kleine Aesop oder hundert sechsversige Fabeln« von *Anton Sturm* zu finden sind.

Es handelt sich dabei der Gattung entsprechend zumeist um moralisierende Tiergeschichten, häufig aber auch biblische oder alltägliche Themen, die in verschiedenen Schriftarten sechsversig jeweils unter einem Bild auf einer Seite abgehandelt werden. Die darin aufgenommene Fabel »Der Jude« ist hingegen eher eine Charakteristik mit sehr verhaltenen Anzeichen des Antisemitismus:

»Verwüstung droht des guten Jochem Haus.
Er steht verzweifelt an der Fenster Gittern:
Nichts ist zu retten aus dem Graus;
Am meisten muß ihn ach! der Söhne Feuertod erschüttern.
Doch sieh! vertrauend spricht er: Herr, dein Wille –
Er sey gepriesen aus des Herzens Fülle!«

Selten wird man in so unterschwelliger Form ein Beispiel sich selbst entlarvender schwarzer Pädagogik finden, wenngleich diese Haltung durchaus verbreitet war.

In einer geradezu explosiven Bündelung von Vorurteilen wird dem Juden Jochem, der vorweg als »gut« charakterisiert ist, sein Hang zum materiellen Besitz vorgeworfen und nicht ohne Schadenfreude auf das Gitter vor den Fenstern hingewiesen, mit denen er seinen Reichtum verschlossen hält und das ihn nun an der Rettung seines Besitzes hindert.

Wenn solche Doppelbödigkeit noch zu steigern ist, dann durch den Hinweis auf den Verlust der Söhne, deren Rettung offensichtlich auch wieder wegen der den materiellen Besitz abschließenden Gitter nicht möglich ist.

Der derart gesteigerte unterschwellige Hohn überschlägt sich schließlich im Hinweis auf die Gottergebenheit des Juden, der den Verlust seiner Güter und den seiner Söhne gleichermaßen mit Gelassenheit aufnimmt.

Es ist anzunehmen, daß dem damaligen kindlichen Leser Schauer über den Rücken gelaufen sind; ob diese

Illustration aus P. A. Jais, »Walter und Gertraud für das Landvolk«, 1809

auch die vom Autor wohl beabsichtigte Einsicht bewirkten, daß es in einem katholisch-christlichen Haus besser aufgehoben sei, bleibt dahingestellt.

Einer der meistgelesenen Autoren neben *Leopold Chimani* war der Volks- und Jugendschriftsteller *Ägidius Jais* (1750–1822), dessen Schriften noch bis ins 20. Jahrhundert neu aufgelegt wurden. In Salzburg als Seelsorger und Professor für Moral- und Pastoraltheologie tätig sowie später nach Berufung des Großherzogs von Toscana in Würzburg und in Florenz, wirkte er in einem als antirationalistisch und antiaufklärerisch zu bezeichnenden Geiste. Das beigegebene Bild aus »Walter und Gertraud, für das Landvolk auf dem Lande geschrieben« (1809) widerspiegelt diese auf eine sentenziöse Moral bedachte katholische Pädagogik.

Für die Zeit vom Josephinismus bis zum Biedermeier und auch bis in die literarischen Strömungen nach 1848 ist immer wieder zu beobachten, daß von der jeweils aktuellen Jugendliteratur nachhaltige Einflüsse auf literarische Traditionen ausgingen, wenngleich diese von der ihr nachfolgenden Forschung ins Prokrustesbett der Trivialität geworfen und damit von der Hochliteraturforschung abgekoppelt wurden.

Aus dem älteren französischen Kultureinfluß ragt neben den Feenmärchen des *Charles Perrault* (1628 bis 1703) *François Fénelon* (1651–1715) mit seiner Sagenerzählung »Les aventures de Télémaque, fils d'Ulysse« (1699) hervor, die in Österreich weite Verbreitung und Nachdichter fand; aus dem zeitgenössischen Schrifttum sind u. a. die aufklärerischen und jansenistisch beeinflußten Werke der *Jeanne-Marie Leprince de Beaumont* (1711–1780) stilbildend geworden.

Noch kaum untersucht ist im Bereich des englischen Kultureinflusses die Unzahl an Robinsonaden in Österreich. Während der französische Kultureinfluß in Österreich eine weit zurückreichende Tradition hat, die in den unter *Joseph I.* und *Karl VI.* angebahnten kulturellen Beziehungen zu Frankreich begründet ist, setzt der englische Einfluß etwa um das Jahr 1760 ein und erstreckt sich bis in die achtziger Jahre des 18. Jahrhunderts.

Neben den Moralischen Wochenschriften, die vorwiegend in deutsch-philanthropischer Filterung auch im österreichischen Schrifttum ihren Niederschlag fanden, entfaltet sich von nun an eine Fülle von Robinsonaden in Österreich, die ihr Vorbild jeweils in interessanter Weise variieren.

Eines der auffälligsten Merkmale bei den österreichischen Robinsonaden ist der Umstand, daß statt des männlichen Inselbewohners oft weibliche Eingeborene bekehrt werden. (Inwiefern *Franz Grillparzer* mit seiner Frauendarstellung in »Weh' dem, der lügt!« in dieser Tradition steht, sei mit einem respektvollen Wink als Frage den Grillparzerspezialisten überantwortet.)

Jedenfalls gibt es eine ganze Reihe von Robinsonaden, die diese Variante einer meist religiös akzentuierten Erziehung der wilden Frau durch den abenteuerlichen Mann aufweisen.

Von besonderem Interesse erscheint dabei der Roman »Robinson der Ober-Österreicher« von *Johann G. Peyer* aus dem Jahr 1802, worin der Titelheld im fernen Orient auf das Mädchen Fatime stößt. Allein der Name erinnert an das Märchen von *Wilhelm Hauff* »Die Rettung Fatmehs«. Bei *Peyer* ist im 6. Kapitel davon die Rede, daß Fatime dem von ihr geliebten Azun, wie sie den Helden nennt, wiederholt den Antrag macht, sich beschneiden zu lassen und sie zu heiraten, ein Antrag, der eine philosemitische Denkweise des Autors bekundet, wenngleich sein Protagonist dem Antrag »herzhaft widersteht«.

Im 10. Kapitel entschließt sich Fatime, eine Christin zu werden, im 17. und 18. Kapitel werden Schwangerschaft und Entbindung behandelt, im 19. Kapitel eine zweite Schwangerschaft, und im 21. kommt es wieder zur Taufe eines wilden Mädchens, dessen »Entwicklung und Charakter« ausführlich beschrieben werden. *Peyer* beendet sein Leben nach dem Verlust aller Familienmitglieder und nach einer abenteuerlichen Heimkehr auf einem Bauerngut bei Kremsmünster.

Der Stoff hat offensichtlich bis in die Tage des ausgehenden Zweiten Weltkrieges seine Aktualität behalten: In einer Neubearbeitung der biedermeierlichen Vorlage nennt *Otto Stoiber*, der sich als Feldwebel im Linzer Lazarett 1942 in einem »Einführungsbrief« mit »Liebe Kameraden« an seine junge Leserschaft richtet, sein Buch »Ein deutscher Robinson. Die Lebensbeschreibung des k. k. Prinz Eugenschen Dragonerwachtmeisters J. G. Peyer aus Linz«. Von der »unstillbaren Sehnsucht des deutschen Mannes nach leuchtender Ferne« ist darin die Rede; »sein Kampf am Balkan findet heute Fortsetzung, und sinnvoller wird Dein täglich Opfer, wenn Du von deutscher Vergangenheit liest und sie verstehend zu deuten lernst«.

Besondere Beachtung verdient auch die Autobiographie eines zu Unrecht in Vergessenheit geratenen Zeitgenossen, der als Vertrauter *Maria Theresias* zu höchsten staatlichen Würden aufgestiegen ist: »Valentin Jamerai Düvals interessante Lebensbeschreibung zur Unterhaltung und Belehrung für die erwachsene Jugend« (1812), mehr ein Erziehungsroman als Robinsonade, wenngleich auch *Duval* die Problematik erotischer Beziehungen thematisiert, wenn er im 2. Kapitel »aufs heiligste schwört, nie in seinem Leben einem Weibe zu gehorchen«.

Valentin Jamery-Duval (1695–1775) war in Frankreich in einfachsten kulturfernen Verhältnissen aufgewachsen; als Schafhirte hielt er sich bei einem Köhler und bei einem Einsiedler auf, lernte mit 15 Jahren lesen, wurde selbst Einsiedler und gelangte nach abenteuerlichen Reisen und Bekanntschaften an den Hof *Maria Theresias*, wo er als Bibliothekar und Kustos seinen Dienst versah. Seine »interessante Lebensbeschreibung zur Unterhaltung (…) für die Jugend« erschien 1812; darin ist sein Aufstieg vom einfachen Hirtenknaben zu einem »Robinson des Geistes« beschrieben. Seine Person fand immer wieder interessierte Biographen; noch 1953 erschien über ihn ein Jugendbuch von *Helene Haluschka*. Die Provinzialisierung des Romantyps wird offenkundig, beispielhaft im »Lerchenfelder Robinson« von *Franz Rittler*, dessen ausführlichem Titel der Gang der Handlung bereits zu entnehmen ist; der Herausgeber begegnet während eines Spazierganges in Simmering dem im Titel genannten Sebastian Ganthöfer, einem »gebornen Wiener«, und erzählt dessen »wunderbare Schicksale und Abenteuer«. Ganthöfer war »in Amsterdam unter Seelenverkäufer gerathen« und »auf seinen Reisen zur See und zu Lande in die Gefangenschaft bey den Flibustiern«. Schließlich behandelt er seinen »vieljährigen Aufenthalt auf einer öden Insel«.

Der Lerchenfelder Robinson ist eigentlich kein Jugendbuch im engeren Sinn, vielmehr Beispiel für die Umkehr des literatursoziologischen Phänomens einer Entwicklung der Jugendliteratur aus der Literatur der Erwachsenen. Die Ablöse des französischen Kultureinflusses durch englische Literatur, die seit 1780 durch *Campes* Robinson-Bearbeitung die trockenen Erziehungspostulate durch abenteuerliche Momente wieder interessant erscheinen ließ, war gleichzeitig eine Ablöse der aristokratischen durch eine zwar nicht salonfähige Literatur, die jedoch weiteste Verbreitung fand und in der die Grenzen zwischen Erwachsenen- und Jugendliteratur wieder aufgehoben waren.

Neben der Trivialisierung der Robinsonade zum bloßen Abenteuerroman lassen sich aber auch andere

Linien verfolgen, die in den österreichischen Romanen dieses Typs nachweisbar sind, die zum utopischen Staatsroman mit der Spielart ironischer Kulturkritik und die des belehrenden und moralisch bessernden Erziehungsromans für die Jugend.

Von *Samuel Baur* erschien in Wien 1792 »Kurt, der schwarze Bastard, auf seinen Reisen in unbekannte Länder«, worin der Titelheld im 9. Kapitel König wird, sich im 11. Kapitel in »geheime Liebesverständnisse« einläßt und im 16. Kapitel in eine »Wildin« verliebt. Das 20. Kapitel beschreibt eine »Dichter-Geometer-Philosophen-Musikanten- und Komödianten-Insel«.

Auch *Leopold Chimani* hat in seinen über 100 Kinder- und Jugendbuchtiteln mit einer Robinsonade aufzuwarten: »Die Schiffbrüchigen unter den Wilden auf Newfoundland. Eine lehrreiche und unterhaltende Geschichte für Kinder« (1828), die in zweiter Auflage unter dem Titel »Vertrauen auf Gott« (1837) erschien.

François Guillaume Ducray-Duminils »Lalotte und Fanfan oder die Begebenheiten zweyer auf einer wüsten Insel ausgesetzten Kinder« erschien 1802 in Wien und Prag; ebenfalls in Prag erschien »Der Robinson aus Böhmen, oder Traunholds des Jüngeren wunderbare Begebenheiten« (1796 und 1802 in zweiter Auflage, der auch »Der Böhmische Robinson« beigebunden ist).

Die Gattung der Robinsonade findet jedoch auch Anerkennung in der damaligen Literaturkritik. *Josef B. Beichel* verweist in seinem »Georg Treumuth der österreichische Robinson« (1815) in der Vorrede darauf, daß er in den »Annalen der Litteratur und Kunst in den österreichischen Staaten« Anerkennung gefunden habe. Seine Vorrede ist aber auch deswegen interessant, weil sie einen, wenn auch subjektiven, Einblick in die damalige Leselandschaft gibt:

»Ich überzeugte mich mit wahrer Betrübniß, daß selbst in den größeren Bürgerhäusern auf dem Lande, wo man Aufklärung und feinere Ausbildung mit Rechte suchen könnte, die ganze Bibliothek meistens in abgeschmackten, verderblichen Geistermärchen, in den alten gedankenlosen, mit schmutzigen und niederen Ausdrücken angehäuften Büchern eines Kaiser Octavians, Till Eulenspiegels, Haymannskinder (!) und wie das Zeugs alles heißen mag, bestehet. Kinder lesen solche Schriften, und verderben dadurch ihren Geschmack, ihren Geist und ihre Sitten oft für ihr ganzes

Das stets gleichgebliebene Einbandbild der Zeitschrift »Österreichs deutsche Jugend«

künftiges Leben. Ein Nachtheil, der dem Staate selbst nicht gleichgültig seyn kann.

Diese und andere dergleichen wichtige Betrachtungen, waren die Veranlassung zur Herausgabe dieses Volksbuches.«

Die Entfaltung des Robinson-Stoffes auf österreichischem Boden läßt sich zunächst unter der Überlegung zusammenfassen, daß die *Defoesche* Vorlage nicht so sehr durch die pädagogisierende Brille *Campes* gesehen wird und auch nicht in der Sicht von *Rousseau*, der dieses Buch als erste und lange Zeit ausschließliche Lektüre seinem Emile empfiehlt und der in Österreich nur zögernd rezipiert wurde. Vielmehr erscheint unterschwellig *Defoes* emanzipatorische Botschaft von Interesse, weiters seine völkerkundlichen Aspekte und das Insel-Motiv in Verbindung mit den immer wieder in den Vordergrund tretenden Protagonistinnen.

Die Robinson-Thematik überlagert sich hier mit einer anderen literarischen Tradition, nämlich mit der Schilderung von Liebesidyllen auf einsamen Inseln, wie sie in dem großen Ausstattungsstück »Robinson Crusoe« von *Alexander Ludwig* mit der Musik von *Karl Josef Fromm* realisiert wurde, bzw. beruft sie sich auf das Vorbild *Christoph Martin Wielands*, dessen Erziehungsroman »Der goldene Spiegel« auf die Toleranz *Josephs II.* verweist. Die vielschichtige Dominanz des Robinson-Stoffes überlagert offensichtlich auch die lange Zeit anhaltende Rezeption von *Fénélons* Telemach-Roman.

Die Versionen, in denen das Motiv der Gefangennahme dominiert, widerspiegeln in verschlüsselter Form den Widerstand gegen das restaurative System, während die Darstellung des Stoffes als Unglücksgeschichte als verschlüsselte Rechtfertigung dieses Systems erscheinen kann.

Die derart von der deutschen Robinson-Rezeption zu unterscheidenden österreichischen Varianten münden unmittelbar in das Werk des aus Poppitz bei Znaim stammenden *Karl Anton Postl* (1793–1864), besser unter seinem Pseudonym *Charles Sealsfield* bekannt. Eine Zwischenstufe zwischen der josephinischen und dann biedermeierlichen Robinson-Rezeption und *Sealsfields* eben nicht unpolitischer Abenteuerlichkeit bildet das Romanschaffen des aus Prag gebürtigen Jugendschriftstellers und Privatgelehrten *Johann Josef Polt* (1774–1861), u. a. mit »Die Seeräuberin von Tunis« (1803) und »Ferdinand Soto oder die Entdeckung von Florida« (1815).

Karl Anton Postl, Adalbert Stifter und *Marie von Ebner-Eschenbach* verkörpern mit Teilen ihres Werkes jenes Schrifttum, das zur anhaltenden Lektüre für Kinder und Jugendliche in Österreich wurde, in der Zeit, als international die eigentlichen Klassiker der Kinderliteratur von Alice (1865) über Pinocchio (1880), Mowgli (1894), Peter Pan (1904) bis Nils Holgersson (1906) entstanden. Mehr Gegensätze als Ähnlichkeiten drängen sich auf im Vergleich mit dem internationalen Klassikerbestand, und auf die Werke der drei aus dem böhmisch-mährischen Raum stammenden Repräsentanten des österreichischen Schrifttums des Realismus soll hier nur in unangemessener Kürze hingewiesen werden. Das Feld der sonstigen Kinder- und Jugendliteratur im ausgehenden 19. Jahrhundert ist wenig ertragreich im Vergleich zu dem im Kinder- und Jugendschrifttum sich abzeichnenden Diskurs aufklärerischer Erziehungspostulate bis in die Zeit des Biedermeier. Das Kinder- und Jugendschrifttum der 2. Hälfte des 19. Jahrhunderts ist weniger von Autorennamen bestimmt als von Zeitschriften, aus denen hier nur auf eine der bekanntesten, »Österreichs Deutsche Jugend«, verwiesen sei und der liebevoll idyllischen Illustrationen wegen auf die Zeitschrift »Grüß Gott« (Jg. 1, 1887). Einige verdienstvolle Volkskundler haben im Gefolge der Romantik auch in Österreich Märchen und Sagen gesammelt: *Theodor Vernaleken, Ignaz Vinzenz Zingerle, Viktor von Geramb* u. a.

Eines der insgesamt 60 »Kinder- und Hausmärchen aus Österreich« (erstmals 1864) aus der Sammlung von *Vernaleken*, »Die geraubte Königstochter«, enthält eine ganze Reihe von Motiven, die sehr auffällig an das Libretto von Mozarts »Zauberflöte« erinnern.

Es handelt davon, daß eine junge Prinzessin vom Teufel oder im Auftrag des Teufels entführt worden ist und von einem Bauernburschen, den der König mit viel Geld versorgt hat, nach mehreren Prüfungen und Verwandlungen befreit wird.

Im Vergleich mit *Emanuel Schikaneders* Libretto erscheinen dessen beide Protagonisten, Tamino und Papageno, im Märchen noch in einer Figur vereint, die teils mit Reichtum ausgestattet wird, aber auch mit Zaubergaben, die sehr an die »Zauberflöte« erinnern: von einem Hahn bekommt er Federn, die er sich auf den Hut steckt, um vor wilden Tieren geschützt zu sein; Papagenos Federkleid ist davon nicht weit entfernt. Von einer alten Frau bekommt er eine Rute, die vor den wilden Tieren am Eingang der Hölle schützen soll und von einer zweiten bekommt er ein Schwert, mit dem er dann der Schlange vor der Hölle den Kopf abschlägt. *Schikaneders* erste Szene ist damit vorweggenommen und auch die Verwandlung von Sarastros wilden Tieren mittels der Zaubergabe. Wenn sich die alte Frau des Märchens in eine Jungfrau verwandelt, er-

*»Heuernte«,
Illustration aus der
Zeitschrift
»Grüß Gott«, 1887*

gibt sich damit eine weitere Motivähnlichkeit zu Schikaneders Figureninventar, hier zur Figur der verwandelten Papagena.

Auch die Königin der Nacht hat eine Entsprechung in der rätselhaften Figur einer weißen Frau, die als Zauberin Anfang und Schluß des Märchens bestimmt, ebenso der Teufel aus dem Märchen, der die Prinzessin entführt hat und bei *Schikaneder* dialektisch gespiegelt als der Mohr Monostatos und als der Priester Sarastro erscheint. Neben der Königstochter gibt es im Märchen noch zwei andere Prinzessinnen, so daß auch die drei Damen aus der »Zauberflöte« auf das Vorbild dieses Märchens rückführbar sind. Schließlich erinnert die Symbolik der Elemente, die drei Wasser des Lebens, der Schönheit und der Liebe, sowie die Verwandlung unter Donnern und Blitzen an den Einsatz der Elemente in Sarastros Prüfungstempel.

Das Zustandekommen von *Schikaneders* Libretto, das ja den Forschern manche Rätsel aufgibt, könnte also auch im Umfeld der österreichischen Märchentradition gesehen werden, die im Schatten der Brüder *Grimm* etwas in Vergessenheit geraten ist.

Einige wenige Schriftsteller stehen im Schatten bzw. in einem Naheverhältnis zu den schon genannten Hochliteraten; dies gilt für die mit *Adalbert Stifter* befreundeten *Franz Josef Moshamer* und *Franz Isidor Proschko*. Während bei diesen Epigonen *Stifters* deren klerikal-bürgerliche Einstellung auch in ihren Jugendschriften dominiert, ist diese Tendenz am Beginn des 20. Jahrhunderts scheinbar endgültig aus der Kinderliteratur verdrängt.

Im Herbst 1901 begann der mit *Peter Rosegger* befreundete und ebenfalls aus Böhmen nach Wien gelangte *Franz Karl Ginzkey*, sich mit einer »Art Märchenepos für kleine Kinder in zwölf Bildern« zu beschäftigen. Das Resultat ist bekannt und hat sich als ein zweifelhafter, aber jedenfalls unausrottbarer Klassiker der Kinderliteratur bis in die Gegenwart erhalten.

»Hatschi Bratschi Luftballon«, von Zeitgenossen wie u. a. *Stefan Zweig* freudig begrüßt, stellte scheinbar alles in den Schatten, was zuvor die Kinderherzen erfreute oder vielleicht viel öfter auch ängstigte. Tatsächlich sind immer noch die Kinderängste des 19. Jahrhunderts darin spürbar, und zwar in einer mehr denn je geballten Form.

Aber nun erscheint alles in diesen täppischen Reimen in eine Art Fröhlichkeit umgemünzt, in der die Kinder ihre eigenen Ängste nicht mehr ernst nehmen können. Alle Bedrohlichkeit von der bösen Hexe bis zum unheilvoll zornigen Vater wird nur mehr angedeutet und immer gleich ins Belanglose gewendet:

»Der Vater spricht: ›Na warte, du Wicht!‹
Jedoch die gute Mutter spricht:
›Gottlob, nun bist du da, mein Kind,
Wo warst du nur? Erzählt geschwind!‹«

Überdeutlich wird hier der Mechanismus der Verdrängung zum Stilmittel, dessen Erörterung eben in dieser

Franz Karl Ginzkey, Illustration aus: »Hatschi Bratschis Luftballon«

Zeit sich zu einer originären psychologischen Denkrichtung entwickelt hat.

Ginzkeys »Hatschi Bratschi« ist aber auch als Markstein für einen literarischen Verdrängungsprozeß schlechthin zu werten, in dem die gesamte Stoff- und Motivgeschichte der frühen Kinder- und Jugendliteratur in Vergessenheit gerät. Wenngleich aus dieser Zeit im Zuge der Illustrationskunst des Jugendstils hervorragende bibliophile Werke und Reihen erhalten sind, scheint die Erzähltradition selbst versiegt zu sein. Dies gilt auch für die nachfolgende, lang anhaltende Illustrationsphase, die durch den in Böhmen geborenen Maler und Illustrator *Ernst Kutzer* (1880–1950) repräsentiert wird. Wegbereiter in diesem Prozeß der Trivialisierung sind die Romane und Novellen »für Jugend und Volk« der Wienerin *Auguste Groner* und die patriotisch-biographischen Jugendbücher des in Böhmen und Mähren als Schulrat wirkenden *Leo Smolle*, wie zum Beispiel »Prinz Eugen und seine Schützlinge« (1913). Gegen diese Tendenz zur Trivialisierung fand sich nur Halt in der Konzentration auf traditionelle Gattungen.

Mit der Gattung der Dorfgeschichte trat *Maria Stona* (geb. *Stonavski*, verh. *Marie Scholz*) (1868–1944) das Erbe der *Marie von Ebner-Eschenbach* an, der sie auch durch die gemeinsame Heimat (geb. in Strebowitz bei Mährisch-Ostrau) verbunden war. In ihren Gedichtbüchern, die an die Lyrik *Franz Karl Ginzkeys* erinnern, findet sich auch ein Kindergedicht unter dem Titel »Klein Doktor« aus dem Jahr 1918.

Einer der bedeutendsten sudetendeutschen Heimatdichter, *Hans Watzlik* (1879–1948), ist als Nachfahre *Adalbert Stifters* der Landschaft des Böhmerwaldes verbunden. Zu seinem umfangreichen Erzählwerk gehören auch zahlreiche Sagen-, Legenden- und Märchenbücher aus der Zeit unmittelbar nach dem Ende der Monarchie.

Ebenfalls aus Böhmen stammte der Kinder- und Jugendschriftsteller *Anton Haubner* (1879–1961), der noch 1912 und dann nach dem Krieg Märchen und Kinderspiele schrieb.

Im Rückblick auf die Entwicklung der österreichischen Kinderliteratur kann festgehalten werden, daß ein überwiegender Anteil dieser Literatursparte von Immigranten aus den Kronländern getragen wurde. Hier

Ernst Kutzer, Illustration aus: »Wir spielen Weltkrieg«

winkt in Böhmen spürbar das weltoffene und optimistische pädagogische Klima nach, das von dem josephinischen Schulreformator *Ferdinand Kindermann* (»von Schulstein«) (1740–1801) begründet wurde; *Kindermann* war Schüler von *Karl Heinrich Seibt* (1735 bis 1806), der seit 1764 als erster Nichtjesuit seit dem Dreißigjährigen Krieg in Prag Vorlesungen hielt. Es ist gewiß kein Zufall, daß die Wegbereiter einer österreichischen Kinderliteratur, *Charles Sealsfield, Adalbert Stifter, Marie von Ebner-Eschenbach*, schließlich auch der aus einer deutsch-böhmischen Familie stammende *Franz Karl Ginzkey* allesamt nicht von der Erziehungstradition der habsburgischen Erblande geprägt sind, sondern von der der Kronländer.

Das gilt auch für den einst populären österreichischen Pädagogen und Jugendschriftsteller *Alois Theodor Sonnleitner* (1869–1939), der noch in der Zeit der Monarchie zuerst in Böhmen und dann in Wien publizierte und u. a. (vor allem?) durch seine »Höhlenkinder«-Triologie (ab 1918) und mit den »Hegerkindern« (ab 1923) in Erinnerung geblieben ist.

Der gleich alte *Felix Salten* (1869–1947), gebürtiger Budapester, ebenfalls Immigrant und dann auch Emigrant, hat mit seinem Tierroman »Bambi« (1923) schließlich sogar die Blicke der amerikanischen Filmindustrie auf die österreichische Kinderliteratur gelenkt.

Das Schwinden einer kinderliterarischen Erzähltradition wurde offensichtlich von Autoren der Hochstilliteratur nicht nur registriert, sondern auch durch ein einschlägiges Schrifttum aufgegriffen.

Mit dem Roman »Das Gemeindekind« (1887) der *Marie von Ebner-Eschenbach* beginnt im spürbaren Untergang des alten Kaiserreiches eine Hinwendung zur Welt des Kindes, die eine deutliche Spur in der österreichischen Literatur hinterläßt. Bisweilen wird dieser neue Motiv-Schwerpunkt durch weniger bekannte Werke repräsentiert, wie etwa *Rainer Maria Rilkes* Erzählung »Die Turnstunde« (1899); aber auch dessen »Geschichten vom lieben Gott«, die er 1904 *Ellen Key* widmete, sind im Bewußtsein eines neuen Kindheitsbildes geschrieben, das gegenüber der kindheitsbeherrschenden Frömmelei des 19. Jahrhunderts auch einen existentiellen Zugang zur Religiosität des Kindes ermöglichte, den die Kinderliteratur selbst zu finden nicht imstande war.

Von *Robert Musils* »Die Verwirrungen des Zöglings Törleß« über *Karl Schönherrs* »Kindertragödie« (1919) bis *Ferdinand Bruckners* »Krankheit der Jugend« (1929) und *Friedrich Torbergs* »Schüler Gerber« (1930) vollzieht sich eine Auseinandersetzung mit dem in der österreichischen Literatur neuen Thema der Kindheit, die die Kinderliteratur selbst innehalten läßt.

Hugo von Hofmannsthal, der 1905 die unmittelbar für Kinder gedachte Erzählung »Prinz Eugen der edle Ritter« verfaßte und mit dessen »Märchen der 672. Nacht« die Besinnung auf die sogenannten einfachen Formen des Erzählens wieder einsetzt, formuliert seine Sorge um die Belastung des Kindes in seiner Tagebucheintragung vom 10. Oktober 1906, in der ein erzählerisches Ethos erkennbar ist, das zum Maß für die literarische Hinwendung zur Kindheit werden sollte:

»Meine Phantasie und mein Gemüt waren in Gefahr, sich an den fremden Existenzen, mit denen sie sich beladen hatten, zu überheben, wie Fohlen, wenn sie zu früh vor den Pflug gespannt werden.«

DIE BILDERWELT DER KINDERWELT

Mela Koehler, »Wiener Werkstätte Bilderbogen Nr. 21«, um 1907

DIE BILDERWELT DER KINDERWELT

Friedrich C. Heller

Den »ergötzlichsten Raum, der von lauter Glückseligkeit strahlt«, so nannte ein Kunstkritiker jenen Saal auf der vielbesuchten Wiener Kunstschau des Jahres 1908, der dem Thema »Kunst für das Kind« gewidmet war. Die sogenannte *Klimt-Gruppe* hatte diese Kunstschau organisiert, eine Gruppe von modern gesinnten Künstlern, die wenige Jahre zuvor, 1905, aus der Wiener Secession ausgetreten waren und seither noch keine Ausstellung veranstaltet hatten. Das groß angelegte Unternehmen (von *Gustav Klimt* in der Eröffnungsrede als »Kräfterevue österreichischen Kunststrebens« deklariert) fand in einem umfänglichen, extra dafür von *Josef Hoffmann* entworfenen Gebäudekomplex (auf dem Baugelände des späteren Konzerthauses) statt. Um die Größe des Unternehmens anzudeuten: Es gab 54 Ausstellungsräume, in denen Arbeiten von insgesamt 179 Künstlern gezeigt wurden. Malerei, Plastik und Architektur waren ebenso vertreten wie Kunstgewerbe verschiedenster Art, Graphik, Mode, Gartengestaltung und Friedhofskunst – ein Querschnitt durch die künstlerische Moderne Wiens, zugleich ein letzter Höhepunkt in der kurzen Geschichte jener künstlerischen Erneuerungsbewegung in Wien, die man oberflächlich mit »Secessionismus« oder »Wiener Jugendstil« bezeichnet und die in unserer Zeit des späten 20. Jahrhunderts eine so bemerkenswerte Blüte der rückschauenden Glorifizierung und vielfältigen Vermarktung erlebt.

Zwei Räume der Kunstschau waren der Kinder-Kunst gewidmet, und beide werden in den unterschiedlichsten zeitgenössischen Berichten über die Ausstellung immer wieder besonders hervorgehoben: Der eingangs erwähnte Raum 29 unter dem Thema »Kunst für das Kind«, dem die Schülerinnen aus der Klasse *Adolf Böhms* an der Kunstschule für Frauen und Mädchen das unverwechselbare Gesicht gaben, und der Raum 3, in dem »Kunst des Kindes« gezeigt wurde, nämlich Arbeiten der Schülerinnen und Schüler aus *Franz Cizeks* »Jugendkunstklasse« an der Kunstgewerbeschule. Mit beiden Themenstellungen – Kunst *des* Kindes oder *für* das Kind – war ein Bereich umschrieben, der in der künstlerischen Arbeit der Moderne in Wien eine auffallend bedeutungsvolle Rolle einnahm.

Kunst für das Kind – dieser Anspruch verstand sich als schlüssige Konsequenz aus der generellen Forderung der Moderne, *das ganze Leben mit Kunst zu durchdringen*, dem ganzen Leben (also eben auch dem Alltag!) eine ästhetische Form zu verleihen. Es kann hier nicht diskutiert werden, warum dieses umgreifende Projekt der Moderne der Jahrhundertwende mißlingen mußte – aber die Ansätze zu seiner Verwirklichung, die theoretischen, vor allem aber die praktischen Versuche auf dem Weg zu dieser *totalen Lebensreform* (denn das war ja das eigentliche Ziel!) haben – quasi als die großartigen Ruinen einer gescheiterten Utopie – immer noch ein Moment von Hoffnung und Schönheit an sich, das sie für uns zu Zeugen einer unvergleichlichen Aufbruchsstimmung macht und ihre faszinierende Ausstrahlung bis heute unerschöpflich sein läßt.

Daß diese umfassende künstlerische Gesinnung (die – leicht erklärlich – mehr das Kunstgewerbe, die angewandte Kunst, als die freie Malerei betraf) natürlich auch die Lebens- und Erfahrungswelt des Kindes einbeziehen wollte, liegt auf der Hand. Schon in der Früh-

Heinrich Lefler, Vignette aus dem Titelblatt der »Bilderbogen für Schule und Haus«, erschienen zwischen 1897 und 1902

zeit der Stilkunst des Fin de siècle, in der *Arts and Crafts-Bewegung* in England hatten einige Künstler gelegentlich Arbeiten für die Kinder des kapitalkräftigen Bürgertums entworfen. Die Zuwendung zum Kind (der ja eine immer bewußter sich formulierende neue pädagogische Gesinnung zugrunde lag) hat sich in England aber besonders in einer Blüte des bebilderten Kinderbuchs ausgewirkt: als die wichtigsten Namen seien die berühmten Illustratoren *Walter Crane* und *Randolph Caldecott* genannt. *Kate Greenaway* (1846–1901) vor allen aber hatte mit ihren illustrierten Kinderbüchern so etwas wie einen *Stil* geprägt: die Bekleidung der von ihr gezeichneten Kinder, deren ganzes Gehabe und Auftreten wurde zur Mode der Kinder der feinen Welt. *Kate Greenaways* Bücher wurden in Wien rezipiert, die Wiener Künstler besaßen einige ihrer Titel genauso wie die Bücher französischer Illustratoren, allen voran jene von *Maurice Boutet de Monvel* (1851–1913), dessen Kinder-Bilderbücher, in den achtziger und neunziger Jahren erschienen, zu den einflußreichsten Produkten dieser Art im Europa der Jahrhundertwende gehörten. Und es waren wohl mehr die französischen Beispiele, die den jungen Wiener Künstlern besonderen Eindruck machten. Während sich die Spuren der wohlangezogenen, sittsam und fein-bürgerlich sich bewegenden englischen Kinder in den Wiener Bilderbüchern nach 1900 eher selten nachweisen lassen, scheinen die wesentlich lustigeren, spitzbübischen und kecken französischen Kinder den Wienern weitaus mehr imponiert zu haben. Ihre einfachen Kleidchen, die mitunter auch ländliche oder proletarische Herkunft verraten, ihre ungespreizte Art im Umgang mit den Erwachsenen – das waren Vorbilder (im wahren Sinn des Worts), die sich in mancherlei Varianten in vielen Wiener Kinderbuch-Illustrationen der Zeit wiederfinden.

Kunst, die *für* das Kind geschaffen ist, hat auch in Deutschland viel Beachtung gefunden. Hier war von allem Anfang an die pädagogische Intention, ja mehr noch: eine volkserzieherische Aufgabenstellung sehr bedeutsam – es braucht nur an das Wirken *Heinrich Wolgasts*, vor allem aber *Alfred Lichtwarks* erinnert zu werden, an die *Kunsterziehungsbewegung*, an die verschiedenen Unternehmen, die künstlerisch wertvollen (und finanziell erschwinglichen) Wandschmuck *für Schule und Haus* verbreiteten. Auch in den Kunstschulen in Deutschland nahm die Arbeit an Produkten für die Kinderwelt offenbar eine gelegentlich beachtliche Funktion ein – eine detaillierte wissenschaftliche Aufarbeitung dieses ganzen Bereichs fehlt aber noch, so daß wir in unserer Beurteilung heute noch zumeist auf sehr vage Kenntnisse angewiesen sind. Immerhin finden sich in den Kunstzeitschriften der Jahrhundertwende auch Berichte über neue Spielzeugentwürfe, über Kindermöbel und Kindermode. In dem Darmstädter Verlag Alexander Koch (dem Verlagshaus, in dem einige der wichtigsten deutschen Kunstzeitschriften erschienen) wurde von 1904 bis 1909 die Zeitschrift »Kind und Kunst« publiziert, deren Untertitel »Monatszeitschrift zur Förderung für die Pflege der Kunst im Leben des Kindes« lautete.

Wie sehr man in Wien damals die Schriften *Alfred Lichtwarks* und der Kunsterziehungsbewegung las und ihre gesellschaftspolitischen Forderungen rezipierte, kann man nur vermuten – auch hier wird erst eine historisch detaillierte Erforschung genaue Kenntnisse erbringen; wir müssen uns einstweilen mit einigen Andeutungen begnügen. Es fällt jedenfalls auf, daß sehr

Carl Krenek, Bauerngehöft. Aus dem »Wandtafelwerk für Schule und Haus«

früh schon, nämlich 1898, im ersten Jahrgang der Kunstzeitschrift der Wiener Secession, »Ver Sacrum«, ein Aufsatz eines deutschen Pädagogen (M. Spanier) erschien, in dem die Publikation von neuen künstlerischen Wandtafeln für den häuslichen und schulischen Gebrauch gefordert wurde. Die 1903 einsetzende Produktion des berühmten »Wandtafelwerks der k.k. Hof- und Staatsdruckerei« (der ein öffentlicher Wettbewerb 1902 vorangegangen war) ist ein Ergebnis solcher neuen Gesinnung. An der Gestaltung dieser Wandtafeln (die heute als begehrte Sammelstücke gehandelt werden) waren bekannte Künstler der Wiener Stilkunst beteiligt: *Carl Moll, Max Kurzweil, Carl Krenek, Ferdinand Andri* u. a. Dieser moderne Wandschmuck, der sich ästhetisch deutlich von den bloß pädagogisch orientierten Schulwandtafeln des 19. Jahrhunderts abhob, muß eine neue, frohe Farbigkeit in die düsteren Klassenzimmer gebracht haben. Aber wissen wir genug über die tatsächliche Verbreitung dieser Tafeln?

Etwas früher schon, im Frühling 1902, hatte eine Wanderausstellung »Die Kunst im Leben des Kindes« (die erstmals 1901 in Berlin gezeigt worden war) in Wien über neue Bilderwelten für das Kind informiert; zu sehen waren illustrierte Kinderbücher, Bilderbücher, Wandschmuck, Kinderzeichnungen. Die Ausstellung, organisiert vom Deutschen Buchgewerbeverein (Leipzig), brachte nicht nur Exponate aus Deutschland, sondern auch aus England und Frankreich. Und der Direktor des Mährischen Gewerbe-Museums in Brünn, *Julius Leisching*, wies in einer Schrift, die denselben Titel trug wie die Ausstellung (1902), auf die drängende »Notwendigkeit einer bewußten Kunstpflege im Leben des Kindes« hin; die von ihm erwähnten Vorbilder von Kinderbuch-Illustrationen und für diese Zwecke verwendbarer Kunst wählte er aus den bereits genannten Ländern, aber auch aus Holland, Schweden und Japan. So kann die wichtige Rolle, die der Bereich »Kunst für das Kind« augenscheinlich auch auf der Kunstschau von 1908 einnahm, nicht überraschen. Die jungen Künstlerinnen, die den genannten Ausstellungsraum einrichteten, hatten sich auf der *Kunstschule für Frauen und Mädchen* seit Jahren mit der Aufgabenstellung auseinandergesetzt, Kinderkunst zu schaffen. (Die Kunstschule für Frauen und Mädchen war 1897 gegründet worden, weil an der Akademie der bildenden Künste den Frauen immer noch der Zugang zum Studium verwehrt war.) Auf der Kunstschau zeigten sie nun Spielzeug und Kindermöbel, Bilderbücher und einen Wandfries, der – von allen beteiligten jungen Künstlerinnen gemeinsam gestaltet – alle vier Raumwände oben als buntes Dekor (mit lustigen Menschen- und Tierfiguren) umfaßte. Unter den im Katalog genannten Namen finden wir auch *Fanny Harlfinger-Zakucka* (1873–1954); sie hatte sich bereits mit kunstgewerblichen Arbeiten seit mehreren Jahren bekannt gemacht. Schon 1901 war sie an einem Bilderbuch beteiligt, das einige Schülerinnen der Kunstschule herstellten und das unter die modernsten Erzeugnisse im Bereich der Kinderbuch-Gestaltung gezählt werden muß. Wahrscheinlich nur in einer ganz kleinen Auflage (von vielleicht 20 Exemplaren) vervielfältigt, stellt dieses Bilderbuch wirklich eine Pionierleistung neuer Illustration dar. Die 24 textlosen Blätter des Buches sind Schablonenmalereien, die von *Mizzi Friedmann, Fanny Zakucka, Maria Brunner* und *Adele Bettelheim* (alles Schülerinnen von *Adolf Böhm*) stammen. Die Technik der Schablonenmalerei wurde in der Graphik der Jahrhundertwende gewissermaßen »wiederentdeckt« und vor allem durch die Reform der Kunstpädagogik verbreitet. (In der Kolorierung von Druckgraphik war dieses Verfahren, in dem mit dem Pinsel über ausgeschnittene Schablonen gestrichen wird, längst bekannt.) In Wien gehörte die Schablonenmalerei in der Kunstgewerbeschule um 1905/06 zu den selbstverständlich geübten Praktiken. Der besondere und tatsächlich avancierte Reiz des Bilderbuchs von 1901 liegt nicht nur in den frischen Farben der Bilder, sondern vor allem in der gleichzeitig angewandten Reduktion der Bildgegenstände, die in manchen Fällen auf eine Abstraktion hinzuweisen scheint. Mit wenigen flächigen Elementen wird der Bildinhalt (meistens Szenen aus dem Kinderleben oder Tierfiguren) angedeutet, die Räumlichkeit durch bloße Verkleinerung perspek-

Mizzi Friedmann, Bildtafel aus dem »Bilderbuch« der Kunstschule für Frauen und Mädchen, 1901

tivisch insinuiert. Die auffallende Formvereinfachung in diesem Buch geht allen ähnlichen Bestrebungen in anderen Ländern zeitlich voraus.
Freilich, dieses Buch wurde nicht über den Buchhandel vertrieben – vermutlich haben die Künstlerinnen es innerhalb ihrer Familien verschenkt. Vielleicht wurde es auf einem Weihnachtsbasar der Kunstschule verkauft; es kam jedenfalls nicht in die Öffentlichkeit. Und dies ist ein Charakteristikum, das für viele Bilderbücher in Wien zur Zeit der Jahrhundertwende zutrifft. »Privatdrucke« gab es in mannigfacher Art: bereits avancierte Künstler stellten gelegentlich solche Kinderbücher für ihre Freunde her, besonders aber waren derartige Büchlein das Ergebnis von Klassenarbeiten an den verschiedenen öffentlichen und privaten Kunstschulen, wo man sich mit Graphik und Buchgestaltung beschäftigte (also an der Kunstgewerbeschule, an der Graphischen Lehr- und Versuchsanstalt, an der Kunstschule für Frauen und Mädchen und an verschiedenen privaten Malschulen). Derlei Bücher sind heute nur mehr wenigen Sammlern bekannt – sie stellen außerordent-

Nora Exner, Fische. Aus dem »Tier-ABC«, 1903

lich reizvolle Fundstücke dar, die die hohe handwerkliche Qualität der kunstgewerblichen Ausbildung in Wien bezeugen. In verschiedenen Techniken entworfen, wurden die Büchlein auf Privatpressen in kleiner Auflage gedruckt.

Als Beispiel ließe sich etwa das »Tier-ABC« nennen, das aus Farbholzschnitten besteht, die von drei Absolventen der Kunstgewerbeschule entworfen wurden: *Hilde Exner* (1880–1922), *Nora Exner* (1879–1915) und *Franz Fiebiger* (1880–?). 23 Blätter dieser Folge erschienen, in anderen Farben, auch im 6. Jahrgang der Zeitschrift »Ver Sacrum« (1903). Die Zeitschrift hatte eine Auflage von 300 Stück, die Privatdrucke des ABCs überstiegen wohl kaum 10 bis 20 Stück – es war also auch hier wiederum, wie in allen ähnlichen Fällen, ein Stück exklusiver Kunst für das Kind. Dennoch: die ästhetische Qualität, der Anspruch, der sich damit deutlich macht, läßt sich unmißverständlich wahrnehmen. Es ist der Wille, die sentimentalen (und oft schon von Zeitgenossen als kitschig empfundenen) Genre-Bildchen der gängigen Kinderbilderbücher durch eine modern gestaltete Künstler-Graphik außer Kraft zu setzen. Damit wäre der Kinderbuch-Illustration die zeitliche Verbindung zur avancierten Entwicklung der bildenden Kunst gelungen – eine Utopie, wie sich angesichts der bis heute pädagogisch und gesellschaftlich unentschiedenen Stellung der visuellen Erziehung unserer Kinder denken läßt.

Kehren wir zur Kunstschau zurück. Es war von einem zweiten Raum die Rede, in dem Arbeiten der Schüler von *Franz Cizek* gezeigt wurden. *Cizek* (1865–1946), den wir heute als einen der bedeutendsten Kunstpädagogen des 20. Jahrhunderts einschätzen, hatte als privater Zeichenlehrer seine Karriere begonnen, die ihn bald in verschiedene führende pädagogische Funktionen brachte. Im Jahr 1906 war seine ursprünglich private Mal- und Zeichenschule als »Versuchsschule« in die Kunstgewerbeschule eingegliedert worden. Diese »Jugendkunstklasse« (wie sie bald darauf im Künstlerjargon genannt wurde) entwickelte sich zu einem Zentrum ungewöhnlicher Kunstpädagogik. *Cizeks* Prinzip, in jedem Kind eine eigentümliche bildnerische Begabung aufzuspüren und sie durch größtmögliche Freiheit zu fördern, bewährte sich auf großartigste Weise. Die Kinder und Jugendlichen, die seine Klasse begeistert besuchten, waren – wie spätere Erinnerungen bezeugen – bis an ihr Lebensende durch diese kreative Zeit geprägt. Keineswegs in allen Fällen wurden später Künstler aus diesen Menschen, zumeist landeten sie in ganz anderen Berufen, aber ihr offener und phantasievoller Sinn war erweckt, ihr handwerkliches Zutrauen gefördert.

Die Ausstellung von Kinderzeichnungen anläßlich der Kunstschau 1908 war keineswegs die erste Zurschaustellung solcher Arbeiten. *Cizeks* Jugendkunstklasse hat im Inland und Ausland (bis in die USA) von Anfang an einen großen, später (nach 1918) geradezu sensationellen Erfolg gehabt. Manche Arbeiten der Absolventen wurden – in der Zeit der Ersten Republik – in Form von Kunst-Postkarten vervielfältigt und durch das Jugendrotkreuz verbreitet; sie bildeten auf diese Weise gerade in Schulen einen bedeutsamen Anschauungsgegenstand. Die hier in ansprechenden Beispielen gezeigten Gestaltungstechniken sollten zum eigenen

Heinrich Lefler, Tafel VIII aus H. Chr. Andersens Märchen »Die Prinzessin und der Schweinehirt«, 1897

Tun anregen – und sie haben dies wohl in hohem Maß getan und damit die Bilderwelt der Kinder (aus deren eigenem Anschauungs-Repertoire heraus) mitgeprägt. Es paßt dazu, daß Absolventen der Jugendkunstklasse für Einbandzeichnungen von manchen Bänden billiger Text-Reihen, die in den Schulen nach 1918 Verbreitung fanden, die Entwürfe lieferten.

Sprach aus den früher erwähnten, in kleiner Auflage gewissermaßen privat hergestellten Kinderbüchern eine Tendenz zur Exklusivität (die der noch keineswegs allgemein anerkannten Modernität der künstlerischen Gestaltung wenigstens den Charakter des Kostbaren oder Einmaligen zuwies), so verweist die Betonung des *kindertümlichen* Gestaltens, wie es durch die Jugendkunstklasse geschah, auf die Möglichkeit, weite Kreise der Bevölkerung an dieser Bilderwelt teilhaben zu lassen; denn zur Rezeption solcher Bilder gehörte keine besondere künstlerische Ausbildung, kein exklusiver Geschmack, vielmehr die Lust und der – an kein bürgerliches Privileg gebundene – Mut zu eigenem Handeln. (Es paßt zu diesem Aspekt, daß viele Kinder, die *Cizeks* Jugendkunstklasse besuchten, aus Arbeiter- oder Angestelltenfamilien stammten.)

Beide Tendenzen – exklusive Moderne einerseits und in die Breite wirkende anspruchsvolle Kreativität andererseits, beide geprägt von einer neuen vielfältigen Kunstpädagogik – charakterisieren die österreichische Kinderbuch-Illustration der Zeit der Jahrhundertwende und weiter noch bis in die dreißiger Jahre. Gewissermaßen vermittelnd (teilweise aber auch an der alten »Tradition« der gemütvoll-niedlichen Kinderbuch-Bebilderung festhaltend) stehen dazwischen auch noch Beispiele von Kinderbüchern und Wandbildern, die ohne auffallende Modernität dennoch die Vorzüge der kunsthandwerklich soliden Ausbildung erkennen lassen, die damals jeder Künstler an den Kunstschulen erfuhr.

Schon die Anfänge der Wiener Kinderbuch-Illustration der Jahrhundertwende lassen die genannten Tendenzen deutlich erkennen. Sie sind um etwa 1895 anzusetzen. In diesem Jahr entstanden manche der Vorzeichnungen für *Heinrich Leflers* 1897 von der *Gesellschaft für vervielfältigende Kunst* edierte Mappe »Die Prinzessin und der Schweinehirt« (nach dem Märchen Hans Christian Andersens). Die illustrative und drucktechnische Gestaltung dieses Bild-Werkes, das überhaupt den Anfang der modernen Buchkunst in Wien darstellt, läßt die Auseinandersetzung mit englischen und französischen Vorbildern erkennen (*R. A. Bell, E. Grasset, M. Boutet de Monvel*). *Heinrich Lefler* (1863–1919) gehörte damals zu den führenden jungen Modernisten, wenige Jahre später zählt er aber – was Avanciertheit seines Stils betrifft – bereits zu einer Art zweiten Garnitur: mit der Subtilität der Farbpalette seiner malerisch und theatralisch empfundenen Bilder (er war erfolgreich als Bühnenausstatter tätig) charakteristisch dem Jugendstil verpflichtet, aber dessen in Wien früh einsetzende Wandlung in eine konstruktiv-geometrische Richtung nicht mehr mitvollziehend. In seinen Bilderbüchern, von denen die meisten mit seinem Schwager und Künstlerkollegen *Joseph Urban* gemeinsam gestaltet wurden, hat er aber das Bild der Moderne in diesem Genre zu dieser Zeit wesentlich mitgeprägt. Diese Bilderbücher wandten sich zweifellos nicht primär an kindliches Schauen – aber in manchen Beispielen, wie etwa dem Liederalbum »Kling-Klang Gloria« (1907),

Heinrich Lefler und Joseph Urban, Tafel aus »Kling-Klang Gloria«, 1907

gelangen ihm eindrucksvolle Illustrationen, die auch Kindern eine kostbar farbige und märchenhaft-poetische, ja in den Bildinhalten gelegentlich auch volkstümliche Bilderwelt nahebrachten.

In diesen Jahren der letzten Dekade vor dem Jahrhundertwechsel, der eigentlichen Zeit des Fin de siècle, illustrierte aber auch *Koloman Moser* (1868–1918) einige Jugendbücher, zusammen mit anderen Künstlern des sogenannten »Siebener-Clubs«, der Vorläufer-Gruppe der Wiener Secession. In Schwarzweißzeichnungen von noch durchaus naturalistischer Prägung löst sich *Moser* hier vom akademischen Stil und läßt in brillanter Technik, die dem graphischen Strich zunehmend objektiven Eigenwert verleiht, schon die Tendenz zur stilistischen Verfestigung im linear-dekorativen Sinn erkennen. Moser wurde bald darauf, seit 1899, Lehrer an der Kunstgewerbeschule, einer der wichtigsten Ausbilder der jungen Künstler-Generation in Wien. Es ist nicht unwichtig festzustellen, daß diese ersten von Moser illustrierten Jugendbücher (zu denen auch eine Fibel, 1899, zu zählen ist) sich ausdrücklich »an die Jugend des Volkes« wenden, d. h. jede Exklusivität ausschließen. (Gerade die Fibel, die eine Neuausgabe eines bereits existierenden Fibeltyps darstellt, kann als ein schönes Beispiel gelten, wie sich die neue Bilderwelt der Moderne schrittweise durchsetzen sollte: gewohnte Bildinhalte werden neu gesehen, neu gezeichnet, damit neu – und doch ohne Anstrengung – erfahrbar gemacht. Denkt man an die weite Verbreitung, die eine Fibel in den Volksschulen naturgemäß hatte, so wird einem der Horizont dieser Möglichkeiten klar.)

Dem Ziel, ansprechende Bücher zu niedrigem Preis und daher für weite Verbreitung geeignet zu schaffen, dienten die verschiedenen Reihen, in denen ältere und auch zeitgenössische Kinder- und Jugendliteratur angeboten wurde. Am bekanntesten wurde *Gerlachs Jugendbücherei*, die seit 1901 (in dem Wiener Verlag *Martin Gerlach & Co,*, später *Gerlach & Wiedling*) erschien und bis 1920 34 Bände herausbrachte. Die heute so berühmte (und von Sammlern eifrig zusammengetra-

Kolo Moser, Einbandzeichnung zur »Fibel«, 1899

von *C. O. Czeschka* (1878–1960). In diesem 1909 erschienenen Buch hat die flächig-geometrische Stilkunst eines ihrer eindrucksvollsten Beispiele gefunden. Die in wenigen Farben (mit Gold) meisterhaft gedruckten Bilder zählen zurecht zu den schönsten illustrativen Graphiken ihrer Zeit. Des Verlegers Ziel war es, diese Reihe, die tatsächlich zu sehr günstigem Preis angeboten wurde, als Jugendlektüre weit zu verbreiten. Die Illustrationen hätten also auf diese Weise für viele Kinder und Jugendliche eine frühe Begegnung mit anspruchsvoller zeitgenössischer Kunst darstellen können. Das Konzept ging aber erst nach dem Ende der Monarchie auf: erst 1921, als die Gemeinde Wien den *Deutschen Verlag für Jugend und Volk* gründete und dieser Verlag, der mit Schulbüchern ein wichtiges Instrument der sozialdemokratischen Schulreform wurde, die Rechte an Gerlachs Jugendbücherei erwarb, kamen die Bände in großer Zahl in die Schulbibliotheken. Dort haben sie – als (zumeist nicht so erkannte) Zeugen einer künstle-

gene) Serie von kleinformatigen Bändchen stellt allerdings ein imponierendes, wenngleich keineswegs stilistisch einheitliches Zeugnis für das künstlerisch orientierte Jugendbuch des frühen 20. Jahrhunderts dar. Das Spektrum der Illustrationen reicht von einer akademisch-realistischen Bildsprache (z. B. von *Karl Fahringer* und *Ernst Liebenauer*) bis zu sehr persönlichen und zeittypischen stilistischen Lösungen (etwa eines *Bertold Löffler, Franz Wacik, Ignaz Taschner, Ferdinand Staeger* u. a.). Herausragend sind wohl besonders drei Bände: die »Gedichte« von *August Kopisch* mit den witzigen, ganz und gar unüblichen und in gewisser Weise den kindlichen Zeichenstil aufgreifenden Illustrationen von *Ferdinand Andri* (1871–1956), die »Deutschen Wiegenlieder«, die in plakativer Manier von dem (sonst ganz unbekannten) jungen deutschen Künstler *Richard Daenert* bebildert wurden, und – als Höhepunkt: die »Nibelungen« mit den Illustrationen

Ferdinand Andri, Illustration aus August Kopisch, »Ausgewählte Gedichte«, 1904

Carl Otto Czeschka, Zwei Bilder aus F. Keim, »Die Nibelungen«, 1909

risch eigentlich schon vergangenen Ära – viele Bildeindrücke der Schüler-Generationen bis in die fünfziger Jahre hinein mitgeprägt.

Nicht alle Wiener Bilderbücher der Zeit zeigen auffallende Modernität. Aber alle kennzeichnet eine außerordentlich hohe Qualität der künstlerischen Technik, der zeichnerischen oder malerischen Gestaltung. Dies ist die Folge der kunsthandwerklich orientierten Ausbildung an den verschiedenen Wiener Kunstschulen, in denen die Arbeit für das Kind eine zentrale Rolle spielte. Offenbar waren es hier nicht – wie andernorts – die Verleger, die die Anregungen zur Auseinandersetzung mit den Möglichkeiten moderner graphischen Techniken im Kinderbuch gaben, sondern die Kunstschulen selbst – das gibt den Wiener Kinderbüchern jener Zeit ihr besonderes Gepräge. Daß aber die Verlage solchen Inspirationen der Künstler gerne folgten, läßt sich vielleicht an der Tatsache ablesen, daß auf der lange vorbereiteten *Internationalen Ausstellung für Buchgewerbe und Graphik* in Leipzig (der berühmten BUGRA), die am Vorabend des Ersten Weltkriegs im Mai 1914 eröffnet wurde, viele der ausstellenden österreichischen Verlage Bücher und Illustrationen der Kinder- und Jugendliteratur zeigten, ein imponierendes Spektrum unterschiedlichster, aber immer qualitätvoller Möglichkeiten.

Es besteht kein Zweifel, daß in jenem Zeitalter, das die Faszination des Kinos noch kaum und jene des Fernsehens noch überhaupt nicht kannte, Medien wie Wandbilder, Bilderbücher und Schulbücher zu den primären Bildträgern der Kindheit gezählt werden müssen. In ihnen offenbarte sich – visuell festgehalten – die vertraute, aber eben auch die neue Wirklichkeit, der immer wieder wiederholbare und damit einprägsame Schau-Weg vom geschützen Heim hinaus in eine unbekannte Welt. Mit dem heutigen Stand des Wissens ist es aber nicht leicht, einen fundierten und differenzierten Überblick über die verschiedenen Aspekte der Bilderwelt der Kinder in den späten Jahren der Monarchie zu vermitteln. Wir stehen mit unseren Forschungen über die Verbreitung von Kinder- und Schulbüchern, über ihre Rezeption, über die Rolle, die den Schulwandtafeln und ähnlichem Wandschmuck zuzumessen ist, noch ganz am Anfang. Es wäre interessant, aus alten Erinnerungen, Tagebüchern, Autobiographien und Briefen Hinweise auf frühe Lektüre und Bildeindrücke zu sammeln, um den Spuren der traditionellen oder eben modernen Bilderwelten zu begegnen. Ebenso wären Photos (z. B. von Wohnungsinterieurs oder von Schulklassenräumen) zu analysieren. Man wird sich vor allzu theorie-gebundenen Interpretationen hüten müssen, denn die praktischen Erfahrungen vieler Menschen sind komplex und lassen säuberlich trennende Entscheidungen für bestimmte Verhaltensweisen oft gar nicht zu. Andererseits ist auch den späten Erinnerungen betroffener Menschen zu mißtrauen: Sie verklären oder verabscheuen unkritisch in einem durch die Jahrzehnte im Monolog angewachsenen Sinn eigene Erfahrungswerte. Wenn heute ältere Menschen von den kostbar gestalteten Bilderbüchern der Stilkunst zumeist sagen, sie hätten sie in der Kindheit als »unnatürlich« oder »komisch« empfunden, so besagt das vielleicht bestenfalls etwas über eine generelle Schwierigkeit im Umgang mit (neuer) Kunst überhaupt; nur wenig aber läßt sich aus solcher scheinbaren Erinnerung über die tatsächlichen Eindrücke, die solche Bilder bewirkten, entnehmen.

Von Wiener Kinderbüchern war die Rede – die Frage, ob es überhaupt eine *Bilderwelt der Kinderwelt der Donaumonarchie* gab, ist damit noch nicht einmal hinreichend formuliert. Nicht nur fehlen uns detaillierte Kenntnisse über die Bilder- und Schulbücher der verschiedenen Völker, die der Monarchie angehörten, die Bücher (wenn sie überhaupt aufzutreiben sind) müßten erst in einem großangelegten Vergleich daraufhin untersucht werden, wie sich aus ihnen ethnische und kulturelle Verschiedenheiten angemessen ablesen lassen oder anderseits eine vereinheitlichende Bilderwelt des Vielvölkerstaates (vergleichbar etwa der auffallenden Ähnlichkeit öffentlicher Architektur des späten 19. Jahrhunderts in den Kronländern der Monarchie). Gerade der Bereich des Schulbuches könnte für eine derartige Fragestellung wahrscheinlich ein reichhaltiges Material bieten – Aufgabe für künftige Forschungen.

Das *Jahrhundert des Kindes* (wie es die schwedische

Richard Teschner, Bildtafel aus A. Kahler, »Tobias Immerschneller«, 1910

Reformpädagogin *Ellen Key* 1900 forderte) hat an seinem Beginn eine Bücher-Bilderwelt hervorgebracht, die auch heute noch etwas von jenen Hoffnungen auf eine schöne, helle Welt erahnen läßt, die einige Menschen sich für die Kinder der neuen Zeit erwünschten. In allen Ländern Europas wurde eine Bildersprache entworfen, die mit den neuen ästhetischen Mitteln in den Kinderbüchern eine neue humane Gesellschaft beschwor. Es bleibt eine offene Frage, ob jene beschützten, künstlerisch abgesicherten Räume, die man den Kindern bildkräftig aufbauen wollte, die tatsächliche Konfliktwelt der Erwachsenen (mit ihren unermeßlichen und unlösbaren sozialen und politischen Problemen) nicht in einem Maß ausschlossen, das früher oder später diese Hoffnungen als eine weltfremde Utopie erweisen mußte. Als Spätergeborene blicken wir neugierig, erfahren und wehmütig zurück. Und wir nähren in einem Winkel unseres unbelehrbaren Herzens die alte Hoffnung, die Welt könnte vielleicht doch einmal noch so schön und hell werden, wie sie den Kindern immer noch und immer wieder erscheint.

LITERATURAUSWAHL

BAUERNKINDER

Dülmen, Richard von: Kultur und Alltag in der frühen Neuzeit. Bd. 1: Das Haus und seine Menschen, München 1990.
Hardach-Pinke, Irene und Hardach, Gerd (Hrsg.): Deutsche Kindheiten 1700–1900. Frankfurt/M. 1992.
Schlumbohm, Jürgen: Kinderstuben. Frankfurt/M. 1987.
Vavra, Elisabeth (Hrsg.): Familie. Ideal und Realität. Horn 1993.
Weber-Kellermann, Ingeborg: Die Familie. Fankfurt/M. 1976.
Weber-Kellermann, Ingeborg: Landleben im 19. Jahrhundert. München 1987.

ARBEITERWELT

Amt der NÖ Landesregierung (Hrsg.): Das Zeitalter Kaiser Franz Josephs. Wien 1984.
Beuys, Barbara: Familienleben in Deutschland. Reinbek b. Hamburg 1980.
Brandl, Bruno (Hrsg.): Liebe zu Böhmen. Berlin 1990.
Bronsen, David: Joseph Roth. Eine Biographie. Köln 1974.
Ehalt, Hubert Ch., Heiß, Gernot und Stekl, Hannes (Hrsg.): Glücklich ist, wer vergißt …? Das andere Wien um 1900. Graz 1986.
Forster, Rudolf: Das Spiel meines Lebens. Erinnerungen. Berlin o. J.
Granach, Alexander: Da geht ein Mensch. München 1990.
John, Michael: Wohnverhältnisse sozialer Unterschichten im Wien Kaiser Franz Josephs. Wien 1984.
Kaindl, R. F.: Bukowina. Innsbruck 1902.
Kläger, Emil: Durch die Quartiere der Not und des Verbrechens. Wien 1908 (Reprint o. J.).
Klanska, Maria: Aus dem Schtetl in die Welt 1772–1938. Wien 1994.
Koralka, Jiri: Altes und Neus aus den böhmischen Ländern. Wien 1984.
Kraus, Karl: Widerschein der Fackel. München 1956.
Mack, Karlheinz (Hrsg.): Galizien um die Jahrhundertwende. München 1990.
Majorek, Czeslaw: Die Entwicklung des Bildungswesens in Galizien. Wien 1990.
Otruba, G. und Rutschka, L. S.: Die Herkunft der Wiener Bevölkerung in den letzten hundertfünfzig Jahren. Jahrbuch des Vereines für Geschichte der Stadt Wien, Bd. 13. Wien 1957.
Renner, Karl: An der Wende zweier Zeiten. Lebenserinnerungen. Wien 1946.
Rinner, Fridrun und Zerinschek, Klaus (Hrsg.): Galizien als gemeinsame Literaturlandschaft. Innsbruck 1988.
Schärf, Adolf: Erinnerungen aus meinem Leben. Wien 1963.
Schidrowitz, Leo (Hrsg.): Sittengeschichte des Proletariats. Wien o. J.
Schönböck, Karl: Wie es war durch achtzig Jahr. Erinnerungen. Berlin 1991.
Serke, Jürgen: Böhmische Dörfer. Wien 1987.
Singer, Israel Bashevis: Von einer Welt, die nicht mehr ist. Erinnerungen. München 1991.
Spitzer, Rudolf: Karl Seitz. Wien 1994.
Spoto, Donald: Die Seeräuber-Jenny. Das bewegte Leben der Lotte Lenya. München 1990.
Waldinger, Theo: Zwischen Ottakring und Chicago. Salzburg 1993.

LEBENSWELT IM BÜRGERHAUS

Amt der NÖ Landesregierung (Hrsg.): Das Zeitalter Kaiser Franz Josephs. Wien 1984.
Ast, Hiltraud: Sommerfrische der Kaiserzeit. Die großbürgerliche Sommergesellschaft und ihre einheimischen Gastgeber. Augsburg 1990.
Bahr, Hermann: Selbstbildnis. Berlin 1923.
Begley, Louis: Lügen in Zeiten des Krieges. Frankfurt 1994.
Benedikt, Heinrich: Damals im alten Österreich. Erinnerungen. Wien 1979.
Beuys, Barbara: Familienleben in Deutschland. Reinbek b. Hamburg 1980.
Brandl, Bruno (Hrsg.): Liebe zu Böhmen. Berlin 1990.
Broch, Hermann: Hofmannsthal und seine Zeit. München 1964.
Bronsen, David: Joseph Roth. Eine Biographie. Köln 1974.
Ehalt, Hubert Ch., Heiß, Gernot und Stekl, Hannes (Hrsg.): Glücklich ist, wer vergißt …? Das andere Wien um 1900. Graz 1986.
Decsey, Ernst: Musik war sein Leben. Lebenserinnerungen. Wien 1962.
Dumba, Nikolaus (1830–1900), zitiert nach Springer, Elisabeth: Geschichte und Kulturleben der Wiener Ringstraße. Wiesbaden 1979.
Felder, Cajetan: Erinnerungen eines Wiener Bürgermeisters. Auswahl und Bearbeitung von Felix Czeike. Wien 1964.
Flesch-Brunningen, Hans: Die verführte Zeit. Wien 1988.
Glossy, Karl: Wiener Studien und Dokumente. Wien 1933.
Haas, Willy: Die literarische Welt. Erinnerungen. München 1957.
Haymann, Ronald: Franz Kafka. Bern und München 1983.
Heindl, Gottfried: Geschichten von gestern/Geschichten von heute. Wien 1968.
Kaltneker, Hans: Dichtungen und Dramen. Ges. Werke in einem Band. Wien 1925.
Kisch, Egon Erwin: Die Abenteuer in Prag. Wien 1948 ff.
Klanska, Maria: Aus dem Schtetl in die Welt 1772–1938. Wien 1994.
Kraus, Karl: Widerschein der Fackel. München 1956.
Leppin, Paul, zitiert nach Brandl, Bruno: Liebe zu Böhmen, Berlin 1990.
Mack, Karlheinz (Hrsg.): Galizien um die Jahrhundertwende. München 1990.
Magris, Claudio: Der Habsburgische Mythos in der österreichischen Literatur. Salzburg 1966.
Magris, Claudio und Ara, Angelo: Triest. München 1987.
Mahler-Werfel, Alma Maria: Mein Leben. Erinnerungen. Wien und Frankfurt/M. 1956.
Mell, Max (Hrsg.): Österreichische Zeiten und Charaktere. Ausgewählte Bruchstücke aus österr. Selbstbiographie. Leipzig o. J.
Musil, Robert: Tagebücher, Aphorismen, Essays und Reden. Hrsg. von Adolf Frisé. Reinbek b. Hamburg 1955.
Nebehay, Christian M.: Gustav Klimt. München 1989.
Otruba, G. und Rutschka, L. S.: Die Herkunft der Wiener Bevölkerung in den letzten hundertfünfzig Jahren. Jahrbuch des Vereines für Geschichte der Stadt Wien, Bd. 13. Wien 1957.
Ranzoni, Emmerich: Wiener Bauten. Wien 1873.
Rilke, Rainer Maria: Sämtliche Werke. Wiesbaden und Frankfurt/M. 1955/56.
Rinner, Fridrun und Zerinschek, Klaus (Hrsg.): Galizien als gemeinsame Literaturlandschaft. Innsbruck 1988.
Rossbacher, Karlheinz: Literatur und Liberalismus. Wien 1992.
Schnitzler, Arthur: Jugend in Wien. Autobiographie. München 1971.
Scholten, Gerhard: Mein Prag. Wien 1983.
Seefehlner, Egon: Musik meines Lebens. Wien 1983.
Serke, Jürgen: Böhmische Dörfer. Wien 1987.
Springer, Elisabeth: Geschichte und Kulturleben der Wiener Ringstraße. Wiesbaden 1979.
Steiner-Prag, Hugo, enthalten in Brandl, Bruno: Liebe zu Böhmen.
Viertel, Salka: Das unbelehrbare Herz. Reinbek b. Hamburg 1979.

ADEL UND KAISERHAUS

Apponyi, Graf Albert: Erlebnisse und Ergebnisse. Berlin 1933.
Baltazzi-Scharschmid, Heinrich und Swistun, Hermann: Die Familien Baltazzi-Vetsera im kaiserlichen Wien. Graz 1980.
Brück, Oskar und Dirrheimer, Günter: Das k.u.k. Heer 1895. Wien 1983.
Clary-Aldingen, Alfons: Geschichten eines alten Österreichers. Berlin 1977.
Csáky, Eva Marie: Vom Geachteten zum Geächteten.
Erdödy, Gräfin Helene: Fast hundert Jahre Lebenserinnerungen. Wien 1929.
Festgabe der k.k. theresianischen Akademie zur 42. Versammlung deutscher Philologen und Schulmänner. Wien 1893.
Hamann, Brigitte: Rudolf. Kronprinz und Rebell. Wien 1978.
Hamann, Brigitte: Elisabeth. Kaiserin wider Willen. Wien 1981.
Höglinger, Felix: Ministerpräsident Heinrich Graf Clam-Martinitz. Graz 1964.
Kinsky, Graf Zdenko Radslav: Zu Pferd und zu Fuß. Wien 1974.
Kinsky, Gräfin Nora: Russisches Tagebuch. Stuttgart o. J.
Kinsky-Wilczek, Elisabeth (Hrsg.): Hans Wilczek erzählt seinen Enkeln Erinerungen aus seinem Leben. Graz 1933.
Lobkowicz, Erwein: Erinnerungen an die Monarchie. Wien 1989.
Lorenz, Reinhold: Kaiser Karl und der Untergang der Donaumonarchie. Graz 1959.
Mitis, Oskar Freiherr von: Das Leben des Kronprinzen Rudolf. Leipzig 1928. Neu herausgegeben von Adam Wandruszka. Wien 1971.

Schönfeld, Graf Heinrich: Erinnerungen aus dem Leben der Obersthofmeisterin Elisabeth Reichsgräfin von Schönfeld. Wien 1907.
Starhemberg, Ernst Rüdiger: Memoiren. Wien 1971.
Verzeichnis der ehemaligen Theresianisten. Wien 1925.
Weissensteiner, Friedrich: Franz Ferdinand. Wien 1983.
Weissensteiner, Friedrich: Die rote Erzherzogin. Wien 1982.
Zichy, Graf Géza: Aus meinem Leben. Stuttgart 1911.

SCHULE UND ERZIEHUNG IM ALTEN ÖSTERREICH

Dittes, Friedrich: Die Schule der Pädagogik. Leipzig 1876 (1901).
Engelbrecht, Helmut: Geschichte des österreichischen Bildungswesens. Bd. 3: Von der frühen Aufklärung bis zum Vormärz. Bd. 4: Von 1848 bis zum Ende der Monarchie. Wien 1984 ff.
Felbiger, Joannes Ignaz von: General-Landschul-Reglement. Eigenschaften, Wissenschaften und Bezeigen rechtschaffener Schulleute. Hrsg. von Julius Scheveling. Paderborn 1958.
Gönner, Rudolf: Die österreichische Lehrerbildung von der Normalschule bis zur Pädagogischen Akademie. Wien 1967.
Holtstiege, Hildegard: Die Pädagogik Vincenz Eduard Mildes. Wien 1971.
Lochner, Rudolf: Ferdinand Kindermann. Augsburg 1926.
Milde, Vincenz Eduard: Lehrbuch der allgemeinen Erziehungskunde. Hrsg. von Kurt Gerhard Fischer. Paderborn 1965.
Stifter, Adalbert: Pädagogische Schriften. Hrsg. von Theodor Rutt. Paderborn 1960.
Winter, Eduard: Ferdinand Kindermann: In: Sudetendeutsche Lebensbilder Bd. 1. Reichenberg 1927.

DAS BILD DES KINDES IN DER SCHÖNEN LITERATUR

Basil, Otto (Hrsg.): Ein wilder Garten ist dein Leib. Die Frau um die Jahrhundertwende. Wien 1968.
Berghahn, Wilfried: Robert Musil. Reinbek 1963.
Frisch, Ephraim: Zenobi. Vgl. Otten.
Hay, Julius: Geboren 1900. Erinnerungen. Hamburg 1971.
Hofmannsthal, Hugo von: Gesammelte Werke. Frankfurt/M. 1979 ff.
Hofmannsthal, Hugo von: Andreas. Hrsg. von Mathias Mayer. Leipzig 1992.
Jandl, Ernst: Anmerkungen zur Dichtkunst. In: Absichten und Einsichten. Stuttgart 1990.
Musil, Robert: Tagebücher, Aphorismen, Essays und Reden. Hrsg. von Adolf Frisé. Reinbek 1955.
Nabl, Franz: Steirische Lebenswanderung. Graz o. J.
Nabl, Franz: Meistererzählungen. Graz 1978.
Otten, Karl (Hrsg.): Prosa jüdischer Dichter. Stuttgart 1959.
Rehm, Walter: Das Werden des Renaissancebildes in der deutschen Dichtung. München 1924.
Ringel, Erwin: Die österreichische Seele. 10 Reden. 5. Aufl., Wien 1984.
Saar, Ferdinand von: Requiem der Liebe u. a. Novellen. Bremen 1958.
Salten, Felix: Mizzi. Novellen. Wien 1932.
Scheible, Hartmut: Literarischer Jugendstil in Wien (vorwiegend über Richard Beer-Hofmann). München und Zürich 1984.
Schnitzler, Arthur: Gesammelte Erzählungen. Frankfurt/M. o. J.
Ungar, Hermann: Das Gesamtwerk. Mit einem Nachwort von Jürgen Serke. Wien 1989.
Wagner, Renate: Frauen um Arthur Schnitzler. Wien 1980.
Weiß, Ernst: Daniel. Vgl. Otten.

DIE KINDERWELT IM SPIEGEL DER MALEREI UND GRAPHIK

Ariés, Philippe: Geschichte der Kindheit. München 1975.
Erzherzog Rainer-Museum für Kunst und Gewerbe (Hrsg.): Kind und Kunst. Ausstellungskatalog. Brünn 1908/09.
Giesen, Josef: Europäische Kinderbilder. Die soziale Stellung des Kindes im Wandel der Zeit. München 1966.
Joppien, Kathrin: Das Kind und sein Spielzeug. Ein Motiv der europäischen Kunst mit der Pädagogik der Aufklärung. Dissertation, Bonn 1988.
Kesselheit, Ursula: Das Kind in der Kunst. Leipzig 1977.
Lorenz, Angelika: Das deutsche Familienbild in der Malerei des 19. Jahrhunderts. Darmstadt 1985.
Mause, Lloyd de (Hrsg.): Hört ihr die Kinder weinen. Frankfurt/M. 1977.
Pieske, Christa: Das freudige Ereignis und der jungen Kindlein Aufzucht. München 1963.
Rosenblum, Robert: The romantic child. From Runge to Sedak. London 1988.
Ruckhaberle, Dieter (Hrsg.): Die gesellschaftliche Wirklichkeit der Kinder in der bildenden Kunst. Ausstellungskatalog der Kunsthalle. Berlin 1979.
Scheibenpflug, Heinz (Hrsg.): Alte und neue Kinderbildnisse. Stuttgart 1960.
Vavra, Elisabeth (Hrsg.): Familie. Ideal und Realität. Ausstellungskatalog der Niederösterreichischen Landesausstellung 1993. Horn 1993.
Weber-Kellermann: Der Kinder neue Kleider. Zweihundert Jahre deutsche Kindermoden in ihrer sozialen Zeichensetzung. Frankfurt/M. 1985.
Witzmann, Reingard (Hrsg.): Kindsein in Wien. Zur Sozialgeschichte des Kindes von der Aufklärung bis ins 20. Jahrhundert. Ausstellungskatalog des Historischen Museums der Stadt Wien. Wien 1992.

WAS KINDER LASEN

Ariés, Philippe: Geschichte der Kindheit. München 1975.
Brüggemann, Theodor und Hans-Heino Ewers: Handbuch zur Kinder- und Jugendliteratur. Von 1750 bis 1800. Stuttgart: Metzler 1982.
Deutsch, Otto Erich: Kinderschriften aus Österreich (1770-1850). In: Die literarische Welt. 1926, Nr. 49.
Elias, Norbert: Über den Prozeß der Zivilisation. Frankfurt/M. ⁸1981.
Haslinger, Adolf: Österreichische Robinsonaden um 1800. In: Die österreichische Literatur. Ihr Profil an der Wende vom 18. zum 19. Jahrhundert (1750–1830). Hrsg. von Herbert Zeman. Graz 1979.
Moißl, Konrad und Krautstengel, Ferdinand: Die deutsch-österreichische Jugendliteratur. Aussig 1900.
Pleticha, Heinrich: Das Abenteuerbuch im 19. Jahrhundert. In: Ansätze zur historischen Kinder- und Jugendbuchforschung. Hrsg. v. A. C. Baumgärtner. Baltmannsweiler 1980.
Seibert, Ernst: Jugendliteratur im Übergang vom Josephinismus zur Restauration, mit einem bibliographischen Anhang über die österreichische Kinder- und Jugendliteratur von 1770 bis 1830. Wien, Köln, Graz 1987.
Strommer, Roswitha: Die Rezeption der englischen Literatur im Lebensumkreis und zur Zeit Joseph Haydns. In: Joseph Haydn und die Literatur seiner Zeit. Hrsg. von Herbert Zeman. Eisenstadt 1976.
Weilenmann, Claudia: Annotierte Bibliographie der Schweizer Kinder- und Jugendliteratur 1750–1900. Stuttgart o. J.
Wild, Reiner (Hrsg.): Geschichte der deutschen Kinder- und Jugendliteratur. Stuttgart 1990.
Wimmer, Barbara: Zur Charakteristik der deutschen Lesebücher für österreichische Gymnasien von 1850 bis 1884. Wien, Dipl.-Arbeit am Institut für Germanistik 1991.

QUELLENANGABEN DER LITERATURBEISPIELE

Böttcher, Max Karl: Der Seppl vom Pinzgau. In Österreichs Deutsche Jugend, 29 (1912), S. 282f.
Ebner-Eschenbach, Marie von: Meine Kinderjahre. In: Sämtliche Werke, Bd. 6, Berlin o. J., S. 566–568.
Felder, Franz Michael: Aus meinem Leben. 1904.
Mauthner, Fritz: Prager Jugendjahre. Frankfurt 1969, S. 123–125.

Neruda, Jan: Jugenderinnerungen. In: Bilder aus dem alten Prag. Berlin 1988, S. 304f.
Petzold, Alfons: Das rauhe Leben. Wien 1964. S. 53ff.
Rilke, Rainer Maria: Aus: Larenopfer, Prag 1896.

KURZBIOGRAPHIEN

DIE AUTOREN

Winfried Böhm,
geboren 1939 in Schluckenau/Nordböhmen, Dr. phil., Dr. h. c., Ordinarius und Vorstand des Instituts für Pädagogik an der Universität Würzburg, Gastprofessor an verschiedenen Universitäten innerhalb und außerhalb Europas. Zahlreiche Veröffentlichungen zur Erziehungsphilosophie und Pädagogik.

Friedrich C. Heller,
geboren 1939 in Kufstein/Tirol. Dr. phil., Musikhistoriker, Hochschulprofessor, Institutsvorstand; sammelt seit über 30 Jahren illustrierte Kinderbücher und beschäftigt sich als Forscher mit der Geschichte des Kinderbuches und seiner kunst- und kulturhistorischen Bedeutung. Zahlreiche Publikationen in diversen Fachzeitschriften.

Hermann Schreiber,
geboren 1920 in Wiener Neustadt/Niederösterreich, Dr. phil., studierte Germanistik und Kunstwissenschaft. Seit 1960 mit wachsendem Erfolg in Deutschland als Sachbuch- und Reiseschriftsteller tätig, erhielt 1968 für seine Geschichte der Stadt Paris den Professorentitel. Hermann Schreiber lebt in München. Seine Bücher wurden in alle Weltsprachen übersetzt.

Georg Schreiber,
geboren 1922 in Wiener Neustadt/Niederösterreich, Dr. phil., Gymnasiallehrer. Autor zahlreicher Sachbücher zu Themen der österreichischen Geschichte und historischer Jugendromane. Für seine Jugendbücher wurde Georg Schreiber zweimal mit dem österreichischen Staatspreis ausgezeichnet.

Ernst Seibert,
geboren 1946 in Salzburg, Studium der Philosophie, Psychologie und Germanistik an den Universitäten Salzburg und Wien, Dr. phil., AHS-Lehrer, Lehrbeauftragter an der Universität Wien. Mehrere Veröffentlichungen zur Geschichte der österreichischen Kinderliteratur und zur Kinderbuchtheorie.

Reingard Witzmann,
geboren 1948 in Wien, Dr. phil., Volkskundlerin, Theaterwissenschaftlerin und Museumspädagogin, arbeitet am Historischen Museum der Stadt Wien. Mehrere Publikationen zu Themen der Kulturgeschichte Wiens, zur populären Druckgraphik und zur Frauen- und Kindheitsgeschichte. Ausgezeichnet mit dem österreichischen Staatspreis für Sachbuch.

HERAUSGEBER

Heinrich Pleticha,
geboren in Warnsdorf/Nordböhmen, Studium der Geschichte und Germanistik, Promotion, Honorarprofessor der Universität Würzburg und Leiter eines musischen Gymnasiums, Autor und Herausgeber zahlreicher Sachbücher für Jugendliche und Erwachsene mit vorwiegend historischen und kulturhistorischen Themen, die heute eine Gesamtauflage von rund 5 Millionen erreicht haben.

BILDQUELLEN UND -ANGABEN

HM Historisches Museum der Stadt Wien
NB Bildarchiv d. Österreichischen Nationalbibliothek
NBD Österreichische Nationalbibliothek Druckschriftensammlung
ÖG Österreichische Galerie, Belvedere Wien

BAUERNKINDER

Waldmüller, Kinder im Fenster, Öl auf Leinwand, 85 x 69 cm, Residenzgalerie Salzburg, (8); Waldmüller, Großvaters Geburtstag, Öl auf Holz, 58,5 x 79,5 cm, 1845, HM, (14); Waldmüller, Tischgebet, Öl auf Holz, 41 x 48 cm, 1864, NB, (15); Schmid, Karrenzieher, Privatbesitz, (16); Waldmüller, Reisigsammler, Öl auf Holz, 41 x 48 cm, 1855, ÖG (17); Kindermarkt, Illustration aus: Gartenlaube, Sammlung I. Hänsel, (18); Waldmüller, Kinder, die Seifenblasen machen, Öl auf Holz, 58 x 46 cm, 1842, NB, (19); Waldmüller, Nach der Schule, Öl auf Holz, 75 x 62 cm, 1841, Staatl. Museen zu Berlin, Preuß. Kulturbesitz, (20); Kinder in Tracht, Foto, Sammlung I. Hänsel, (25); Waldmüller, Niederösterr. Bauernhochzeit, Öl auf Holz, 91,5 x 111 cm, 1843, ÖG, (28/29). Die Schwarzweißillustrationen auf den Seiten 26 und 30 bis 36 stammen aus: Die österreichisch-ungarische Monarchie in Wort und Bild, hrsg. von Kronprinz Rudolf, Wien 1885–1901.

ARBEITERWELT

Gewehrfabrik, Aquarell, 31,5 x 23 cm um 1830, Bezirksmuseum Lilienfeld (38); Kleine Schiffgasse, Illustration aus: Emil Kläger, Durch die Quartiere des Elends und Verbrechens, Wien 1904 (42); Seitz, Foto, 1888, Archiv d. Geschichte der Arbeiterbewegung, Wien, (47); Jüdische Schusterwerkstätte, Foto, um 1880, Privatbesitz (49); Jüdisches Schtetl, Foto, 1910, Sammlung Willy Puchner, Wien (51); Schmid, Schusterbub, Serie „Wiener Typen", 1875, HM, (53f); Spinnerei Pottendorf, Dr. Rudolf Hertzka, Pottendorf, (54); Waldmüller, Kinder armer Eltern, Öl auf Holz, 94 x 120 cm, 1857, ÖG (56/57); Ziegelschläger, Foto, 1910, Renner Institut, Wien, (59); Massenquartier, Xylographie, um 1880, NB, (60); Burger, Straße, Aquarell, 90 x 120 cm, HM (61); Gause, Werkelmann, Grisaille, HM, (62); Schmid, Pfannenflicker, um 1870, HM, (66).

LEBENSWELT BÜRGERHAUS

Klimt, Maria Moll, Farbkreide, 54,3 x 31,4 cm, 1902, HM, (68); Gause, Lästerallee, Öl auf Leinwand, 21,5 x 21,9 cm, 1895, HM, (72); Knabe im Matrosenanzug, Foto, Sammlung I. Hänsel, (74); Mandlick, Festmahl, Xylographie, um 1910, Sammlung I. Hänsel, (77); „Schöne" Mama, Foto, Sammlung I. Hänsel, (78); Familie, Foto, HM (79); Petrovits, Graben, um 1880, NB, (83); Abreise, Illustration von F. Myrbach, (91); Kinderglück, Foto, um 1910, Sammlung I. Hänsel, (93); Volksgarten, Foto, um 1900, HM, (95); Matsch, Therese und Hans Matsch, Öl auf Leinwand, 121 x 105 cm, 1902, HM, mit Bewilligung von Frau Renate Macmillan, Wien, (96).

ADEL UND KAISERHAUS

Carl Goebel, Jagdgesellschaft, Aquarell, Statni Zamek Hluboka, (98); Elisabeth mit Rudolf und Gisela, Aquarell von J. N. Kriehuber, 1858, NB, (102); Franz Joseph und Rudolf, Foto, um 1865, NB (105); Kaiserliche Familie vor dem Sarg der Erzherzogin Sophie, 1892, NB (106); Franz Joseph mit Enkeln, Foto, 1894, NB, (107); Franz Ferdinand und Familie, Foto, Privatbesitz, (109); Elisabeth als Bauernmädchen, Foto, NB, (111); Franz Joseph bei Liebieg, Foto, 1906, NB (114); Fechtstunde, Foto Kollegium Kalksburg, (119); Tanzstunde (121) und Edelknaben (122), Fotos, Vereinigung der ehemaligen Theresianisten; Kinder Leopold Salvators in Aspern, Foto, Emil Mayer/Franz Hubmann, (124).

SCHULE UND ERZIEHUNG IM ALTEN ÖSTERREICH

Geistliche Schule, Öl auf Holz, anonym, HM, (126); Waldmüller, Knabe mit Fleißmedaille, Öl auf Holz, 31,5 x 28,5 cm, 1828, NB, (130); Geldwesen, 1769, NB Handschriftensammlung, (131); A. Greil, Hoheit, Aquarell, 1900, NB, (132); Häuslicher Unterricht, HM, (133); Schulvisitation, aus: I. R. Wilfling, Was muß ein Kreisschulvisitator wissen, Wien 1787, Amtsbibliothek des BM f. VK, (134); Parhamers Waisenknaben, aus: K. E. Schimmer, Alt und Neu Wien, Wien und

Leipzig 1904, (135); Knabenvolksschule, Öl auf Leinwand, 83,5 x 57,5 cm, um 1750, HM, (137); Reiter, Kinder, Öl auf Leinwand, NB, (141); Neder, Schulszene, Öl auf Holz, 25 x 37 cm, 1869, HM, (145); Kindergarten, 1884, NB, (147); Spielplatz, Foto, HM, (149); Schulklasse, Foto, um 1910, HM (151).

DAS BILD DES KINDES IN DER SCHÖNEN LITERATUR

Kafka mit Geschwistern, Foto, Archiv Klaus Wagenbach, Berlin (152); Hofmannsthal, NB, (158); A. Schnitzler mit Geschwistern, Peter Schnitzler, Wien, (159); R. M. Rilke, Rilke-Archiv, Gernsbach, (162); R. Musil, Musil-Archiv, Klagenfurt (163); Prater, Emil Mayer/Franz Hubmann, (170); Fotosammlung Altenberg, HM (174).

DIE KINDERWELT IM SPIEGEL DER MALEREI UND GRAPHIK

Joseph Danhauser (1805–1845), Das Kind und seine Welt, Öl auf Holz, 22,6 x 29 cm, 1842; HM, (180); Pietro Antonio Lorenzoni (1721–1782), Wolfgang Amadeus Mozart, Öl auf Leinwand, 84,1 x 64,5 cm, um 1763, Mozarteum Salzburg, (182); Karl Hummel, Spielende Kinder, Sepia und Aquarell, 17,9 x 24,5 cm, 1799, HM, (183); Matthäus Loder (1781–1828) – Josef Stöber (1768–1852), Der gute Narr, Kupferstich, 24 x 17 cm, 1818, HM, (185); Carl Joseph A. Agricola (1779–1852), Die Familie des Künstlers, Öl auf Holz, 50 x 58 cm, 1819, HM, (187); Moritz von Schwind (1804–1871), Blinde-Kuh-Spiel, Feder, 26 x 42 cm, 1827, HM (188); Peter Fendi (1796–1842), Kindliche Andacht, Öl auf Holz, 39,1 x 31 cm, 1842, HM, (189); Danhauser, Das erste Konzert, Kreidelithographie, 39,7 x 31,5 cm, HM, (191); Ferdinand Georg Waldmüller, Bautagelöhner erhalten ihr Frühstück, Öl auf Holz, 53 x 44 cm, um 1859/60, HM, (195); Waldmüller, Bildnis der vierjährigen Kometesse E. in weilaubumranktem Fenster, Öl auf Leinwand, 68,5 x 55 cm, 1821, Sammlung Georg Schäfer, Euerbach, (196); Johann Baptist Reiter, Die Weintraube, Öl auf Leinwand, 78,5 x 63,5 cm, um 1868, Stadtmuseum Nordico, Linz, (196); Ernst Klimt (1864–1892), Knabenbildnis, Öl auf Leinwand, 42 x 34 cm, 1885, HM (198); Isidor Kaufmann (1853–1921), Der Sohn des Wunderrabbi von Belz, Öl auf Holz, 15,2 x 19,6 cm, Privatbesitz, (199); Johann Gualbert Raffalt (1836–1865), Wandernde Zigeunerkinder, Öl auf Holz, 35,7 x 27,2 cm, um 1860, HM, (200); Kárdy Ferenczy (1862–1917), Steinwerfende Knaben, Öl auf Leinwand, 1890, Ungar. Nationalgalerie Budapest, (201); Hermine Heller-Ostersetzer (1874–1909), Das Leben der Armen ist bitterer als der Reichen Tod, Titelblatt, 30 x 22 cm, um 1900, HM, (202); Elena Luksch-Makowsky (1878–1967), Selbstbildnis mit Sohn Peter, Öl auf Leinwand, 1903, ÖG, Rechte bei Frau Maria Luksch, Hamburg, (203); Oskar Kokoschka (1886–1980), Kind mit den Händen der Eltern (Fred Goldmann, gehalten von Leopold und Lili Goldmann), Öl auf Leinwand, 72 x 52 cm, 1909, ÖG, © VBK, Wien 1995, (204); Egon Schiele (1890–1918), Mutter mit zwei Kindern III, Öl auf Leinwand, 150 x 159 cm, 1915-17, ÖG, (205).

WAS KINDER LASEN

Josef Sigismund Ebersberg, Die zwölf Monate. Wien o.J., HM, (206); Jacob Glatz, Das grüne Buch. Illustr. v. Matthäus Loder. Wien 1826, NBD, (210); Jacob Glatz, Ida, oder Worte der Belehrung und Ermunterung einer redlichen Mutter an ihre Tochter, Wien 1813, NBD, (211); Johann Michael Armbruster, Rosenblätter. Neue Erzählungen und Lieder f. Kinder. Illustr. v. Moritz v. Schwind, Aquarell, um 1822, NBD, (212 rechts); Johann Michael Armbruster, Amalia Seckendorf. Geschichte eines kleinen Mädchens aus der Schweiz. Ein Sittenbüchlein für die frühere, vorzüglich weibliche Jugend, Wien 1819, NBD, (212 links); Karl Philipp Moritz, Kleine practische Kinderlogik, Wien 1815, NBD, (214); Leopold Chimani, Gemüthliche Erzählungen für die Jugend, Wien 1817, NBD, (215); Leopold Chimani, Heitere Ansichten aus dem Leben guter Menschen, Wien 1826, NBD, (217); Aegidius Jais, Walter und Gertraud für das Landvolk, Steyr 1809, NBD, (218); Österreichs Deutsche Jugend, Titelblatt, Privatbesitz, (220); Illustration aus d. Zeitschrift Grüß Gott, NBD, (222); Illustration aus Franz Karl Ginzkey, Hatschi Bratschis Luftballon, 1904, Privatbesitz, (223); Illustration von Ernst Kutzer, aus: Wir spielen Weltkrieg, Ein zeitgemäßes Bilderbuch für unsere Kleinen mit Versen von Armin Brunner, mit freundlicher Genehmigung von Friedrich Kutzer, Wien.

DIE BILDERWELT DER KINDERWELT

Mela Koehler (1885–1960): *Wiener Werkstätte Bilderbogen Nr. 21,* Wien um 1907. Farblitographie. (Bogengröße 27 x 18 cm). Archiv der Hochschule für angewandte Kunst, (226). / Heinrich Lefler (1863–1919): Vignette aus dem Titelblatt *der Bilderbogen für Schule und Haus,* Verlag der Gesellschaft für vervielfältigende Kunst, Wien. Zwischen 1897 und 1902 erschienen, in vier Serien, insgesamt 100 Bilderbogen, von verschiedenen Künstlern entworfen und in unterschiedlichen Techniken gedruckt. (Bogengröße 48 x 37 cm). Privatbesitz, (228). / Carl Krenek (1880–1948): Bauerngehöft (1915). Aus dem *Wandtafelwerk für Schule und Haus* der k. k. Hof- und Staatsdruckerei in Wien (Tafel 31). Zwischen 1903 und 1916 erschienen insgesamt 38 Bildtafeln (von 22 Künstlern), in Farblithographie gedruckt. (Tafelgröße 75 x 95 cm). HM, © VBK, Wien 1995, (229). / Mizzi Friedmann (1884–1955): Bildtafel aus dem *Bilderbuch* der Kunstschule für Frauen und Mädchen (1901). Das Buch enthält 24 Tafeln in Schablonenmalerei, von vier jungen Künstlerinnen entworfen. Die Konzentration der Darstellungen auf reduzierte graphische Elemente und nur wenige Farben verleiht dem Buch den Charakter einer experimentellen Haltung, die für die Geschichte des Bilderbuchs pionierhaft früh erscheint. (Bildgröße 14,5 x 14,5 cm). Privatbesitz, (230). / Nora Exner (1879–1915): Fische, Aus dem *Tier-ABC* (mit Farbholzschnitten von Hilde und Nora Exner und Franz Fiebiger), Wien 1903. Auf der einer Bildtafel gegenüberliegenden Seite ist jeweils der entsprechende Buchstabe und der Tiername dargestellt. (Bildgröße 18 x 16 cm). Privatbesitz, (231). / Heinrich Lefler (1863–1919): Tafel VIII aus H. Chr. Andersens Märchen *Die Prinzessin und der Schweinehirt,* Gesellschaft für vervielfältigende Kunst, Wien 1897. Die 1895–1897 entstandenen Illustrationen, in farbiger Lithographie gedruckt, signalisieren den Anfang moderner Buchkunst in Wien. (Bildgröße 18,5 x 18,5 cm). Privatbesitz, (232). / Heinrich Lefler (1863–1919) und Joseph Urban (1872–1933): Tafel aus *Kling-Klang Gloria,* Verlag Tempsky & Freytag, Wien/Leipzig, 1907. Das Buch enthält bekannte Volks- und Kinderlieder; die farbenfrohen Illustrationen zählen zu den bekanntesten Kinderbuch-Bildern der Zeit. Lefler schuf die figürlichen Bildinhalte, von Urban stammen die architektonischen und dekorativen Umrahmungen. (Blattgröße 25,5 x 32 cm). Privatbesitz, (233). / Kolo Moser (1868–1918): Einbandzeichnung zur *Fibel* von Karl Kummer, Franz Branky und Raimund Hofbauer. k.k. Schulbücher-Verlag, Wien 1899. Diese Fibel war das erste Schulbuch Österreichs, das im Stil der Moderne der Jahrhundertwende illustriert wurde. (Buchgröße 20,5 x 13,5 cm). HM, (234). / Ferdinand Andri (1871–1956): Zwei Illustrationen aus August Kopisch, *Ausgewählte Gedichte,* Verlag M. Gerlach, Wien 1904 (= Gerlachs Jugendbücherei Band 13). (Buchgröße 15 x 14 cm). Privatbesitz, (234). / Carl Otto Czeschka (1878–1960): Zwei Bilder aus Franz Keim, *Die Nibelungen,* Verlag Gerlach & Wiedling, Wien 1909 (= Gerlachs Jugendbücherei Band 22). Das Büchlein mit Czeschkas eindringlichen Illustrationen gilt infolge seiner stilistischen Durchgestaltung zurecht als ein Höhepunkt der modernen Buchkunst. (Buchgröße 15 x 14 cm). Privatbesitz, (235). / Richard Teschner (1879–1948): Bildtafel aus Antoinette Kahler, *Tobias Immerschneller,* Verlag der Wiener Werkstätte, Wien 1910. Das Buch erzählt die Geschichte eines kleinen Jungen, der sich „immer schneller" bewegen will und daher moderne Fahrzeuge (Fahrrad, Auto, Motorboot, Flugzeug) benutzen muß. (Bildgröße 22 x 21 cm). Privatbesitz, (236).

AUF DEM UMSCHLAG

Fendi, Der frierende Brezelbub, Öl auf Holz, 19 x 26 cm, 1828, HM; Waldmüller, Großvaters Geburtstag, Öl auf Holz, 58 x 79,5 cm, 1845, HM; A. Schnitzler mit Geschwistern, Peter Schnitzler, Wien; Kronprinz Rudolf, Privatbesitz.

Wir waren bemüht, die Inhaber sämtlicher Urheberrechte ausfindig zu machen. Sollten wir unbeabsichtigt bestehende Rechte verletzt haben, bitten wir die Betroffenen, sich mit dem Verlag in Verbindung zu setzen.